Luxury

Brand Management:
Racing Cars and French Wines

奢侈品品牌管理

赛车运动与法国红酒

李杰 著

上海交通大学出版社
SHANGHAI JIAO TONG UNIVERSITY PRESS

内容提要

　　本书视角独特,从"一动一静"两个视角诠释了品牌审美与管理,图文并茂。本书分为三大部分:第一部分(第1～2章)从理论角度切入,总括性地梳理了从产品、审美到品牌引领有关的奢侈品品牌管理理论,将品牌美学和品牌传播的相关理论与丰富的赛车和红酒实例有机结合;第二部分(第3～5章)系统性地阐述了赛车运动,从汽车起源起,将赛车运动与汽车技术发展的不同阶段予以交汇,全面探索了国际汽联的运作模式、赛车品牌及其车队品牌打造、F1赛车技术转化及其商业模式、赛车生态链和汽车业生态系统;第三部分(第6～8章)全面论述了法国葡萄酒产业链及其生态系统,涵盖了从法国波尔多、勃艮第等十二大产区,27种代表性葡萄品种,红、白葡萄酒酿制,到酒庄建设;从法国酒庄历史悠久的分级制度、顶级酒庄的品牌传承,到现代葡萄酒评价体系,再到葡萄酒公司的运营模式——从理论到实践。本书的每一章章首均以开篇案例引发思考,章末附有关联案例和探索性研究问题。本书专业性较强,适用于相关专业人士作为专项研究资料,亦可作为经济、管理、金融以及农林类专业学生(本科生、硕士生、博士生)的参考读物。

基金项目

国家自然科学基金面上项目（71572107）

前言　动静交融，韵律人生

从幼儿时期到小学阶段，父亲一直教我打乒乓球。如今，父亲驾鹤西行已经七载许，但他弧旋拉球时的快乐笑容和得意神色依然亲切地浮现在我眼前……

到了中学时期，我和许多喜欢运动的年轻人一样，爱上了需要群体配合的篮球……到了大学一年级时，疯狂地踢了一段时间足球，但自从把脚踢伤以后就再也不踢而转向网球运动许多年……自1995年初步参与建立中欧国际工商学院时，我与张国华教授以及不少企业高管一道渐渐爱上了蓝天白云青草地、新鲜空气绿茵场的高尔夫运动；到了2001年，与项兵教授在浦东香格里拉、与同在中欧任教的耶鲁教授李乐德在他淮海路家边上的咖啡馆开始酝酿，到2002年10月正式创建长江商学院之后，我们就和首届学员（以及后续的学员们）打高尔夫球到了几乎痴迷的程度……2001年，我在浦东滨海组织了第一届中欧校友高尔夫友谊赛；2003年，又在上海旭宝举办了第一届长江商学院高尔夫友谊赛……这些都是个人爱好与商学院品牌宣传活动相结合的不二呈现。彼时，我邀请了当初上海最优秀的职业选手戚增发好友担任了这2所商学院首届比赛的技术顾问。

一晃20年过去了，尽管学术生涯经常让我挑灯夜战，夜深人静时思考许多问题，但我还是喜欢在短暂睡眠几小时后，奔向蓝天白云的绿茵场——不管是在北上广深，还是在世界四大时尚之都的高尔夫俱乐部……

其实，动与静是相对的，也是辩证的。

动静结合既是道家境界，也是凡人世家的修身之道。中国习武之人强调的"动中有静""静中有动"与西方谚语的"two sides of one coin"讲的是同样的道理。静功的"静"不是绝对的静，虽然没有形体的动作，但气血在大脑高度入静状态下按它本身的规律运行，它的种种微妙变化，都是动功所不能体会到的。没有形体动作，更能专心一意。入静的程度越深，机体的感受能力和反应能力都越敏锐，这是更高级的太极状态。在这种状态下，我们对主、客观世界的认识，对人自身各种功能的挖掘，都会有进一步的提高。

动静之间转换可以有诸多形式。"化动为静"，例如F1高速通过弯道时的电视转播慢动作。"化静为动"，如描述红颜容（侯伯王）、拉图名庄美酒在酿制后存放在地窖里的缓慢演进过程。"动静结合""以动衬静",如 F1 赛车手在赛车过程中,车体的高速动态与赛车手脸部的冷静及其内心的平静构建了视觉之静与听觉之动,这种巧妙结合相映成趣。而"以静衬动",则可以从葡萄酒酿酒大师调制过程中平静的脸部表情来衬托经他调制的葡萄酒,在地窖存储过程中,酒体内部各种因素相互作用,最终达到预期效果时的内心激荡。"动静互衬"讲的就是在上述情况产生正向的循环作用。"以动衬动"就是用运动的事物来映衬更快或更慢运动的事物。轻快而壮美、敏捷而潇洒的律动是表现形式,厚积薄发,厚重而不可阻挡的迅猛更是让人如此信服而惊愕——意大利的法拉利,德国的戴姆勒-奔驰,法国波尔多的拉图、勃艮第的罗曼尼-康帝便是生活中最好的写照。

现代跑车运动追求极限速度,葡萄酒强调静态为主、慢而有节奏,这是当今世界动静交融最恰当不过的美妙对比物了——高度竞争的商业世界、快节奏的现代生活和诱人的商业利益与高尚的价值观追求的矛盾经常让人失衡,这更加凸显出内心平衡的重要性。这就是我 8 年前在母校开设"品牌审美与管理——F1 跑车与法国红酒"课程的基本动因。

自 2010 年北京大学出版社出版了我的第一本著述《奢侈品品牌管理——方法与实践》以来,多年来先后为母校 MBA、EMBA 开设 39 个座位的奢侈品类课程之外,我还陆续在哥伦比亚大学、纽约大学(上海校区、曼哈顿校区)、密西根大学(安娜堡校区以及和上海交通大学合办的密西根学院)、北京大学、清华大学、浙江大学、中国科学院大学、南开大学、武汉大学、吉林大学、华东师范大学等国内外高校分享我在教学和科研方面对奢侈品世界的认知。今天这本上海交通大学行业研究院专项分册下的奢侈品专著的面世也颇费周折——许多人,包括不仅是我教授过的学员,还有不少同仁、朋友,特别是上海交通大学出版社的多位编辑不下三次试图劝我把它拆成"赛车运动"和"法国红酒"两部分别出版,如同我的另外一部作品《奢侈品品牌管理——高端腕表》那般。直到开第四次编审会议时,我再次说明原因后,她们终于成全我的想法,于是才有了今天这本著述的顺利问世。

我要借此机会诚挚感谢母校的前任党委书记马德秀女士,她的战略前瞻、雷厉风行和高效都让我自然而然联想起中国高校改革先驱、至今令人尊敬不已的老书记邓旭初先生。没有她的敏锐直觉、鼓励和支持,我极有可能走向学术人生他径。母校校友、前任党委书记姜斯宪学长的睿智,不动神色间已然"轻舟已过万重山"的风范更加坚定我对交大价值观的认同,亦加深了我对动静交融的理解。

我要衷心感谢母校的前任校长张杰院士,他的科学家风范影响了从 2006 年 11 月—2017 年 2 月数以十万人计的交大在校生、毕业生:交大学子在国内外的任何场合,在互联网的虚拟空间,都亲切地喊他"杰哥"——作为一名本科起就在交大求学的交大校友,我是幸运的,这么多年来一直有许多机会接触平易近人的"杰哥",尤其在他担任中国科学院副院长、中国科学院大学党委书记期间,更是如此。2 年前在北京,他无意间问起我为何在北京大学出版社、清华大学出版社和机械工业出版社都出版过著述,却没有在母校出版社出版时,我那一刻有触电般的反思……

感谢母校上海交通大学行业研究院的大力资助,尤其感谢校友、双院长陈方若教授,他放弃哥伦比亚大学20多年教席教授职位,全职回归母校——以一直怀揣中国护照的赤子之心"纵横交错、知行合一"的理念重塑安泰经管学院,同步开创中国商学院行业研究之先河。我作为他搭建的行业研究院大平台上奢侈品行业带头人,和顾锋教授、余明阳教授、清华大学社科学院院长彭凯平教授、浙江大学市场营销系主任周欣悦教授、中国科学院大学中丹学院院长赵红教授,以及其他行业研究的同仁们一道,努力让研究成果之花,绽放在祖国的大地,传播于世界民族之林。

感谢上海交通大学出版社,自出版社团队与我在上海交通大学120多年历史建筑的中院奢侈品研究工作室内的"神聊"的那一天起,就开启了我又一轮"苦难而快乐的日子"——披星戴月与风雨同舟构成了我和研究团队孙立本、张家铭、魏嘉韵等成员们的生活主旋律……

感谢北京大学出版社前艺术总监林胜利老先生在"奢侈品品牌管理"分类专题丛书系列出版过程中艺术家般的奉献情怀。

感谢上海雅昌艺术印刷有限公司、上海雅昌艺术中心张耀康先生在本系列丛书出版过程中始终坚持的"客户第一,高质量管控至上"的雅昌标准。

最后,我要感谢北京梅赛德斯-奔驰销售服务有限公司首席运营官段建军先生,上海久事体育集团总裁姚冷先生,大众(中国)汽车集团陈竞先生,宁夏贺兰山东麓银色高地酒庄老庄主高林先生,现任庄主、法国国家级酿酒师高源女士,红酒界享有盛誉的品鉴专家、好友郝利文先生、李明先生、胡江先生、朱晖女士。特别要提及我2019年教授的上海交通大学机械与动力工程学院MEM研究生们:林金伟、张鸿羽、邱碧松、闫皇志、周鑫、何超、李明和赵盛等。还有密西根大学研究生李嘉伟,哥伦比亚大学研究生郭蕾,纽约大学研究生胡奕晨、马志贤,新加坡南洋理工大学研究生李维,上海交通大学本科生张宇这些我教授过的跑车、红酒品牌大类的学员与国内外的学生们。若没有这么多精英的积极参与,便没有今天这部作品的顺利问世。

李杰

于交大中院

目 录

参考资料＊

1　F1赛事发展史

2　F1赛事全球21条知名赛道

3　F1十大著名车手

4　1997—2019年历届F1赛事车队排名统计

5　法国葡萄酒的12个重要产区

6　其他常见酿酒葡萄品种

7　法国葡萄酒分级酒庄名单

＊　本书参考资料为电子版,读者可登录上海交通大学出版社官方网站,搜索本书书名,免费下载,下载链接:http://www.jiaodapress.com.cn/resource。

Luxury

从产品审美到品牌引领

开篇 速度与激情——红色法拉利

"只要有梦想，就定能实现。"

——恩佐·法拉利

一提到法拉利，人们就会联想到印象深刻的跃马标志。人们对于法拉利（Ferrari）的尊崇，大多都源于对它的速度、贵族气质、珍藏功能和时尚的热爱，它被称为"红魔"。它始终保持着独特的个性，性感、惊艳、速度、活力、贵族、钢铁元素、原始手工、红色火焰般的热情……它以其特有的"技术与艺术"的平衡，融合世界上最好的品质，不断地打造其所引领的跑车神话（见图1.1）。

图 1.1 （左起）法拉利标志、恩佐·法拉利、法拉利车库

然而法拉利标志的背后，却有着一段壮烈而哀伤的故事：创始人恩佐·法拉利（Enzo Ferrari）的哥哥有个参加意大利皇家空军的战友，叫弗朗西斯科·巴拉卡（Francesco Baracca）；巴拉卡在第一次世界大战初期曾因一人击落奥地利的5架战机而成为英雄。而巴拉卡所驾战机的机身中部的跃马由此便成为胜利的标志。后来，他升任为91中队指挥官，跃马自然成了队徽。然而，恩佐的哥哥和巴拉卡随后在执行任务中双双牺牲。

1923年，此时的恩佐·法拉利仍是阿尔法·罗密欧公司最好的赛车手。一次偶然的机会让恩佐与巴拉卡伯爵夫人（巴拉卡的母亲）相识并且一见如故。巴拉卡伯爵夫人将曾经带给儿子好运的"跃马"赠予恩佐·法拉利，希望他在比赛中同样战无不胜。"跃马"标志从此成为法拉利不可分割的一部分。

1947年，恩佐·法拉利创立了法拉利公司，并生产出第一辆法拉利125S汽车，这被看作现代赛车文化的起源。直到 1988 年去世,他共赢得了 14 次勒芒 24 小时耐力赛冠军和 9 次 F1 总冠军。他的名字已经成为世界上最具声望的一个高性能赛车品牌。此后,法拉利公司生产的每一款车型都能留下一段经典(见图 1.2)。事实上,法拉利车队在 1950 年的摩纳哥大奖赛上演绎了 F1 首秀,这亦是 F1 的处子赛季,此后的赛季法拉利车队从未缺席。截至 2020 年 2 月,法拉利车队已经参加了 1 000 场大奖赛,并赢得了其中的 238 场。

图 1.2　法拉利历代车型

20 世纪初,国际赛车运动协会(AIACR,现在 FIA 的前身)将红色分配给意大利参赛车队,以方便与其他车队进行区分。当初被分到"红色",意大利人颇有微词。然而多年以来,由于法拉利在赛道上不断创造传奇,频频登上冠军领奖台,"法拉利红"也成为法拉利深入人心的经典颜色。

在法拉利位于意大利马拉内罗的工厂,从进入门口的那一刻就能感觉到浓浓的法拉利味道。厂区内的道路,都以历史上的知名赛车手的名字命名。在整个法拉利的厂区,可以见识让人震撼的法拉利经典红色:红色的路标、红色的工装,红色的标志,红色的生产线,这是一种激情似火的红,令人心潮澎湃的红,深入厂区每一个角落的红(见图 1.3)。

图 1.3　法拉利工厂

世界上任何一辆跑车都无法与法拉利相提并论,因为它已经超过了交通工具的范畴,成了艺术杰作,红色像风一样席卷而过,弥漫在空气中的是烈焰热火般的激情。从造型上看,法拉利跑车的骨架粗犷而不夸张,配以低沉的引擎咆哮声,最令人心仪的是法拉利迄今为止保持最原始的制作工艺——手锤扁铲修整车身,用手工焊接框架,用钢尺测量车门装配环节上的连接部位,用钢勺舀着钢水浇进磨具制造微小的部件。

法拉利的生产将电脑控制的精密技术和传统手工作业结合起来,保持着它作为艺术品的价值,也奢侈地证明了工业化和后工业化时代都没有抹杀的品位,所以法拉利才会体现一种独特的品位和气质。虽然全球订单增多,但法拉利依然保持自己的工作节奏,一到下午下班的时间,整个工厂停止了绝大部分的工作,没有因为订单激增而出现三班倒的情况。这是全球极少数保持自己生产节奏的厂家,法拉利坚信:只有优越的工作环境,才能激发出优秀人才的潜力,生产出世界一流的车辆。

与其说人们爱法拉利的性感、惊艳、速度与活力,不如说是爱它的纯粹,那种献出自己的一切去追求一个美丽梦想的纯粹。在大多数人心里,法拉利是不可打败的神话,因为它永远在推陈出新,将F1方程式赛车中的所有奖项收入囊中。

历史造就了文化,岁月凝结成价值。世界上有很多汽车制造商,但产品能够达到法拉利跑车水平的只有一家。对于法拉利的拥有者来说,它不仅仅是一件商品,更体现出拥有者对生活方式及生活品质的追求。

2019年,法拉利被英国品牌评估机构"品牌金融"(Brand Finance)评为世界最强品牌(world's strongest brand)。

法拉利不仅一直是时尚和性能的代名词,并且成功地把品牌扩展到从帽子和太阳镜,到主题公园,甚至还有法拉利主题酒店(Maranello Village)等领域,不断传达着法拉利延续了73年的奔腾不息的"跃马"精神。

"品牌"（brand）一词在《牛津英语词典》（*The Oxford English Dictionary*）里被解释为"用来证明所有权，作为质量的标志或其他用途"，即用以区别功能和证明品质。随着时间的推移，商业竞争格局以及零售业形态不断变迁，品牌承载的含义也越来越丰富，甚至形成了专门的研究领域——品牌学。

1.1　斑斓多彩的品牌世界

品牌的英文单词 brand，源自古挪威文 brandr，意思是"烧灼"。人们用这种方式来标记自己的家畜等私有财产，以与其他人家的相区别。到了中世纪的欧洲，手工艺匠人用这种打烙印的方法在自己的手工艺品上烙下标记，以便顾客识别产品的产地和生产者。这就产生了最初的商标，并以此为消费者提供担保，同时向生产者提供法律保护。16 世纪早期，蒸馏威士忌酒的生产商将威士忌装入烙有生产者名字的木桶中，以防不法商人偷梁换柱。1835年，苏格兰的酿酒者采用特殊蒸馏程序酿酒，并使用施美格（Old Smuggler）这一品牌以维护成品酒的质量声誉。

19 世纪开始，由于工业革命与经济发展，欧美国家建立了许多工厂，它们大批量地生产产品卖给更广阔的市场。诸如肥皂一类的商品，从当地工厂集中生产后运输时，工厂以标志或徽章明确所属。这就形成了最早的"品牌"商标意义。

1.1.1　品牌定义

品牌是一种错综复杂的象征——它是产品的属性、名称、包装、价格、历史声誉、广告方式的无形总和，品牌同时也因消费者对其使用的印象以及自身的经验而有所界定……品牌就是产品和消费者的关系。（大卫·奥格威）

一般意义上的定义：品牌是一个名称、名词、符号或设计，或者是它们的组合，其目的是识别某个销售者或某群销售者的产品或劳务，并使之同竞争对手的产品和劳务区别开来。（菲利普·科特勒）

品牌是企业或品牌主体(包括城市、个人等)一切无形资产总和的全息浓缩,而"这一浓缩"又可以以特定的"符号"来识别;它是主体与客体、主体与社会、企业与消费者相互作用的产物。

品牌一般被定义为"一种识别标志、一种精神象征、一种价值理念,是品质优异的核心体现,用以识别企业提供给某个或某群消费者的产品或服务,并使之区别于竞争对手的产品或服务"。品牌是用以识别某个销售者或某群销售者的产品或服务,并使之与竞争对手的产品或服务区别开来的商业名称及其标志,通常由文字、标记、符号、图案和颜色等要素或这些要素的组合构成。品牌反映了一个产品、服务或者主体(包括国家、城市、企业、组织以及个人等)的属性、利益、文化、个性以及消费者类型,体现的是一个产品、服务或者主体的核心价值、差异化、质量和信誉的保证及其溢价能力。

1.1.2 品牌属性

品牌属性指消费者感知的与品牌的功能性相关联的特征。品牌属性可归纳为 4 个方面,分别是产品、企业、人格和象征。

1. 品牌就是产品

"品牌就是产品"这句话出自戴维·阿克(David Aaker),他认为品牌是产品的代表。人们的联想是丰富的,当提到某个品牌时自然就会发生一些联想。这些联想会使人们认为品牌指的就是产品。人们一般会从 5 个角度认同"品牌就是产品"。

(1)品牌与产品类别。人们提到某个品牌时,可能马上想起某类产品,如"波音"使人们想到飞机,"劳斯莱斯"使人们想到豪华轿车,"法拉利"使人们想到跑车,"拉菲"使人们想到红酒等。这些品牌已经成为它所服务的产品的形象代表。

(2)品牌与产品质量。人们提到某个品牌时,可能想起它的质量如何,如"宝马"使人们想到好的驾驶体验,"吉普"使人们想到好的越野性能,"沃尔沃"使人们想到好的安全保障,"罗曼尼-康帝"使人们想到好品质的葡萄酒等。当然,一些负面的报道也会减损人们对一个品牌和产品质量的感知。

(3)品牌与产品特点。品牌与产品与众不同的特点紧密连接在一起,如"酒鬼"使人们想到它那怪异的酒瓶包装,"肯德基"使人们嗅到了鸡翅的香味,"苹果"使人们想到了电脑设计,"家乐福"使人们想到了商品便宜的价格,"伏特加"使人们想到了烈性酒,"立顿"使人们想起了袋泡红茶,等等。

(4)品牌与使用价值。人们提到某个品牌时,可能马上想到它的使用价值,如"曲美"使人们想到减肥,"吉列"使人们想到剃须,"飘柔"使人们想到柔顺的头发,"商务通"使人们想到记事本,等等。

(5)品牌与原产地。人们提到某个品牌时,可能马上想到它的生产地,如"玛歌"使人们想到法国红酒,"卡西欧"让人们想到日本电子产品,"雷达"使人们想到瑞士表,"奥迪"使人们想到德国汽车,"万宝路"使人们想到美国香烟,等等。

2. 品牌就是企业

"品牌就是企业"这一属性会使企业的决策人想到企业形象建设的重要性。这一品牌属性意味着当出现某一品牌时,该品牌代表了企业的称谓。特别是如今的品牌运营趋势,企业往往把品牌与商号合一,这就必然造成了"品牌就是企业"的认知。如"张裕"是一种葡萄酒的牌子,也是一个企业的名字。人们把"迈凯伦"车队与"迈凯伦"公司统一认知是很正常的一件事情。在长期的市场营销过程中,消费者也会认为"海飞丝"代表着宝洁公司的形象,"银色高地"就是宁夏贺兰山东麓生产葡萄酒的企业,"甲壳虫"不管怎么变也是德国大众汽车公司的品牌形象之一。品牌就是企业,归根到底是消费者对生产商的一种认同。

3. 品牌就是人格

人格是指人的性格、气质和能力等特征的总和。人本身就是情感化的动物。人们一直根据自己的喜好去购物。特别是 20 世纪 70 年代以来的产品定位理论,企业总在设法生产那些满足一部分人特殊需要的产品。在品牌打造上,企业也在努力设法获取目标顾客的青睐,为此不断地投其所好。年轻人喜欢刺激、冒险、勇往直前,于是,玛莎拉蒂就选择足球巨星克里斯蒂亚诺·罗纳尔多(Cristiano Ronaldo)演绎人生成功。如此信息灌输,人物的形象就融入品牌形象之中,人的个性就潜入品牌的个性之内,品牌就是人格。尽管品牌个性比较抽象,但还是可以提炼出来的,如"奔驰"汽车品牌代表着强劲动力和舒适,隐喻中年男性的健康、有力,可信赖;"路易威登"品牌代表着时尚和奢华,隐喻穿戴者成功人士的身份;"科颜氏"品牌代表着原生态、非污染,隐喻使用者亲近自然、纯净的生活方式。

4. 品牌就是象征

"品牌就是象征"这一属性可以解释为什么消费者喜欢某一品牌。甚至我们可以认为,当找不到"品牌个性"的时候,"品牌象征"成为解决问题之道。人们常说,"个性"的把握是比较抽象的,而"象征"的东西就比较形象。有人认为"拉菲""拉图"品牌做人格化处理很难下手,但把它视为"地位的象征"就容易让人明白。正如英国著名品酒师休·约翰逊(Hugh Johnson)所说:"如果说拉菲是男高音,拉图就是男低音,如果说拉菲是一首抒情诗,拉图就是史诗巨著。"事实上,品牌在长期的运营过程中,其在有些消费者的心里已经具有某种象征性的意义了。如"劳斯莱斯"品牌让人们想起那是地位的象征,"阿斯顿马丁"品牌让人们联想到那是成功的象征,"法拉利"品牌使人们联想到那是运动的象征。同样都是汽车,但人们对它们的象征意义的感知绝对是不一样的。另外,从品牌打造的策略上讲,象征手法的运用也比较灵活贴切一些。如把一个新牌子的葡萄酒放在钢琴的琴键上,象征它是一种格调高雅的酒;放在牛排的旁边,象征它是一种佐餐的酒;放在王冠之侧,则象征着它具有皇家风范。

综上所述,品牌的属性使人们进一步了解了品牌的内涵。品牌在市场上传播的不仅仅是符号和识别信息,更因其特有的四大属性促进了产品销售、生活享受和社会文明。

1.1.3 品牌特征

一个品牌会使企业产品、符号、企业实力等信息在消费者心中留下一个投影,这个投影有可能被夸大或缩小,消费者对品牌的印象也有可能很清晰或很模糊,于是就有了强势品牌和弱势品牌的区分。一般而言,成功、杰出、知名的品牌并不能简单地被称为"好品牌",品牌没有"好"与"坏"这样的称谓,只有强势与弱势之分。如迪奥(Dior)时装可以风靡欧洲并席卷全世界,又如路易威登(Louis Vuitton)受到亚洲消费者的欢迎,很多女孩的梦想就是拎着一款路易威登的手提包:这就是强势品牌的力量。品牌的特征可以归纳为以下5点。

1. 品牌的专有性

品牌是用来识别生产者或者销售者的产品或服务的。品牌拥有者经过法律程序的认定,享有品牌的专有权,有权要求其他企业或个人不能仿冒、伪造。这强调了品牌的排他性,强势品牌对于品牌的专有性有着极强的保护意识和合理的预防措施。著名的拉菲罗斯柴尔德酒庄为避免市场上假冒拉菲泛滥成灾,发起了一系列商标保护战,动用法律武器,提前进行商标布局,并进行广泛的宣传推广。

2. 品牌的价值性

品牌拥有者可以凭借品牌的优势不断获取利益,可以利用品牌的市场开拓力、形象扩张力和资本内蓄力不断发展,因此我们可以看到品牌的价值。这种价值我们并不能像物质资产那样用实物的形式表述,但它能使企业的无形资产迅速增大,并且可以作为商品在市场上进行交易。

每年,英国品牌评估机构"品牌金融"都会综合考虑每个品牌的公众熟悉程度、忠诚度、推广活动、营销投资、员工满意度以及企业声誉等数个维度,对企业进行品牌价值评估。最新发布的 2019 年度汽车品牌价值榜,世界排名第一的是德国的奔驰,其品牌价值为 603.55 亿美元,增幅达到 25.9%。

品牌作为无形资产,它的价值可以有形量化,比如有的人或企业以品牌入股形式组建新企业、特许经营、以加盟形式入到名牌门下,以图发展。

3. 品牌转化风险及不确定性

品牌创立后,在其成长的过程中,由于市场的不断变化,需求的不断提高,企业的品牌资本可能壮大,也可能缩小,甚至某一品牌会在竞争中退出市场。品牌的成长由此存在一定风险,对其评估也存在难度,对于品牌的风险,有时由于企业的产品质量出现意外,有时由于服务不过关,有时由于品牌资本盲目扩张,运作不佳,这些都给企业品牌的维护带来了难度,对企业品牌效益的评估也出现了不确定性。

4. 品牌的无形性

品牌不具有物质实体,但有物质载体,通过一系列物质载体来表现自己。直接载体有文字、图案和符号,间接载体则有产品的价格、质量、服务、市场占有率、知名度、美誉度以及偏好度。

品牌是一种错综复杂的象征,它把符号、单词和概念等同时集于一身,把各种符号如标志、色彩和包装都并在一起。企业把自己的品牌作为区别于其他企业品牌的标志,以吸引人们,尤其是引起消费者和潜在消费者对该企业产品的注意与识别。从消费者角度来看,品牌作为一种符号与产品类别信息一同储存于头脑中,而品牌也就成为他们搜索记忆的线索和对象。品牌必须提供给消费者强劲的价值利益以满足消费者的需求和欲望,博得他们长期的信赖和偏好。

5. 品牌的扩张性

品牌具有识别功能,代表一种产品、一个企业,企业可以利用这一优点展示品牌对市场的开拓能力,还可以帮助企业利用品牌资本进行扩张。消费者使用某个品牌产品或接受某种服务并获得满意的效果后,就会对此种品牌给予正面评价,形成良好的消费经验,并把这种经验保留下来,影响其他消费行为。尤其消费者在消费某一品牌并获得满意后,会形成一种品牌的"光环效应",影响这一种品牌下的其他产品或服务。

1.2 产品、产品差异化与技术创新

产品的创新与技术创新密切相关。技术创新指生产技术的创新,包括开发新技术,或者将已有的技术进行应用创新。科学是技术之源,技术是产业之源,技术创新建立在科学原理的发现基础之上,而产业创新主要建立在技术创新的基础之上。

然而,产品创新与技术创新又有所区别。技术创新可能带来但未必带来产品的创新,产品的创新可能需要但未必需要技术的创新。一般来说,运用同样的技术可以生产不同的产品,生产同样的产品可以采用不同的技术。产品创新侧重于商业和设计行为,具有成果的特征,因而具有更外在的表现;技术创新具有过程的特征,往往表现得更加内在。产品创新可能包含技术创新的成分,还可能包含商业创新和设计创新的成分。技术创新可能并不带来产品的改变,而仅带来成本的降低、效率的提高,如改善生产工艺、优化作业过程从而减少资源消费、能源消耗、人工耗费或者提高作业速度。另一方面,新技术的诞生往往可以带来全新的产品,技术研发往往对应产品或者着眼于产品创新;而新的产品构想,往往需要新的技术才能实现。

对于企业而言,技术、工艺、质量、生产规模都是企业的核心能力。技术实力的增强,尤其是发展核心技术和企业专利,提高设计和工艺水平,提高产品生产能力和质量管控能力,发挥规模效应,这些既是提升产品价值的重要手段,也是提高竞争壁垒、打造品牌的重要手段。

1.2.1 产品的概念

产品(product)是指能够提供给市场,被人们使用和消费,并能满足人们某种需求的任何东西,包括有形的物品、无形的服务、组织、观念或它们的组合。产品属性是指产品本身所固有的性质,是产品在不同领域差异性(不同于其他产品的性质)的集合。产品属性的决定因素包括需求因素、消费者特性、市场竞争、价格等级、渠道特性、社会属性、安全属性、法律政策,共 8 种。

菲利普·科特勒(Philip Kotler)在《营销管理》一书中,将产品概念的内涵分为"五层次结构",包括核心产品、形式产品、期望产品、延伸产品和潜在产品(见图 1.4)。接下来本书将以汽车为例,对这 5 个层次进行解释。

核心产品(core benefit products)是指整体产品提供给购买者的直接利益和效用,如汽车消费者要购买的是"速度、运输、代步"的工具。

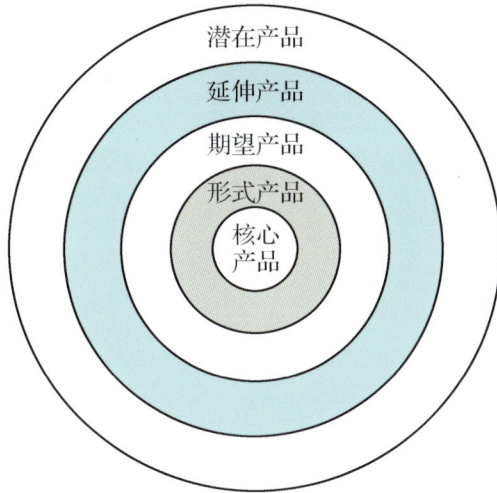

图 1.4　产品的五层次结构

资料来源：KOTLER P，KELLER K，2015. Marketing management. 15th ed. New York：Pearson.

　　1908 年，世界最大的汽车企业之一美国福特汽车公司的福特 T 型车问世，成为首款普及化的轿车，使汽车从稀缺的"奢侈品"变为日用品。这是世界上第一条汽车流水线，基本定义了汽车的结构和五大主要构件：车架、发动机、底盘、转向和刹车（见图 1.5）。

图 1.5　汽车的主要构件

　　形式产品（generic products）是指核心产品借以实现的形式或目标市场对某一需求的特定满足形式，包括品质、式样、特征、商标及包装，也可翻译为属性或者类别产品，以说明同类型产品的共同属性。如汽车的形式产品就是指其外观式样都包括车轮、方向盘、发动机等。

期望产品(expected products)是指购买者在购买产品时期望得到的与产品质量密切相关的一整套属性和条件。如购买汽车的消费者期望的是安全的性能、合适的价格和优良的品质,而另外一些消费者追求的不仅仅是以上属性和条件,还有其他的期望,如影音系统、自动驾驶功能等。期望产品将直接影响消费者对产品的信任度与品牌忠诚度。顾客得到了满意的期望产品,对品牌形象有了良好的印象,从而真正认识并认可品牌,反之将造成极大的落差。

延伸产品(augmented products)是指整体产品提供给顾客的一系列附加利益,包括运送、安装、维修、质量保证等在消费领域给予消费者的好处。

潜在产品(potential products)是指现有产品包括所有附加产品在内的,可能发展成为未来最终产品的潜在状态的产品。潜在产品层是产品的第五个层次,是企业努力寻求的满足顾客并使自己与其他竞争者区别开来的新方法。

产品的 5 个层次结构构成了一个产品组合的概念。以图 1.6 所示的迈凯伦、法拉利、保时捷、兰博基尼、路虎和奔驰的代表车型为例。

图 1.6　(上排从左至右依次为)迈凯伦 P1、法拉利 LaFerrari、保时捷卡宴,
(下排从左至右依次为)兰博基尼 Huracán、路虎揽胜、奔驰 E 级 Coupe

迈凯伦、法拉利、保时捷、兰博基尼、路虎和奔驰推出的不同车型首先是满足了核心的交通、出行基本需要,即核心产品层次。并且,它们具有不同的外观式样,都属于汽车的形式产品。在期望产品层次上,消费者对汽车产品的需求不同,从而会选择不同的产品,例如消费者购买奔驰 E 级 Coupe 系列是为了满足其对豪华、身份感的期待,消费者购买兰博基尼 Huracán 是为了彰显自己的个性,消费者购买路虎看中的是其强大的越野性能。再上升到

延伸产品层次,保时捷卡宴提供了一系列个性化定制服务及售后服务。最终的潜在产品层次,法拉利 LaFerrari 不仅是要成为超级跑车的行业标杆,更意在引领未来汽车产品的发展。

1.2.2　技术与产品差异化

技术一直对产品起着关键作用。在过去的 10 年中,云技术、分析技术和其他为数字体验赋能的技术,在不断颠覆信息技术运营、商业模式和市场。产品因技术的进步而不断发展。虽然这些现已被熟知的力量早已不能称为"趋势",但其影响力仍不容忽视,其本身仍在继续演变发展。最近,区块链、认知技术和数字现实(增强现实、虚拟现实、物联网等)这 3 种新技术已经进入"颠覆者"的行列。它们正蓄势待发,各自有望成为一种独特的宏观力量。与此同时,还有 3 项基础力量使产品能够不断创新:核心现代化系统、信息技术以及安全和隐私范畴之上的网络风险战略升级。这些力量是过去和现在技术创新的支柱。每种力量都在高速向前发展,而相互之间的适度碰撞加大了它们的整体影响力,以推动产品的差异化竞争。

产品差异化是指企业以某种方式改变那些基本相同的产品,以使消费者相信这些产品存在差异而产生不同的偏好。

按照产业组织理论,产品差异是市场结构的一个主要要素,企业控制市场的程度取决于它们使自己的产品差异化的程度。除了完全竞争市场(产品同质)和寡头垄断市场(产品单一)以外,通常产品差异是普遍存在的。企业对于那些与其他产品存在差异的产品拥有绝对的垄断权,这种垄断权构筑了其他企业进入该市场或行业的壁垒,形成竞争优势。同时,企业在形成产品实体的要素上或在提供产品的过程中,造成足以区别于其他同类产品以吸引购买者的特殊性,从而导致消费者的偏好和忠诚。这样,产品差异化不仅迫使外部进入者耗费巨资去征服现有客户的忠实而由此造成某种障碍,而且又在同一市场上使本企业与其他企业区别开来,以产品差异为基础争夺市场竞争的有利地位。因此,产品差异化对于企业的营销活动具有重要意义。

产品差异化分为垂直差异化和水平差异化。垂直差异化是指拥有比竞争对手更好的产品,水平差异化是指与竞争对手不同的产品。而在现实生活中,通过垂直差异化和水平差异化交替使用而成功地推出自己品牌的例子不胜枚举,比如为世人所熟知的拉菲酒庄。由于拉菲巧妙地运用了产品差异化,设计了主牌、副牌,如大小拉菲等,不同品牌有各自的个性化定位,从而实现了在葡萄酒产业骄人的战绩。

在产品的核心层次上,通过技术创新实施产品的差异化。产品差异化是技术创新的表现形式。拥有雄厚研究开发实力的高技术公司,普遍采用以技术创新为主的差异化战略。这些公司拥有优秀的科技人才和执着的创新精神,同时建立了鼓励创新的组织体制和奖励制度,使技术创新和产品创新成为公司的自觉行动。尤其是在赛车运动领域,每一次技术的不断发展造成了产品的差异化竞争而使其领先于同类,反之,产品的差异化竞争也推动了技术的不断进步。

1.2.3　创新与技术商品化

每一种技术进步都与基础科学,与不断的创新思维紧密相连。创新与技术进步在一定程度上可以说是一对孪生兄弟。

18世纪60年代,蒸汽机的发明开启了第一次工业革命,大机器生产成为工业生产的主要方式。工业革命创造的巨大生产力,使社会面貌发生了翻天覆地的变化。

进入19世纪,英国科学家法拉第(Michael Faraday)发现了电磁感应,这奠定了电磁学的基础。1870年,麦克斯韦(James C. Maxwell)创立了电磁理论方程(麦克斯韦方程),统一了电、磁、光学原理。化学、热力学等领域也取得重大进展,形成了物理和化学的基础定律。

电力开启了第二次工业革命(1870—1914年),出现了一系列重大发明,如发电机、电动机、电力系统、电灯、电车、电话、电报,电影放映机以及以煤气和燃油为能源的内燃机、柴油机、内燃汽车、远洋轮船、飞机等,令能源、制造、交通、通信、材料、供水等发生了革命性变革,促使生产力空前发展,人类社会开始步入电气化时代。

历史上每一次巨大的技术进步都带来了人类文明的发展。在数字时代,技术和商业相互依存和促成。技术不再是单纯的实践摸索和经验积累,而是以商业理论为指引的开发、创新。基础创新打开视野和思路,应用研究探索其技术或商业的可行性,技术开发把成果制成有用的产品。

以赛车运动为例。赛车运动团队投注数十亿的资金开发新技术,重点是要让其车手能够在赛道上取得优势。因此,制造商也希望经由他们的创新项目,将其转变为单位转换的生产技术,以获得投资的效益,这样的理念并不足为奇。以下是赛车运动技术创新的几个方面。

1. 半自动传动装置

用于改装生产的汽车,包括早已不存在的C级车型是以往发明以及未来科幻汽车的源头。1984年保时捷962开发的直接换挡变速箱,可以说是最具影响力的一项产物。无离合器换挡也是用于F1赛车的换挡拨片的先驱。

起初,人类并没有预料到"半自动、无须踩离合器的换挡方式"(flappy paddles)会在21世纪初成为行业标准。不过,保时捷、本田和不少房车都提前配备了这项技术,如今这也变成了流行的换挡拨片方式。

2. 盘式刹车

盘式刹车最初由保时捷在勒芒 24 小时耐力赛上首次亮相使用,并于 20 世纪 80 年代开始运用在汽车上并量产(见图 1.7)。盘式刹车在不锁定转向的情况下能够快速刹车,它是一种性能增强的技术,这在乘用车市场道路安全方面是一项突破性的发展。

图 1.7　安装盘式刹车

该技术仍在不断地发展。现在,道路车的刹车部件正由钢盘式转为材质更轻的、更耐热的陶瓷版本。当然,在技术方面,F1 赛车仍然领先一步,而且大部分刹车部件已采用碳纤维材质。

3. 碳纤维底盘

碳纤维(见图 1.8)超轻、强韧,比钢耐用 10 倍,是赛车运动的首选建构材料,从 F1 赛车到超音速飞机都有应用。

图 1.8　2013 RB9 F1 汽车的碳纤维部件

不过,制造和成型碳纤维的高成本意味着我们在完全碳化的主流量产车方面还有一段很长的路要走。然而,许多制造商已将其纳入碳纤维增强塑料(CFRP)的主体内。它在电动车中尤其受欢迎,例如宝马i3,其中重量管理对于抵消大部分的电池重量是非常重要的项目。这一"黑科技"同样被应用到了迈凯伦公路跑车上。为了追求极致的性能和轻量级要求,迈凯伦的每一辆公路跑车均采用一体式碳纤维底盘,而终极系列P1,更打造出仅重90千克的碳纤维一体化车身完整结构。

4. 后视镜

在过往的日子里,F1确实有一些古怪的规则,但路边停车的奖励则不在其中。相反,工程师也意识到轻松放置一面镜子可以让车手看到对手何时从后面接近,从而更容易提早预做准备,并在拐角处进行刹车检查。检查后视镜是每个赛车手的首要工作(见图1.9)。

图1.9 后视镜检查

5. 四轮传动系统

四轮传动系统(four wheel drive,4WD)最初由奥迪拉力赛车团队率先使用,并于1980年迅速扩展到其扭转局势的quattro公路赛车中,有助于平稳处理平地及崎岖颠簸的路面。quattro公路赛上四轮传动系统的野性被改善,工程师根据其性能需求改变了传递给每个轮胎的动力,使得拉力赛车像小型汽车一样灵活,但动力上仍然像300多匹马力(1马力=736瓦)一样强大。

6. Joypad 方向盘

如今，F1 方向盘（见图 1.10）的平均按键比笔记本电脑的键盘还多。它们中的每一个键都具有最大化性能所必需的功能。比如福特 Ka 方向盘上的各种按键可以实现更多的功能运用，主要集中在控制媒体播放器并实现免持通话。将所有这些功能集中在车手的视线内，按钮方向盘有助于提高安全性及便利性。

图 1.10　F1 方向盘

7. 主动式悬挂系统

一般悬架（suspension）是被动的，这意味着它只是随着道路起伏。而主动悬架会依据地表而做改变，并且主动升高和降低每个车轮的底盘，以确保更好的操控性、更好的牵引力并让车手平稳地驾驶。

早期的主动悬架只是简单地调整冲击的强度，但是 F1 将其调整到可预测的极端状态，在整个赛车中嵌入传感器并将数据回馈到车载的计算机中分析、计算。

丰田是首个将该技术带入道路车的品牌，1983 年的 Soarer，以及像雪铁龙桑蒂雅（Citroën Xantia）这样传说中的跑车，及沃尔沃 S60R 确保它能够持续增强（在适当的情况下，自动放低）。

8. 制动辅助转向系统

制动辅助转向系统是迈凯伦一项应用于 MP4 - 13 的创新科技，其通过刹车时对后轮内侧施压,提高弯道行驶时的加速度,有利于减少刹车时间和距离,并在出弯时更快地提速。这一科技的诞生让迈凯伦队车手哈基宁(Mika Häkkinen)在 1998 年的 F1 墨尔本站上过于轻松地夺得了冠军。而其带来的强大优势,使得该技术在 F1 被禁用。

时至今日,这一强大的技术被应用在迈凯伦所有的公路跑车上,用以改进转弯性能,提高转弯速度。一旦开启赛道模式,可令驾驶体验与专业赛车媲美。

9. 指静脉识别技术在汽车上的应用

从技术创新性角度来看,指静脉识别技术在汽车上应用较少,只见于部分汽车企业新发布的汽车产品,尚处于汽车行业应用的起步阶段。其在汽车上的应用如图 1.11 所示。从技术应用评估角度来看,该技术已发展成熟,在智能家居等领域已实现商用落地,在汽车上的应用价值较高,且商用成本合理。综合考虑,该跨界合作为新技术赋能汽车产品创新的较佳实践案例。

图 1.11 指静脉识别技术在汽车上的应用

资料来源:寻找创新——来自汽车行业的实践[R].鲸准研究院,2019-5-7.

10. 发光面料在汽车上的创新应用

从技术创新性角度来看,发光面料常用于服饰行业,尚未在汽车产品上应用,创新性很强。从技术应用评估角度来看,该技术已发展成熟,在非汽车领域已实现商用落地,在汽车上应用潜力很大,可结合情绪识别等 HMI 技术应用在智能驾舱上,给用户带来更加丰富的个性化体验(见图 1.12)。该案例是通过跨界合作促进汽车产品创新的大胆尝试。

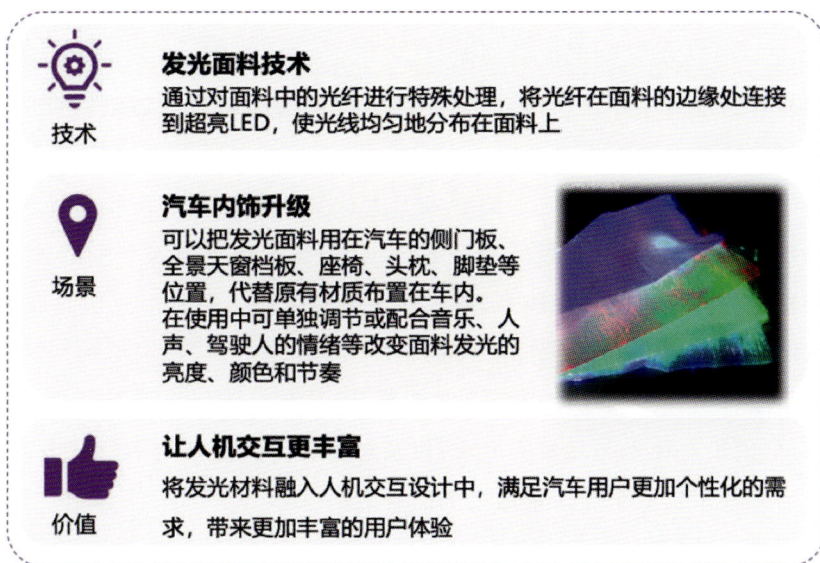

图 1.12　发光面料在汽车上的创新应用

资料来源:寻找创新——来自汽车行业的实践[R].鲸准研究院,2019-5-7.

综上所述,由创新引起的技术进步已成为经济增长的重要源泉,而以企业为主体、赢利为目的的商业活动为持续创新提供了坚实的物质和技术基础。技术商品化快速地转化创新成果,形成产品差异化,最终产品差异化又反哺了创新驱动,进一步推动整个商业生态的发展。

1.3　从产品品牌到公司品牌

公司最先的品牌起源于产品,或称之为产品品牌,用以区分公司与竞争者的产品或服务。在公司产品品牌的基础上,顾客(消费者)逐渐形成对公司的印象,也就是把对产品的感觉和体验投射到对公司的感受和体验上,这就开始形成了公司在顾客(消费者)心目中的形象。

1.3.1　品牌的形成

品牌就是消费者思想中的概念,品牌的形成过程就是人类知识概念的形成过程,品牌形成原理就是人类七大认知机制(接受、起信、联想、态度、感受、忽视、唤醒)与类别化解析模式、具有自由意志特征的认知原理。

传奇品牌的缔造,宝马、保时捷、丰田、大众的成功,在我们看来,都是因为它们符合了品牌形成的原理。品牌形成原理,不属于丰田,也不属于大众,它是所有企业品牌能够获得成功的原因所在,它属于人类认知形成的规律,是先于企业而存在的普遍原理。不是因为品牌符合了丰田的品牌管理体系才获得成功,而是因为丰田的品牌管理体系符合了品牌形成原理才成功。所以成功的品牌总有一套属于它自己的、不同于其他的品牌管理体系。

在品牌的创造过程中,如果顺应了消费者七大认知机制以及那些先于被创造的品牌而存在的人的知识体系,例如顺应了目标消费者的世界观、价值观以及他们的文化、消费习惯等各种用来类别化解析模式的知识体系,那么这个新品牌就容易获得成功而成为强势品牌,否则就可能在消费者"遗忘"机制的作用下消失。

以德国汽车品牌宝马为例。1916 年 3 月 7 日,宝马在巴伐利亚宣告成立,当时这家企业并非名门望族,但出于对技术与品质的追求,以及对品牌价值提升的不断努力,百年之后,这家公司已然成为豪华车领域全球销量最高的品牌之一。

在宝马成立之时,同为一国的竞争对手奔驰已经走过了将近 30 个年头,并在豪华车领域称霸一方。然而宝马却选择了另一条路线:运动、科技与未来。那时的奔驰正聚焦于各种豪华加长轿车,宝马却选择开辟了 303 这个强调短小、运动型、可操控性的品类,并最终在 328 这个车型上开花结果。而这些产品正是号称宝马灵魂的 3 系的鼻祖。时至今日,无论是其 SUV 产品还是旗舰 7 系,运动仍然是其值得骄傲且不可分割的基因。这样的聚焦与别具一格,有效地建立了宝马的品牌并支撑它走过了百年。

1.3.2　品牌等级、层级与架构

品牌有等级之分,即俗称的"档次";品牌有层级之说,公司有品牌,产品线也有品牌,还有副牌系列;品牌架构是一个品牌各个层级的总和。

1. 品牌等级

廉价商品、大众品牌、高端品牌、奢侈品品牌属于一种递进关系,也就是说,品牌世界是有等级区分的,俗称的"轻奢"事实上属于高端品牌一类(李杰,2019)。然而,不少人将奢侈品品牌与高端品牌搞混淆,将两者等同起来。其实不然,即使一个大众品牌经重新定位、重塑品牌形象,发展成为高端品牌,它离奢侈品品牌还有非常遥远的距离。

从 2007 年至今,尽管全球经济经历着巨大波动,然而奢侈品行业始终在增长,事实上,奢侈品行业是一个由不同类别的企业和产品组成的生态系统,仅有极少数是采用奢侈品的发展战略。如今,"奢侈品"这个词变得越来越时尚,即使许多从事时尚家居和高端品牌的公司也开始使用它。然而,"奢侈品""时尚品"和"高端品"并不能互相代替,三类公司有不同的管理方法,奢侈品公司独特的商业模式将在后续章节中继续阐述。奢侈品不是更高级的商品,它的内涵比高端品广很多,在价格和奢侈程度两个维度上,从仅仅贴一个牌子作为商标的廉价商品,到有一定质量保证的大众品牌和高端品牌,再到奢侈品品牌,它们是一个很难跨越的递进关系(见图 1.13),尤其是高端品牌到奢侈品品牌,不是简单地提升价格就可以实现品牌等级的提升。滥用"奢侈品"这个词语容易模糊概念,给品牌经营管理带来困惑。

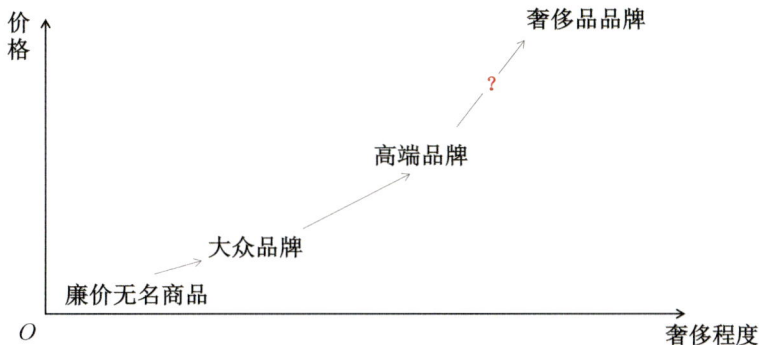

图 1.13　廉价商品、大众品牌、高端品牌、奢侈品品牌的递进关系

资料来源:CHEVALIER M,MAZZALOVO G,2008. Luxury brand management:a world of privilege[M]. New Jersey:Wiley.

星巴克(Starbucks)虽然开启了奢华的臻选咖啡烘焙工坊(Starbucks Reserve Roastery),自我定位为"提供浪漫、休闲放松和奢侈体验"(见图 1.14),还有 iPhone 11 Pro Max 强调产品的"科技感和奢华感",但用奢侈品品牌来定义星巴克和 iPhone 11 Pro Max 并不合适。而用美味、时尚、设计漂亮、黑科技这些词语来描述美食和手机更为贴切。

图 1.14　星巴克臻选咖啡烘焙工坊

为了更好地区分高端品牌和奢侈品品牌,根据笔者以往的研究,进一步将两者细分为普

通消费品牌、高端品牌、入门级奢侈品品牌、主流级奢侈品品牌、威望级奢侈品品牌和顶级奢侈品品牌（见图1.15）（李杰，2010）。这个金字塔等级图囊括了大众、丰田这类平民化的普通消费品牌，也包括了布加迪和劳斯莱斯这样的顶级汽车品牌。

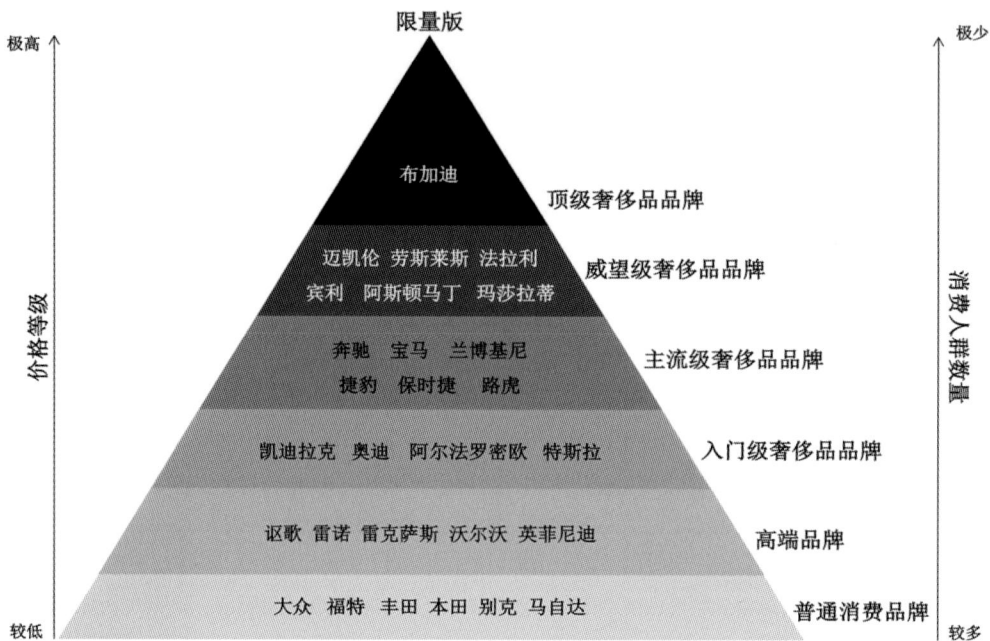

图 1.15 高端品牌和奢侈品品牌等级细分

图1.15揭示了大众、丰田等刚进入中国市场时还很"新潮"的品牌如今已经处在了金字塔的最底层。而像兰博基尼、宾利、玛莎拉蒂这样售价动辄上百万元的汽车奢侈品品牌也只是游离于金字塔的中上游位置。处于最顶尖的其实并非某个特定品牌，而是更个性化的定制或限量版产品。

消费者愿意付出高昂的代价得到那些真正的奢侈品。与大众品牌或高端品牌相比，奢侈品具有一定的稀缺性，其购买群体规模小很多。在那些社会地位高、消费能力较强、与奢侈品品牌内涵相契合的消费者购买奢侈品的同时，奢侈品品牌的形象也建立起来了，从而打造了强大的情感和感官体验。

2. 品牌层级与架构

按照所覆盖产品宽度，每个公司由高到低分为4种品牌层级（brand hierarchy）（Aaker，2009）：

（1）公司品牌（company brand）。

（2）分部品牌（house brand，即俗称的公司旗下独立品牌或某品牌的副牌）。

（3）产品线品牌（product line brand，即俗称的"产品系列"）。

（4）子品牌（sub-brand，即俗称的"款式""型号"等）。

公司品牌是企业的品牌，代表了企业的价值观、文化；分部品牌是涵盖多种产品类别的品牌；产品线品牌是针对公司特定产品的品牌；子品牌则是代表产品线品牌的具体款式。各个企业针对不同产品的品牌战略会有差异，企业可能以某一层级的品牌名称为主，也可能对多个层级的品牌名称采取平均比重。所以，在为产品设计品牌战略时就可以将这些不同层级的品牌名称以特定方式集合在一起，形成一个完整的品牌结构。

在品牌层级的最上端是公司品牌，它定义了产品或服务背后的企业。例如菲亚特-克莱斯勒集团和大众集团，代表了生产及销售的组织，包括人员、规划、系统、价值及文化。

第二层级是分部品牌，也称为系列品牌（series brand），它所代表的是涵盖几种产品类别的品牌。如菲亚特-克莱斯勒集团下品牌阿尔法·罗密欧、克莱斯勒、道奇、玛莎拉蒂、菲亚特和吉普等，大众汽车集团下品牌大众、奥迪、斯柯达、兰博基尼、宾利、布加迪和保时捷等（见图 1.16～图 1.20）。

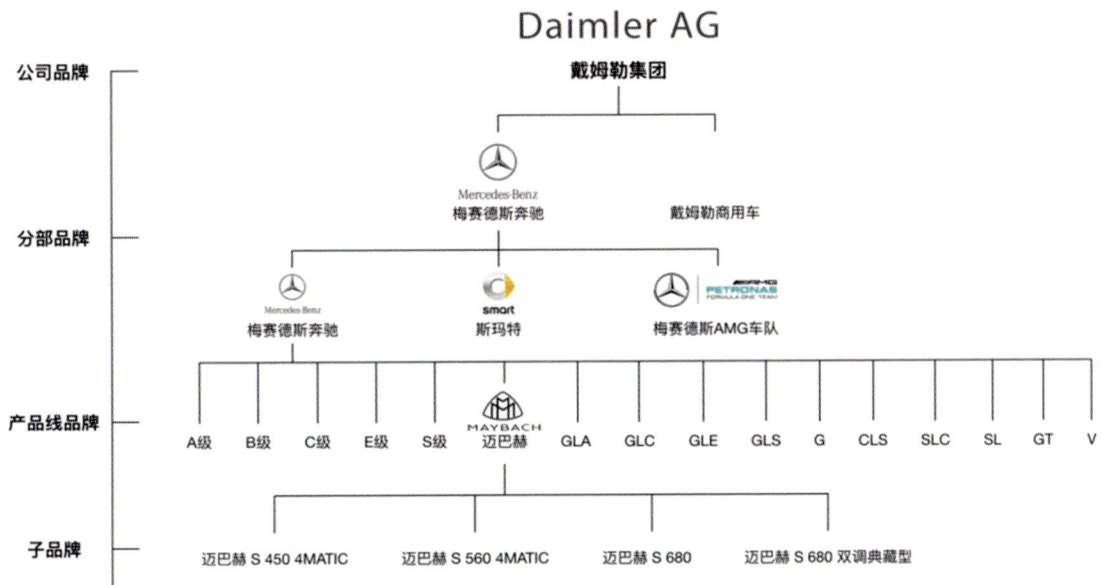

图 1.16　戴姆勒集团品牌层级与架构

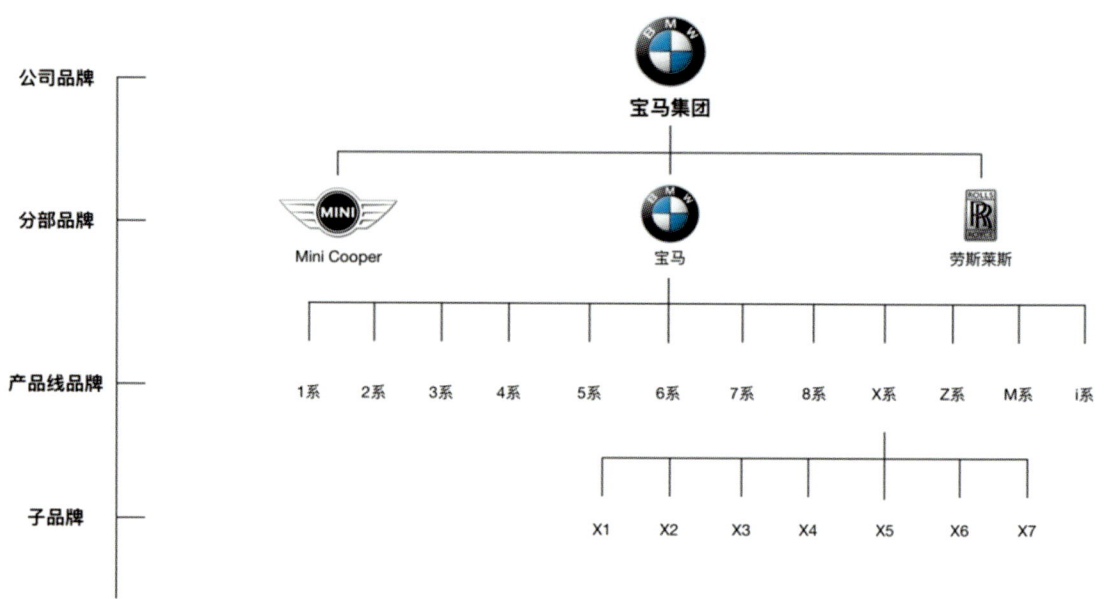

图 1.17 宝马汽车集团品牌层级与架构

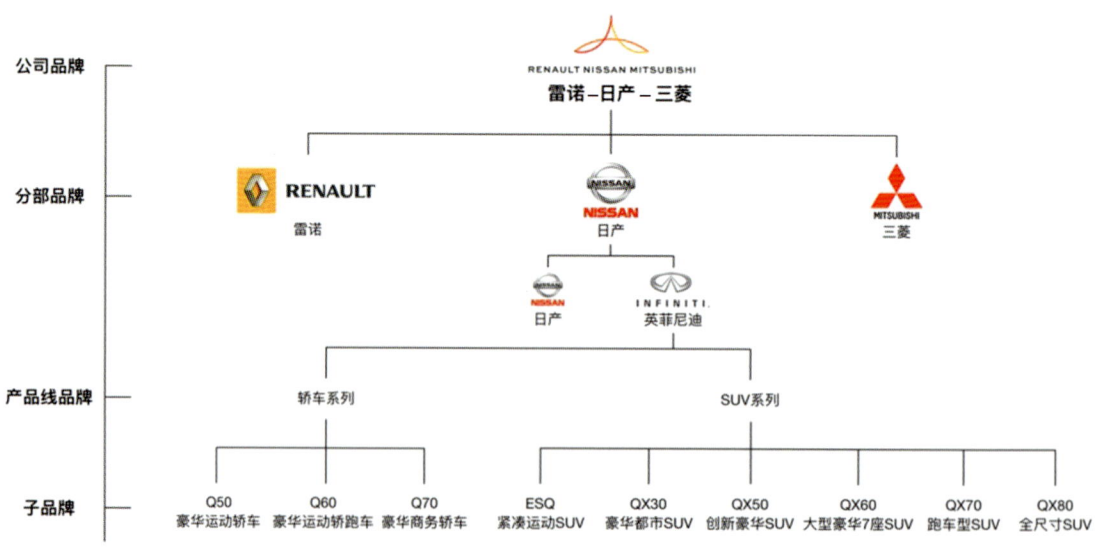

图 1.18 雷诺-日产-三菱汽车集团品牌架构

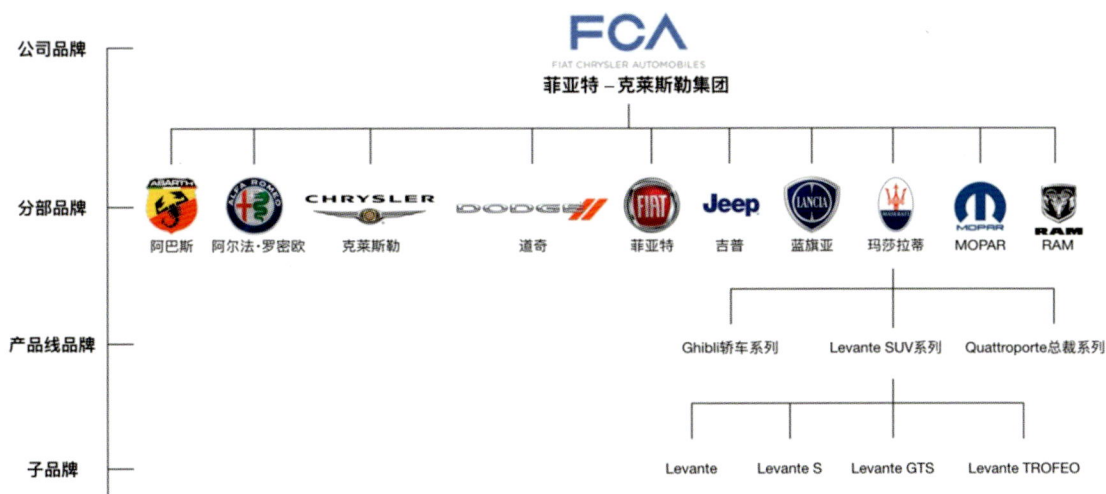

图 1.19　菲亚特-克莱斯勒汽车集团品牌架构

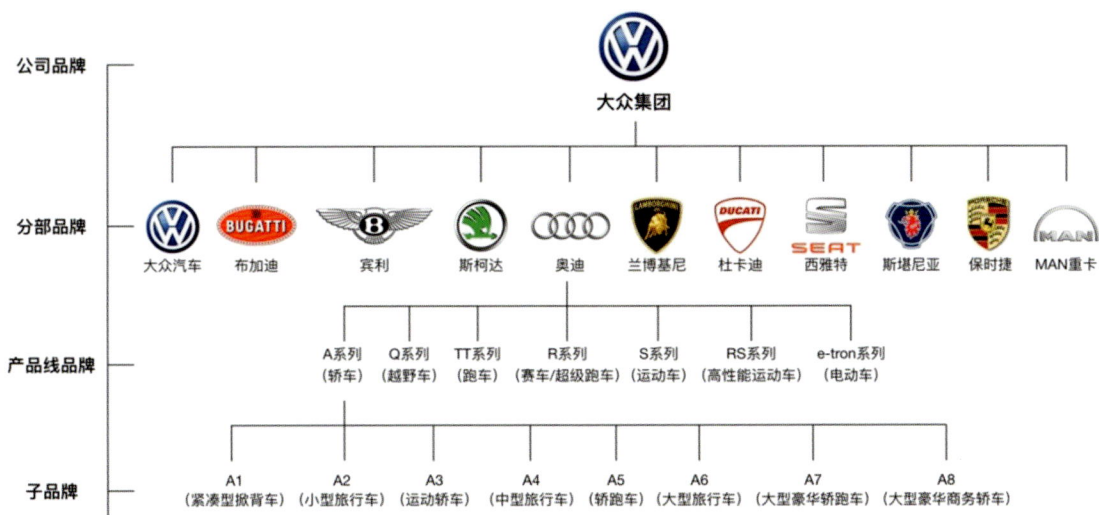

图 1.20　大众汽车集团品牌架构

　　一般来说,分部品牌下还存在品牌,那就是第三层级——产品线品牌,英文有时也用"family brand"。这些品牌代表了特定系列产品,如轿车、跑车、轿跑车、SUV 等。

　　最后,品牌还可以通过子品牌进一步细化,如奥迪 A4、林肯大陆、英菲尼迪 Q50 等,这些子品牌也称为个别品牌(mono brand)。如果产品更多,可以通过分部品牌或产品线品牌的子品牌继续细化。

　　由此,公司品牌、分部品牌、产品线品牌和子品牌构成了一个公司的品牌架构。图 1.21～

图 1.24 列举了全球著名汽车集团的品牌架构图。

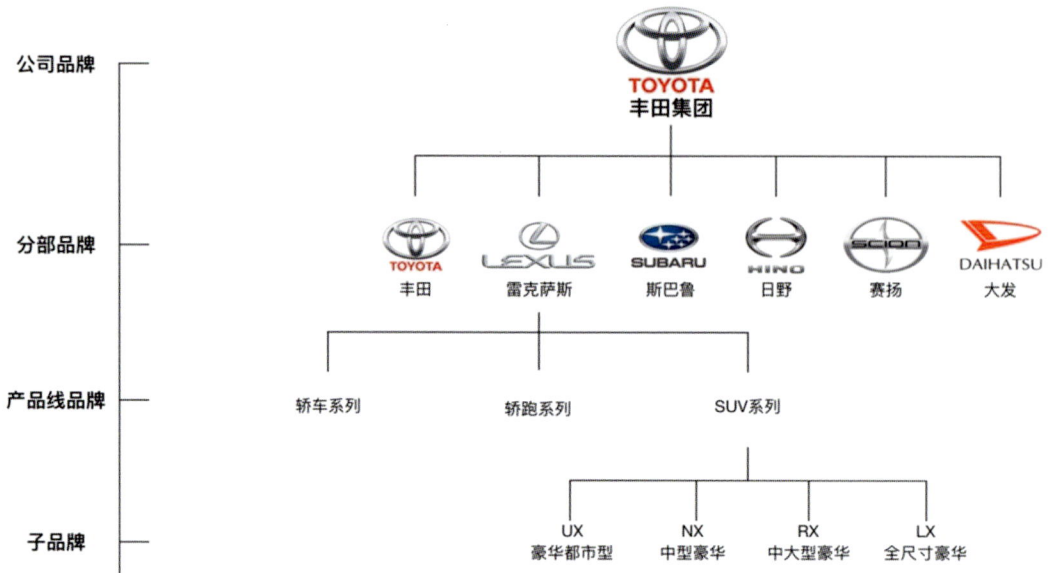

图 1.21　丰田汽车集团品牌架构

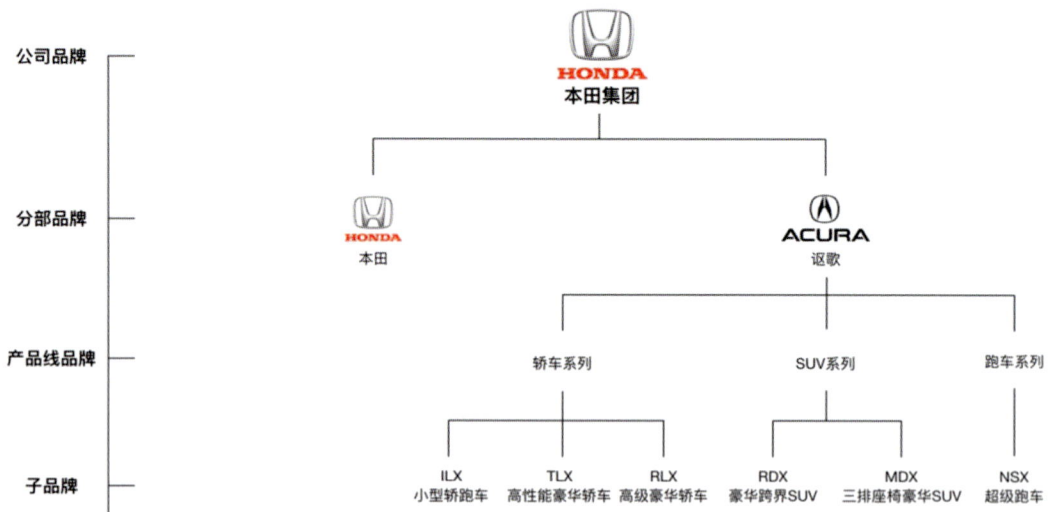

图 1.22　本田汽车集团品牌架构

　　一个企业不同产品品牌的组合，具体规定了品牌的作用、各品牌之间的关系，以及各自在品牌体系中扮演的不同角色。合理的品牌结构有助于寻找共性以产生协同作用，条理清晰地管理多个品牌，减少对品牌识别的损害，快速高效地做出调整，更加合理地在各品牌间分配资源，这与公司的商业模式息息相关。

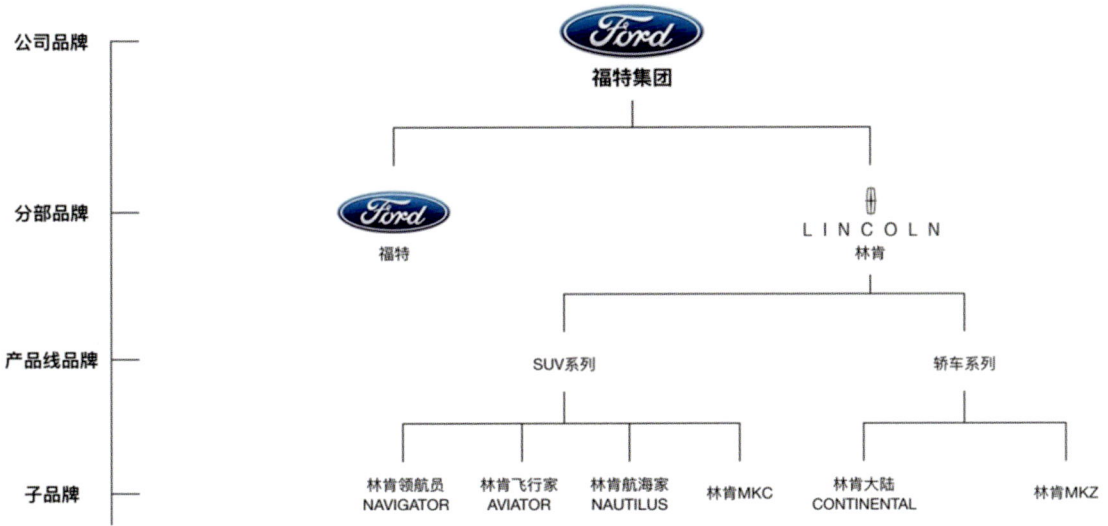

图 1.23　福特汽车集团品牌层级与架构

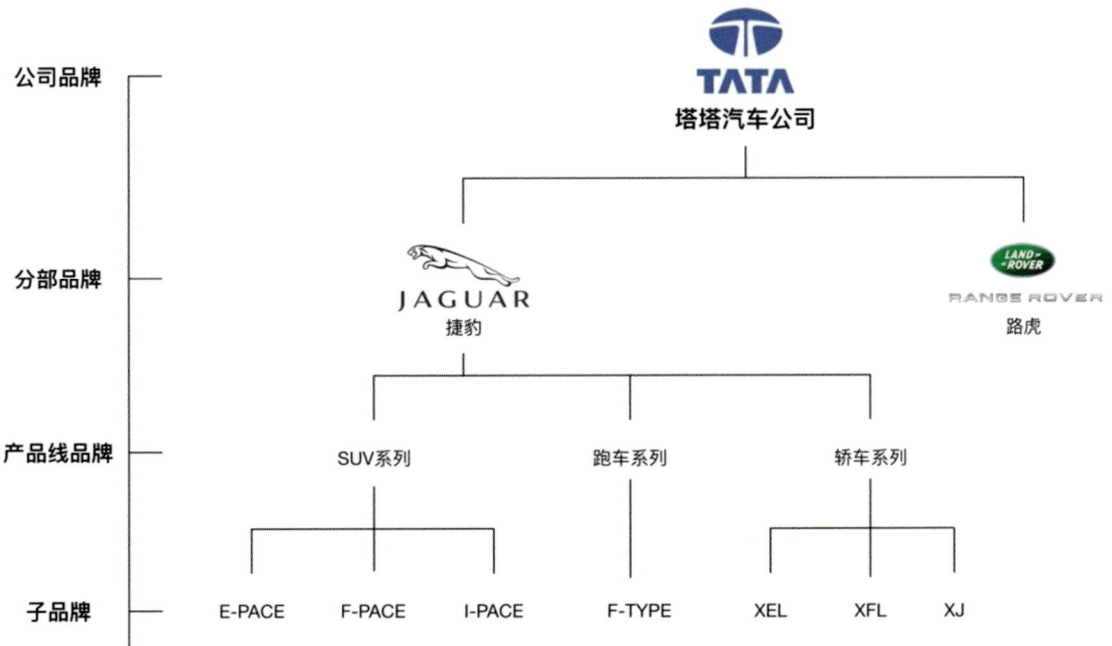

图 1.24　塔塔汽车集团品牌层级与架构

从以上的例子中,我们可以一窥产品品牌与公司品牌的关系。产品品牌与公司品牌可能保持一致,例如宝马汽车与宝马集团、福特汽车与福特集团,也有可能产品品牌与公司品牌完全无关,例如塔塔集团的公司品牌就与其旗下的产品品牌路虎和捷豹没有关联。

1.3.3 BASE 模型及其应用

千禧年以来,许多公司的品牌架构变得越来越复杂。产品类别处于成熟阶段,消费者的偏好正变得越来越异类,这迫使公司趋向更高程度的产品差异化。此外,合并和收购不仅需要合并不同的企业文化,更要合并不同的品牌组合以实现更高的商业价值。随着互联网的广泛应用、电子商务的兴起,现有品牌有更多的机会转型升级发展为支持线上的线下品牌或者建立纯线上品牌。最后,股东不断增长的需求也增加了提高营销效率的压力,尤其是为了建立具有成本效益的品牌结构。因此,许多品牌目前正在简化其品牌组合。与品牌相关的最紧迫的问题涉及多个品牌系统的管理,即品牌架构,而不是单个品牌。根据品牌的目标人群、等级、层级与架构,加拿大约克大学安德烈亚斯·施特雷宾格教授整合了战略品牌概念理论、信息处理理论和品牌架构策略类型理论提出了一种探索性的工具——BASE 模型,并在此基础上推导出合适的品牌架构策略(Strebinger,2004)。

品牌架构策略按目标顾客(target customers,T)和产品品类(product categories,P)这 2 个维度划分,假设有 4 个产品和/或服务类别(P1～P4)和 4 个目标群体或市场(T1～T4),从这些产品和/或服务类别出发,有 5 个品牌架构策略代表了要从中选择的理想类型,分别为 C 型、P 型、T 型、PT 型和 F 型。

1. C 型——使用集团品牌

C 型(corporate brand strategy)是公司品牌细分策略,它对所有产品类别和目标群体采用统一品牌,产品范围越大,公司品牌的一般价值就越抽象(见图 1.25)。

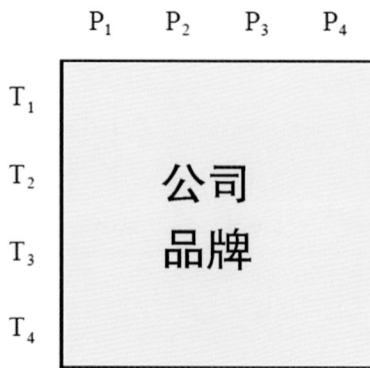

图 1.25　C 型品牌架构

资料来源:STREBINGER A,2004. Strategic brand concept and brand architecture strategy—a proposed model[J]. Advanced in consumer research,31:656 - 661.

2. P 型——按产品系列划分品牌

P 型(product brand strategy)是产品品牌细分策略,以感官体验型产品为主,需要以产品的感官分类区分品牌(见图 1.26)。由于它们的体验性质,它们受到产品类别的物理属性的限制,人们不愿尝试宾利(Bentley)的香水,因为担心它的味道像汽车的尾气;不喜欢假想的喜力爆米花,并且对奇瑞汽车的跨界红酒和面粉产生怀疑。在现实生活中,小米品牌已成功扩展到智能家居生活、物联网(IoT),但未能使客户相信其极致性价比的"婉爱"系列葡萄酒的质量,因为葡萄酒的产品类别与主导品牌的科技关联不相容。但是,只要品牌除了体验性感受之外没有其他区别,那么使用相同的品牌名称也未尝不可,例如劳斯莱斯既是顶级名车品牌,也是卓越的飞机发动机品牌。

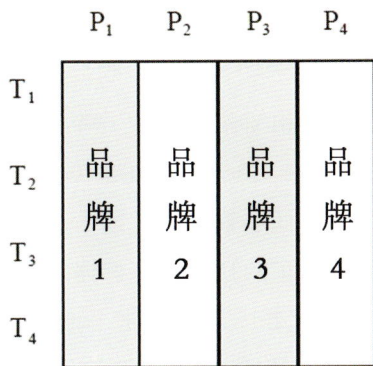

图 1.26　P 型品牌架构

资料来源:STREBINGER A,2004. Strategic brand concept and brand architecture strategy—a proposed model[J]. Advanced in consumer research,31:656-661.

3. T 型——按目标客户划分品牌

T 型(target group brand strategy)是具有明显的消费者定位的品牌(见图 1.27)。奢侈品品牌(如古弛、卡地亚、路易威登或乔治阿玛尼)在将多个产品组合到一个品牌中时几乎没有困难,例如酒店、家居等看似与主要业务无关的产品系列,因为典型品牌用户的形象是一致的并沿着目标所希望的方向继续。但是每当这样的品牌混淆了不同的目标用户群体时,品牌延伸就会出现困难。如以前主要针对男性顾客的雨果博斯(Hugo Boss)在进入女性商务服装市场时就出现了举步维艰的情况。

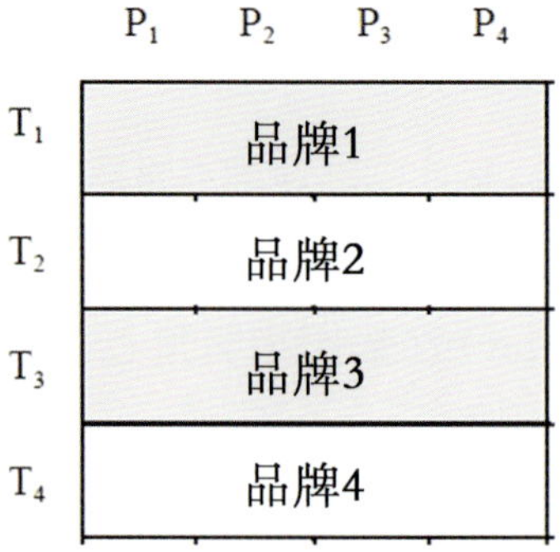

图 1.27　T 型品牌架构

资料来源：STREBINGER A，2004. Strategic brand concept and brand architecture strategy—a proposed model[J]. Advanced in consumer research，31：656－661.

4. PT 型——按产品—客户组合划分品牌

PT 型（product-target group brand strategy）是产品与特定目标群体细分策略，每一个小细分小格子都有自己的品牌名（见图 1.28）。如在大众汽车集团下的大众品牌中，桑塔纳轿车的目标消费群体是生活理性的中低层管理人员或小业主，市场定位是"A 级车市场中最为实用和可靠的经典车型"；帕萨特轿车的目标消费群体是成熟、内敛、追求生活品质的成功人士，市场定位是"具备高标准的质量、技术和工艺水平，有良好舒适性和安全性的中高级轿车"；Polo 轿车的目标消费群体是注重品质、追求完美的年轻人士，其市场定位是"外观时尚、技术先进、制造工艺优秀的高性价比轿车中的标杆车型"等。

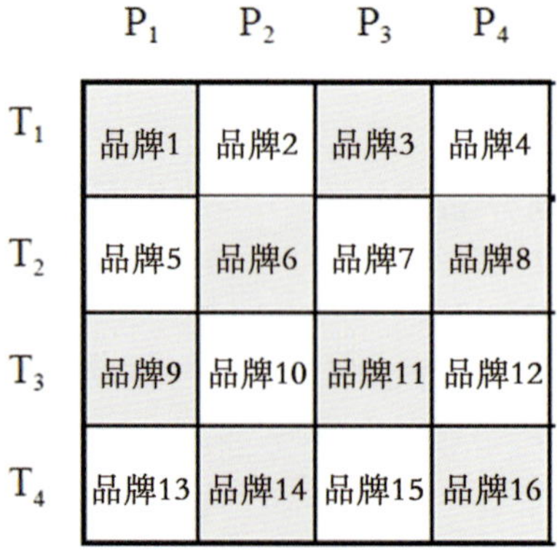

图 1.28　PT 型品牌架构

资料来源：STREBINGER A，2004. Strategic brand concept and brand architecture strategy—a proposed model[J]. Advanced in consumer research，31：656－661.

5. F 型——家族型

F 型（brand family strategy）是品牌家族细分策略，分级排列的品牌名有一个共同的公司品牌，有一定数量的背书品牌或子品牌，这些品牌有自己的品牌个性（见图 1.29）。这些品牌家族成员也可以有多个分层等级。和 C 型不同，F 型不是仅靠通用大品牌名描述，而是结合 P 型、T 型或 PT 型多种混合形式进行品牌命名、定位与传播。

大众集团采用家族品牌横向并行的品牌战略，不同家族品牌在定位上差异化，主要是借助差异化的品牌文化与内涵，每个品牌都代表和象征着大众汽车集团整体形象的一个部分，它们都是根植于自身的历史渊源以及集团内的品牌定位而发展成的一个个具有个性价值的品牌。

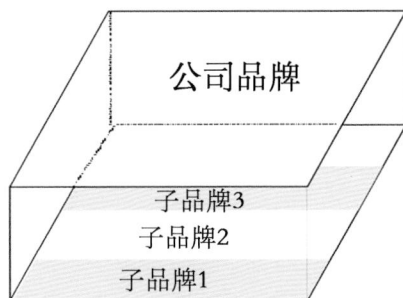

图 1.29　F 型品牌架构

资料来源：STREBINGER A，2004. Strategic brand concept and brand architecture strategy—a proposed model[J]. Advanced in consumer research，31：656 - 661.

大众集团在其家族品牌中，尽可能最大幅度覆盖不同的汽车细分市场，成为"汽车价值标杆"的大众乘用车。它拥有 12 个承载独特文化性格的品牌吸引着消费者的注意力：具有沉稳气质、绿色健康的百年斯柯达，融合西班牙的热情与德国的精准的西雅特，倡导突破科技、启迪未来的奥迪，永不言最的"皇家运动员"宾利，跑车中的最终力量者、像是一件神秘艺术品的兰博基尼，亲民跑车保时捷，兼具美学和跑车特性的立体派艺术家布加迪，热情与执着的高性能玩具摩托车杜卡迪，"公路之王"卡车斯堪尼亚，重卡 MAN 等。

|研究案例　宁静致远——从拉图到侯伯王|

美国作家威廉·杨（William Young）曾说："一串葡萄是美丽、静止与纯洁的，但它只是水果而已；而一旦通过压榨，它就变成了一种动物。因为它变成酒以后，就有了动物的生命。"葡萄酒拥有迷人的色彩、神秘的情思与柔和的醇香，饱含了鲜活的生命原汁，蕴藏了深厚的历史内涵。法国波尔多地区的拉图和侯伯王折射了这一点。

1. 拉图

梅多克地区曾流传着这样一句谚语："只有能看到河流（吉伦特河）的葡萄才能酿出好酒。"波尔多八大酒庄沿河而设（见图 1.30），而作为波尔多八大酒庄之一的拉图酒庄（Chateau Latour）就拥有这种得天独厚的地理位置。

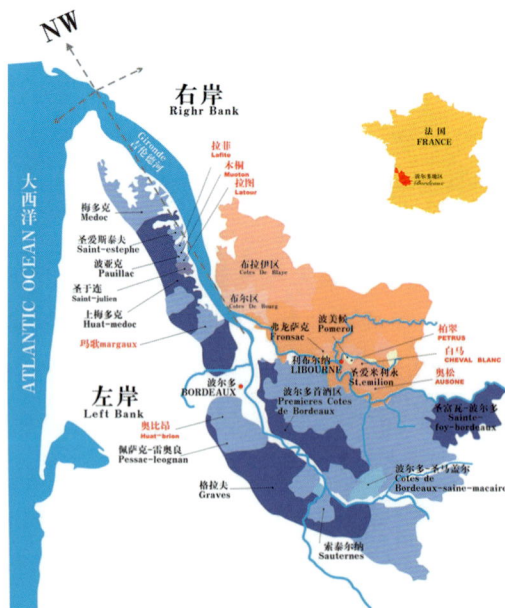

图 1.30　波尔多八大酒庄位置图

资料来源：同在波尔多，为何还分左右岸？［EB/OL］.（2018-02-28）［2019-09-22］. https://www.sohu.com/a/224557845_100050129.

在波尔多的左岸,波亚克村南部的纪隆河口曾经是防御外敌的军事要塞,原本矗立于此的石塔由一头威武的雄狮守卫。如今虽然已不复存在,却已印刻在传世美酒拉图的酒标之上,化作一段辉煌的历史记忆(见图 1.31)。

图 1.31　拉图酒、酒庄及其酒标

与其他酒相比,拉图更能挑战时间,属于久藏后品质更佳的珍酿。在拉图酒庄整洁典雅的地下酒窖里,静静地陈列着各个年份的葡萄酒,它们经历了岁月的洗礼,散发着神秘的魅力,令人忍不住去探究这酒瓶背后蕴藏着怎样的故事与情感。

拉图葡萄酒需要陈放很长时间,它的寿命很长,酒的结构在入口之后可以充分展开并持久,之后酒的回味还很清新。拉图酒庄在酿造工艺上没有特别复杂的技术,但重要的酿酒理念贯穿始终,那就是保持葡萄的极致健康、成熟和结构平衡。

品尝拉图酒,刚打开时明显的香气是水果味,二级香气则包括焦糖、咖啡、甘草等,最后会有一些松露、雪茄、皮革等香气,香气随着时间的推移而逐渐进化,同时表现出不同的香气比例。如年轻时带有浓郁的樱桃和甘草的香气,之后展现出橡木桶陈酿的香气,当陈年20~25 年以上时还会有松露的香味。

2. 侯伯王

全球最有影响力的酒评家之一罗伯特·帕克(Robert Parker)曾经说过,如果在离世前只能喝一瓶酒,他一定会选择 1989 年的侯伯王(Château Haut-Brion)。

侯伯王酒庄又称奥比昂酒庄,还有"红颜容酒庄"一称。它与拉菲、拉图、玛歌、木桐酒庄并列为"波尔多五大一级酒庄"。侯伯王的葡萄酒(见图 1.32)均价并不如其他 4 个波尔多名庄的酒,因此,一些人认为侯伯王酒庄似乎屈尊一级庄末端,容易被误解为排在最后的一级庄。实际上,从品质上而言,侯伯王酒实属顶级,甚至很多年份的实际表现均位列榜首。最好的例子莫过于 20 世纪初的侯伯王,它曾是一级名庄的领头羊。

图1.32　侯伯王葡萄酒及其正、副牌酒标

侯伯王葡萄酒与拉图有着相似的性格,内敛、优雅、复杂,需要一点时间才能让人了解。侯伯王的复杂在于其层次深厚,特别是陈年之后的侯伯王,具备成熟女人的韵味,热情大方,品酒家认为由舌尖就可以感觉出是侯伯王,因为它太有气质,是当之无愧的"美女酒"。尽管有着非常独特的焦熏、黑莓、松露香气,婉约可人又清新俊逸,却不会一下子呈现所有风味。帕克曾说,在他的品酒生涯中,唯一的转变就是越来越爱侯伯王,并认为这是他"年龄与智慧增长的结果"。

虽然含蓄,但侯伯王并非一味地偏向女性化矜持。侯伯王拥有更为饱满和强劲的酒体。刚开始喝酒的人,很多人欣赏不来侯伯王招牌式的铅笔芯、矿石与雪松香气。1982年的拉菲因为帕克给的100分,一战成名。殊不知,侯伯王获罗伯特·帕克满分的年份比拉菲还要多,迄今为止共有8次,分别为1945年、1961年、1989年、2005年、2009年、2010年、2015年和2016年。能获得如此殊荣,还要从侯伯王酒庄的悠久历史说起。

侯伯王酒庄是波尔多五大酒庄中最小的,却是成名最早的,历史比拉菲还悠久。在侯伯王酒庄的土地上,自14世纪起就已开始开辟葡萄园,种植酿酒葡萄,并在之后的经营中一直保持着不错的发展。

酒庄的诞生源于2个显耀家庭的完美结合。1525年,波尔多市市长的千金让娜·德·贝隆(Jeanne de Bellon)与当地首富让·德·庞塔克(Jean de Pontac)成婚,她的嫁妆便是侯伯王庄园所在的这片土地。1533年,让为妻子买下庄园附近的贵府豪宅,并着手修建酒庄,这标志着侯伯王的诞生(见图1.33)。

"侯伯王"这样霸气的名字不是一般酒庄受用得起的,不过酒庄取名如此,却绝无攀龙附凤之嫌。以它"波尔多五大名庄"和"格拉夫之王"的名望地位及其所涉及人物的赫赫声威,它堪当此名。

在6个世纪的风云变幻中,先后有5个家族入主侯伯王酒庄,包括让·德·庞塔克、前阿吉坦省省长约瑟夫·德·富美(Joseph de Fumel)、拿破仑一世时期的外交部长夏尔·塔列朗-佩里戈尔(Charles Talleyrand-Perigord)、巴黎银行家约瑟夫·尤金·拉瑞尤(Joseph

Eugene Larrieu)和美国银行家克兰斯·帝龙(Clarence Dillon),其中不乏王室贵族与政要名人,此外还有富可敌国的商界巨擘。

图 1.33　侯伯王酒庄

在法国,侯伯王出现在权贵餐桌上的频率最高。它常作为御用酒出现在各国政要的贵宾席上,独领风骚。嗜酒如命的美国总统托马斯就曾购买过 6 箱侯伯王的酒,运回其位于弗吉尼亚州的庄园,从而使侯伯王成了第一款被出口到美国的一级酒庄葡萄酒。同时,侯伯王的贵族气质也让英国人很倾心,英国女王伊丽莎白二世就曾数次用侯伯王来招待各国政要。

作为波尔多左岸的两个顶级酒庄,拉图和侯伯王各具特色:相比而言,拉图的葡萄酒更浓郁、雄壮,而侯伯王的葡萄酒刚柔并济,口感在紧实之中更多了些柔美。他们的共同点也显而易见——迷人、高贵、优雅、神秘,宁静致远。

思考与探索

1. 法国红酒为何可以始终保持世界领先地位?
2. 拉图和侯伯王庄园的哪些风土条件使得它们与其他酒庄区分开来?
3. 侯伯王是如何获得"红颜容"的外号的? 它是如何获得各国领导及王室的青睐的?

第 2 章

品牌美学与品牌传播

开篇　声名远扬——从木桐到拉菲

波尔多坐落在美丽的法国,是举世公认的最大的葡萄酒产地。波尔多葡萄酒享誉世界,素有"法国葡萄酒皇后"的美称,口感柔顺细致、风情万种。波尔多名庄红酒(见图2.1)(如路人皆知的拉菲,以及低调的木桐)不仅因品质极佳而闻名于世,还因其独特的传播方式而声名远扬。

图 2.1　波尔多八大名庄红酒

1. 木桐酒庄

木桐是独一无二的,这不仅表现在其酒庄的建筑上,也体现在其举世无双的酒标上。事实上,木桐酒庄与艺术的结缘由来已久。1924 年,木桐酒庄首次邀请让·卡路(Jean Carlu)为其设计酒标,不幸的是,此次合作的作品并没有得到世人的关注,因为卡路的画作在当时过于超前。然而,木桐酒庄并没有放弃对艺术的热情与追求,于 1945 年再一次邀请菲利普·朱利安(Philippe Jullian)为其设计酒标来庆祝这一伟大的年份,同时也歌颂在第二次世界大战中获胜的盟军。而这一次,木桐酒庄很幸运,新酒标一炮而红。于是,在随后的 60 年里,与时任最伟大的艺术家合作成了木桐酒庄的传统,不管是卢西安·弗洛伊德(Lucian Freud)、毕加索(Picasso),还是杰夫·昆斯(Jeff Koons)等艺术家,都在木桐酒标上留下了浓墨重彩的一笔(见图2.2)。

图 2.2　木桐缤纷的酒标

事实上,木桐酒庄在建庄之初就非常注重品牌的视觉效果。1926 年,新落成的酒庄建筑就出自建筑师查尔斯·西里斯(Charles Siclis)之手。2012 年,酒庄还邀请著名舞台设计师理查德·佩杜兹(Richard Peduzzi)和波尔多本土艺术家伯纳德·马泽赫(Bernard Mazieres)一起设计新的发酵车间和品酒室。木桐酒庄的每一栋建筑都是酒庄整体形象的重要组成部分,它们充满了艺术气息和美感。

当然,木桐酒庄对美的追求不仅局限于建筑和酒标之上,还体现在高品质的葡萄酒上。目前,酒庄拥有 84 公顷葡萄园,全部采用传统方法种植以及人工采收。就如同其对艺术之美的追求一般,高品质葡萄酒也是酒庄的一大亮点,而这一片片葡萄园正是这种美的源头。如今,木桐之美已随着它的美酒传遍世界。

2. 拉菲

拉菲是享誉世界的法国波尔多葡萄酒之一。它本是世界顶级酒庄拉菲古堡(Château Lafite Rothschild)的简称,人们习惯把拉菲堡酿制的拉菲古堡干红葡萄酒(也称大拉菲、拉菲酒庄干红葡萄酒、拉菲正牌)以及拉菲珍宝干红葡萄酒(也称小拉菲、拉菲副牌、Carruades de Lafite)简称为拉菲。拉菲的声名远扬与法国葡萄酒的 2 个重要评价体系密不可分:酒庄评级以及品酒师打分。

1855 年,法国巴黎世博会召开的前夕,看到波尔多葡萄酒蒸蒸日上的发展势头,拿破仑三世决定借世博会的势头,宣传波尔多葡萄酒,于是命令当时的波尔多商会对波尔多葡萄酒进行分级,波尔多商会又将这个任务交给了葡萄酒经纪人联合会。葡萄酒经纪人联合会是一个历史悠久的组织,一直活跃于酒庄与葡萄酒销售商之间,通过促成交易获利。作为生产商和销售商之间的中介,葡萄酒经纪人联合会自然拥有一份以价格为标准的、对酒庄进行排位的酒单。为了更方便自身以后的业务操作,葡萄酒经纪人联合会就提议以一份拥有200多年积累的酒单作为分级的基础。拉菲酒庄无可厚非地被分为一级酒庄。

经过多年的发展,1855年以后拉菲基本确定了其顶级葡萄酒的地位,其最经典的系列"大拉菲"的酒标如图2.3所示。但是受到中国消费者的追捧,还得等到1982年,而且与一位著名品酒师分不开,他就是罗伯特·帕克。1982年对于整个法国来说并不是一个好的年份,所以大多数品酒师对这一年拉菲古堡的产品都不抱很大的希望,但是初出茅庐的罗伯特·帕克却反其道而行,断言这一年的拉菲古堡将酿出绝世佳酿。当然,这时的罗伯特·帕克只是一名新晋的品酒师,高傲的法国酿酒师和酒商并不把他的建议放在眼里。但等到这一年拉菲古堡的葡萄酒上市时,情况发生了惊天扭转:这一年的葡萄果香浓郁、口感柔和、品质惊人、潜力无限,在陈年初期就已经显现出令人惊讶的活力。罗伯特·帕克给这一年拉菲古堡的葡萄酒评了100分的满分。由于罗伯特·帕克对拉菲古堡1982年产品的精准预测,国际上支持和追随他的人越来越多,他的世界顶级品酒师的名号也慢慢地传播到了世界各地。

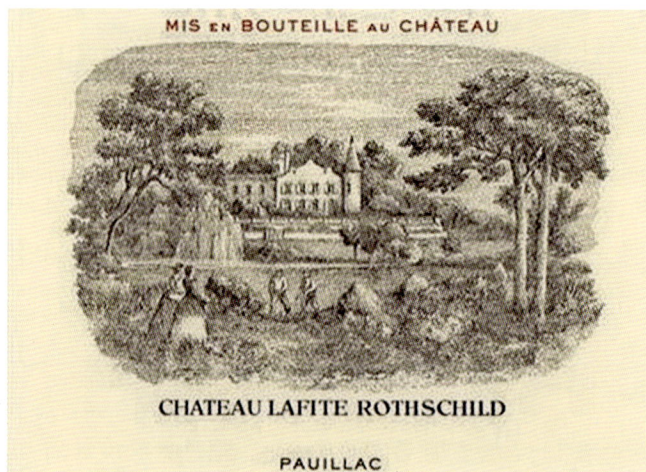

图 2.3　拉菲酒标

20世纪90年代左右,罗伯特·帕克的酒评几乎成为人们购买高端葡萄酒的风向标。在马来西亚、新加坡等东南亚国家的经济腾飞之后,这些地方的富豪开始接触高端葡萄酒,而当时权威的罗伯特·帕克评分就是这些富豪购买葡萄酒的"指南"。对于葡萄酒文化不是很普及的东南亚来说,得到罗伯特·帕克100分满分的拉菲古堡葡萄酒几乎象征着葡萄酒的巅峰,于是拉菲古堡葡萄酒在东南亚广受推崇。2000年以后,这股风气便传入了中国,拉菲逐步成为广为人知的品牌。

美学是研究人与世界关系的一门学科。美学之于人的意义，绝不仅局限于锻炼思维或陶冶情操，一个民族的文明程度和这个民族的文明史及其美学史是否互为表里，取决于其美学理论的深化程度。

如果说艺术是使人之为人，那么美学就是对人之为人背后的领悟与继承。诸多哲学家、艺术家、建筑设计师、学者们都在思考美学本质，探索审美发展。人们一直在浩瀚繁杂的元素中深究美的形态，在设计商品、创造服务等任一有形或无形的事物时，寻求复杂性（complexity）和有序性（order）之间的平衡——品牌审美（brand aesthetics）的理念便油然而生。[①]

品牌审美代表了一种新兴的品牌研究领域，融合了美学、营销学、传播学、语言学、社会学等交叉学科的知识，阐释了人们在品牌体验中的消费动机，以及品牌在建立与传播过程中实现的品牌溢价。

2.1　关于美学与品牌价值

品牌打造的过程不仅是产品功能不断提高的过程，也是一个认知心理学理论运用到被服务的消费者认知的过程；它强调从"接受，起信"到"联想，态度，感受，忽视"，再到"被'唤醒'"的过程，更是一个审美不断提升（企业满足与引领顾客不断变化需求）的过程。美学价值是所有强势品牌具备的无形组成要素，美可以增加商品的情感附加值，提升品牌的无形资产。

2.1.1　美学概念

德国哲学家亚历山大·戈特利布·鲍姆加登（Alexander Gottlieb Baumgarten）在 1750 年首次提出美学概念，认为需要在哲学体系中给艺术一个恰当的位置，于是建立了一门学科研究感性的认识，并称其为"感性学"，对应的英文为"aesthetics"，也就是美学。

美学作为独立的学科，自古至今，无论是西方还是东方学者，他们对"美"的解释是复杂

---

① 作者 2015 年在机械工业出版社出版的《品牌审美与管理》中，首次将"品牌"与"美学"系统融合在一起阐述。

的：古希腊哲学家柏拉图认为"美是理念"，中世纪罗马帝国的思想家圣·奥古斯丁（Saint Augustine）认为"美是上帝无上的荣耀与光辉"，俄罗斯哲学家尼古拉·车尔尼雪夫斯基（Nikolai Chernyshevsky）认为"美是生活"，中国古代的道家认为"天地有大美而不言"，而《美学原理》①则告诉人们美在审美关系当中才能存在，它既离不开审美主体，又有赖于审美客体。美是精神领域抽象物的再现，美感的世界纯粹是意象世界。

1. 关于美

中国现代著名美学家朱光潜说："美是客观方面某些事物、性质和形态适合主观方面意识形态，可以交融在一起而成为一个完整形象的那种性质。"

中国传统把一切能作为欣赏对象的事物都叫美。中国当代哲学家李泽厚认为这是把美的概念泛化了。美既然是具有肯定性价值的审美对象，那么美总会有一定的感性形式，于是他认为美必须具有感性形式，从而诉诸人的感性。德国哲学家格奥尔格·黑格尔（Georg Hegel）也在《美学》中指出，美学的正当名称是"艺术哲学"，确切地说是"美的艺术的哲学"，继而提出"美是理念的感性显现"的核心观点。无论是黑格尔的"艺术哲学"，还是朱光潜的"文艺心理学"，它都为美提供了一座从哲学通向生活的桥梁。

美的根源就是"自然的人化"，即实践。所谓"自然的人化"是物质化，是指物质生产劳动实践。于是，美的本质似乎就是"人类和个体通过长期实践自己所建立起来的客观力量和活动"。它属于一种现代意义的新的客观论，亦即主体性实践哲学的美的客观论。也可以说成"人的本质力量的对象化"，但不是个人的本质力量，而是人类总体的社会历史实践创造了美。同时，李泽厚认为："美是真与善的统一，也就是合规律性和合目的性的统一。"合规律性是社会美的方面，而从客观对象说，合目的性则是自然美的方面。从社会美到自然美进一步说明了人类总体的社会历史实践创造了美。

2. 关于审美

审美是人类理解世界的一种特殊形式，指人与世界（社会和自然）形成一种无功利的、形象的和情感的关系状态。审美是在理智与情感、主观与客观上认识、理解、感知和评判世界上的存在。审美也就是有"审"，有"美"，在这个词组中，"审"作为一个动词，它表示一定有人在"审"，有主体介入；同时，也一定有可供人审的"美"，即审美客体或对象。审美现象是以人与世界的审美关系为基础的，是审美关系中的现象。美是属于人的美，审美现象是属于人的现象。从哲学的角度来看，审美是事物对立与统一的极好证明。审美的对立显而易见，体现

---

① 《美学原理》（*The Essence of Aesthetics*）是贝内德托·克罗齐（Benedetto Croce）的著作。他是意大利哲学家、历史学家。他所创立的表现主义美学，是现代人本主义美学第一个重要流派。

为他的个体性,审美的统一则通过客观因素对人们心理的作用表现,即在每个时代或阶段,人们所处的环境,或多或少会对人们的审美观产生影响。

审美具有准备阶段,就是从审美态度进入审美经验。而"审美注意"是其中的过渡,它把审美态度具体化并能发展其他心理功能如情感、想象的深入结构。审美的实现阶段,就是产生美感的阶段,也就是康德所说的"审美判断"阶段。这是一个积极的心理活动过程,其中包括感知、想象、理解、情感等多种因素的交错融合。它是一种主动的活动,是人心理功能因素自由活动的结果。

这个过程中的审美感知很重要,它既有动物性生理快适的机制,同时又是多种心理功能相综合协同运动的结果。它包含理解这个复杂综合的过程。审美经验的积累形成审美趣味,就到了成果阶段,达到了审美愉快的目的。

3. 关于美感

西方美学家认为美是美感所创造出来的,而这个过程有一个中介,就是主观的审美心理。因此研究美感就需要从审美心理研究。李泽厚比较倾向于用马克斯·韦特海默(Max Wertheimer)创立的格式塔心理学(Gestalt Psychology)和瑞士心理学家卡尔·荣格(Carl Jung)的心理分析法来研究。

格式塔心理学派认为"事物形体结构和运动本身就包含着情感的表现,艺术作为表现,并不在于题材"。因此,物质对象的形式结构与主题心理情感结构的对应是一个很重要的问题。瑞士心理学家卡尔·荣格的"无意识集体原型"论认为:"人的大脑在历史中不断进化,长远的社会经验在人脑结构中留下生理的痕迹,形成了各种无意识的原型,它们不断遗传下来,成为生而具有的'集体无意识',它是超个人的。"而艺术家则是把这种原型唤醒,使人不需要个人经验就会本能地获得这些原型的深刻感受。然而这两种方法都未完全描述审美经验。而李泽厚则从哲学角度讲述了审美心理,即美感的某些特点。

审美心理会"建立新感性"。这也是从人类学本体论来说的。人具有人性心理,它是在原始人的物质生产活动和巫术礼仪活动基础上,通过世代的文化传袭而不断丰富、巩固、变异、发展,并随人际关系扩展而获有越来越突出的人类普遍性和共同性。个体的作用、地位和独创性会逐渐突出和重要,久而久之,会构成群体心理的事实和革新,这就是人类自己历史地建构起心理本体,即"新感性"。它属于内在自然的人化,其中包括感官的人化和情欲的人化。感官的人化就是感官逐渐失去"非常狭窄的维持生理生存的功利性质",而成为一种社会性的东西,即感性的社会性,这也是美感的特点。审美既是个体、感性、没有社会功利的,但它又是社会、理性、具有欲望功利的。情欲的人化就是指"人们的情感虽然是感性的、个体的,有生物根源和生理基础的,但其中积淀了理性的东西,有着丰富的社会历史的内容"。"性欲成为爱情,自然的关系成为人的关系,自然感官成为审美的感官,人的情欲成为美的情感"。因此,美感具有矛盾的二重性。

美感的产生包括 5 个阶段,分别为感知分析(perceptual analysis)、隐性记忆整合(implicit memory integration)、外显分类(explicit classification)、认知主导(cognitive mastering)和评价(evaluation)(见图 2.4)。

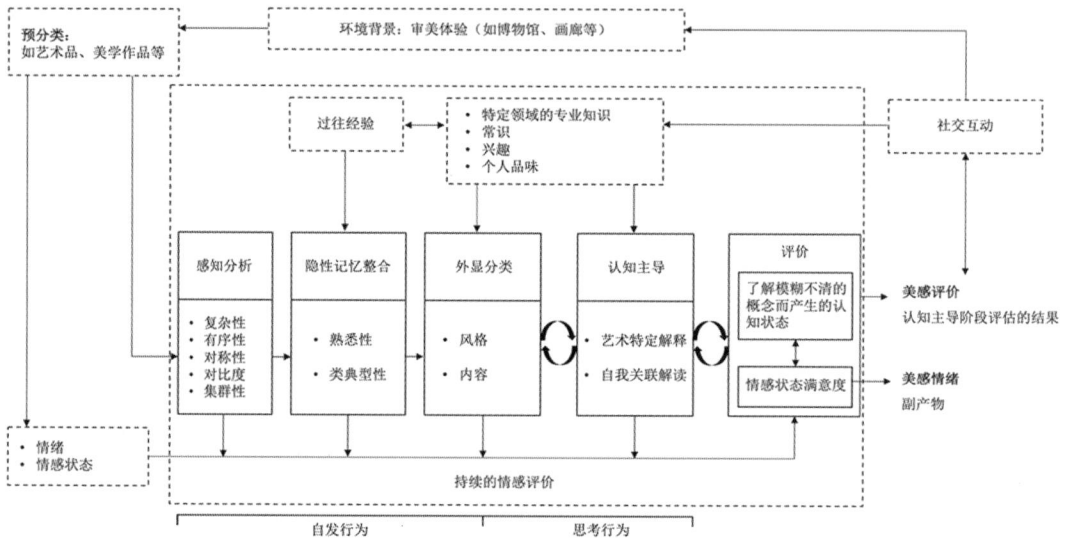

图 2.4 美感产生的五阶段模型

资料来源:LEDER H,BELKE B,OEBERST A,et al.,2004. A model of aesthetic appreciation and aesthetic judgments[J]. British journal of psychology,95,489 - 508.

在每个阶段中,有不同的因子介入而影响美感偏好:①在感知分析阶段中,物本身的特性,如对称性(symmetry)、集群化(grouping)、对比度(contrast)、复杂性(complexity)和有序性(order)等会由下而上地决定美感偏好。②在隐性记忆整合阶段,人本身的特性(如过去记忆与经验)会介入,熟悉度(familiarity)和类典型性(prototypicality)等因素会在人的无意识状态下由上而下地形成影响;③在外显分类阶段中,个体开始进入意识层次,能分辨内容与解读风格等讯息,这已经涉入专业背景与知识记忆,以及个人品位与兴趣。④接着第三个阶段的专业知识背景,个体能够用美学知识去解释意义,也能做出自我关连的解读。⑤在认知主导中,人们会产生两种评估状态,其一是了解模糊不清的概念而产生的认知状态,其二是产生心满意足的情感状态,评估状态也会回馈认知主导历程。这整段历程中同时又与情感状态互相作用是一段连续的动态历程,在美感历程尾端,认知状态与情感状态是共同产生美感评价,也是美感偏好的来源,此外,情感状态独立产生出美感情绪,这是整个历程的副产物。

2.1.2　美学的品牌价值

美学是研究人与世界审美关系的一门学科,即美学研究的对象是审美活动。审美活动是人的一种以意象世界为对象的人生体验活动,是人类的一种精神文化活动。品牌不仅是一个审美消费过程,也是一种审美创造、形成和感受的过程,同时,还是美的价值创造及实现的过程。

品牌向社会环境和市场大众传递着"价值信息",如功能、利益、形象、个性、内涵、承诺、体验、文化等诸多个方面。品牌是整体与细节的双重表达,是用户认知一个产品心智活动的集合。品牌最有效地传达给消费者的直观感受便是视觉形象。良好的品牌视觉形象有助于赢得消费者的信任,激发其购买热情。视觉形象让消费者接触后产生一种心理感觉与审美体验。这种看不见、摸不着甚至难以言传的心理感受会产生一种特殊的"气场",对消费者产生潜移默化的影响。消费者看到品牌的"视觉载体"时,会产生特定的心理感受与评价——这种品牌对消费者产生的特定的气场便可以称为"品牌美学"。

如汽车产品,就形体而言,它们与雕塑相似,是"凝聚的光",汽车的运动特性要求其能在自然的画面中穿梭,能用文字来表达技术与张力,以及动态的韵律美、声浪美。汽车的美融合了各种艺术形式,在此基础上,汽车品牌在各自的发展中又呈现出独特的个性魅力:劳斯莱斯的高傲、宾利的内敛、奔驰的尊贵、宝马的活力、甲壳虫的可爱。汽车品牌代表的文化符号,经过汽车厂商不懈的努力与市场残酷的选择,无疑已深入人心。

葡萄酒品牌美学的极致体现,则是一种可以经受住时间考验的酿造追求。由于历史的沿袭和产业的传承,注定了葡萄酒业在建立品牌和品牌竞争力方面,有别于其他行业。它既需要根植于悠久的葡萄园文化的土壤中,塑造品牌的持久性,还需要有非常坚实的品质支撑和长期积累的生产制造经验——不急功近利,不追求暴利,注重成酒品质,注重时间沉淀。

葡萄酒品牌在考虑产品的原料选取、酿造工艺、瓶身外观等基础问题以外,更通过美学的方式对商业产品重新诠释和组合,形成对产品设计与品牌定位的新思考,将品牌与社会生活、品牌与精神世界形成新的生态圈——英国顶级气泡酒酒庄尼丁博(Nyetimber)与米其林星级餐厅 Lympstone Manor 合作,将美酒与美食体验相结合,为消费者提供搭配创新美食和全感官探索体验;木桐酒庄自 1945 年起,每年都会在酒标的上部用一副艺术家的绘画作品作为标签的装饰,它们的作品不仅赋予木桐葡萄酒品牌奇妙的艺术色彩和更高的收藏价值,更拓宽了全新的葡萄酒消费场景;拉格斯酒庄(La Coste)顺应体验经济时代的消费者需求,将品牌塑造成时尚、艺术的生活美学形象,开发酒庄旅游,将艺术、建筑界跨界合作,深耕葡萄酒文化,让美学的感染力转化成为品牌对客户的感染力,从而产生奇妙的吸引力。

在商品同质化的当下,消费者已经不单单看重产品功能,更为在意对品牌的感知、服务与体验。品牌美学突破了营销管理的传统思维,将美学、心理学、设计学、传播学、社会学与营销有关理论有机结合起来,创造性地将品牌构建与发展带入新时代。

2.2 审美:从理念到设计行动

审美是欣赏美的过程。审美,有经典之审美,也有时尚之审美。经典之审美就是经过时间长河的洗礼,时至今日,仍然让人倾心的美,如黄金分割比例之美、希腊圆润之美、埃及数学之美。而时尚之审美则是契合了当代人审美特点的美,如现代的超长宽比例之美,硬朗的线条之美等。各品牌在应用美中要充分考虑各种审美的特点,并合理加以利用。

审美是人类掌握世界的一种特殊形式,指人与世界(社会和自然)形成一种无功利的、形象的和情感的关系状态。人类从最早的造物开始,就存在一种对形式、形式美的认识和追求,诚如马克思所说:"人也按照美的规律来建造。"审美是在理智与情感、主观与客观的具体统一上追求真理、追求发展,背离真理与发展的审美,是不会得到社会长久普遍赞美的。由于审美活动体现了人的主观能动性,受到各人生活经验的影响,因此审美活动具有主观性、独特性和时代性。

2.2.1 审美的十二大标准

美学始终贯穿于汽车与葡萄酒的世界。每一辆汽车,每一瓶佳酿自问世起便可世代相传,其中的美感有传承性,经得起时间的磨砺。其中所蕴含的美学成就了其外观的精致,与精湛工艺相匹配。美学包含的十二大元素都能从汽车、葡萄酒的品牌中得以体现:对称、非对称、自然、简洁、统一、转化、环境、生命力、惊喜、图案、选择、自主性。

1. 对称

对称图形(symmetry)有轴对称和旋转对称,圆既是中心对称图形又是轴对称图形,拥有无数条对称轴,可以说是平面内最为对称的图形。古埃及人认为圆是神赐给人的神圣图形,古希腊毕达哥拉斯派也曾提出:"一切立体图形中最美的是球形,一切平面图形中最美的是圆形。"

圆形的通用性很强,方便应用在各个地方,圆形的车标搭配旋转的车轮,给人的视觉体验也会更加舒适。圆形面积相对较大,看起来也会更加醒目。相比其他形状,圆形让人觉得更加统一和谐。当人们在看圆形物体的时候,更易将视觉的重心聚焦,更利于记忆。因此大多数汽车企业标志都设计成圆形（见图 2.5），也代表着人们对于自然而浑圆的对称之美的认同与追求。

图 2.5 （左起）梅赛德斯-奔驰、大众和宝马的品牌标志

像兰博基尼和保时捷等极力推动盾型标志的品牌，它们的品牌标志采用轴对称形状（见图 2.6）。

图 2.6 保时捷（左）和兰博基尼（右）的品牌标志

2. 非对称

非对称（asymmetry）设计会为品牌赢得"创新"或者"大胆"的评价。随着审美的不断提高，越来越多的设计具有一种不对称的美感。越来越多的设计师将视觉重点放置到偏离视觉中央的位置，通过不对称性来吸引用户注意，打造一种特殊的"视觉路径"。

法国汽车公司 DS 推出了一款名为 DS X E-Tense 的概念车（见图 2.7），展示了这个品牌对未来超跑的理解。这款车最大的亮点就是采用了不对称的车体设计。DS X E-Tense 的不对称结构指的是在车体前面和后面的不对称，汽车左边和右边也不对称，其中左右占比大概是 75∶25。这种对平衡的偏离造成了内部空间的不平衡，驾驶舱和乘客座位是具有不同功能的独立单元。

图 2.7　DS X E-Tense 概念车

3. 自然

自然之美（nature）是最原始的，它没有多余的人为因素，不加修饰，是最纯粹的美。一切人为之美皆源于造化。喝葡萄酒是一种自然的生活方式。葡萄，它来自天地，历经风雨，是自然的产物。葡萄酒秉承着呈现自然之美的理念，用最朴素的观念传递对美的追求，对葡萄酒文化的信仰，对匠心精神的传承（见图 2.8）。

图 2.8　葡萄酒酿造过程中体现的自然之美

以玛歌红酒为例。玛歌酒庄既酿造大家非常熟悉的红酒，也酿造少量白葡萄酒。在收获季节，所有的葡萄都是人工采摘，以保证收获葡萄的质量。葡萄进入酒庄后，马上去梗破碎，送入发酵桶。发酵期间每天淋汁，发酵后泡皮期间则不淋汁，避免过度摄取。自流酒的苹果—乳酸发酵是在发酵桶内进行，压榨酒则用小橡木桶。随后放入全新的小橡木桶进行培养，一般培养 21～24 个月。其间，每 3 个月倒 1 次桶，装瓶前用蛋白澄清。玛歌红酒不经过滤就装瓶，保持自然的风味，如此现实世界的普通葡萄便转化成了琼浆玉液。

4. 简洁

极简主义（simplicity）在这纷繁的时代成为各类奢侈品争先选择的道路，从各大品牌的标志改革普遍简化就可看出。简单明了、不加多余修饰的简约风格在这信息爆炸的时代获得了当代人的芳心。简明扼要，一眼就能看到重点，才与现代生活的快节奏相契合。

极简主义是特斯拉在内外饰造型中最鲜明的设计语言，车身线条简洁，中控台没有实体按键。传统汽车的方向盘上是有很多按钮的，特斯拉正在改变这样设计的理念。

从外观上来看，特斯拉大量运用建筑风格中醒目的线条，创作出富有未来感和科技感的车身结构。具有感染力和战斗姿态的流线车身，将极简设计进行到底，有一种充满自信和无所畏惧的姿态。这也印证了特斯拉力图打造成一款极简的汽车，体现了简约之美带来的现代感与高级感（见图 2.9）。

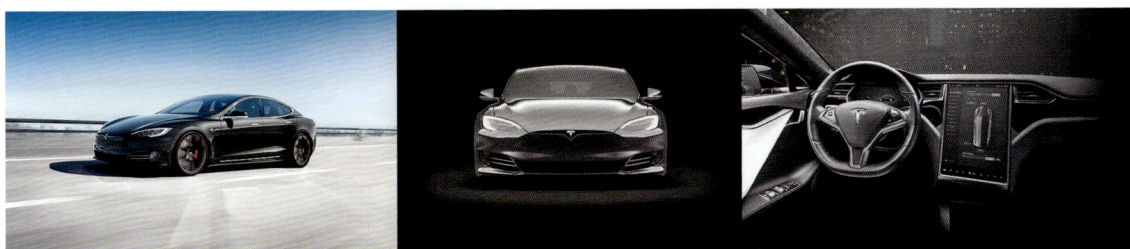

图 2.9　特斯拉

5. 统一

统一（unity）使万物自然有序，体现出齐整之美。美可以是色彩的统一，也可以是人文与自然的统一。

当你远远地看到标有双肾格栅或者三叉星辉的汽车，第一反应便会联想到宝马与奔驰，这就是统一家族化设计带来的好处。尽管时代在不断进步，但是向来固执保守的德国人，依然将家族化设计元素保留至今，并且还注入了全新的生命力，成为当下最具代表性的汽车文化符号。所有品牌的家族化设计，无一例外，都在时刻传递着自身理念与价值。越来越多的品牌正在尝试形成自己独特的统一家族式设计，以此来提高车型竞争力与辨识度，带来口碑与销量的双赢。图 2.10 展示的是大众汽车家族化前进气格栅。

6. 转化

自远古时代起，人类就善于将现实世界的真实事物转化成洞穴符号，并认为由此可将洞穴外的野兽封存在洞穴壁中。善于观察和学习的人们发现，很多生物的身上都具备一些极具利用价值的特点。原始人类渴望征服自然的心愿被转化成了这种类似仪式的艺术表达，同时也为后人留下了独特的人文之美。

图 2.10　大众家族化前进气格栅

资料来源:佚名.盘点个性十足的汽车前脸,宝马猪鼻孔,马自达让人浮想联翩[EB/OL].(2017-11-01)[2019-12-13].https://www.sohu.com/a/201573614_100043815.

这种转化(transformation)的美学一直延续至今。汽车设计是其最具代表性的文化产物之一。自汽车诞生的一个多世纪以来,人类科技奔腾向前,潮流迭起或幻灭,这一切凝聚着无数汽车发明家的心血,他们在一个个冷酷的机器中注入人类能与之交流的灵魂,把它们从交通工具逐渐变成人类离不开的伙伴。

不少汽车设计师把动物形态作为创作灵感(见图 2.11)。模仿自然界生物设计出来的汽车,除了对个性及速度的追求之外,也有人们对自然的追求与向往。

图 2.11　汽车尾翼的仿生

7. 环境

环境（surroundings）在很大程度上影响着一件产品、一个品牌最终呈现的价值。如现代的美术馆大多以纯白色墙面为背景，展出较少数量的展品，从而凸显每件艺术品作为个体的美学以及在整个环境衬托中所体现的独特与价值。酒庄就如同一座美术馆，酒如同艺术品在其中陈列。好的环境能够为产品与品牌增值。

创始于 1763 年的拉菲酒庄是世界上最著名的葡萄酒庄园之一，它坐落在法国波尔多波亚克区菩依乐村北方的一个碎石山丘上，气候土壤条件得天独厚（见图 2.12）。拉菲酒庄占地达 178 公顷（其中葡萄园区占地 103 公顷），面积之广居五个一等顶级酒庄之冠，也较绝大多数的二、三等级酒园规模大。这种得天独厚的环境赋予了其品牌非凡的美。

图 2.12　拉菲酒庄

8. 生命力

生命力（animation）是现代艺术的关键。活着就代表着拥有生命力，时刻都在运动，生生不息。因此，生命力是人文美学中的一大要素，它体现着美学中富有生机与动态的一面。

法拉利是令驾驶者乐在其中的极致神驹。法拉利车队是法拉利汽车公司的赛事部门。自 1929 年建队以来，这支车队参加 F1 赛事的同时，也参加一些其他赛车比赛，包括运动车比赛。从 1950 年大奖赛建立以来，这是赛事历史上现存最古老也是最成功的车队。作为制造商，法拉利总共赢得 16 次车队冠军。法拉利车队对 F1 赛车充满热情，车队选手强大的意志力给我们展现了最激烈的竞赛和最极致的美。正是双涡轮增压机这一充满生命力的杰作让法拉利车队一直延续其优异表现。

毫无疑问，发动机是法拉利的心脏和灵魂（见图 2.13）。它以其令人难以忘却的性能和强盛的生命力延续着恩佐·法拉利的精神。

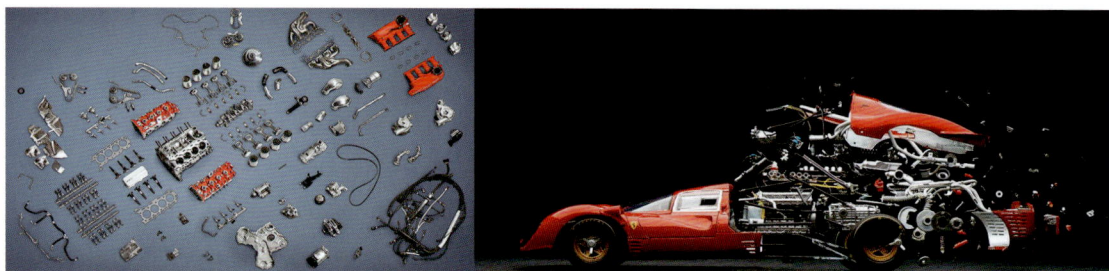

图 2.13　法拉利发动机

9. 惊喜

奢侈品往往超乎寻常。它可以给人们超出预想的惊奇体验,带给这个世界与众不同却引人注目的惊喜之美(surprise)。

法国罗讷河谷产区(见图 2.14)的葡萄酒很直接,复杂性也高,这里所酿造的酒具有浑厚、饱满、浓烈的特点,在与美食的搭配中也历来表现不俗。无论是品种常见的葡萄酒,还是酿自稀有葡萄品种的酒款均出自各个独立酒庄。葡萄田的耕作与葡萄酒的酿造都遵循自然法则与风土条件,尊重每款葡萄品种的自身芳香特点。这样酿出的葡萄酒,可以远离程式化标准,让每一个年份都成为一种惊喜。多样化的地貌和地质,更激发和丰富了酿酒师的灵感与创造性。他们力求将葡萄酒做到水果香气与清新口感的平衡,使得在酒款陈年的过程中有更多令人惬意的变化。

图 2.14　罗讷河谷

10. 图案

图案(pattern)通常都是由自然风貌演变而来,抽象的图案反映的是真实的世界。精心设计的大片图案会产生一种别样的美。例如教堂中的马赛克窗户为教堂内部引入多彩的阳光,照亮整座教堂。同时,这些马赛克窗户还被当成画布,描绘《圣经》中的一幅幅篇章。图案将观众拉入其构建的抽象世界,传达由图案体现的美感。

奔驰的标志是一种独特的混合了三叉星、圆形和月桂花环的组合图案,并配有"Mercedes Benz"的字母。永恒的三叉星图案——100 年前的奔驰有着这样一张脸,100 年后的奔驰仍旧有着这样一张脸。三叉星是奔驰的第一张面孔,也是它永恒的镜像,其演化过程如图 2.15 所示。奔驰的图案透出一种永恒而精致的美。

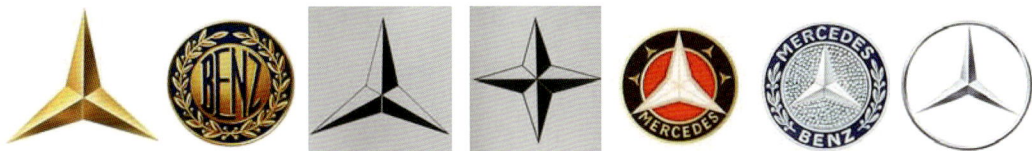

图 2.15 奔驰品牌标志的演化

11. 选择

在美学之中,选择(selection)始终扮演着重要角色。颜色、图形、材料,甚至是布局的选择都在很大程度上影响着作品最终呈现的美。

柏图斯酒庄(Petrus)(见图 2.16)是波尔多八大名庄里唯一不生产副牌酒的酒庄,它非常注重葡萄酒的品质。每到收获时节,为获得葡萄最好的状态,柏图斯酒庄往往会不惜工本,酒庄都会动用 200 人以上的人力,坚持在午后开工,赶在日落之前把葡萄采摘完。柏图斯酒庄年产量不超过 3 万瓶。在气候较差的年份,他们会更精心地挑选酿酒的葡萄,为此他们不惜减产。1991 年柏图斯酒庄因葡萄品质不佳甚至停产,当年他们没有生产一瓶葡萄酒。不断地选择与进化,造就了柏图斯无与伦比的美。

图 2.16 柏图斯酒庄

12. 自主性

一件艺术品的作者会借助作品发挥其主观能动性，抒发想要"做自己"的自主性（spontaneity），并表达自己的美学定义。

意大利的设计与工艺制造堪称人类文明的瑰宝，从古至今在全世界都受到无数人的追捧与模仿。如今，不论是时装精品古驰（Gucci）精湛绝伦的剪裁手法，还是珠宝世家宝格丽（Bulgari）①浑然天成的切割工艺，抑或是豪华游艇品牌丽娃（Riva）无与伦比的强健性能，无不佐证了其不可一世的地位。而拥有百年历史的豪华运动汽车品牌阿尔法·罗密欧也恰巧诞生于这片执着于美的土地，凭借绝美的造型设计与精湛的制作工艺，轻松独享万千宠爱。

意大利作为欧洲"文艺复兴"运动的发源地，先有"文坛三杰"但丁、彼特拉克、薄伽丘，后有"美术三杰"列奥纳多·达·芬奇、米开朗琪罗和拉斐尔，厚重的文化底蕴隐匿在意大利品牌的每一滴血液里，造就了独特的意大利风格。这种风格潜移默化地影响着阿尔法·罗密欧，富有张力的腰线集合了关于浪漫、优雅、古典的艺术灵感，流线型车底设计又蕴涵了对自然科学的尊重，在呼啸驰骋的瞬间绽放着刚性线条的野性，在竞速的世界里留下了个性的身影，用激情的速度与意式的美学重新诠释了"行走中的艺术品"（见图2.17）。

图 2.17　阿尔法·罗密欧的流线型设计

2.2.2　设计准则及应用

正如美国认知心理学家、工业设计师唐纳德·诺曼（Donald Norman）在《设计心理学》中所提到的："设计实际上是一种沟通行为，它意味着设计师要对与之沟通的人有深入的了解。"

大多数设计师从来不是为消费者进行设计。他们大多是为自己所遇到的问题而设计（例如，我想做有吸引力的事情，我想完成这个项目，等等）。当诺曼在写《设计心理学》时，他

---

①　这个由索帝里欧·宝格丽（Sotirio Bulgari）先生创立的珠宝品牌有3种常见的官方品牌名写法，分别为首字母大写的 Bulgari 及其变体 Bvlgari 和字母全大写的 BVLGARI，本书统一为最常用的 Bulgari。

提到的是水壶、微波炉和门，但这种设计心理学同样也适用于用户界面、公共交通系统以及矗立在城市中心的宏伟建筑。

设计理念经过几十年的发展完善，被不同领域的设计大师如扎哈·哈迪德（Zaha Hadid）、隈研吾（Kengo Kuma）、贝聿铭（I. M. Pei）、卡尔·拉格斐（Karl Lagerfeld）、菲利普·斯塔克（Philippe Starck）、迪特·拉姆斯（Dieter Rams）、雷蒙德·罗维（Raymond Loewy）等演绎运用到自己的设计实践中。本著述将他们的设计理念概括总结为设计的六大准则。

1. 出色的设计让产品的功能一目了然，创造产品价值

如果能让产品的功能一目了然，那就是优秀的设计作品。如一些汽车的中控台交互过程简单直接、响应快速，用户能立刻从行为看到动作结果，及时获得对其查询和提交信息的反馈，活动状态指示灯让维护状态一目了然。汽车内部控制系统的设计简洁明了，方便用户的使用，强化体验，彰显其简约而不简单的设计。

设计的第一要务是让产品尽可能实用。不论是产品的主要功能还是辅助功能，都有一个特定及明确的用途。除了产品的功能之外，精心设计的产品在我们的身份、自我认知和对事物的心理认知中也会发挥作用。

2. 出色的设计具有美学价值

产品的美感以及它营造的魅力体验是产品实用性不可分割的一部分。人们每天使用的产品都会影响着个人环境，也关乎人类的幸福。出色的设计将合理的功能、结构、形式、色彩相互整合，对设计的认知不止于设计是美的，更要认识到设计是有价值的。

触目、突兀和炫耀的设计为使用者提供自我表达的空间，但这只是生活的一部分。产品的设计也应当是自然和内敛的。人们喜欢在 Kindle 上阅读的原因之一是屏幕的左边只有文章内容和工具条。Kindle 是专为阅读体验而设计的，不像其他大多数阅读平台有视频、广告和侧边栏，却也更能分散注意力。

"精心设计"的瑞士军刀是一个经典产品——它的尺寸很小，并且工具功能并不强大（剪刀很小），设计还略显张扬，但极具美学价值的产品设计让消费者爱不释手，即使人们通常只用得到其中 1～2 个功能，也愿意购买整把瑞士军刀。正如苹果设计师乔纳森·伊夫（Jonathan Ive）所说："简单并不是没有凌乱……简单是从本质上精确描述物品或产品的目的和位置。"

3. 出色的设计需要历久弥新，也需要不断创新

设计不需要稍纵即逝的时髦。在人们喜欢尝试新事物的今天，优秀的设计要能在众多

产品中脱颖而出。出色的设计经得起时间考验,能够持续很多年。一般的塑料瓶设计感很弱,因此它们的制造成本很低,能快速生产,给人们的第一印象只能是漂浮在海洋上或丢弃在垃圾填埋场里。这造成的结果是人们一次次用新塑料瓶替换旧物,习惯了不间断地使用"相同"的塑料瓶。出色的设计应能承受起时间的摧残、五感的衰退和注意力的转移。好设计不是衍生品,它既不重复大家熟悉的形式,也不会刻意为了新奇而出新,如法拉利、拉菲、爱马仕、香奈儿等品牌的设计会推动人们理解产品与品牌内涵(见图2.18)。

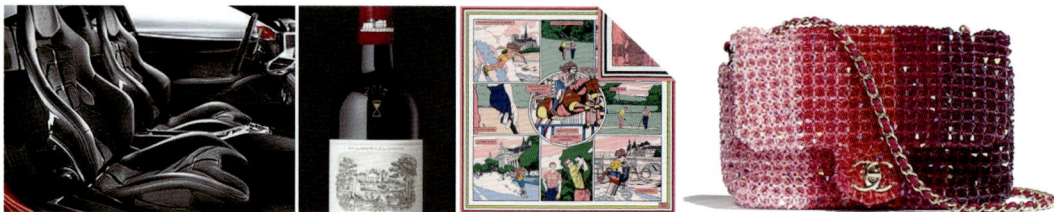

图2.18　(左起)法拉利、拉菲、爱马仕和香奈儿设计的传承与创新

法拉利的内饰风格令驾驶舱体现出卓越的功能性和人体工程学设计:驾驶员的座位被设置在流线型且直观布局的中心,方向盘的造型保留了法拉利经典设计理念的延续性(如铝制中央垫);同时,取消了方向灯和风挡雨刷操纵杆并将所有控制装置集中在方向盘上,体现了法拉利的设计创新之处。

拉菲酒庄在保留经典酒标设计的同时,会加入一些创新元素,如2016年拉菲红酒的酒瓶瓶肩处刻印上了特别标志——象征时光的金色沙漏。庄主赛斯吉娅·罗斯柴尔德(Saskia de Rothschild)和前庄主埃里克·罗斯柴尔德男爵(Baron Eric de Rothschild)对这一创新酒标解释道:"沙漏象征着直到最后都一直与我们捉迷藏的2016年。随着漫长夏日和采收期时光的一点点流逝,我们始终屏息等待,终于所有忧虑都烟消云散。2016是一个非常优秀的年份。"

爱马仕以顶级皮具和优质丝巾闻名于世,品牌的百年手工艺根基的突破创新贯穿始终。爱马仕2020年春夏的丝巾新品系列在保留设计传承的基础上将一幅漫画设置于丝巾中央,赞颂当代女性在任何环境中都勇敢无畏、热烈奔放的态度。双面围巾的一面是彩色图画与法语文字的交汇,另一面是纯色背景与英语文字的融合,展现不同的风格。

香奈儿在卡尔·拉格斐过世后,在新创意总监维吉妮·维娅(Virginie Viard)的带领下,继续呈现香奈儿品牌的传承与创新。香奈儿2020新季的手袋依然以经典的口盖包为主打,采用璀璨的渐变色水晶或橘粉色斜纹软呢面料制成,以桃红、粉红与浅粉色水晶打造出渐变色包身,闪烁的光芒与梦幻的色调俘获了女性的爱美之心。

伴随着日新月异的迭代,人们需要一步一步地向前发展,走向科技创新。一切产品设计都蕴含着设计师的目的,如果终止了创新的脚步,人类社会将面临停滞或倒退的危险。

4. 出色的设计是诚实的,贯穿细节,不留漏洞

出色的设计不应该夸大产品本身的创意、功能或价值,也不能试图用实现不了的承诺去欺骗消费者。

如对于汽车设计来说,年轻的消费者作为主力,喜欢外观具有运动感和攻击性的车型,为了在视觉上解决简约潮流和运动感的矛盾,一些设计师们试图从一些细节下手。久而久之出现了这样的问题:一些本身家用属性较强的产品,为了增加运动感,无节制地增大前格栅的面积,增强"虚假设计",设置一些尺寸夸张、造型唬人,却无实际作用的进气口和排气管。从长期来看,这种投机取巧的设计理念终将大大降低消费者对汽车品牌的信任。

在设计过程中,精益求精才体现品牌和设计师对消费者的尊重。有些产品设计非常出色,细节完美地平衡了功能、结构和美学,可以呈现消费者的品位与身份。但有些设计忽略了看似不重要的细节,导致产品无法令消费者满意。曾经有一个自行车打气筒,它的设计几乎是完美的,它充气方便且易使用,外形有吸引力,与消费者的运动短裤和运动衫完全匹配,但打气筒的设计师选用了便宜的塑料固定管子。塑料极易受损,会导致打气筒不能固定在轮胎上,不能正常充气——如此接近完美的设计,只因一个细节而毁于一旦。

5. 出色的设计应"简约不简单"

设计应当只专注于产品的关键部分,而不应使产品看起来纷乱无章。简约且纯粹的设计让产品变得更受人欢迎。装饰、相互冲突的目标(如兼顾设计的美观与成本的廉价)、短视行为、社会激励因素(如地位、财富、权力)和贪婪导致一些设计者过度设计人类世界。优秀的设计应该给人带来轻松自在的感受。在视觉上没有过多浮夸的设计,在功能上以解决问题为主要目的,而不是过多地通过"炫技"增加消费者的负担。

日默瓦(Rimowa)的箱子外形,没有装饰性的点缀。拉杆箱在设计上采用了两种材质,节制的色调,低调的内饰。箱子的尺寸照顾到各种旅行环境下的需求。他们的设计算得上足够简单,但其经得起百般磕碰的品质,以及人性化的结构设计却在世界范围内收获了大批拥趸。

当人们意识到了设计的重要性,设计原则会变得非常有意义。设计创造了更高效的资源利用方案,这些方案将对周围的世界产生涟漪效应,让人们的生活变得更精彩。

6. 出色的设计应兼顾环保

设计不应仅仅局限于防止对环境的污染和破坏,也应注意不让人们的视觉产生任何不

协调的感觉。当前,由于环保和节能的需要,汽车轻量化已成为世界汽车发展的主要潮流。车身更合理的设计、工艺的改进和轻量化技术落地相辅相成,汽车制造商由此充分发挥复合材料在强度以及价格方面的优势,减重并提升性能的同时兼顾了资源环保回收利用。

特斯拉作为全球纯电动车的开拓者,在汽车轻量化的道路上也早已开始了探索。其标志性车型 Model S 的车身就使用了大量的铝合金,并且通过特殊的焊接技术实现了铝合金构件与钢构件的链接。

2.3 市场营销的理论与品牌传播

2.3.1 关于市场营销

市场营销(marketing)被美国市场营销协会定义为"创造、沟通与传送价值给顾客,以及经营顾客关系以便让组织与其利益关系人受益的一种组织功能与程序"。美国营销学专家菲利普·科特勒强调了营销的价值导向:市场营销是个人和集体通过创造并同他人交换产品和价值以满足需求和欲望的一种社会和管理过程。芬兰"欧洲关系营销学派"代表人物克里斯汀·格隆罗斯(Christian Cronroos)给的定义强调了营销的目的:营销是在一种利益至上下,通过相互交换和承诺,建立、维持、巩固与消费者及其他参与者的关系,实现各方的目的。

市场营销战略从用户获取、用户保留、产品开发、产品扩散、推广和渠道六大方面来构建(见图 2.19)。

图 2.19　市场营销战略的构建

由此可见,营销的本质是价值交换。市场营销的基本是产品、价格、渠道和宣传这"4P"要素,进而衍生了 4C 和 4R 理论;市场细分、确定市场目标、市场定位三大要素被称为"STP",是营销战略的核心。

1. 从 4P 到 10P,从 4C 到 4R

4P 营销理论产生于 20 世纪 60 年代的美国,随着营销组合理论的提出而出现。1953 年,尼尔·博登(Neil Borden)在美国市场营销学会的就职演说中创造了"市场营销组合"(marketing mix)这一术语,其意是指市场需求或多或少在某种程度上受到所谓"营销变量"或"营销要素"的影响。1967 年,菲利普·科特勒在其畅销书《营销管理:分析、规划与控制》中进一步确认了以 4P 为核心的营销组合方法,即产品(product,注重开发的功能,要求产品有独特的卖点,把产品的功能诉求放在第一位)、价格(price,根据不同的市场定位,制订不同的价格策略,产品的定价依据是企业的品牌战略,注重品牌的含金量)、渠道(place,企业并不直接面对消费者,而是注重经销商的培育和销售网络的建立,企业与消费者的联系是通过分销商来进行的)和宣传(promotion,包括品牌宣传广告、公关、促销等一系列的营销行为)。到 1981 年,布姆斯(Booms)和比特纳(Bitner)提出了服务营销的 7P 组合理论,即在原来 4P 的基础上增加实体证明(physical evidence)、标准化流程(process)和人(people)。1986 年,科特勒提出了大营销的 6P 组合理论(megamarketing mix theory),即在原来 4P 的基础上增加政治权力(policy power)和公共关系(public relation)。随着对营销战略计划的重视,1986 年 6 月 30 日,科特勒又提出在大营销的 6P 之外,还要加上战略 4P,即探查(probing)、划分(partitioning)、优先(prioritizing)、定位(positioning);这样,到 20 世纪 90 年代初,人们普遍认同把原来大营销的 6P 组合理论再加入战略营销的 4P,形成一个比较完整的 10P 营销组合理论(见图 2.20)。

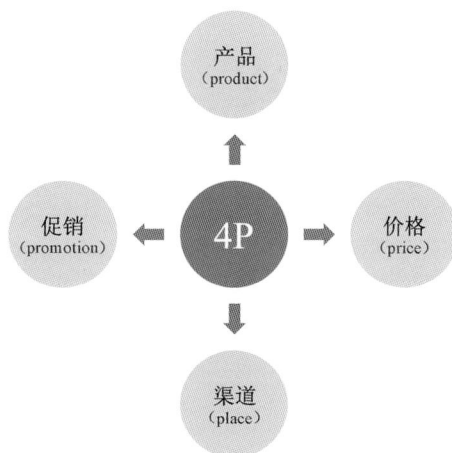

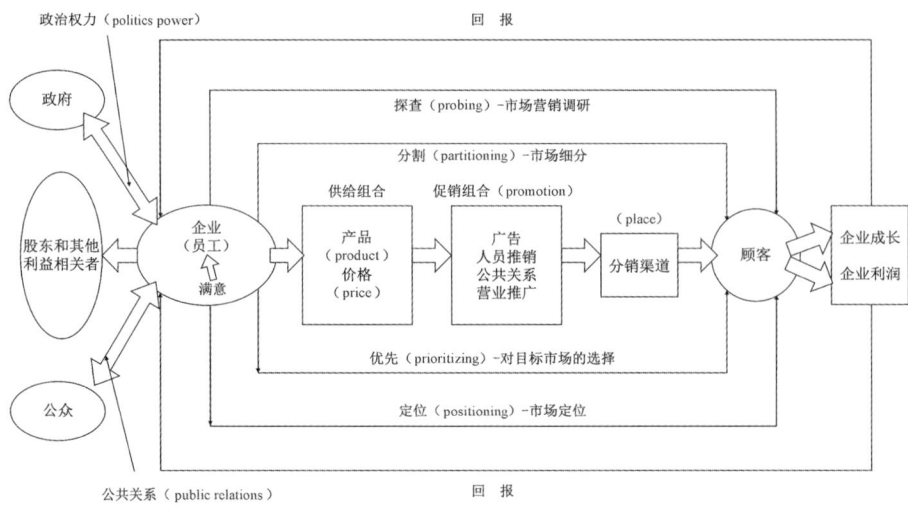

图 2.20　从 4P 到 10P 理论

资料来源：KOTLER P，ARMSTRONG G，2011. Principles of marketing：hard copy[M]. 14th ed. New Jersey：Prentice Hall.

随着市场竞争日趋激烈，媒介传播速度越来越快，4P/10P 理论越来越受到挑战。1990 年，美国学者罗伯特·劳特朋（Robert Lauterborn）教授在其《4P 退休 4C 登场》（*New Marketing Litany：Four Ps Passé：C-Words Take Over*）一文中提出了与 4P 相对应的 4C 营销理论。4C 理论以消费者需求为导向，重新设定了市场营销组合的 4 个基本要素。要了解、研究、分析消费者（customer）的需要与欲求，而不是先考虑企业能生产什么产品；要了解消费者满足需要与欲求愿意付出多少成本（cost），而不是先给产品定价；要考虑消费者购物等交易过程如何给消费者方便（convenience），而不是先考虑销售渠道的选择和策略；要与消费者沟通（communication），而非简单地把产品推广、促销出去。

2001 年，美国学者艾略特·艾登伯格（Elliott Ettenberg）和唐·舒尔茨（Don E. Schuhz）先后在 4C 理论的基础上提出了 4R 理论，即关联（relevance，企业与顾客是一个命运共同体）、反应（react，对经营者来说，最难解决的问题在于如何站在顾客的角度及时地倾听，并从推测性商业模式转变为高度回应需求的商业模式）、关系（relation，抢占市场的关键已转变为与顾客建立长期而稳固的关系）和报酬（return，任何交易与合作关系的巩固和发展都是经济利益问题）（见图 2.21）。它的最大特点是以竞争为导向，在新的层次上概括了营销的新框架，根据市场不断成熟和竞争日趋激烈的形势，着眼于企业与顾客的互动与双赢，不仅积极地适应顾客的需求，而且主动地创造需求，运用优化和系统的思想去整合营销，把企业与客户联系在一起，形成竞争优势。

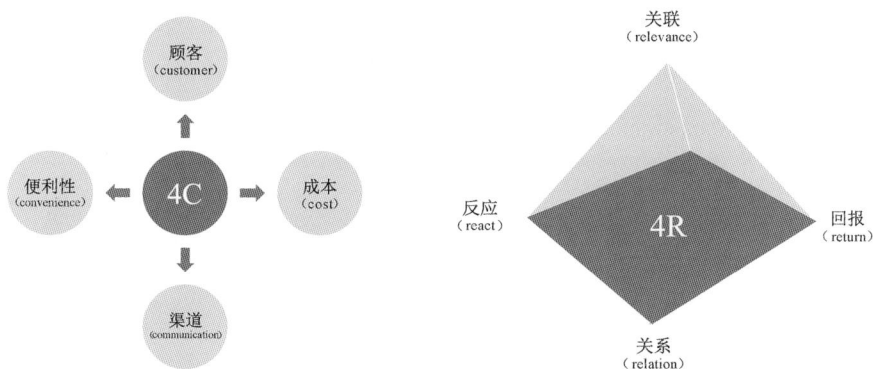

图 2.21　4C 理论（左）和 4R 理论（右）

法国进口葡萄酒在国内主要的销售渠道是顶级酒店、高级餐厅和专卖店。在高档消费场所针对高端消费人群展开促销，效果非常明显。如在中国顶级五星级酒店、米其林餐厅等高端场所，一款较好的波尔多红酒零售价可达上千元一瓶，并且每月可以保持一定的销量。但是相应地，买断一个高端消费场所的促销权少则十万元，多则上百万元，费用投入过于巨大。

同时，如今消费者也增强了主动参与意识，关注消费过程中的情感满足。互联网和电子商务的出现在给人们的生活带来便利的同时，也改变着人们的消费方式和消费观念。消费者不再满足于被动地接受产品和服务，而是主动地表达出自己的参与意愿，如婚庆葡萄酒个性化定制，不少新人会要求在酒瓶的标签上印上两人的姓名、婚礼时间和结婚照等，用以体现自己的品位、新颖和个性。

随着经济的发展，人们的生活水平逐步提高，消费行为越来越个性化，这种个性化需求不仅集中在高端消费人群，而是在社会各个阶层广泛存在。目前开展定制化业务的一线葡萄酒的广告传播，其良好效果充分体现在市场营销上，情感促销使品牌文化进一步深入人心，形成优质名牌，让品牌脱离低层面的价格竞争和广告竞争。

2. STP 理论

1956 年，美国营销学家温德尔·史密斯（Wended Smith）最早提出了市场细分（market segmentation）的概念。此后，菲利浦·科特勒进一步发展并完善了温德尔·史密斯的理论并最终形成了成熟的 STP 理论：市场细分（依据消费者需求、购买习惯等差异，把某一产品的市场整体划分为若干消费者群的子市场）、确定市场目标（以相应的产品和服务满足企业需要的一个或几个子市场）、市场定位（针对潜在顾客的心理进行营销设计，创立产品、品牌或企业在目标顾客心目中的某种形象或某种个性特征，保留深刻的印象和独特的位置，从而取得竞争优势)。对于不同品类的奢侈品品牌的市场定位,都可以进一步细分为入门级奢侈品品牌、主流级奢侈品品牌、威望级奢侈品品牌和顶级奢侈品品牌(见图 2.22)。

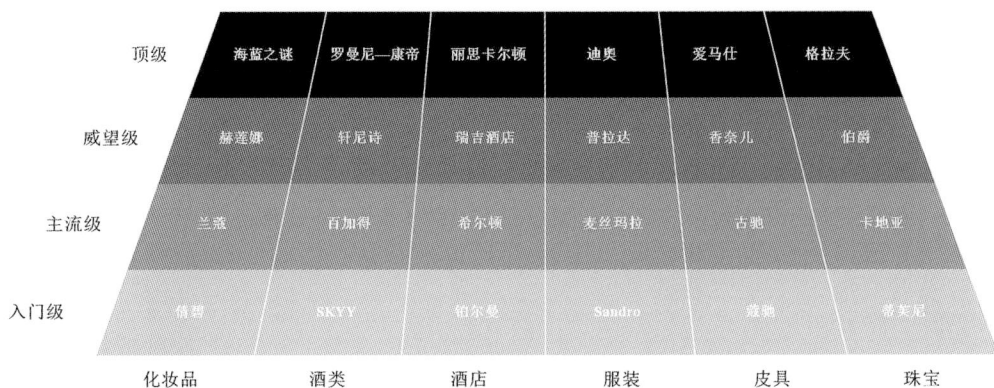

	化妆品	酒类	酒店	服装	皮具	珠宝
顶级	海蓝之谜	罗曼尼—康帝	丽思卡尔顿	迪奥	爱马仕	格拉夫
威望级	赫莲娜	轩尼诗	瑞吉酒店	普拉达	香奈儿	伯爵
主流级	兰蔻	百加得	希尔顿	麦丝玛拉	古驰	卡地亚
入门级	倩碧	SKYY	铂尔曼	Sandro	蔻驰	蒂芙尼

图 2.22 不同品类的奢侈品品牌的市场定位

根据 STP 理论,市场是一个综合体,是多层次、多元化的消费需求集合体,任何企业都无法满足所有的需求。企业应该根据不同需求、购买力等因素把市场分为由相似需求构成的消费群,即若干子市场。对于葡萄酒公司而言,市场细分需要企业关注消费者的地理要素(国内外市场差异等)、人口统计要素(收入水平、家庭构成等)、消费心理要素(自我奖赏、面子消费、保健需求)和购买行为要素(日常佐餐、婚宴节庆、送礼消费等),随后将符合公司目标和能力的细分市场作为公司的目标市场,并将产品定位在目标消费者所偏好的位置上,并通过一系列营销活动向目标消费者传达这一定位信息,让他们注意到品牌,并感知到这就是他们所需要的。

品牌传播(brand communication)是市场营销的核心组成部分,指企业以品牌的核心价值为原则,在品牌识别的整体框架下通过广告传播、公共关系、推广等手段将企业设计的品牌形象传递给目标消费者,以期获得消费者的认知和认同,并在心目中确定一个企业营造的形象的过程。

简单来说,品牌传播是品牌所有者通过各种品牌传播手段持续地与目标受众交流,最优化地增加品牌资产的过程。品牌传播以多样的方式,向特定目标人群传输品牌文化、价值观与饱满的品牌形象。品牌传播唤起了人们心中的向往与憧憬,并对其许下承诺,架起了与消费者沟通的桥梁,让消费者成为品牌构建的重要部分。

2.3.2 品牌传播的类型与方式

品牌传播是品牌接近消费者、提升品牌形象、提高品牌认知度与忠诚度的重要途径。通过品牌的有效传播,可以使品牌为广大消费者和社会公众所认知,使品牌得以迅速发展。品牌传播与传播方式的选择及设计密切相关,如果传播方式选择不当、设计不合理,就不可能收到好的传播效果。因此,企业在进行品牌传播时需要把传播方式的选择和设计置于重要位置。

1. 品牌传播类型

我们通常根据品牌等级划分品牌传播的类型:大众品牌传播、中端品牌传播、高端品牌传播以及奢侈品品牌传播(见图 2.23)。每一级别品牌由于其特殊性,导致产品在不同的市场层次上侧重于不同的传播方式。在大众市场中,媒体广告是最主要的方式;随着品牌等级上升,广告所起到的作用越来越小;而对于顶级奢侈品来说,广告已经成为非常次要的传播方式,公关活动成为首要之选。

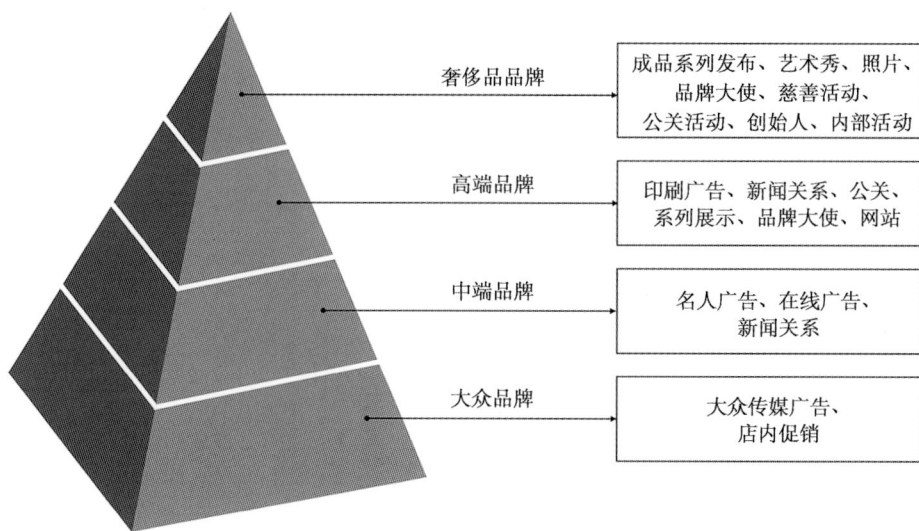

图 2.23　品牌传播类型

1) 大众品牌的传播

大众品牌的传播内容多数以较浅层次的品牌形象与宣传产品的功能性为主。大众品牌等级较低,品牌溢价较少,品牌附加值不高,因此在进行品牌传播时,会突出品牌实用性的特点,以"价廉"或"质优"为宣传重点,从而吸引消费者的目光。在一些大众品牌传播中,品牌也会将品牌文化与核心价值融入其中,这为品牌的进一步发展奠定了坚实的基础。

大众品牌的传播路径是"大众—上层消费者"的传播,传播对象是社会大众。品牌通过向社会大众宣传品牌,扩大品牌影响力,提高品牌认同感,与同类产品进行差异化竞争,在社会形成一定的效应后,间接影响上层消费者。大众品牌的传播对象十分广泛,而消费者的需求会对品牌传播造成很大的影响。因此,大众品牌往往迎合大众,走亲民路线。

大众品牌的传播方式以广告传播与销售方式传播为主,多数依靠大众媒体。大众传媒反映的是社会和大众的需求,他们不断向外传递信息,使品牌决策者了解大众需求。同时,大众传媒具有公开、易逝、快速、单向的特征,符合大众品牌与如今快速消费时代的特点,传播面广、速度快、效率高、影响大。下面以大众尚酷杯的品牌传播为例。

大众尚酷杯希望成为中国最为成功和被认可的赛事,展现大众汽车在规范赛领域中的领导地位。另外,赛事也希望强调全新大众高尔夫 TSI＋DSG© 技术以及大众进口车的市场表现。为此,罗德公关推出整合营销活动,集视觉、听觉和触觉于一体,描绘赛车运动令人振奋的一面,并通过社会化媒体吸引广大网民:举办现场赛车运动摄影培训和摄影比赛,录制尚酷杯车手故事视频。现场体验尚酷出租车驾驶,淘宝网在线拍卖等。尚酷杯还邀请了知名博主及社交网络、视频等各领域的意见领袖对活动进行客观报道,使之成为国内最具知名度的全球赛车比赛之一。马来西亚吉隆坡站的活动则更进一步提升了尚酷杯在亚洲的知名度和影响力。此次活动影响网民超过 6 800 万人,从媒体宣传到生活时尚平台都获得了广泛的认可。

2）中、高端品牌的传播

中、高端品牌的传播内容包括品牌形象以及品牌文化,在宣传产品的同时更注重产品的情感价值。中、高端品牌传播介于大众品牌传播与奢侈品品牌传播之间。这类品牌传播内容跨度大,要兼顾品牌形象表层和深层的内涵,在传播产品、品牌标志的同时,也需要将大量精力花在对品牌文化、社会责任、品牌信誉等的传播上,以此突出品牌的核心竞争力,吸引目标消费群体的关注与认可。

中、高端品牌的传播对象为消费水平较高的人群,但相比于奢侈品品牌传播,涉及人群范围更加广泛。随着经济的高速发展,越来越多的消费者具备了比较强大的消费实力,因此这类消费群成为各大品牌锁定的目标。中、高端品牌在社会上影响力大,深为大众所知。同时,这类品牌的定位也并非遥不可及,因此传播对象类型多,群体规模较大。

中端品牌的传播方式主要依靠名人效应、在线广告以及新闻播放,而高端品牌则主要依靠广告与公关活动。针对这些受众人群,品牌传播并非易事,它对媒体选择、广告传播方式等方面要求更高。值得一提的是,高端品牌的广告投放集中在高端时尚杂志方面,力求代表品牌形象,传输品牌价值,或创意无限,或动人心弦;同时,高端品牌传播利用公关活动,与消费者建立起更加密切的个人关系,满足消费者独特的个性化需求。

在中国,保时捷凭借其高端跑车系列成功地在中国消费者中树立了强大的品牌形象。借助其微信和微博的影响力,保时捷获得了大众广泛的关注。随着其业务以前所未有的速度增长,保时捷希望更有效地找到、触及并吸引那些汽车公司最青睐的高素质人才。2017年 3 月,保时捷中国大胆启用领英作为企业传播载体,重新定义领英账号的作用,以提高行业专业人士的认可度和参与度。在这个平台上,汽车和技术专业人士积极消费内容、寻找信息并与雇主联系。通过运用"思维领导力"观点分享和"媒体圆桌采访"的内容策略,再加上行业意见领袖的营销,保时捷成功地确立了自己在受众营销领域的中高端形象。保时捷领英主页显示,仅 1 年的时间,其账号的订阅者就翻了 3 倍。每月平均页面浏览量增长了157%,用户互动量增长了 160%。

3）奢侈品品牌的传播

奢侈品品牌传播与大众品牌传播的区别在于大众品牌需要通过迎合消费者的需求与品位来进行品牌传播,而奢侈品则是引领消费的热点与时尚的潮流。英国经济学家沃尔特·白哲特(Walter Bagehot)曾说过:"对于文人雅士来说,在日常生活中,细微而无意识的奢侈是不可或缺的;它就像宜人气候的一阵和风,能给人带来持久的愉悦。"①奢侈品的传播是以一种"润物细无声"的方式,让人们渐渐将品牌文化融入生活。

奢侈品品牌的传播对象主要集中在高端消费人群与社会精英,为了保持奢侈品的独特性,奢侈品品牌传播应该保持在合适的范围内,如果品牌曝光率过高,则会降低奢侈品自身的价值。低调的奢华远比大肆宣传更适合奢侈品,厚积而薄发,这正是奢侈品消费者所追求的。

奢侈品品牌的传播内容一般以更高层面的品牌文化为主。高价位、高品质、高品位是奢侈品本身的特点,奢侈品品牌传播的重点不应仅限于产品本身,提高消费者对品牌忠诚度的关键是品牌文化。随着越发激烈的市场竞争以及顾客消费心理的成熟,人们开始更加关注品牌背后的历史、文化与故事,寻求一种独特的、通往内心的深层探索。奢侈品品牌通过对品牌价值、品牌文化、历史传承以及品牌故事的传播,能够深入人心,以情动人,满足消费者的预期,帮助消费者认识自我、发现自我。

2004 年进入中国市场的兰博基尼在人们心目中,是速度、财富和挑战极限的象征。16年中,兰博基尼的销量经历了翻番的增长,而作为超跑文化的宣传者,兰博基尼更希望通过产品的推广,以及与超跑爱好者的亲密接触,来传播兰博基尼的品牌文化,并促进中国超跑市场的不断成熟。

兰博基尼举办的 China Giro 中国巡游活动中共有超过 40 名车主与 25 辆兰博基尼跑车参加。行程中兰博基尼一直与客户保持着亲密的关系,大家在驾驶体验中共同欣赏中国的壮美风景。活动中,兰博基尼让客户得到了独特的驾驶体验,进一步培养中国的超跑文化。

此外,兰博基尼为了贴近客户,还开展了更多形式丰富的市场活动。比如在艺术北京和

---

① Educalingo.com Dictionary，https://educalingo.com/en/dic－en

车展等活动中展示的静态车辆,可以让大家有机会近距离接触兰博基尼跑车,感受兰博基尼产品的魅力;而在兰博基尼 Esperienza 赛道体验活动和 Accademia 驾驶学院活动中,兰博基尼还会邀请来自意大利的专业教练,指导客户如何在追求速度的同时安全驾驶;此外,Super Trofeo 兰博基尼超级挑战赛,则满足了客户们在赛道上体验极限竞速的愿望,从专业组到非专业组,每个人都可以在真正的赛道上驾驶超级跑车。

2. 传统品牌传播方式

在考虑品牌传播方式的时候,我们应该思考如下问题:品牌在哪里可以融入消费者?品牌的消费者在什么时间对媒体最投入(时间、地点、行为、态度)?是否存在自然的媒介,让品牌和消费者的生活相联系?本品牌消费者消费媒体的行为是否有所改变?哪些方式可以让媒体度身定做以加强消费者与品牌的关系(不同的讯息、不同的目标对象)?在选择和运用媒体上,是否存在自然的顺序,加强消费者对品牌的投入度?品牌传播方式的选择,亦是品牌与消费者接触点的选择,而这些接触点,有明显的也有不明显,如何选择好这些接触点非常关键。品牌的一般传播方式分为广告传播、公共关系传播、销售方式传播以及人际传播。

1) 广告传播

品牌广告传播是指品牌所有者以付费方式,委托广告经营部门通过传播媒介,以策划为主体,以创意为中心,对目标受众所进行的以品牌名称、品牌标志、品牌定位、品牌个性等为主要内容的宣传活动。按传播载体划分,广告具有电视、杂志、报纸、广播、户外、互联网等主要形式。

2) 公共关系传播

公共关系(public relations)是品牌通过传播沟通、塑造形象、平衡利益、协调关系从而影响消费者的艺术。品牌公关有 3 个要素:品牌、传达和大众。企业通过公关与大众进行双向的交流,塑造企业形象与品牌知名度。作为品牌传播的一种手段,公关能利用第三方的认证,为品牌提供有利信息,从而教育和引导消费者。

除了一些针对葡萄酒的品鉴会和高端酒会,波尔多葡萄酒的公关活动还采取了事件营销方式。事件营销的精髓在于把握发生在目标消费市场或者全球最受瞩目的大事件,将这些事件与葡萄酒推广联系起来,借助新闻和媒体宣传,达到关系营销的目的。

2013 年年初,著名的苏富比拍卖行替米其林三星级餐厅的酒窖进行拍卖,竞标者除了可以拍得带有餐厅主厨签名的葡萄酒外,还可以获得该餐厅的一些有趣纪念品和厨房设备。美食爱好者最向往的米其林三星级餐厅,这里的主厨十分受人尊重,波尔多的葡萄酒拍卖能与这种受世界美食爱好者喜爱的餐厅联系起来,不仅能借助米其林餐厅的知名度和苏富比拍卖行的媒体关注度,还可以向世界美食爱好者宣传波尔多的葡萄酒,可谓一举多得(见图 2.24)。

图 2.24　佳士得葡萄酒拍卖（左）和葡萄酒大亨贝尔纳联手米其林星级厨师开餐厅（右）

3）销售方式传播

销售方式传播是指通过鼓励对产品和服务进行尝试或促进销售等活动而进行品牌传播的一种方式。尽管销售方式传播有着很长的历史，但是长期以来，它并没有受到人们的重视。直到近 20 年，许多品牌才开始采用这种手段进行品牌传播。

（1）促销传播。促销活动（sales promotion）是为了促进某种商品或服务的销售而进行降价或是赠送礼品等的行为活动，能在短期内达到促进销售、提升业绩、增加收益的目的。

我们常见的促销活动包括非直接产品的促销（免费客房、折扣优惠券、商店代金券等）、联合促销（样品促销、转移优惠券促销、慈善促销等）、价格促销（分类定价、现场折扣、优惠券等）、赠品促销（购物赠品、免费邮寄、商业礼品等）、有奖促销（竞赛、免费抽奖、可能性促销等）以及国际促销等类型。

促销传播能在短期内产生较好的销售反应，因此对于相对弱势或是处于起步阶段的品牌而言，虽然它们负担不起与市场领导者相匹配的大笔广告费，但可以通过促销这种方式吸引消费者眼球，以价格优势促使消费者尝试本品牌。不过这种传播方式较难有长久的效益和好处，尤其对品牌形象而言，大量使用促销推广会降低品牌忠诚度，增加消费者对价格的敏感，淡化品牌的质量概念。这对于品牌而言，显然不是一件好事。

（2）营销传播。营销传播（marketing communication）是指利用公共关系的手段和技巧为一个企业的市场部门提供支持。它针对客户的产品或服务，利用调研、策划、传播等公共关系手段，为客户的营销目标实现提供咨询意见和执行服务，帮助组织保持或提升市场的竞争优势，取得更高的销售利润。营销传播包括市场定位、研发、生产、上市、销售、渠道、售后等各个营销环节。

营销传播着眼于将企业的品牌和产品发布纳入战略传播方案的整体背景下，创造出有重点、一贯性的品牌和产品认知，从而实现高报道率、高影响力的最佳传播效果。同时，品牌管理者根据市场和利益相关方的特征和需求,为当前消费者和潜在消费者创造精彩难忘的体验,达到短期内的强力宣传冲击、可持续的传播效果和长期传播主题的平衡。

4)人际传播

人际传播(interpersonal communication)是人与人之间直接沟通,主要是通过企业人员的讲解咨询、示范操作、服务等,使公众了解和认识企业,并形成对企业的印象和评价,这种评价将直接影响企业形象。

基于人际传播媒体形式的差异,我们还可以进一步把人际传播划分为直接传播和间接传播两种形式。所谓直接传播,指的是古来已有的传播者和受体之间无须经过传播媒体而面对面直接进行信息交流的过程。直接传播主要是通过口头语言、类语言、体态语的传递进行的信息交流。间接传播是指在现代社会里的各种传播媒体出现后,人际传播不再受到距离的限制,可以通过这些传播媒体进行远距离交流。这就大大拓展了人际传播的范围。

人际传播是高端产品或者奢侈品的有效服务方式,因此利用圈层关系传播的效果最为明显。作为有一定社会地位的经销商,可以在经常性的聚会或者商务活动中,向自己的朋友或者社交圈的其他人推荐波尔多葡萄酒,这使得波尔多葡萄酒可以直接被有能力消费的群体接受,并且通常可以得到良好的传播效果。

在面对面品牌传播中,企业处于主动地位,有目的、有针对性的信息传递容易以情感打动对方,可以迅速获悉对方的信息反馈,随时修正传播的偏差。传播对象也会主动提供反馈意见,建立起企业与消费者之间相互信任与合作的关系。

相比其他传统品牌传播方式,人际传播具备了无可比拟的丰富性与灵活性,是形成品牌美誉度的重要途径之一。但是,人际传播需要企业拥有高素质员工,只有这样才能起到最好的效果。

3. 品牌传播新方式

随着新媒体与技术的不断发展与进步,品牌在传统传播方式的基础上,又探索出了新的传播方式,这些新传播方式集传统之优点,更加富有时代特色,并朝着更广范围、更深层次的趋势发展。

新媒体发展对传统媒体形成巨大冲击已是不争的事实,互联网发展40多年来,特别是微博等自媒体的发展,大大削弱了人们对传统媒体的依赖。此外,全媒体的"三屏融合"(电视、电脑、移动设备)和互联网使消费者随时随地可以获取和分享信息,给传统媒体的发展带来了更大的挑战。

1)Web 时代网络传播

在 Web 系统带来巨大革新的年代,品牌传播思维也有了巨大改变。网络杂志、社交网络传播等是 Web 2.0 下诞生的新媒体代表。当我们熟悉了这些 Web 2.0 概念或者名词时，人们开始对 Web 3.0 做起规划。Web 3.0 提升了互联网在人们生活中的地位，以人们所需、数字化、多维化、更加开放的形式展现互联网。IT 企业界也开始对 Web 3.0 加强了重视，比如 Windows Live 和 Office Live 就是 Web 3.0 时代的领航产品，用户可以定制自己的互联网内容世界。以 Web 2.0 和 Web 3.0 为平台基础的新媒体传播已经走出了商业化的步伐，他们所独具的传播模式，已经显露出无限商机。

（1）网络杂志传播。网络杂志在经过多年的沉浮后，无论在技术上还是表现形式上均趋于成熟。尤其当 Web 2.0 和 Web 3.0 时代技术愈发成熟之时，网络杂志吸引了更多企业的眼球。企业会通过在热门杂志中加入企业广告的形式，实现广告信息在杂志用户中的传播。除此之外，目前各个网络杂志平台仍然在不断对网络杂志进行挖掘，如 DIY 杂志、社区服务等，力求挖掘网络杂志更大的传播价值。

（2）社交网络传播。博客经过多年推广，在 Web 新时代到来后也迅速升温，包括新浪、搜狐、网易、雅虎、和讯、博客大巴（Blogbus）、DoNews 等众多门户、专业网站都提供各具特色的服务系统，由此诞生了聚集了不少人气的个人博客/微博网站，也引出了新的网络传播方式——社交网络传播。

社交网络传播是新一代网络传播方式，依托于浏览量和人气指数。而博客/微博作为用户自身主动的行为，在讨论一个话题时会吸引其他博主的参与，信息会得到更加广泛的传播。另一方面，这种讨论更容易形成强大的影响力，使传播效果得到极大提升。博客/微博的发展状况显示，大众化、平民化和极高的人气所带来的商机已经显露，博客/微博走出了商业化的第一步。

与此同时，微信成为新型网络传播的又一把利剑。腾讯团队对微信进行了持续改进，很符合当下年轻人的网络心理需求，逐渐抓住了年轻人"求新求异"的网络胃口。微信公众号和朋友圈已经成为很多企业传播品牌产品的重要载体。

（3）App 平台。当网络发展到后 Web 2.0 时代、进入社会化传播阶段时，传播的整体环境存在着信息碎片化的特点。全世界的消费者都在逐渐接受新的传播概念、方向，开始实行以自我为中心的偏好选择，而受众消费者对于商业信息、品牌信息的解读，更多愿意从"感性立面"切入——单向的、教条式、简单枯燥的内容传播早已为人们所诟病和抛弃。

人们更愿意看到品牌的两面：一面是感性的，通过品牌各种信息的聚集，让消费者建立对品牌的感性认知；另一面是良好的体验，通过品牌在传播中的微妙互动，让消费者形成对品牌的深度体验。应用程序于是帮助品牌完美地呈现这两面。

2）艺术展览传播

对于强势品牌，尤其是高端品牌、奢侈品品牌而言，艺术展览越来越受到品牌管理者的热捧。艺术展览是品牌传播中的一种全新的、重要的方式。从品牌传播角度来看,艺术展览是品牌对自己文化层次的一种说明,它的本身并不是为了宣传某些产品,而是为品牌做一种整体的提升。博物馆是保存与展示珍贵艺术品的殿堂,将产品置于博物馆中,能够证明产品较高的艺术审美价值,以博物馆的沉静以及浓厚的艺术氛围来烘托现代产品设计的独特魅力,将传统与革新巧妙结合,是对艺术的完美献礼。

世界著名车企如保时捷、沃尔沃、丰田、宝马、法拉利、奔驰、大众、福特、菲亚特等都建有自己的汽车博物馆。如图 2.25 所示法拉利赛车公园、奔驰斯图加特博物馆和宝马博物馆,每个展厅各具特色,用声光电、多媒体等影像技术与实物展示的组合呈现不同的品牌理念。

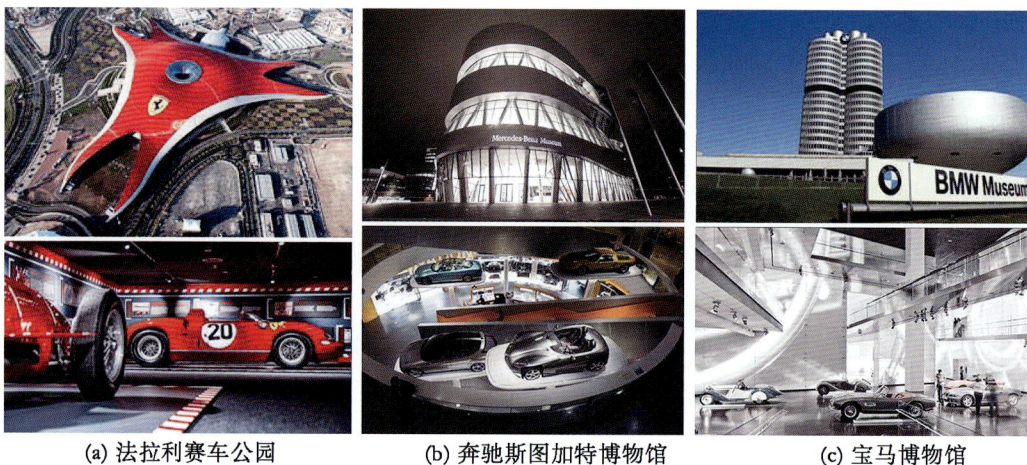

(a) 法拉利赛车公园　　　(b) 奔驰斯图加特博物馆　　　(c) 宝马博物馆

图 2.25　世界著名车企博物馆

3）电影及剧目传播

现代广告传播有多种方式,如电影中的广告植入、综艺节目的冠名等。我们生活中的许多事物,如电影、综艺节目、舞台剧等都具有承载广告内容的能力。电影中的传播让品牌形象更加生活化,更加深入人心,能够更加直观地体现品牌的核心价值,表达品牌的情感内涵,诉说品牌故事,通过影响人们的生活方式,从意识形态上进行品牌传播。

4）赞助与事件传播

品牌通过赞助赛事及活动来进行传播的方式也相当常见。赞助赛事及事件不仅能够增加品牌曝光率,而且能够与品牌的文化与精神内涵形成呼应,从而更好地树立品牌形象,提高品牌的知名度,使品牌更加融入日常生活。赞助体育赛事,可以传播体育精神;赞助文化活动,可以提升品牌内涵。

品牌活动和赞助作为一种以增进消费者品牌体验为核心的传播手段,被越来越多的品牌所采用，以实现一系列的营销目标，如建立品牌知名度，促进销售，提升品牌形象，以及增进品牌和消费者间的情感联系。

（1）体育赛事。体育赛事观众参与度高、影响力大的特点使得众多品牌通过赞助赛事来达到品牌传播的效果。体育赛事体现的是追求卓越、勇于挑战的运动精神，与诸多品牌的核心价值与文化紧密联系。因此，无论是在高尔夫球赛，还是在足球、篮球的赛场上，都少不了品牌的赞助，如宝马杯国际高尔夫球赛、奥迪 quattro 杯高尔夫锦标赛等，而丰田汽车曾是西班牙足球甲级联赛的赞助商。

（2）文化活动。品牌借助文化活动为载体，进行品牌传播，有利于以夺人眼球的方式宣传品牌的形象。赞助和举办相关文化活动，能够丰富品牌的文化内涵，引领一种独一无二的生活态度与生活方式，更为深刻地传播品牌价值观。

2018 年 10 月嘉格纳在中国北京成功举办了"嘉格纳侍酒师大赛全球总决赛"，6 位分别来自大中华区、英国、法国、瑞典、瑞士及南非的选手在北京会师总决赛（见图 2.26）。作为此届大赛总冠军的特别奖励，麦克尔·格鲁（Mikaël Grou）与大赛的评委、葡萄酒大师萨拉·阿尔伯特（Sarah Abbott）女士一起深入英国著名的辛普森葡萄酒庄，了解前沿的酿酒理念，并在世界知名的伦敦葡萄酒俱乐部 67 Pall Mall 享受特别定制的晚宴。

图 2.26　嘉格纳侍酒师大赛

通过侍酒师大赛的活动，嘉格纳完美地传递了对餐饮文化的推动。作为全球领先的奢华家电品牌，嘉格纳不仅为全球侍酒师行业选拔能力与情怀兼具的侍酒师人才，同时也尊重每一瓶优质葡萄酒背后人们付出的心血和劳作，致力于将酒农和酿造者们以匠心打造的风味和香气以最好的状态保存下来并呈现到大家的餐桌上。

2.3.3　PCDL 模型及其传播范式

品牌传播是一个系统工程,需要激情、智慧与信念。品牌的强大取决于品牌领导力。对于品牌传播工作,针对客户在品牌标志维度上做出的综合通信与信息转达的匹配度至关重要,因为它提供的是一个具有一致性且给人自我强化感觉的品牌形象。公司需要确保品牌即使在困难时期也保持强劲,并提供符合品牌承诺的价值。

Ghodeswar(2008)提出了 PCDL 模 型——品牌定位(positioning)、传达品牌信息(communicating)、传递品牌效益(delivering)与利用品牌资产(leveraging)的 4 个阶段模型使企业建立强大的品牌。

1. 品牌定位

品牌定位是指企业在市场定位和产品定位的基础上,对特定的品牌在文化取向及个性差异上的商业性决策,它是建立一个与目标市场有关的品牌形象的过程和结果。换而言之,即指为某个特定品牌确定一个适当的市场位置,使商品在消费者的心中占领一个特殊的位置,当某种需要突然产生时,随即想到的品牌,比如在炎热的夏天突然口渴时,人们会立刻联想到"可口可乐"红白相间的色彩和清凉爽口的感觉。

品牌定位的内容包括了品牌理念识别系统(目标消费者文化特征分析、消费心理需求分析、文化形象标准描述/品牌概念的提出、价值观提炼、个性确定、口号提出)、品牌视觉识别系统(品牌标志设计、产品包装设计、环境设计等)、品牌行为识别系统(如品牌传播、品牌延伸、品牌危机管理等)以及品牌推广识别系统(如品牌销售人员形象设计、销售服务规定、专卖店店面形象设计)等。

我们从上述的概念分析中可以理解为产品定位是品牌定位的支撑和依托,离开了产品定位,品牌定位将成为"空壳";品牌定位是建筑在产品定位之上的更高层次的营销思路与营销战略。品牌定位和市场定位密切相关,它是市场定位的核心,是市场定位的扩展和延伸,是实现市场定位的手段。

在完成市场定位和产品定位的基础上,才能较顺利地进行品牌定位。但是品牌定位内容极其丰富,并且完全不同于市场定位或产品定位。一个企业最初可能有多种品牌定位,但最终是要建立对目标人群最有吸引力的竞争优势,并通过一定的手段将这种竞争优势传达给消费者,进而转化为消费者的心理认识。做品牌必须挖掘消费者感兴趣的某一点,当消费者产生这一方面的需求时,首先就会想到它的品牌定位,那么自己的品牌就会在市场上形成一个明确的、有别于竞争对手又符合消费者需要的形象,从而潜在消费者也会在自己的心中为品牌预留位置。

2. 传达品牌信息

随着时代的不断发展,企业的营销手段不断成熟,营销重点也不断转移,品牌在营销阵营中已不可或缺,同时品牌形象的塑造也日益成为品牌设计中的重要组成部分,其作用和魅力也日益突出。品牌形象是一个综合的概念,它受感知主体的主观感受、感知方式、感知背景影响。品牌形象的造型方法多种多样,不同的消费者对品牌形象的认知和评价也是不同的,但企业总希望能在消费者心目中建立一个清晰、健康、鲜明的品牌形象,以下是企业通常遵循的原则。

消费者在很大程度上依赖品牌识别产品,企业希望品牌在消费者中建立并传递企业形象和产品形象,这反过来又促使企业关心其产品质量,维护其品牌声誉。因此,好的品牌对于树立企业形象起着非常重要的作用,好的品牌能给企业带来巨额利润,它是产品主要的附加价值。在这方面,国外很多企业都给予高度重视,可以说,良好的品牌形象不但能帮助企业吸引消费者,而且能使企业在竞争中不断扩大销售,占领市场,成为企业有效控制市场的手段。

1) 通过广告提升品牌形象

提升品牌形象的方法有很多种,运用广告是最直接、最有效的途径之一。广告是企业向消费者传递信息的主要工具,其直接目的便是创造品牌形象,在企业的控制下,能产生最高的效率。在现代产销体制下,消费者与企业很难直接打交道。消费者在购买商品或接受服务之前,在很大程度上依靠广告获得各类有关商品的信息。消费者与企业两者的相互关系是以品牌和广告为媒介的,广告是影响消费者行为的根源之一。因此,广告作为有力的促销手段,可以提高商品品牌的知名度,起到创造品牌形象的作用。在重视传播活动的今天,已有越来越多的企业,为树立企业形象、拓展市场,运用广告的魅力扩大销量,一些企业家已经认识到广告的这种特殊功效。

2) 开展公关活动提升品牌形象

公共关系是现代企业在市场营销中不可或缺的重要活动。在提高企业竞争能力、创造名牌产品等方面都发挥着重要作用,利用公共关系的传播功能,采取各种有效的公关手段,宣传品牌形象及企业形象,可达到树立品牌形象的目的。通过开展各类公关活动,促使消费者充分加深对品牌和企业的认识,了解消费者的意见和反馈,不断影响消费者的态度,从而获取品牌形象优势,产生不战而胜的名牌效应。

在开展公关活动进行品牌形象宣传时,还要注重在消费者心目中树立和强化企业可信赖的形象,重视创立良好的信用形象,重视营建企业的文化气氛和人情味,这几方面相互依存、相互促进,才能形成完美的企业形象。良好的品牌形象是企业潜在的无形资产。

3）导入 CIS 提升品牌形象

企业的品牌形象在市场营销中已日益受到企业经营者的关注，许多有远见的企业相继导入企业识别系统（corporate identity system，以下简称 CIS）。CIS 是创造与调整企业形象的经营技术，是将企业经营理念、企业文化和内部管理，通过整体规划性的视觉传达设计加以统一化，让公众对企业产生深刻的认同感，而达到促销目的。从 21 世纪 60 年代开始，CIS 已经在欧美、日本各大企业得到充分运用，并成为一种经营制胜的新策略。

CIS 一般由理念识别、活动识别和视觉识别这三大要素组成，这三大要素是相互联系的统一整体。企业的理念是指企业经营管理的观念，它是企业的精神和灵魂，也是 CIS 的核心。活动识别是企业动态的识别形式，企业的各种活动要充分体现出企业的理念，这样才能塑造出良好的企业形象。视觉识别是企业的静态识别形式，企业的标志、标准色是通过视觉系统将企业的形象传递给大众的。而活动识别和视觉识别只有具备了正确的思想内容，充分反映了企业的理念时才能发挥更大的作用。在当前的市场竞争中，企业形象的塑造至关重要，它已成为推动企业发展的一种动力。这种动力的大小取决于企业理念识别、活动识别和视觉识别是否高度一致。实施 CIS 的目的就在于进一步加强这一动力，使企业通过完整的系统创意将企业的经营观念与企业的个性传播出去，使广大消费者产生对企业及其产品的信任和好感的心理效应，这就是 CIS 的根本任务。

企业的理论识别一般包括企业的经营信条、企业精神、座右铭、企业风格、经营战略策略、广告以及员工的价值观等。

企业的活动识别系统基本上由两大部分构成：一是企业内部识别系统，包括企业内部环境的营造、员工教育及员工行为规范化；二是企业外部识别系统，包括市场调查、产品规则、服务水平、广告活动、公共关系、促销活动、文化活动等。

品牌形象与 CIS 有着密切的关系：一方面，好的企业形象会给旗下品牌带来良好的印象和好感，达到促销的目的；另一方面，CIS 的实施本身就是一种建立宣传品牌形象的操作系统，通过 CIS 的导入，使消费者接受企业的新形象、新观念，强化企业的个性和统一形象。企业导入 CIS 不仅能有效地加深品牌在消费者心目中的地位，推动消费者的购买意愿，而且消费者通过组织性、系统性、统一性的 CIS，能产生对品牌和企业的信任感与认同感，提高品牌的知名度。

CIS 有统一性和系统化的视觉识别计划，它可以加强传播企业信息的频率与强度。通过视觉识别，能充分地体现企业的基本精神及独特性。企业品牌标志是 CIS 视觉识别设计要素中的核心，它是消费者心目中的企业品牌形象的代表，是在确立和传达企业形象时最重要的视觉性手段。企业对外界必须整合品牌标志，才会有统一的形象。因此，品牌标志要能准确地表达企业和产品的特点，象征企业的意向。品牌名称的含义要丰富，并能区别于竞争产品的品牌。

创造品牌形象的方法与手段是多方面的。任何企业若要使消费者对品牌产生信赖与好感,给消费者留下深刻的印象,必须对品牌形象进行长期投资,这需要企业长期不懈的努力。所以说,建立一个广受欢迎的品牌形象并非朝夕可成之事,但在建立起来之后,会成为企业最珍贵的无形资产,在市场竞争中必然处于有利的地位,使企业创造更好的成绩。

3. 传递品牌效益

公司需要不断跟踪自己的品牌,以在激烈的竞争环境中更好地立足。公司应跟踪其品牌在市场上的表现以及某些市场干预,如购买、消费、品牌知名度、品牌召回、广告知名度等对品牌资产产生的影响。可以根据这种方法使品牌营销人员能够评估营销活动对目标消费者的影响,从而衡量品牌实力。

在以产品为主导的公司中,服务在品牌体验中起着重要作用,这些公司从与客户的整体关系来看品牌。公司需要在影响与品牌相关的日常活动的所有领域中设置"运营标准",这些标准可以应用于行为、管理实践、服务提供、客户关系管理、绩效实现等方面。带有品牌名称的产品所产生的特定营销效果可以是消费者层面的(态度、意识、形象和知识等),也可以是公司层面的(价格、市场份额、收入和现金流量等)。

4. 延伸利用品牌资产

品牌延伸是指企业将某一品牌扩展至不同行业、不同品类或不同产品线的过程,品牌延伸并非简单地借用表面上已经存在的品牌,而是利用原品牌的品牌资产进行发展。

品牌延伸也可以理解为全部或部分利用现有的品牌进入新的产品市场,品牌延伸从表面上看是品牌名称的转移,实质上却是品牌资产和价值主张的策略性转移。一个成功的品牌可以帮助公司更容易地进入新的产品种类,公司利用这一战略来提高品牌价值和影响力。品牌延伸的成功取决于消费者对于品牌的价值观和目标的联想的强烈程度。一种新产品需要大量的时间和金钱去宣传产品的好处。由于核心品牌的价值,品牌延伸是可以通过使用的品牌名称去提高消费者的认知从而减少财务风险的新产品开发策略之一。

企业在品牌延伸决策时要考虑到两大力量。其中之一是品牌延伸力,它受到品牌资产(包括知名度、品质、联想和消费者忠诚度等)的影响。如果某些品牌与特定产品类别的联系过于紧密,那么延伸力就弱。要使品牌延伸力提升,品牌结构要素要从产品、成本、专有技术等因素向利益、价值理念和自我体验等因素发展;否则,品牌延伸力将受到影响。另外一大力量是品牌杠杆力(brand leverage power)。品牌杠杆力与品牌延伸力作用呈反比关系,也就是说,如果消费者给予某一品牌很大的延伸力,则其杠杆力一定很低;反之,一个具有强有力意义联结的品牌,一般很难有延伸空间。这一点在品牌策略决策中应予以考虑。

一般而言,品牌延伸以延伸方向分类,可分为向下延伸(在产品线中增加较低端的产品)、向上延伸(在产品线上增加高端产品生产线)以及双向延伸(品牌将产品线同时往上、下两个方向延伸)。

在奢侈品行业中,无论是向上或者向下延伸,不管是同一品类中不同价格定位的纵向延伸,还是不同品类间的横向延伸,品牌延伸对奢侈品品牌的好处不言而喻。但并不是所有奢侈品的品牌延伸都能大获成功,在正式推出市场之前如果没有很好地规划,奢侈品品牌就会面临产品线重塑的问题。这不仅会给消费者带来困扰,同时也会影响品牌在消费者心目中的形象,毕竟重塑的原因很容易被与市场反应不佳联系在一起。

在面临巨大竞争的环境之下,要保持自己的利润,奢侈品品牌必须向高处提升,而原先目标顾客人群定位稍有重叠的不同产品线划分,无疑会导致高端产品线的顾客被定位稍低端的产品线消化。基于这个原因,为了保住主线品牌,杜嘉班纳(Dolce & Gabbana)不得不做出关闭副线产品线的决定。以阿玛尼集团为例。意大利奢侈品集团阿玛尼在社会精英群体及时尚的细分市场里运用特别的方式延伸品牌,在不同的价格水平上满足不同目标消费者的需求,并不断"跨界"经营,不仅通过母品牌延伸方式在领带、眼镜、手表和皮革用品等传统的延伸领域有所涉及,也打造了新品牌,已经成功进入了美妆与香水(Giorgio Armani Beauty)、餐厅及咖啡屋(Armani Ristorante & Emporio Armani CAFFÉ)、家具(Armani/Casa)、花店(Armani/Fiori)、甜品(Armani/Dolci)、酒店(Armani/Hotels)、俱乐部(Armani Club)和展览空间(Armani/Silos)等领域,如表 2.1 和图 2.27、图 2.28 所示。

表 2.1　阿玛尼集团下的全产品系列

ARMANI	时尚	服装、拎包、鞋履、配饰(钱包等小皮具、领带、皮带、围巾、手套、帽子、珠宝、眼镜)、手表
	生活方式	餐厅及咖啡屋、家具、花店、甜品、酒店、俱乐部和展览空间
GIORGIO ARMANI beauty	美妆	彩妆(唇部、面部、眼部)、护肤(清洁、水、眼唇、精华、面霜、乳液)、香水(女士、男士、定制系列)

图 2.27　阿玛尼集团的产品线

	服装	拎包	鞋履	包袋	配饰	手机	美妆	腕表	家具	甜品	花店	餐厅及咖啡屋	酒店	俱乐部	展览空间
Giorgio Armani Privé	○														
Giorgio Armani	○	○	○	○	○	○									
Armani Collezioni	○				○										
Emporio Armani	○	○	○	○	○			○				○			
AJ	Armani Jeans	○	○	○	○	○										
A|X Armani Jeans	○														
Armani Junior	○														
EA7 Emporio Armani	○				○										
Armani Beauty							○								
Armani Casa									○						
Armani / Dolci										○					
Armani / Fiori											○				
Armani Ristorante												○			
Armani Hotels & Resorts													○		
Armani Club														○	
Armani / Silos															○

图 2.28　阿玛尼集团的产品延伸与品牌延伸①

　　创始人兼设计师乔治·阿玛尼在创建企业时始终秉持长远眼光,杜绝投机取巧,时刻专注于品牌承诺、未雨绸缪的风险管理以及对工作的无限热爱,因循一条独树一帜、坚持不懈的道路。乔治·阿玛尼的营商之道与设计风格一致——清晰、简洁、具体而内敛,也与阿玛尼集团"不喧哗、不夸张、不炫耀"的风格匹配。

---

　　①　Giorgio Armani Privé 产品已并入 Giorgio Armani;Armani Collezioni 产品已并入 Emporio Armani;AJ | Armani Jeans、Armani Junior、EA7 Emporio Armani 产品已并入 A|X Armani Exchange;Giorgio Armani 手机已经停产。

| 研究案例　从尚酷、R8 到保时捷、宾利、兰博基尼 |

大众汽车、奥迪、宾利、布加迪、兰博基尼和保时捷六大品牌,自 2012 年起,在上海奥迪国际赛车场举办"冠军赛车嘉年华"活动,旨在推广跑车文化在中国的发展。现场不仅有诸多经典车型展示给观众,4 个单一品牌赛事的总决赛更是不容错过。

大众汽车中国赛车尚酷 R 杯、亚洲保时捷卡雷拉杯、兰博基尼-宝珀 Super Trofeo 超级挑战赛和奥迪 R8 LMS 杯,无疑是活动的最大看点。作为在中国广受欢迎的赛事,大众汽车中国赛车尚酷 R 杯培养了一大批才华横溢的中国年轻车手,其中有些已经跻身更高水平的赛事中;2003 年开赛的亚洲保时捷卡雷拉杯,在整个亚洲有众多拥趸;兰博基尼-宝珀 Super Trofeo 超级挑战赛在亚洲设置了 6 站比赛,吸引了亚洲各个车队的积极参与;奥迪 R8 LMS 杯不仅吸引了众多明星的参与,更汇集了包括勒芒耐力赛车型在内的多款王牌车型。

1. 尚酷

简洁的车身配上流线的造型,澎湃的动力配上小巧的身影;穿行于茫茫车海,飞驰在道路之巅,它就是尚酷 R-Line(见图 2.29)。

图 2.29　(左起)第一代、第二代、第三代尚酷

也许跟它的名字——"Scirocco"有关,尚酷如同从非洲吹向南欧的热带季风那般热烈。车如其名,从第一代开始,尚酷就充满运动基因。简洁流畅的线条、动感的楔形车身、低腰线和极富张力的车尾,既展现了设计大师乔治·亚罗的成就,同时也为尚酷引领双门轿跑风潮奠定了坚不可摧的基础。早在 20 世纪 70 年代,尚酷的最高速度就已经达到了 175 千米/小时,无愧自

己的名字——"沙漠热风"。在短短 7 年间,这款传奇轿跑车就掀起了销售狂澜,创造了销售 50 万辆的奇迹,成为大众集团旗下又一颗闪耀的新星。1981 年,由沃尔夫斯堡设计中心设计的第二代尚酷延续了前辈的辉煌;截至 1992 年,两代车型累计销量达791 000辆。

进化到第三代,它在日内瓦车展的亮相,全世界为之瞩目。在秉承前两代车型优秀运动基因的基础上,运用大众汽车全新的设计语言,用动感和前卫再次唤醒粉丝们内心对于动感和激情的狂热。新尚酷在第三代的成就之上再攀高峰:从外观到内饰,再到创新科技,再次进化,完美演绎"形式追随功能"的设计哲学,每一代都"酷"到没朋友。

在 2009 年,尚酷杯在全球范围内于中国首发,支持并促进中国的赛车运动发展。这一杯赛主办了 4 场赛事,在东南亚地区都引起了高度关注。从那时起,大众汽车中国尚酷杯开始蓬勃发展,并于 2011 年起启用大众汽车 R 技术,还由此更名为"大众汽车中国赛车尚酷 R杯",致力于给本土车迷带来更多赛车文化。大众汽车中国赛车尚酷 R 杯已发展成为中国最被认可的单一车型杯赛,也是年轻中国赛车运动新秀们增长技能的主要平台。

2. 奥迪 R8

在结合了 5 次勒芒冠军的名号和基因之后,奥迪打造出一款卓越的跑车——奥迪 R8。在奥迪勒芒 quattro 概念车上市 3 年后,它的全新版本将以奥迪 R8 中置引擎跑车的形象与众人见面。它是奥迪品牌中激动人心的一款作品,也是奥迪跑车中的巅峰之作。它拥有 420 马力的 V8 FSI 发动机、耐久的 quattro 四轮驱动和基于运动力学的全铝车身框架结构(见图 2.30)。

图 2.30 奥迪 R8 历代车型

作为奥迪第一款中置引擎跑车,R8 结合了奥迪公司从众多赛车运动冠军中所得到的出色外观设计以及 R8 车专业的品牌技术。这些专长使奥迪公司推崇的"科技引领进步"这句口号变成了在赛道和公路上的领跑者。

奥迪运动 R8 LMS 杯是奥迪首个单一品牌赛事。创立于 2012 年,该系列赛是全球首个且唯一提供完整技术配置 GT3 赛车的品牌赛事。2018 年,杯赛第 7 赛季引入 GT4 组别,全新奥迪 R8 LMS GT4 赛车加入这一系列赛,与赛事主力车型 GT3 赛车并驾齐驱(见图 2.31)。

图 2.31　奥迪 R8 杯参赛车型

2018 赛季,除了激动人心的比赛、不断地革新以及顶级尊享服务,杯赛还在全年 5 站赛事活动、11 回合比赛之外造访全球最具代表性的汽车赛事,以及亚洲各大顶级赛道。

2018 赛季的另一创新之举:杯赛实行全个人车手赛制,秉承"数据公开"原则,在每个赛事周末中引入奥迪运动专业导师制度。由此,奥迪运动 R8 LMS 杯为绅士车手们的发展提供了一个公开、友好的尊享平台。

杯赛还设立了独一无二的专属奖励,杯赛 GT3 组别年度总冠军将获得一辆"杯赛限量版"奥迪 R8 公路跑车。不止如此,杯赛 2019 赛季为 GT3 组别车手提供了 3 个由官方全力赞助的参赛名额,出征 2020 年的铃鹿 10 小时耐力赛。"直通铃鹿"项目让车手有机会获得奥迪官方支持,在这条传奇赛道上竞逐另一项久负盛名的赛事。在澳大利亚站、马来西亚站、中国站(两站)和日本站比赛中赢得最高积分的车手获得了奖励。

杯赛全个人车手赛制是奥迪运动(亚洲)客户赛车部门的双重战略之一。该部门还将帮助一流的专业车手组队参与亚洲区域内顶级多品牌冠军赛事。

3. 保时捷

保时捷 Carrera 是保时捷 911 车系之一,保时捷 Carrera 系列是当今保时捷车系中历史最悠久的车型,也是一直延续后置发动机的车型。自从第一辆 911 问世以来,Carrera 已经经过了 40 多年的发展。

保时捷 911 系列分为 Carrera 系列、Targa、Turbo、GT3 和 GT2 Carrera。这个名字来自墨西哥泛美越野大赛(Carrera Panamericana Mexico)。20 世纪 50 年代,保时捷在那里取得了巨大成功。Carrera 系列可以说是 911 系列的灵魂,也是最基本的型号,911 Carrera 和 911 Carrera 4 最早出现于 1995 年。1997 年又分别增加了 911 Carrera S 和 911 Carrera 4S(见图 2.32)。其中 4 代表着四轮驱动,S 代表运动款,Cabriolet 代表敞篷型,保时捷 Carrera GT 则是保时捷历史上第一辆量产超级跑车。

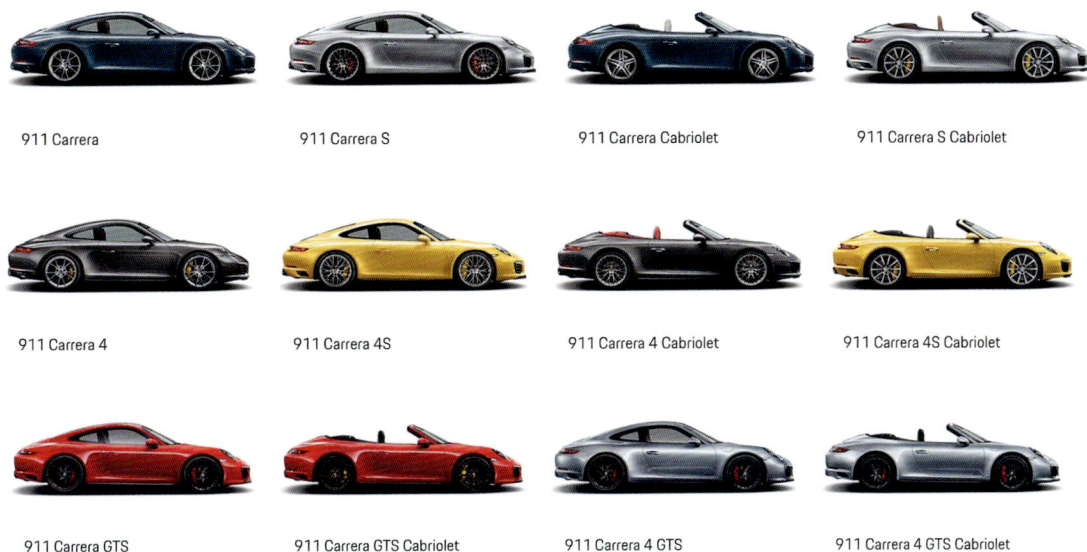

911 Carrera	911 Carrera S	911 Carrera Cabriolet	911 Carrera S Cabriolet
911 Carrera 4	911 Carrera 4S	911 Carrera 4 Cabriolet	911 Carrera 4S Cabriolet
911 Carrera GTS	911 Carrera GTS Cabriolet	911 Carrera 4 GTS	911 Carrera 4 GTS Cabriolet

图 2.32　保时捷 911 Carrera 系列

　　Carrera GT 不仅性能令竞争对手折服，而且在强劲的竞技设定之外，亦展现了相当平稳的行路舒适性，加上用料考究、精雕细琢的顶级真皮内装，以及恒温空调、Bose 环绕音响系统等配备，使得拥有 Carrera GT 不但是一种对于纯粹速度的追求，更提升为一种卓越脱俗的优雅享受，成功地将竞技化与道路完美结合。

　　保时捷与赛道的渊源始于 1948 年——世界上首台保时捷跑车 Porsche 356 No. 1 在出厂后的第一个月便在奥地利因斯布鲁克(Innsbruck)举行的比赛中拿到小组冠军。尽管在赛场上战绩卓越，追逐胜利却绝非保时捷制造跑车的唯一目的。在开发量产新车的过程中，保时捷于赛场上所获取的技术成了一笔最宝贵的财富。对于保时捷而言，便利顾客参与赛车运动与始终坚持科技创新，是其矢志不渝的首要任务。

　　保时捷开始构思以旗下最具代表性的 Porsche 911 跑车为主角的单一赛事，并于 1990 年付诸实践——"德国保时捷卡雷拉杯"耀世而出，保时捷运动部还为赛事度身定制了专属战车 Porsche 911 Carrera 2 Cup，由此掀开了保时捷赛事的历史新篇章。当保时捷品牌的核心价值——卓越性能、顶尖科技以及超凡魅力注入亚洲这一世界上最具生机的地区时，"亚洲保时捷卡雷拉杯"应运而生，并因之大放异彩，散发出令车手及车迷难以抗拒的巨大魅力。

　　"亚洲保时捷卡雷拉杯"于 2003 年正式鸣金，旋即风靡全亚洲，为区域内赛事的竞赛水平及组办专业性确立了全新标准。保时捷深厚的赛车传统深深吸引了亚洲顶级车手。作为"亚洲保时捷卡雷拉杯"的一大显著特色，赛事创造性地分成两个组别，设置两个锦标——专业组赛事和为非专业车手而设立的 B 组赛事。这一概念深受欢迎，两组车手在比赛中各自为宝贵的积分展开激战。对 B 组车手而言,能够获得与职业车手同场竞技的宝贵机会,赋予了他们前所未有的强大奋斗动力。赛事开展至今,已有多位非职业车手成功晋级,在总积分榜上与专业车手一较高下。

4. 宾利

从 1919 年沃尔特·欧文·宾利先生创建宾利品牌开始到现在,宾利汽车公司已经走过了百年的历史。时至今日,我们所看到的宾利蕴含着尊贵、典雅与激情澎湃的运动基因,仍然矗立在世界汽车的顶峰(见图 2.33)。

图 2.33　宾利车型

宾利车标设计运用了简洁圆滑的线条,晕染、勾勒形成一对飞翔的翅膀,整体恰似一只展翅高飞的雄鹰。另外,在例如慕尚等高端车型引擎盖上有一枚立体标志,和"劳斯莱斯"的飞天女神(小金人)有着相似之处。

尽管在成立之初,宾利生产的车型几乎都是劳斯莱斯的翻版,但是超越前人的决胜信念一直深植于宾利品牌的核心。早在创立宾利汽车公司之前,年轻有为的宾利先生就已参加过各种摩托车和汽车比赛。他利用自己在赛道上的经验,将他对工程学的理解推向顶峰。他的专注精神吸引了许多志同道合的伙伴,他们齐心协力,旨在实现一个共同的目标:创造卓越。

在 20 世纪 20 年代一系列的汽车拉力赛中,宾利的一次次凯旋都证明了宾利汽车优异的性能。这些荣耀包括在 1924—1930 年的勒芒耐力赛的 5 次夺冠以及 2003 年的再次问鼎。如果用一句话来概括宾利的造车理念,那无疑正如宾利先生所说,"造一辆快的车、好的车,同级别中最好的车"。

时至今日,宾利对于征服赛道和公路的理想之光仍在闪耀。2002 年,宾利以华丽姿态重返勒芒赛道,心中的超越之火重新熊熊燃起。今天,一抹饱经历练的英国赛车绿令古老的宾利与现代的欧陆 GT3 在历史的长河中交相辉映,让宾利的理想之火更加炽烈。

宾利一直坚信,奢华与性能是互为补充的,并非不可调和、相互对立。两者的有机结合,势必产生让人无法抗拒的非凡吸引力。除了设计开发令人印象深刻的高性能汽车外,宾利品牌还一直致力于为其公路跑车打造精致奢华的手工内饰。卓越性能与至臻奢华的独特组合是当下宾利品牌价值的核心所在,它清晰地展现在每一台沿勒芒赛道低声怒吼的欧陆GT3,以及每一台潇洒游弋在城市道路间的欧陆 GT3-R 身上。

5. 兰博基尼

兰博基尼(Lamborghini)公司是一家集设计、工程、制造与销售于一身的超级跑车制造商。它坐落于意大利圣亚加塔·波隆尼,1963 年由费鲁齐欧·兰博基尼(Ferruccio Lamborghini)创立,是大众集团旗下的公司。1986 年兰博基尼量产了 6 辆 Lamborghini Design 90 机车。直至今日,兰博基尼年产量已达 3 000 多辆汽车。公司成立之初,曾因营运不善而数度易手。

兰博基尼的标志是一头充满力量、正向对方攻击的斗牛,这与兰博基尼大马力高速跑车的特性相吻合,据说这一标志也体现了创始人兰博基尼斗牛般不甘示弱的脾性。这个意大利北方人凭借一股毫不妥协的闯劲以及近乎疯狂的热情,孜孜不倦地追求着制造完美跑车的梦想。自那时起,倔气十足的“公牛”标志便成了兰博基尼的象征,它诠释了这一与众不同的汽车品牌的所有特点——挑战极限、高傲不凡、豪放不羁。兰博基尼的车型如图 2.34 所示。咄咄逼人的活力动感,一往无前的豪迈气势,意大利式的热血奔放——用这些来形容卓越非凡的兰博基尼品牌再贴切不过了。

图 2.34　兰博基尼车型

Huracán 硬顶版车型在 2014 年全球首秀,成为兰博基尼家族中耀眼的明星,随后敞篷版以及后驱版车型的相继上市让 Huracán 更是火遍全球。在 2019 年,兰博基尼再次发力,推出了全新的 Huracán EVO 及其敞篷版,搭载了新一代 V10 发动机、全新车辆动态管理系统和空气动力学设计。该车型在原有的基础上性能提升更为明显,3 个主要的提升点让其在性能上更进一步。

兰博基尼 Huracán Super Trofeo Evo 的研发依托兰博基尼科技的两大支柱:精密空气动力学设计和超轻量化材料,并将超级跑车的标准进一步提升。

兰博基尼 Super Trofeo 超级挑战赛是由兰博基尼赛事运动部组织的单一品牌赛事,起始于 2009 年,该赛事分别在欧洲、亚洲和北美三大洲举行。兰博基尼在欧洲赛区的角逐曾与宝铂耐力系列赛同期举行,与国际汽车运动协会(IMSA)携手举办的北美赛区赛事在美国与加拿大的多条经典赛道上展开热血激战,亚洲赛区的疾速竞逐在中国上海、马来西亚雪邦、日本富士及印度尼西亚上演。此外,兰博基尼在雪邦与欧洲和亚洲赛区也曾举办,兰博基尼–宝铂 Super Trofeo 超级挑战赛世界总决赛。

专用赛车采用搭载兰博基尼恒时四轮驱动系统与 570 马力 V10 发动机的 Gallardo LP 570-4,拥有出色的动力以及卓越的操控稳定性(见图 2.35);通过每轮比赛周末两天的练习环节、排位赛及两场 50 分钟的比赛,参赛车手们必将能充分感受驾驶兰博基尼极致赛车在赛道疾速驰骋的震撼体验。

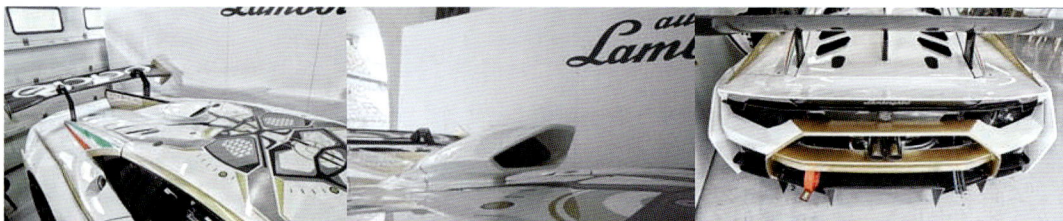

图 2.35 兰博基尼 Super Trofeo 超级挑战赛参赛车型

从尚酷、R8 到保时捷、宾利、兰博基尼的车型设计传达出人们对速度美学和品质生活的不懈追求,由此而发展出来的各项专业赛事在中国广受欢迎,这也是赛车文化在中国逐渐普及的一个写照。事实上,赛车运动在中国形成了完整的赛事品牌架构,包括赛车项目种类金字塔基底的民间卡丁车运动,POLO 杯、TIIDA 杯这种非常入门的单一品牌赛事,保时捷、兰博基尼和法拉利这种非常高级别的赛事,CTCC、China GT 杯这种各大厂商积极参与的各项房车、越野和拉力赛事,以及每年一度的赛车运动金字塔顶尖的 F1 赛事。中国的赛车市场刚刚起步,在中国因地制宜,越来越多的人用主动适应国内环境的方式慢慢发展和推动国内的赛车市场,也让更多人有了参与赛车运动的可能。赛车运动不再是专业车手们的"曲高和寡",而是真切地与普罗大众的乘用车消费市场息息相关。

思考与探索

1. 赛车文化目前在中国处于何种状况?
2. "冠军赛车嘉年华"对于上海的意义是什么?
3. 作为全球最知名的汽车品牌之一,奔驰为什么没有自己的赛事?

Luxury

赛车运动的魅力何在？
是速度还是激情？
是赛道上惊险的碰撞，
还是获胜后肆意喷洒的香槟？
是游走在失控边缘的精准控制，
还是精密的工业美学，
抑或是对时间的极致把握？
……

生活诸事
鲜有能像 WEC、WRC、WTCR、F1
这类赛车运动那样
激发出如此强烈的情感——速度、
加速度和地球引力，
传达出一种与众不同、
肾上腺素骤增的强烈体验！

第
3
章

赛车运动与国际汽联

开篇　传承与创新——迈凯伦车队

迈凯伦存在的意义即赢得比赛胜利。自 1966 年投身赛车运动以来,迈凯伦车队赢得的大奖赛胜利比任何一支 F1 车队都多。

——迈凯伦车队

1963 年,布鲁斯·迈凯伦(Bruce McLaren)创立了迈凯伦车队,至今仍然是唯一获得赛车运动三冠王(F1 赛车、印第安纳波利斯 500 和勒芒赛)的赛车队。自 1966 年摩纳哥大奖赛以来,车队就开始正式征战 F1。迈凯伦车队一共赢得过 8 次制造商世界冠军以及 12 次车手世界冠军。他与法拉利、威廉姆斯车队等一起奠定了 F1 的历史辉煌。迈凯伦 F1 车队是历史上最成功的车队之一,车队的历史就是不断发展技术的历史,其间更是不乏体现英雄主义和团队奋斗精神的故事。

1952 年,15 岁的布鲁斯·迈凯伦作为学生参加了他的第一场赛车比赛。7 年后,他赢得了人生中的第一次大奖赛冠军。创始人的精神今天仍然指引着迈凯伦前行。正是他对创新不懈追求的精神、不断突破极限的决心和对驾驶的激情,才造就了今天精心打造的每一辆迈凯伦汽车(见图 3.1)。

图 3.1　迈凯伦车手及赛车

过去和现在的冠军时刻都能为迈凯伦带来生机与活力,这是车队传承下的不可多得的丰厚财富:艾默生·费迪帕尔蒂(Emerson Fittipaldi)点燃了他巴西同胞的激情,詹姆斯·亨特(James Hunt)获得的巨大荣誉不胜枚举,尼基·劳达(Niki Lauda)和阿兰·普罗斯特(Alain Prost)推动了赛车运动的科学化,埃尔顿·塞纳(Ayrton Senna)的激情将成为永恒,而米卡·哈基宁(Mika Häkkinen)和刘易斯·汉密尔顿(Lewis Hamilton)无所畏惧的斗志将成为赛车史上难以磨灭的印记。

迈凯伦勇于探索未知领域,不少设计引领了 F1 的风潮。1981 年,迈凯伦凭借着大胆创新的先锋魄力,率先在 MP4-1 上采用了"碳纤维复合单壳体底盘"。它以重量轻、强度高和硬度大的超凡优势,在当年迅速让迈凯伦队的车手约翰·沃森(John Watson)在西班牙站和法国站登上了领奖台,并最终在银石赛道捧得冠军奖杯。这一颠覆性的革命设计开启了 F1赛车的全新时代,不仅大大提升了 F1 赛车的安全性,还对整个民用汽车工业产生了深远的影响。

碳纤维、制动转向、混合动力……迈凯伦一直非常自信能够实现新的突破,连最不起眼的车轮也被迈凯伦重新发明了。虽然其他制造商大力发展全电动转向,但迈凯伦仍然坚持使用液压系统,因为其他系统都无法胜过它。创新并不是为了改变而改变,而是为了驾驶感觉,为了人机反馈,也为了驾驶者的体验。创新是要做到更好,而不仅仅是换一种方式去做。

迈凯伦的愿景很简单:设计和打造提速最快的车。达成该目标需要极致的低阻力空气动力学设计。这意味着要卸下后视镜,转而使用摄像头,并用碳纤维盖封住前轮,同时打造一个弯曲的车身尾部——这在汽车业中尚属首例,并且还要根据需要增加下压力或减少阻力。结果迈凯伦创造出了纯粹依靠空气动力学知识而打造的汽车,宛如自然的创造一般完美。

从车内设计、涂装到内嵌系统,迈凯伦的颜色和材料团队全程把控。他们依据丰富的行业经验创造出了脱颖而出的设计外观。迈凯伦经常能带来一些惊喜,如在 Speedtail 上可以找到精密的碳纤维编织。这种碳纤维的细线数量多到让人难以置信,必须使用传统提花织机进行制造,而这种技术通常只在高端时尚界中使用而不用于汽车设计。依靠老旧的思维是无法打造出新产品的。

由全球著名的英国建筑师诺曼·福斯特(Norman Foster)爵士设计的迈凯伦技术中心(MTC)(见图 3.2)是壮观的建筑杰作。该建筑醒目而面面俱到,美丽而技术先进;每一个细节都有充分的存在理由,那就是为打造非凡之车提供完美环境。建筑完美地反映出迈凯伦绝不妥协的理念。

图 3.2　迈凯伦技术中心及量产车

创新永不止步。迈凯伦是一家具有开创精神的超级跑车公司,其创新理念深深扎根于迈凯伦的文化之中。该公司具有卓越的设计和工程历史口碑。想要做第一,就要勇于成为第一个敢吃螃蟹的人。

一系列的强大科技研发与应用,都源于迈凯伦在 F1 赛道上的专业,以及追求极致、务实的态度。如今,这些技术都被融入迈凯伦打造公路跑车的每一个细节之中,除了让每一辆跑车传承方程式赛车的基因与血统,也旨在制造一个又一个的超跑传奇。

迈凯伦的伟大冠军在置身国际赛车舞台的同时,也在讲述自己独特且历久弥新的故事。这支车队,有过 1988 年 16 站比赛赢得其中 15 站的巅峰辉煌,也有过近些年来跌入积分榜底端的苦涩。在近些年中,迈凯伦车队深陷泥潭,曾经的豪门车队风光不再。然而,依靠着历史传承的厚重底蕴与追求卓越创新的基因,我们有理由相信迈凯伦的未来非常光明。

　　赛车运动是一种竞速运动。1895 年,这项运动首次在法国出现。如今,它已经成为全世界吸引最多观众观看的体育赛事之一。赛车特指一些专门制造或改装供参加赛车比赛的车辆,这类车不一定符合交通法规能直接开上街道当普通代步汽车,而接近赛车的普通量产型汽车则通常被称为跑车。

　　赛车运动经历了 100 多年的发展逐渐成熟,形成了规范的赛车运动组织——国际汽联和成熟的四大赛事。本章将介绍赛车运动的起源与发展。

3.1　赛车运动的历史

　　自 18 世纪起,随着人类社会发展水平的不断提高以及工业革命的推波助澜,举世瞩目的汽车终于诞生了。如今汽车已成为现代人生活中不可分割的一部分,它使人们的生活空间更为广阔,并在一定程度上改变了人们的思维方式。

3.1.1　赛车运动的起源及发展

　　赛车运动作为汽车发展史的一部分并非一帆风顺。一代代科学家和发明家纷纷站在伟人的肩膀上,在创造汽车和赛车的历史长河中书写自己的名字与贡献。

1. 起源

　　1712 年,英国人托马斯·纽科门(Thomas Newcomen)发明了不依靠人和动物来做功而是靠机械做功的蒸汽机,被称为纽科门蒸汽机。1765 年,英国发明家和机械工程师詹姆斯·瓦特(James Watt)改进了蒸汽机,发明了世界上第一个真正的动力机械,拉开了第一次工业革命的序幕。1769 年,法国军事工程师尼古拉斯·柯诺特(Nicholas Cugnot)发明了世界上第一部自动车辆:三轮蒸汽汽车(见图 3.3)。

图 3.3　（从左至右依次为）纽科门蒸汽机、改良蒸汽机和三轮蒸汽汽车

1771 年,尼古拉斯·柯诺特改进了蒸汽汽车,使汽车速度可达 9.5 千米/小时,牵引 4～5 吨的货物。1803 年,英国工程师理查德·特里维西克(Richard Trevithick)采用新型高压蒸汽机改进汽车,使汽车可乘坐 8 人,平均速度 13 千米/小时。从此,用蒸汽机驱动的汽车开始在实际生活中应用。1825 年,英国人斯瓦底·嘉内(Swaddy Garne)制造了一辆蒸汽型公共汽车,共 18 座,速度为 19 千米/小时。他开创了世界上最早的公共汽车运营。1862 年法国人艾蒂安·勒努瓦(Étienne Lenoir)研制出了卧式二冲程内燃机(见图 3.4)。虽然他没有申请专利,错失了汽车之父的美誉,但世人依旧缅怀他对汽车发展做出的卓越贡献。

图 3.4　（从左至右依次为）新型高压蒸汽汽车、蒸汽公共汽车和卧式二冲程内燃机

1885 年,卡尔·奔驰(Karl Benz)将一台二冲程发动机装在一辆三轮车上,发明了世界上第一辆汽车。这也是德国奔驰公司(Daimler Benz,现为 Daimler Chrysler)的第一辆汽车。1886 年德国工程师戴姆勒(Daimler)制造了世界上第一辆真正实用的四轮汽车(见图 3.5),这辆汽车是他为妻子准备的生日礼物。奔驰公司于 1886 年 1 月 29 日向德国帝国专利局申请了"奔驰 1 号"专利。该专利于同年 11 月 2 日被正式批准发布。因此,1886 年 1 月 29 日被公认为世界上首辆汽车的诞生日。奔驰的号码为 37435 的专利证书也是世界上第一张汽车类专利证书。

图 3.5　（从左至右依次为）第一辆汽车（左）、卡尔·奔驰第一辆真正实用的四轮汽车（右）

从第一辆汽车被生产出来到第一次汽车比赛的举行只不过 10 年的时间。1885 年，世界上第一辆马车式三轮汽车正式诞生，随后几年欧洲进入汽车工业制造阶段，多个品牌汽车诞生。当欧洲人造出汽车之后，大家都想争第一：一个说自己制造的车辆的性能是最好的，另一个又说自己的汽车安全性和可靠性最强。双方都难以说服对方，于是，他们就组织了一场汽车比赛。

1894 年，巴黎市的一家名为《小日报》(*Le Pitit Journal*)的杂志组织了一场汽车比赛（见图 3.6），这是一次考验汽车的稳定性的比赛，以"车辆驾驶安全没有危险，容易操纵，维护费用低廉"作为优胜条件。这也是首次举办的世界汽车大赛。整个比赛里程为 127 千米，比赛的胜负由一个裁判委员会裁定，这个裁判委员会的成员必须随同比赛车辆一起完成比赛，并根据汽车的驾驶情况做出评价报告，从而选出比赛的优胜者。

图 3.6　1894 年在法国举行的首次汽车比赛

比赛邀请一经发出,引起了当时各大厂商的广泛关注。各地车手纷纷报名,很快就有102辆汽车报名参赛。经过严格的检查,最终符合参赛条件的车辆只有8辆蒸汽汽车和13辆汽油汽车。正式比赛在1894年7月22日举行。参赛车辆在巴黎梅洛港集合出发。赛车手们对于"竞赛"的理解永远是速度比拼。因此,比赛立即成为竞速比赛,整个赛程可以说是"险象环生"。刚一开始,一辆舒博烈蒸汽汽车就冲上人行道,撞坏了公园里的好几把长椅。随后,又有4辆汽车损坏,退出比赛。最先完成127千米赛程、到达目的地的是一辆戴狄安保顿公司生产的大型蒸汽汽车,但比赛评委以该车维护费用过高为由取消了它的名次。最终,5 000法郎的奖金由第二名标致汽车和第三名庞阿尔-勒瓦瑟(Panhard-Levassor)汽车分享。

此后,一时间涌现出众多比赛,对于当时的厂商来说,最佳的宣传方式不是传统的广告传播,而是参加比赛并赢得第一名。非马拉车赛的举办标志着法国和欧洲城际公路汽车赛时代的开始。在随后几十年里各种各样的城际汽车拉力赛纷纷举行。在早期的比赛中,组织者还没有出现围场的理念,只在开放公路上一圈又一圈地竞赛,顶多两边用栏杆围起来。当时不少地区仍然以土路为主,性能不是取胜的唯一因素,对汽车的耐久性无疑是一个巨大的挑战。

2. 发展历程

赛车运动自起源距今已有超过100年的历史(见图3.7)。第一场真正的汽车公路赛在法国举行(见图3.8)。1895年6月11日,由法国汽车俱乐部和《小日报》联合举办了世界上最早的长距离汽油车公路赛,线路由巴黎到波尔多往返,全程1 178千米。

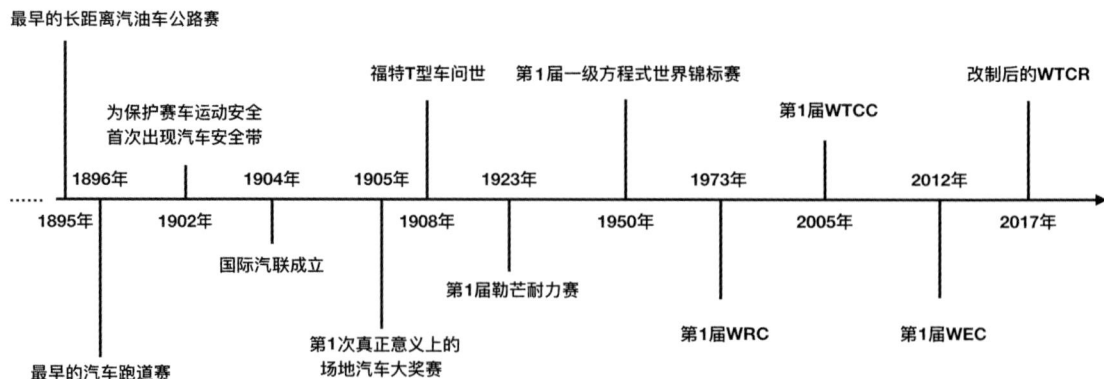

图 3.7 赛车运动发展历程

图 3.8　1895 年第一场真正的汽车公路赛

在这次比赛中,冠军埃米尔·勒瓦瑟(Emile Levassor)用 48 小时 48 分钟完成了比赛,平均速度为 24.55 千米/小时。但由于比赛规定参赛车辆必须是乘坐 1 人的 4 座汽车,而他的车上因乘坐了 2 人而被取消了冠军的头衔,最后冠军由落后勒瓦瑟 6 个小时的凯富林获得。

在这次公路赛中,汽油发动机驱动的汽车显示出明显的优势。此次比赛共有 23 辆车参赛,开完全程的只有 7 辆汽油发动机汽车和 1 辆蒸汽机汽车,而这一赛事也由此成为欧洲的年度比赛。也就是在这个过程中,现代汽车拉力赛的特征逐渐形成:采用量产型四座小汽车,动力不超过 300 马力;车辆分次出发,单独计时;在沿途的城镇入口与出口进行时间控制;制作路书和赛程记录笔记;在未封闭的普通公路上长距离驾驶,很多都是砂石路面,要随时面对诸如大量的灰尘、交通事故、回避行人及家畜等危险和意外情况。

随着汽车生产和赛车运动被法国垄断,法国汽车俱乐部 ACF 举办了一系列重要的国际赛事,通常比赛不是从巴黎出发,就是终点设在巴黎,而另外一个端点则设在法国或者欧洲的其他主要城市。

这一成功的系列赛最终由于马赛尔-雷诺在参加巴黎-马德里的比赛途中意外丧生而被迫终止。在此次赛事中共有 8 人丧生,于是法国政府下令停止在波尔多进行的比赛,并禁止在开放的公路上赛车。

在此后的赛车比赛中,为了避免汽车在野外比赛扬起漫天的尘土影响后面车手的视线,进而造成伤亡事故,车赛逐渐改在封闭的赛场和跑道上进行,赛道两旁围上护栏,比赛选在人口稀少的地方举行。这就是汽车场地赛的雏形,它被认为是封闭赛道开始的标志。

1896 年,最早的汽车跑道赛在美国普罗维登斯举行;1905 年,为了吸引更多的人参加汽车比赛,使比赛更富有刺激和挑战性,法国勒芒市举行了第一次真正意义上的场地汽车大奖赛(见图 3.9)。从此,汽车大奖赛成为世界体育舞台上一项非常重要的赛事,勒芒也因此闻名于世。

图 3.9　在普罗维登斯(左)和勒芒(右)举办的汽车赛事

1902 年 5 月 20 日,在美国纽约举行的汽车竞赛的参赛选手沃尔特·贝克(Walt Becker)在他"鱼雷牌"的赛车上钉上了几根绳带,将自己和同伴马达技工紧紧系好。竞赛过程中,高速飞驰的"鱼雷牌"赛车突然撞上一根垂直于地面的钢轨,腾空翻起,坠入观众席,多名观众受伤,可是贝克和那位技工却由于那根绳带而安然无恙。这便是有据可考的、汽车安全带初次出现的事例(见图 3.10)。

图 3.10　初次出现的汽车安全带

1950 年,国际汽联举行了第一届 F1 世界锦标赛(Formula One World Championship),从此国际汽联成为一个全球性的运动协会,规范的汽车比赛自此开始。

1) 赛车运动的技术进步

自 1885 年德国人卡尔·本茨发明了世界上第一辆汽车以来,汽车技术已经历经 130 多年的发展历程。汽车相关技术的发展史也是整车企业和零部件企业的发展史。

(1)19 世纪 90 年代。1894 年,法国的米其林兄弟发明了充气式轮胎,给轮胎技术带来了新的革命(见图 3.11)。这项技术不断进化,直到变成今天人们所看到的各式各样的轮胎。1898 年,哥伦比亚号汽车将电用于前灯和尾灯,车灯就这样诞生了。

图 3.11　汽车轮胎的发展演变

(2)20 世纪前 10 年。1908 年,福特 T 型车问世,背后是福特首创的汽车生产流水线(见图 3.12)。其标志着汽车大批量生产时代的到来,各大车企纷纷效仿。

图 3.12　福特 T 型车

(3)20 世纪 20 年代。1920 年,美国的豪华汽车品牌杜森博格首次在其 A 型汽车上装备了四轮液压助力制动系统,用以代替机械直连,使汽车的安全性大大提升。

1925 年,美国出现了利用汽车冷却水加热取暖的方法。到 1927 年发展到具有加热器、风机和空气滤清器的比较完整的供热系统。这种供热系统直到 1948 年才在欧洲出现,日本则到 1954 年才开始使用加热器取暖。目前,在寒冷的北欧、亚欧北部地区,汽车空调仍然使用单一供热系统。

(4)20 世纪 30 年代。1939 年,由美国通用汽车帕克公司首先在轿车上安装由机械制冷的空调器。

(5)20 世纪 40 年代。1940 年,通用公司的 Hydra-Matic 是世界上第一台用于大规模生产的全自动变速器。这台变速器使用液力耦合器(而不是液力变矩器)和 3 排行星齿轮提供 4 个前进挡和 1 个倒挡。自动变速器最重要的改进是在第二次世界大战期间,别克公司为坦克开发了液力变矩器,到 1948 年,这种液力变矩器与其他部件结合成为液力变速器而定型成为现在通用的自动变速器。

(6)20 世纪 50 年代。1954 年,通用汽车首先在纳什牌轿车上安装了冷暖一体化的空调,此时汽车空调基本上具有调节控制车内温度、湿度的功能。随着汽车空调技术的改进,目前的冷热一体空调基本具备降温、除湿、通风、过滤、除霜等功能。

1954 年,奔驰 300SL 搭载了一台 3.0L 直列六缸外加机械式缸内直喷的发动机,从而创造了缸内直喷发动机搭载在量产汽车上的历史。不过这项技术直到近 10 年才流行开来。

1957 年,美国汽车公司"叛逆者"(AMC Rambler Rebel)车型首次应用了美国班迪克斯公司(Bendix)开发的电子燃油喷射器(简称电喷)。该车在加装电喷装置后,其发动机最大功率由化油器版本的 255 马力提升至 288 马力,效果显著。但是由于故障频发,Bendix 公司随后将电子燃油喷射器的专利卖给了德国博世,也正是博世将改进后的电喷装置推向了全世界。

1957 年,瑞典人尼尔斯·博林发明了三点式安全带。1963 年,沃尔沃在自产的沃尔沃 PV544 汽车上装配了该安全带,并向其他汽车制造商推广。1967 年,三点式安全带开始大量投入使用。

(7)20 世纪 60 年代。1962 年,奥兹摩比(Oldsmobile)轿车使用了盖瑞特提供的涡轮增压器。但是由于当时技术不成熟,奥兹摩比于 1963 年停止了涡轮增压发动机的供应。随后涡轮增压发动机陆续出现在雪佛兰的 Corair Monza Spyder、宝马 2002 Turbo 上,但都因为可靠性太低,在推出不久后便被车厂叫停。直到近十几年才又流行起来。

1966 年,英国杰森汽车公司(Jensen)推出的 FF 车型首次搭载了 ABS(防抱死刹车系统),但这款车产量很低,到 1971 年停产时只生产了 320 辆。搭载 ABS 的量产车型是 1971

年款的克莱斯勒 Imperial。

欧洲还发展了许多款跑车,如英国的捷豹和奥斯汀·希利,德国的保时捷和奔驰,意大利的菲亚特和阿尔法·罗密欧,这类车行驶性能优越,采用了许多新技术,如奔驰 300SL 为更好地参加比赛,采用了如柴油机供油式的汽油喷射,捷豹 C 型跑车采用了盘式制动器。到 20 世纪 70 年代,前轮盘式制动器成为轿车的标准配置,欧洲的跑车主要出口到美国。

(8)20 世纪 80 年代。1980 年,梅赛德斯-奔驰 S 级轿车(W126)首次搭载了安全气囊。其实这项技术在 20 世纪 50 年代就有人开始构思,但苦于实现难度太大而未能研制成功。在这个时期,汽车逐渐步入电子化、智能化,新兴的电子技术取代汽车原来单纯的机电液操纵控制系统以适应对汽车安全、排放、节能日益严格的要求。最初有电子控制的燃油喷射、点火、排放、防抱死制动、驱动力防滑、灯光、故障诊断及报警系统等。90 年代以后,陆续出现了智能化的发动机控制、自动变速、动力转向、电子稳定程序、主动悬架、座椅位置、空调、刮水器、安全带、安全气囊、防碰撞、防盗、巡航行驶、全球卫星定位等不胜枚举的智能化自动控制系统,以及车载音频、视频数字多媒体娱乐系统、无线网络和智能交通等车辆辅助信息系统。

1980 年,带有可变气门正时技术的汽车发动机首次搭载在量产车上——阿尔法·罗密欧发布的 Spider 2.0L 车型。其实,早在 20 世纪 60 年代菲亚特就推出了带有该技术的发动机(同时具备可变气门升程),只是迟迟没有被搭载在量产车上。

1981 年,本田、阿尔派以及斯坦利电气有限公司(Stanley Electric)合作研发的 Gyro-Cator 产品是世界上第一款自动车载导航。它并不像我们今天使用的电子导航,其并没有使用 GPS 卫星定位,而是其内部含有氦气陀螺仪,可以检测车辆的旋转运动,同时,一个特殊的伺服齿轮也被安装到变速器壳体中,通过其反馈的信息来帮助维持车辆的位置、速度,从而让车辆在固定的地图上显示位置。

1986 年,保时捷的旗舰超跑 959 发布,首次搭载了主动式胎压监测功能。保时捷 959 将 4 个车轮的气门嘴上都装上气压传感器,当传感器接收到不正常变量时,就会报警,仪表盘上的警示灯就会亮起。

(9)20 世纪 90 年代。1995 年,奔驰 W140 S 级轿车首次装备了 ESP。实际上,ESP 是奔驰与德国博世合作开发的主动式安全系统,W140 S 级轿车也可以说是这项配置的试验田。不过作为当时世界上最为豪华的旗舰车型之一,这项配置也的确巩固了它的王者地位。

1997 年,日本丰田普锐斯(Prius)开始发售,成为第一款量产的混合动力汽车。由此,丰田开始复兴电动汽车,而赛车设计也开始尝试混合动力。

(10)21 世纪。300 多年来,众多科学家、发明家与机械师不断地为汽车的发明做出卓越贡献。进入 21 世纪后,伴随着工业技术的进步和人们环保意识的增强,汽车的动力逐渐由传统燃料发动机转化为电动力。2003 年,马丁·艾伯哈德(Martin Eberhard)和马克·塔彭宁(Marc Tarpenning)共同创立了特斯拉汽车公司,全球汽车市场开始关注"纯电动"理念。同时汽车也更加智能化、人性化,舒适度得到很大提高。车内无线网络、智能交通等辅助功能使得驾驶汽车越来越成为一种享受。未来汽车将继续向电动化、车联网、自动驾驶等智能方向发展,进一步的革新值得期待。

2)赛车速度的不断超越

赛车运动是速度与技术的比赛,回顾汽车发展的历史,汽车速度纪录的每一次改写,都成了汽车技术发展的里程碑。每一次车赛都是速度的追求,都是高科技在汽车上的体现。

1894 年 7 月,在法国巴黎的汽车比赛中,蒸汽汽车夺得冠军,参赛的汽油机汽车均排在其后。

1895 年 6 月,在法国巴黎至波尔多全程长 1 178 千米的赛道上,完成了第一次真正意义上的汽车比赛。领奖台被汽油机汽车车手垄断,并创下平均速度 24.55 千米/小时的纪录。

1899 年 7 月 30 日,在法国巴黎至圣马罗全长 231 千米的赛道上,安东尼驾驶着他的 Mors 16 马力汽车参赛,最终他以 49.42 千米/小时的平均速度获得了该次比赛的冠军。

1903 年,福特汽车公司制造 4 缸 60 千瓦汽油机的赛车,一举夺魁,创下 146.9 千米/小时的最高速度。

1909 年,汽车速度突破 200 千米/小时大关,奔驰车创下了 202.7 千米/小时的纪录。

20 世纪 30 年代,汽车的最高速度已经可以达到 500 千米/小时。

1964 年,一名美国赛车爱好者创造性地将一台喷气发动机装在一辆后轮驱动的"蓝鸟二号"赛车上,使车速达到了 648.6 千米/时。

1965 年的 11 月 13 日,在美国犹他州,这一纪录被改写成 658.53 千米/小时。至此,再也没有人用汽油发动机或车轮驱动的汽车改写这一纪录。

1970 年 10 月 23 日,一辆用喷气发动机推进的"蓝焰"号特别车创下历史性的 1 001.63 千米/小时的速度记录,首次突破了 1 000 千米/小时大关。

1983 年,还是在犹他州的盐湖跑道上,用喷气发动机的英国特制车速度达到了 1 018.5 千米/小时。这是至今世界上得到正式认可的最高车速纪录。

1997 年 10 月,英国飞行员安迪·格林在美国内华达州西北的盐湖跑道上,驾驶一辆喷气式发动机驱动的"冲刺"号汽车创造的车速第一次超过了音速,达到 1 227.73 千米/小时。

赛车是集人、车为一体的综合较量,不仅是车手个人技艺、意志和胆量的竞争,同时也是汽车设计、产品质量的角逐,体现了人与科技最完美的结合,以及人类对自然的征服能力。

如今,各式各样的汽车比赛已成为世界范围内一项影响较大的体育运动。赛车不仅使成千上万的观众为之痴迷,还使世界汽车技术的发展日新月异。赛车文化也越来越被大众熟知,甚至连许多电影、小说以及漫画中都有赛车的影子。

3.1.2　国际汽联的诞生与发展

随着汽车比赛的种类越来越多,赛车的速度越来越快,安全隐患逐渐显现,越来越多的人员伤亡出现在这项运动中,赛车运动的不安全性在大众眼前被逐渐放大。在当时的英国,赛车运动甚至是被禁止的,政府还推出了非常出名的法律——《红旗法》来限制机动车的行驶,其中规定:每辆在道路上行驶的机动车,必须由 3 个人驾驶,其中 1 人必须在车前面 50 米以外做引导,还要用红旗不断摇动为机动车开道,并且速度不能超过 6.4 千米/小时。为了维持这项运动的发展,比赛逐渐改为在封闭的道路赛场和跑道上进行。人们逐渐开始发现赛车运动不能再单一地由当地的汽车俱乐部组织赛车运动,这样对规则的把控可能会不够统一。在这样的想法之下,一些影响力最大的汽车俱乐部决定在法国成立一个国际组织,由它指定通行的规则,适用于全世界的汽车比赛。国际汽车联合会由此诞生。

国际汽车联合会简称"国际汽联"(Fédération Internationale de l'Automobile,以下简称 FIA),成立于 1904 年 6 月 20 日,由法国、英国和德国等几个欧洲国家发起,总部于 2004 年从法国巴黎移至瑞士苏黎世,后又迁回法国巴黎,现在法国巴黎、法国瓦莱利和瑞士日内瓦都设有办事机构。FIA 标志如图 3.13 所示。

图 3.13　国际汽联标志

FIA 参与赛车运动几乎和汽车本身一样古老。20 世纪初,赛车运动开始流行于全球,但缺乏关于安全或公平竞争的规则。因此,法国汽车俱乐部与来自世界各地的 12 家俱乐部结成联盟,组成了国际公认汽车俱乐部协会(FIA 最早的前身)。1950 年,FIA 举办了第一届 F1 世界锦标赛,从此拉开了全球汽车赛事的大幕。从 F1 赛车到世界拉力赛,从耐力赛到全新的替代能源锦标赛,FIA 对赛车运动的热情和对确保所有参赛者公平竞争和安全的奉献没有减弱。

FIA 是一个非营利性的组织,它代表五大洲的 117 个国家的 150 个国家级汽车组织,其最高权力机构是世界汽车运动理事会(World Motor Sport Council,以下简称 WMSC),主席由国际汽联主席担任,另设 1 名执行主席。WMSC 理事会的成员由会员代表大会选举产生的来自不同国家的 21 名委员组成。FIA 的首要宗旨是为赛车运动带来连贯的治理与安全保障,属于国际奥委会承认的国际单项体育联合会。中国汽车运动协会于 1983 年加入 FIA。

FIA 下属的四大汽车赛事,除世界 F1 锦标赛外,还有世界拉力锦标赛(World Rally Championship,以下简称 WRC)[1]、世界耐力锦标赛(World Endurance Championship,以下简称 WEC)[2]和世界房车锦标赛(World Touring Car Cup & Touring Car Racing,以下简称 WTCR)[3]。

3.1.3 赛车(运动车)品牌

赛车运动中必不可少的一部分是外形酷炫、功能强大、视觉震撼的跑车。跑车的英文名是 sports car 或 sporty car,属于轿车类,是一种追求速度的汽车。由于跑车一般只按 2 个驾乘设置座位,车身轻便,而其发动机通常又比普通轿车发动机的功率强大,所以比普通轿车的加速性好,其车速也较快。

跑车的目的在于"把赛车运动带入家庭生活",它的问世给了很多痴迷于赛车运动的普通人体验赛车手的机会,所以跑车可以理解为"赛车的民用版",富有运动性。传统跑车的车身为双门式,即只有左右 2 个车门,双座或 2+2 座(2 个后座特别狭窄,如保时捷 911),顶盖为可折叠的软质顶篷或硬顶。

跑车设计时注重操控性。由于车身低矮,通过性相对差一些,越高级的跑车,此特点越明显。前置发动机式跑车的车头较长,后面的行李箱较小;后置和中置发动机的跑车甚至没有行李箱,只是在车头的前盖下面有一个能放备胎的小空间。跑车的共同特点是动力出色、外形动感、线条流畅。

超级跑车(supercar)即人们常说的超跑,一般是指拥有高强动力输出、出众外形的跑车,价格通常高达数百万元至千万元,最高速度可达 300 千米/小时以上,大都只含 2 个座位。超级跑车的加速、刹车和操控都很出色,非凡的外表也必不可少。超级跑车是采用中置发动机布局、有高昂的售价以及优异性能的跑车。不过售价以及性能是相对于年代来说的。大体上看,超级跑车的性能在逐年提升,所以单纯以性能来区分是否为超级跑车是不正确的,但它们的性能都会是当时的标杆。由于中置引擎的布局,绝大部分超级跑车都是双座的。有些超级跑车还会有剪刀门、鸥翼门、蝴蝶门等吸引眼球的设计。超级跑车通常会推出一些赛车版、限量版,比标准版更稀有、更昂贵。

全球顶尖超跑品牌包括布加迪(Bugatti)、法拉利、保时捷(Porsche)、兰博基尼

---

[1]　1973 年在蒙特卡洛举办第一场 WRC 比赛。

[2]　前身为起源于 1923 年的勒芒 24 小时耐力赛。WEC 赛事始于 2012 年。

[3]　由世界房车锦标赛(WTCC)和国际房车赛(TCR)合并而成,于 2017 年 12 月 6 日在 FIA 于巴黎举办的世界赛车理事会中发布。

（Lamborghini）、玛莎拉蒂（Maserati）、迈凯伦、帕加尼（Pagani）、柯尼塞格（Koenigsegg）等
（见图 3.14）。跑车爱好者熟知的超跑车型如布加迪威龙 EB 16.4 及其超级跑车版、法拉利
Enzo、帕加尼 Zonda r、阿斯顿马丁 One-77 等，这些车型及其价格对比如表 3.1 所示。

图 3.14　跑车

表 3.1　顶级超跑车型及其价格对比

车型	布加迪威航 EB 16.4 超级跑车版	布加迪威航 EB 16.4	法拉利 Enzo	帕加尼 Zonda r	阿斯顿马丁 One-77
外形					
2019 年中国市场参考价格（人民币）	40 000 000	25 000 000	5 000 000	15 000 000	38 000 000

1. 布加迪

布加迪于 1909 年创立于意大利，创始人为意大利人埃多尔·布加迪（Ettore Bugatti），
是世界最顶尖的超跑品牌之一，专门生产运动跑车和高级豪华轿车。早期的布加迪以精巧
的造车技术闻名于世，但在第二次世界大战后渐渐衰落，于 1956 年彻底停产，直到 1998 年
大众集团收购并复兴了布加迪品牌。

布加迪品牌标志中上部的字母ヨB 为埃托尔·布加迪英文的首字母缩写，周围一圈小

圆点象征着滚珠轴承,底色为红色(见图 3.15)。

图 3.15　(从左向右依次为)布加迪 Divo、布加迪标志和布加迪 Chiron

2. 法拉利

法拉利于 1929 年成立于意大利马拉内罗(Maranello),创始人为恩佐·法拉利,主要制造 F1 赛车、赛车及高性能跑车。

1947 年,法拉利汽车制造厂诞生,生产出第一辆车——法拉利 125 S 型轿车,以跃马图为商标(见图 3.16)。1969 年,为了应对日益增长的市场需求,恩佐·法拉利将他 50% 的股份出售给了菲亚特(Fiat)集团,条件是对方不得干扰其今后的赛车活动。1988 年,恩佐·法拉利去世,菲亚特集团所持股份达到了 90%。不过,由于其高度专业化的生产,法拉利始终保持着完全独立的经营。1991 年,卢卡·迪·蒙特泽莫罗(Luca di Montezemolo)加盟法拉利公司,他以恩佐·法拉利提倡的创新和勇气原则作为出发点,将法拉利的成功带到了前所未有的高度。

图 3.16　(从左向右依次为)法拉利 125 S、法拉利标志和法拉利 F8

"法拉利红"是法拉利品牌价值文化的重要组成部分。红色,起初是意大利赛车的专用色,菲亚特、阿尔法·罗密欧、玛莎拉蒂都曾使用红色。后来这些公司逐一退出大奖赛,只有法拉利将红色延续下来,成为意大利最值得自豪的颜色,象征着专属法拉利的激情。

3. 保时捷

保时捷于 1930 年成立于德国斯图加特（Stuttgart），创始人为费迪南德·保时捷（Ferdinand Porsche）。2008 年，保时捷控股公司把旗下保时捷汽车（Porsche AG）的股权转卖给大众汽车。2012 年，大众以 44.6 亿欧元收购尚未持有的 50.1% 保时捷汽车公司股份。同年 8 月 1 日起，保时捷汽车成为大众汽车集团成员，而保时捷公司与皮埃尔家族（Pierre family）实际上控制了大众汽车集团和其旗下的保时捷汽车。

保时捷旗下跑车产品线广泛，涵盖高端和低端跑车（见图 3.17），价格差距较大（见表 3.2）。

图 3.17　（从左向右依次为）保时捷 911、保时捷标志和保时捷 718

表 3.2　2019 年保时捷国内主要车型及价格（保时捷中国官网）

主要车型	价格（元）
718（跑车）	54.5 万～89.5 万
911（跑车）	119.7 万～379.8 万
Taycan（纯电跑车）	114.8 万～179.8 万
Panamera（四门轿车）	97.3 万～248.3 万
Cayenne（SUV）	91.3 万～190.8 万
Macan（中型 SUV）	54.5 万～92.5 万

4. 兰博基尼

兰博基尼于 1963 年成立于意大利的圣亚加塔·波隆尼（Sant' Agata Bolognese），是全球顶级跑车制造商及欧洲奢侈品标志之一，创始人为费鲁吉欧·兰博基尼（Ferrucio Lamborghini）。其品牌定位为 24～35 岁、有较高的消费力、寻求非常刺激、寻求个性的男性。兰博基尼的标志是一头充满力量、正向对方攻击的斗牛，与大马力、高性能跑车的特性相契合，同时彰显了创始人斗牛般不甘示弱的个性（见图 3.18）。

图 3.18　（从左向右依次为）兰博基尼 Centenario、兰博基尼标志和兰博基尼 Aventador SV

5. 玛莎拉蒂

　　玛莎拉蒂是一家意大利豪华汽车制造商，1914 年 12 月 1 日成立于博洛尼亚，公司总部现设于摩德纳（Modena），品牌的标志为一支三叉戟，其车型及品牌标志如图 3.19 所示。1993 年菲亚特集团收购了玛莎拉蒂。

图 3.19　（从左向右依次为）玛莎拉蒂 Ghibli、玛莎拉蒂标志和玛莎拉蒂 Levante

　　玛莎拉蒂的兴衰和赛车活动有着紧密关联。玛莎拉蒂公司成立之初以汽车改装为主。1926 年是这家公司的重要转折点：玛莎拉蒂兄弟们成功打造了一辆直列八汽缸的发动机，最高速度可达 160 千米/小时。后来的十余年间，这家车厂致力于研发高性能的赛车，并在多场赛车比赛中大获全胜。玛莎拉蒂兄弟们对于赛车的热情以及这个品牌对于速度与性能的追求，以及往后的数十年间参与各种赛事的辉煌纪录，逐渐造就了玛莎拉蒂的高峰。

6. 迈凯伦

　　迈凯伦（见图 3.20）于 1966 年成立于英国，创始人为著名赛车手布鲁斯·迈凯伦（Bruce McLaren）。作为迈凯伦豪门的创始人，布鲁斯·迈凯伦给 F1 世界带来了巨大影响。他是 F1 大奖赛有史以来最年轻的冠军，是当时全球最佳车手。退役之后，迈凯伦组建了"布鲁斯·迈凯伦赛车有限公司"并装配自己的汽车，逐渐将公司发展为世界顶级超跑制造公司。

图 3.20　（从左向右依次为）迈凯伦 Senna、迈凯伦标志和迈凯伦 P1

著名的迈凯伦 F1 车型曾经是世界上跑得最快的量产跑车,这个纪录从它 1994 年进入批量生产一直保持到 2005 年停产,这也使它成功保持世界最快速度跑车纪录最久的汽车。迈凯伦公司工程技术人员将大量的 F1 赛车技术应用到该跑车上,所以其 F1 的名字也由此而来,可以说它是一辆地地道道的街道 F1。虽说当今业界有不少车在极速上可以超越迈凯伦 F1,但是至今它仍然保持着全球最快速度自然吸气引擎跑车的名号。

7. 帕加尼

帕加尼是一家世界知名的超级跑车制造商,公司创始人为奥拉西欧·帕加尼(Horacio Pagani),同样诞生于素有超跑之乡美誉的意大利小镇摩德纳。帕加尼所生产的超级跑车以极致的性能、大量采用纯手工打造的精湛工艺、昂贵的售价以及订单生产的稀有产量而闻名于世。帕加尼的车型及其品牌标志如图 3.21 所示。

图 3.21　（从左向右依次为）帕加尼 Huayra Roadster BC、帕加尼标志和帕加尼 Zonda

8. 柯尼塞格

瑞典汽车品牌柯尼塞格成立于 1994 年,主要生产超级跑车。"Koenigsegg"意为"刀锋",品牌造型包含幽灵图案,其车型及品牌标志如图 3.22 所示。每台柯尼塞格的发动机舱盖上都有一个幽灵图案,这原本是瑞典空军第一中队的标志。柯尼塞格车厂就设在飞行中队的旧址上,为了纪念那些英雄,幽灵图案也就成为这款超级跑车的徽章。1995 年,柯尼塞格开始开发和制造第一个汽车原型:幽灵 CC。2005 年 2 月 28 日,柯尼塞格打破了量产车最高行驶时速纪录,达到 387.87 千米/小时。自创始至今,柯尼塞格每年的产量仅有 40～50 台,其发布过的车型有 CC、CC 8S(2002 年)、CCR(2004 年)、CCX(2006 年)、Agera(2010 年)、Agera R(2011 年/2014 年)、Agera S(2012 年)、柯尼赛格 One:1(2014 年)、Regera(2015 年)、Agera RS(2015 年)、Jesko(2019 年)、Agera One of 1(2019 年),每款车的售价也都在千万人民币以上。

图 3.22　(从左向右依次为)柯尼塞格 Jesko、柯尼塞格标志和柯尼塞格 Agera

9. 世爵

世爵(Spyker)汽车公司在 1999 年由荷兰商人维克托·穆勒(Victor Muller)和马尔滕·德·布鲁金(Maarten de Bruijn)共同创立。公司自 2000 年起专门生产高级跑车,代表车型有 C8 和 C8 Laviolette 等。品牌名称沿用了早年于 1929 年破产的世爵公司(制造飞机发动机)的商标及名称。早期世爵生产航空发动机的历史在这些新车的细节和商标上得到了很好的传承。世爵的车型及其品牌标志如图 3.23 所示。

图 3.23　(从左向右依次为)世爵 C8 Preliator、世爵标志和世爵 C8 Ailerons

10. 西尔贝

西尔贝(Shelby)于 1999 年由美国人杰罗德·谢尔比(Jerod Shelby)创立,总部设在华盛顿。公司旨在打造高端的超级跑车系列。西尔贝的第一代超跑 Ultimate Aero 曾获得过令人瞩目的成绩。该车型最大动力输出达 1183 匹马力,并于 2007 年 9 月以约 414 千米/小时的速度摘得吉尼斯世界纪录"速度最快的量产车"的头衔。西尔贝的车型及其品牌标志如图 3.24 所示。

图 3.24　(从左向右依次为)西尔贝 Tuatara、西尔贝标志和西尔贝 Ultimate Aero TT

11. 诺铂

诺铂(Noble)是由李·诺布尔(Lee Noble)在 1999 年创建。这位创始人也是这家公司的首席设计师。公司位于英国西约克郡利兹,专门研发并生产高性能跑车及后置、中置发动机。

作为一个英国低产量跑车公司,诺铂如今在售的只有 M600 车型。年产 50 台的产能也宣告了它只能是一个小众品牌。值得一提的是,诺铂并没有一直坚持手工制作,而是采用了"组装汽车"(从不同零配件商处买配件自己组装)的办法以缩减成本。诺铂的车型及其品牌标志如图 3.25 所示。

图 3.25　(从左向右依次为)诺铂 M14、诺铂标志和诺铂 M600

12. 柏莱士

柏莱士(Bell & Ross)是一个瑞士知名钟表品牌,由卡洛斯·罗西洛(Carlos Rosillo)和布鲁诺·贝拉米驰(Bruno Belamich)创立。柏莱士自创立以来一直专注于航天科技设计，将流线型态及飞机驾驶舱仪表盘等元素融入腕表设计，以其硬朗的军用风格，在腕表世界独树一帜。

2016 年在巴塞尔表展上，柏莱士推出了一辆灵感来源于航空学的概念超级跑车 Aero GT。该车型及品牌标志如图 3.26 所示。柏莱士通过这一创作继续展现它与航空学的深厚情缘。这辆底盘超低、长 4.7 米的汽车融入空气动力学原理，从根本上将赛车技术与航空技术融合到极致。Aero GT 概念车是柏莱士专业知识的延伸，展现了品牌的创造力和技术实力。

图 3.26　柏莱士标志（中）和柏莱士 Aero GT（左、右）

3.2　WRC、WEC、WTCR 与 F1 赛事

赛车运动分为两大类：场地赛车和非场地赛车。场地赛车，顾名思义就是指赛车在规定的封闭场地中进行比赛；它可分为方程式赛、轿车赛、运动汽车赛、GT 耐力赛、短道拉力赛、场地越野赛、直线竞速赛等。非场地赛车基本上比赛场地不是封闭的，主要分为拉力赛、越野赛及登山赛、沙滩赛、泥地赛等。

赛车必须依照国际汽车联合会制定颁发的车辆技术规则规定的程式制造，包括车体结构、长度和宽度、最低重量、发动机工作容积、汽缸数量、油箱容量、电子设备、轮胎的距离和大小等。作为国际汽联下属四大赛事，WRC 世界拉力锦标赛、WEC 世界耐力锦标赛、WTCR 世界房车锦标赛、F1 锦标赛日趋完善。每一项锦标赛都有其独特的魅力所在。

3.2.1　WRC

世界拉力锦标赛(World Rally Championship，以下简称 WRC)是全世界级别最高的拉力系列赛事。其标志如图 3.27 所示。WRC 包含车手世界冠军及车厂世界冠军 2 个不同的最高奖项。拉力赛一词取自英文"Rally(集结)"，表示参赛车辆必须严格按照比赛规定的行驶路线，在规定的时间内，到达

图 3.27　世界拉力锦标赛标志

分站点目标并在规定时间内完成车子的维修检测。复杂的地形和漫长的赛程不仅考验车手的车技和经验,还要考验领航员的配合、车辆的性能以及维修的力量。图 3.28 所示即为 WRC 比赛时的激烈场面。

图 3.28　WRC 赛车比赛中

WRC 的比赛规则十分详细,如参赛车辆必须为各大汽车厂家年产量超过 2 500 辆的原型轿车,同时对于赛车改装后的尺度、重量以及排量、功率等都有严格的限制。WRC 规定每辆赛车必须同时搭乘 1 名车手和 1 名领航员。

1. 赛事历史

WRC 的前身是 1970—1972 年举办的国际制造商冠军锦标赛(International Championship for Manufacturers,IMC)。1973 年 1 月 19 日,WRC 首战在蒙特卡洛举办,Lancia Stratos HF 赛车参赛(见图 3.29)。

20 世纪 80 年代,更强大的四驱 Group B 组别代替了后驱的 Group 2 和 Group 4 组别。1979 年 FIA 下属的国际汽车运动联合会(Fédération Internationale du Sport Automobile,FISA)确认了四驱赛车的规则,但起初厂商认为复杂的四驱系统并不能助力赢

图 3.29　参赛的 Lancia Stratos HF 赛车

得比赛,然后奥迪投入了以测试为最初目的的 quattro 四驱系统赛车,并很快取得成功,这也驱使更多厂商投入四驱车型的研发中。奥迪 quattro S1 赛车(见图 3.30)搭载的即是四驱系统。

1982 年正式发布的 Group B 组别规则对车辆限制很少,动力方面几乎没有限制。但随后发生的一系列严重事故,导致 FISA 决定冻结 Group B 发展,并禁止参加 1987 年的赛事。

与此同时,Group A 在 1982 年取代 Group 2 组别,并在 1997 年之前都是 WRC 的主要

竞争组别。20 世纪 90 年代,丰田、斯巴鲁、三菱等日系厂商大举进入 WRC 赛事,并取得了不俗的成绩。图 3.31 所示即为三菱 Lancer Evolution VI 赛车。

图 3.30　奥迪 quattro S1 赛车

图 3.31　三菱 Lancer Evolution VI 赛车

1997 年发布的 WRC 规则取代了 Group A,也是现行 WRC 使用的赛车。赛车基于产量大于 2 500 辆的量产车打造。自 2011 年起,国际汽联开始实施世界拉力锦标赛的新赛例,规定参赛车辆将全面改用符合 FIA Super 2000 规范的四轮驱动系统,搭配符合节能环保趋势的 1.6 升涡轮增压发动机,最大功率输出被限制在 220.5 千瓦,最低车重为 1 200 千克,增加了禁止拨片换挡等一些新的限制。

FIA 在 2017 年升级了 WRC 赛事的赛车改装规则,使得赛车变得更宽,动力更强,最大功率由 220.5 千瓦提升至 379.3 千瓦,进气限流阀由 34 毫米扩至 36 毫米,而增压压力将继续保持为上限最大 2 500 帕。雪铁龙 C3 赛车(见图 3.32)即为该赛事打造。

图 3.32　雪铁龙 C3 赛车

2. 赛事级别

WRC 分为 WRC、WRC-2、WRC-3 和 JWRC 赛事,基本赛事信息如表 3.3 所示。

表 3.3　WRC 的 4 个赛事级别

赛事	WRC	WRC-2	WRC-3	JWRC
组别	WRC	S2000、N4、R5	R1、R2、R3	R3T、S1600
驱动形式	四驱	四驱	两驱	两驱
最轻重量限制(千克)	1 200	1 230	980	1 150
功率限制(千瓦)	279.3	205.8	154.35	119.805
扭矩限制(牛米)	450	360	350	182

3. 赛事细节

WRC 比赛需要车手掌握勘路(shakedown)、赛段(stages)等 7 个重要细节。

(1)勘路。WRC 比赛中有个很重要的环节就是勘路。勘路是指在车手和领航员要在正式比赛开始前的星期二或者星期三进行赛道的勘测。每个车组允许通过同一个赛段 2 次，以尽量贴近真实比赛的情况进行勘测。第一遍通过赛段的时候，车手需要将路况信息反馈给领航员，然后领航员以简短的语言记下这些信息。第二遍通过赛段的时候，领航员报出路书，车手对这些信息再次核对。

(2)赛段。拉力赛的比赛路线设在私人道路或公有道路上，在比赛时会对大众作交通管制。赛段为各种临时封闭后的普通道路，包括山区和丘陵的盘山公路、沙石路、泥泞路、冰雪路等，也有无法封闭的沙漠、戈壁、草原等地段(见图 3.33)。典型的拉力赛在 3 天内大约有 25 个特别赛段。每个赛段长度不尽相同，从 5～60 千米不等，车辆在每个赛段都会被计时，精确计算到 1/10 秒。

图 3.33　(从左向右依次为)盘山公路、砂石路、泥泞路、冰雪路、柏油路

• 一般赛段(road section，RS)　公有道路是一般道路，它连接着 2 个特殊赛段。因此速度必须遵守比赛当地的交通法规。

• 特殊赛段(special stage，SS)　比赛路面分为柏油路面及非柏油路面(碎石路面)两大类，法国站是最著名的柏油路面赛事。此外，西班牙站与意大利站也是 WRC 中知名的柏油路面赛事。但若加上天气的因素，则会有雪地的路面，如每年的蒙地卡罗站与瑞典站参赛车都是在冰天雪地的恶劣环境中竞速,在雪地竞赛中使用的是胎宽狭窄的钉胎,来增加轮胎表面压力以取得较好的抓地力。而全年比赛中就属碎石路面赛站最为常见。碎石路面依其特性不同,约略可分为粗糙的碎石路面以及平滑松软的碎石路面,前者如希腊、土耳其等赛站,后者如芬兰、新西兰等赛站。在粗糙的碎石路面上比赛,车辆将遭遇路面大小碎石的撞击,悬架、车轮等相当容易损坏;在平滑的碎石路面上如芬兰站等比赛速度飞快,而路面松软如英国站等如果遇到下雨的话,路面将会变得泥泞不堪,非常容易打滑。要在这些严苛路况中竞赛,对车辆与车手都是一大考验。

• **超级特殊赛段**(super special stage,SSS) 超级特殊赛段是为了观众及方便电视转播而设的。WRC 史上的超级特殊赛段起源于澳大利亚的兰利公园超级特殊赛段拉力赛(Langley Park SSS)。SSS 路段长度规划通常只有 2 千米,而且大多是在搭建的赛道上进行,是整个比赛中最短的特殊赛段,但对观众的吸引力却是最高的,是因为观众可以轻松地在观众席上,欣赏传统拉力比赛中看不到的两车同场竞技的画面,而且不必受风沙之苦。

• **超级加分赛段**(power stage) 在 2011 赛季 WRC 的规则中有这么一个条例:在 2011 赛季中,每一站 WRC 比赛都有一个特殊赛段叫超级加分赛段,这个赛段会有洲际或者国际电视台现场直播。正常来说,这个加分赛段就是比赛的最后一个赛段,一般全程限制在 4~8 千米之间,电视台要进行至少 30 分钟的直播。发车顺序会根据前面比赛前十的名次倒序发车,但是根据承办商的特殊需要也会有特殊安排。例如,在瑞典站中肯•布洛克(Ken Block)并非前十名,但是因为他在赛事观众中拥有绝对的人气,所以在这个加分赛段里赛会安排他第一个发车。赛段时间会加进车手的总时间里,这个赛段夺得前三名的车手将会分别额外获得 3 分、2 分、1 分的积分,该积分计入车手的年度积分,但不会计入车队积分。

超级加分赛段发生在一个仅有 4~8 千米的短道上,所以理论上不会影响到车手前面所有赛段加起来的总成绩排名。但是由于有电视直播,并且通常这个特殊赛段是在闹市区进行,所以无论对于车手还是车队来说,这都是一个极佳的宣传机会。一个车手理论上一场比赛最多可以夺得 28 个积分,3 分、2 分、1 分虽然不能左右当场次比赛冠亚季军的排名情况,但是在年度积分争夺中,这些分数却显得尤为重要。

(3)计时器。WRC 赛车优先考虑厂队参赛车辆,依车手积分的高低为顺序,其次为 FIA 提名车手,其他车手则依报名顺序。一般前 20 部车至少要有 2 分钟的出发间隔。特殊赛段是拉力赛的比赛路线,车手与副驾驶尽全力达成最快完成的时间。WRC 车手彼此间并不直接竞争,跟他们竞争的最强对手是时间。每辆比赛车间隔 1~2 分钟出发,每台车都会计时(clock)并输入 FIA 的计算机(见图 3.34)。除非有人在路上遇到麻烦如抛锚,否则选手很难在比赛路线上看见他们的对手。赛事最终由使用最少时间完成赛事的车辆获得胜利。

图 3.34　拉力赛路线上的计时器

(4)积分。厂队在每一站的参赛车辆可以超过 2 部,但是只有 2 部车的车手可以成为积分注册车手;除了这 2 部车之外,其他参赛车所得到的积分(points)无法计入车队年度积分。每个赛季争夺车手冠军和车队冠军,每站前 10 名车手可以获得积分,车队积分为旗下 2 位车手积分之和,具体积分如表 3.4 所示。

表 3.4　WRC 积分规则

排名	第 1	第 2	第 3	第 4	第 5	第 6	第 7	第 8	第 9	第 10
积分	25	18	15	12	10	8	6	4	2	1

(5)时间管控。拉力赛的路线由严格的时间表管控,车手迟到会受到加时处罚,时间以比赛出发所在地点出入口的时钟为准。车手每迟到 1 分钟会被罚 10 秒,时间加入个人总时间中。如果车手在出发时迟到超过 15 分钟,或是一个赛段迟到 30 分钟,或是整场拉力迟到超过 60 分钟,将会被取消比赛资格。

(6)维修区。在完成几个赛段的比赛之后,车辆可以到指定的维修区域(service parks)进行为期 20 分钟的维修,维修过程受到严密监控(见图 3.35)。维修区的维修人员由车队成员组成。每天的比赛结束后,维修人员可以有长达

图 3.35　WRC 维修区

45分钟的维修时间,时间到了之后,车辆会被管制在停车区直到隔天早上的比赛开始。如果维修超时也会有加时的处罚。

(7)变速箱。WRC赛车搭载六速序列式变速箱(transmission),驾驶者只要推拉变速拨杆,其他的动作都由计算机控制。WRC比赛对车手和车辆都是严酷的考验,路况复杂、赛道漫长,是个人技术与团队合作的竞技舞台。WRC赛车虽然车速没有F1快,但是车辆驶过时会带起滚滚烟尘,而且还会出现跳跃、侧滑、冲水等漂亮场景,同一弯道不同车手的过弯表现也会截然不同,更具有欣赏性。另外,WRC赛车都有量产车原型,对于多数作为车主的观众而言,更容易产生共鸣,各种具体改装项目对于狂热爱好者而言也完全有效仿的可能。

4. 赛事车队

WRC赛事中车队全部为厂商车队。其中代表性车队包括雪铁龙车队(Citroën)、斯巴鲁车队(Subaru)和标致车队(Peugeot),其车队标志分别如图3.36所示。

图3.36　(左起)雪铁龙、斯巴鲁和标致车队标志

雪铁龙是WRC当之无愧的王者。在WRC的赛车历史上共获得过8次车队总冠军。2004年,雪铁龙Xsara成为WRC赛事中当仁不让的"柏油路之王"。整部车的设定有浓重的偏向性,高速行驶在干燥的柏油路上,赛车有很灵敏的转向反应,在出弯时候的指向性相当高。

斯巴鲁车队虽然仅在WRC的历史上夺得过1次车队总冠军,但是其水平对置引擎和4WD的应用,对于赛车乃至民用车可以说是一个质的飞跃。

2002年标致206参加WRC。该车的短轴距设计非常适合拉力比赛中高速转向。该款赛车在砾石路面和柏油路面的优异表现,让标致继205 T16后再次在WRC赛场上称霸3年之久。

5. 历届冠军及车型技术对比

WRC比赛自2003—2019年冠军车手与赛车制造商如表3.5所示。

表 3.5　2003—2019 年赛季 WRC 冠军车手与冠军赛车制造商

赛季	冠军车手			冠军赛车制造商		
	车手	国籍	车型	制造商	原产国	车型
2019	奥特·塔纳克	爱沙尼亚	丰田雅利斯 WRC	现代	韩国	现代 i20 Coupe WRC
2018	塞巴斯蒂安·奥吉尔	法国	福特嘉年华 WRC	丰田	日本	丰田雅利斯 WRC
2017	塞巴斯蒂安·奥吉尔	法国	福特嘉年华 WRC	福特欧洲 M-Sport	英国	福特嘉年华 WRC
2016	塞巴斯蒂安·奥吉尔	法国	大众 Polo R WRC	大众	德国	大众 Polo R WRC
2015	塞巴斯蒂安·奥吉尔	法国	大众 Polo R WRC	大众	德国	大众 Polo R WRC
2014	塞巴斯蒂安·奥吉尔	法国	大众 Polo R WRC	大众	德国	大众 Polo R WRC
2013	塞巴斯蒂安·奥吉尔	法国	大众 Polo R WRC	大众	德国	大众 Polo R WRC
2012	塞巴斯蒂安·勒布	法国	雪铁龙 DS3 WRC	雪铁龙	法国	雪铁龙 DS3 WRC
2011	塞巴斯蒂安·勒布	法国	雪铁龙 DS3 WRC	雪铁龙	法国	雪铁龙 DS3 WRC
2010	塞巴斯蒂安·勒布	法国	雪铁龙 C4 WRC	雪铁龙	法国	雪铁龙 C4 WRC
2009	塞巴斯蒂安·勒布	法国	雪铁龙 C4 WRC	雪铁龙	法国	雪铁龙 C4 WRC
2008	塞巴斯蒂安·勒布	法国	雪铁龙 C4 WRC	雪铁龙	法国	雪铁龙 C4 WRC
2007	塞巴斯蒂安·勒布	法国	雪铁龙 C4 WRC	福特欧洲	英国	福特福克斯 RS WRC 06/07 款
2006	塞巴斯蒂安·勒布	法国	雪铁龙赛纳 WRC	福特欧洲	英国	福特福克斯 RS WRC 06 款
2005	塞巴斯蒂安·勒布	法国	雪铁龙赛纳 WRC	雪铁龙	法国	雪铁龙赛纳 WRC
2004	塞巴斯蒂安·勒布	法国	雪铁龙赛纳 WRC	雪铁龙	法国	雪铁龙赛纳 WRC
2003	皮特·索伯格	挪威	斯巴鲁 Impreza WRC 2003 款	雪铁龙	法国	雪铁龙赛纳 WRC

从表 3.5 中可见，WRC 比赛中前三大车型分别为大众 Polo R WRC（4 次冠军）、雪铁龙 C4 WRC（4 次冠军）和福特嘉年华 WRC（2 次冠军），三者技术参数对比如表 3.6 所示。

表 3.6　大众 Polo R WRC、雪铁龙 C4 WRC 和福特嘉年华 WRC 技术参数对比

技术参数	大众 Polo RWRC	雪铁龙 C4 WRC	福特嘉年华 WRC
长×宽（mm）	3976 * 1820	4128 * 1875	4130 * 1875

(续表)

技术参数	大众 Polo RWRC	雪铁龙 C4 WRC	福特嘉年华 WRC
底盘	FA 规格的增强,焊接多点卷笼式车身 	FIA 规定的铁质车身 	FA 规定的铁质车身
发动机	定制大众直四发动机,涡轮增压带防滞后系统和 33mm 空气限制器,横向安装	1.6 升涡轮增压引擎(WRC 统一)	1.6 升涡轮增压引擎(WRC 统一)
变速箱	定制大众六速顺序手动变速器,横向安装前后多板限滑差速器	六速顺序四轮驱动,机械前后自锁液压控制中央差速器	由 M-Sport 和里卡多开发的六速顺序变速箱,带液压换挡四轮驱动带主动式中央差速器的机械前后差速器
轮胎	米其林	米其林	米其林

资料来源:根据 WRC 官方网站资料整理。

(1) 大众 Polo R WRC。大众 POLO R WRC(见图 3.37)是大众为了征战 WRC 而研发的一款拉力赛车。该车搭载一台 1.6 升 TSI 涡轮增压四缸发动机,最大功率按照赛事要求被限制在 220.5 千瓦,峰值扭矩 350 牛米。传动系统匹配六速序列式变速器,整备质量也按规定控制在 1 200 千克左右。为了应对 WRC 严酷的比赛环境,大众还为 POLO R WRC 配备了全轮驱动系统并更换了更运动化的悬挂系统,增加了空气动力学套件。

图 3.37 大众 Polo R WRC

Polo R WRC 自投入使用以来在赛场上取得了瞩目的成绩,标志着大众作为制造商第 2 次进入世界拉力锦标赛。2013 年,大众车队以高于第 2 名雪铁龙车队 145 分的成绩夺得厂队冠军,大众车队塞巴斯蒂安·奥吉尔(Sébastien Ogier)也以领先第 2 名 126 分的成绩夺得车手冠军。此后,Polo R WRC 在参加的 53 个拉力赛中赢得了 43 个冠军,并且 37 次登上领奖台。奥吉尔在 2013—2016 年间连续赢得了 31 场拉力赛分站赛冠军和 4 届 WRC 车手总冠军,而大众赛车获得了 FIA 世界汽车拉力锦标赛的所有 4 年 WRC 制造商冠军。

(2)雪铁龙 C4 WRC。雪铁龙 C4 WRC(见图 3.38)是雪铁龙为参加世界拉力锦标赛而打造的比赛赛车。它基于雪铁龙 C4 公路车,并取代了雪铁龙赛纳 WRC。该车是 2007 年世界拉力锦标赛赛季引进的,自塞巴斯蒂安·勒布(Sébastien Loeb)和制造商在 2008 年、2009 年和 2010 年夺冠以来,每年都获得车手总冠军。C4 WRC 和勒布在其 WRC 职业生涯中保持了 100% 的沥青赛事纪录,赢得了世界拉力锦标赛的所有 13 轮纯沥青比赛。

图 3.38　雪铁龙 C4 WRC

(3)福特嘉年华 WRC。福特嘉年华 WRC(见图 3.39)是 2017 年由 M-Sport 世界拉力车队制造的世界拉力赛比赛用车。它是基于 2017 年新技术法规而设计改装的福特嘉年华公路车,并取代了前代车型福特嘉年华 RS WRC。M-Sport 为这辆赛车定制了 Ecoboost 动力 1 600 毫升直喷发动机,最大功率达到 279.3 千瓦和 450 牛米扭矩。

图 3.39　福特嘉年华 WRC

嘉年华 WRC 在 2017 年首次参加蒙特卡洛拉力赛就取得了成功。该车在第一个赛季取得了 5 场胜利。最终 M-Sport 车队赢得了 2017 年度世界拉力锦标赛制造商冠军,这是他们自 2007 年以来的第一个冠军。

3.2.2　WEC

WEC 是由国际汽车运动联合会与西方汽车俱乐部共同承办的世界级赛车赛事,始于 2012 年,前身为 ILMC 勒芒洲际大奖赛,最早可追溯到 1923 年,至今已经有近百年历史。其标志如图 3.40 所示。

图 3.40　WEC 的标志

耐力赛(endurance racing)为赛车运动的一种比赛方式,和一般赛车最大的不同点是耐力赛并非以跑完规定赛程所需时间定胜负,而是主要以规定时间内行驶的距离长短来决胜负,因此它更加考验赛车的续航力与车手的体能。

一般来说,比赛时间至少为 3 个小时,或赛程至少为 500 千米的赛事就能称为耐力赛。不过目前的主流耐力赛比赛时间至少为 4 个小时,知名的勒芒大赛、戴通纳大赛的比赛时间更是长达 24 小时。由于赛程如此漫长,每场比赛允许 2～4 位车手轮流驾驶同一辆赛车参加比赛,能够派出的车手数量以各地主办单位的规则决定,因此耐力赛更注重团队合作。

目前耐力赛有所谓的三大赛:戴通纳 24 小时大赛(24 Hours of Daytona)、赛百灵 12 小时大赛(12 Hours of Sebring)与勒芒 24 小时大赛(24 Heures du Mans)(见图 3.41)。截至 2019 年,只有 12 位车手能够完成耐力赛三大赛,获得大满贯的殊荣。

图 3.41　(从左向右依次为)戴通纳 24 小时大赛、赛百灵 12 小时大赛与勒芒 24 小时大赛

1. WEC 赛事简介

参加 WEC 的赛车可分为 2 个级别:LMP(Le Mans Prototype,即勒芒原型)和 GTE 组(见图 3.42)。其中,LMP 是 WEC 的主要参赛车型。LMP 按照速度、重量等因素又可分为

LMP1 和 LMP2，GTE 组可分为 GTE-PRO 和 GTE-AM 组。WEC 赛事以时间计有 4 小时赛、6 小时赛、8 小时赛和 24 小时赛。

图 3.42　WEC 赛事的不同级别

从 1984 年起，FIA 规定 C 组车车重不低于 850 千克，每 100 千米赛程耗油量不超过 60 升。1992 年，FIA 又规定 C 组车一律采用无增压发动机，一般赛程为 480 千米。汽车耐力赛对汽车的性能和车手的耐力都是极大的考验，这是一项艰苦的比赛。

勒芒 24 小时耐力赛是世界上最负盛名的耐力赛，胜过美国印第 500 或其他任何汽车大奖赛。一般耐力赛只有 500～1 000 千米，而勒芒约 5 000 千米，因此勒芒 24 小时耐力赛被称为最辛苦、最乏味的单项赛事。该赛事于每年 6 月举行，选手驾车在同一环行赛道上要不停地转上 350 多圈，不论车手、维修还是观众，在下半夜都会变得疲惫不堪。勒芒环形跑道全长 13.629 千米，其中绝大部分是封闭式的公用高速公路，赛车在其 2/3 的路段上速度达350 千米/小时左右，C 组车一般只用 3 分钟左右就能跑完一圈。最开始，在跑道上有一段约 6 千米的直路，赛车在这段路上飞速驶过，速度达到 390 千米/小时。车手们在一整天的比赛中，在这段路上要行驶 6 个小时，紧张得令人窒息，哪怕是稍有疏忽，后果都不堪设想。当然这段路对车辆也同样是最严酷的考验，发动机在拼命地嘶叫，仿佛是要从底盘上挣脱开来，要从机器罩下冲出似的，而轮胎也好像是被火炉烤得要爆炸一样。出于安全考虑，比赛在这条直道上设立了 2 个弯道，以减缓赛车的速度，但比赛还是充满了危险。

不管勒芒的赛道多么艰险，也不管历史上发生过多少悲剧，每届勒芒大赛都在 6 月份如期举行。一些汽车厂家不惜耗资数百万美元，想在这项大赛中取胜，谁也不肯轻易放过利用这项大赛来提高公司声誉的机会。

大多数观众是带着宿营车或帐篷前来观战的，赛场旁的 30 个大型停车场在每次比赛时都满满地停放大约 10 万辆汽车。赛场周围还有设施齐备的餐饮、娱乐和休闲场所，以及销售仿制的各大车队服装、帽子的铺位，让车迷们在这里如同过节一样。观众可以在餐厅里一边吃着可口的食物，一边在慕尚直道（Mulsanne）观看窗外速度达到 300 多千米/小时的赛车飞驰而过，这也堪称赛车界独一无二的情景。

不同于别的赛车运动，WEC 赛事仅需要车厂造出一台最快的赛车，勒芒的耐力赛还需要一台兼具速度和稳定性的赛车。同时,它还必须很省油,比赛中尽量少进站加油有利于获得胜利。由于一些赛道有超长直道,车厂需要造一辆空气效应良好的赛车,又要兼有节油的优点,以符合 21 世纪汽车发展的大方向。所以,许多车厂都将勒芒看作新车测试性能和耐力的场地。测试结果良好还可以把它投入更高级别的赛事中去。

2. 赛事车队

WEC 赛事车队全部为厂商车队,其中知名车队包括奥迪车队、保时捷车队和阿斯顿马丁车队,其车队标志如图 3.43 所示。这 3 支车队不仅把轻量化、新能源等高科技运用到赛车领域,更是把这些品牌理念运用到量产民用车上,充分体现了赛车运动与汽车工业发展相辅相成的作用。

图 3.43　(左起)奥迪车队、保时捷车队和阿斯顿马丁车队标志

3. 历届冠军及车型技术对比

历届参加 WEC 赛事的冠军厂商勒芒原型车组排名三甲的车型依次为保时捷 919 Hybrid(3 次车手/厂商冠军)、奥迪 R18 TDI/Ultra (2 次车手/厂商冠军)和丰田 TS040 Hybrid(2 次车手/厂商冠军),技术参数对比如表 3.7 所示。GT 耐力赛车组包括法拉利 488 GTE、法拉利 458 Italia GT2(5 次车手/厂商冠军)和保时捷 911 RSR(2 次车手/厂商冠军)。

表 3.7　保时捷 919 Hybrid、奥迪 R18 TDI/Ultra 和丰田 TS040 Hybrid 技术参数对比

技术参数	保时捷 Porsche 919 Hybrid	R18 TDI UltraI	Toyota TS040 Hybrid
长×宽×高(mm)	4650×1900×1050	4650×1900×1050	4650×1900×1050
重量	870 千克	850 千克	875 千克
底盘	碳纤维复合材料	碳纤维复合材料	碳纤维复合材料
前/后悬架	推杆式双横臂独立悬架	独立的双心骨推杆系统	推杆式双横臂独立悬架

（续表）

技术参数	保时捷 Porsche 919 Hybrid	R18 TDI UltraI	Toyota TS040 Hybrid
发动机	保时捷 20 升(2 000cc)直接喷射涡轮增压 V4 发动机,配备锂离子电池,用于中安装纵向配置中的能量回收	奥迪 RP 系列 TDI2011—2013 V6 涡轮增压柴油中置发动机,纵向安装	搭载 3.7 升自然吸气 V8 引擎
变速箱	保时捷七速液压激活顺序变速箱、带后锁差速器	六速,顺序半自动变速箱	反向 7 挡顺序变速箱
轮胎	米其林	米其林	米其林

资料来源:保时捷、奥迪和丰田车队官网。

（1）保时捷 919 Hybrid。保时捷 919（见图 3.44）混合动力车是德国制造商保时捷为 2014、2015、2016 和 2017 赛季国际汽联世界耐力锦标赛制造和使用的 LMP1 跑车。这是保时捷自 RS Spyder 以来的首款全新原型车，也是自保时捷 911 GT1 以来首次参加顶级跑车赛事的车型。该车的工作开始于 2011 年年中，其单体在 2012 年年底完成与 911 GT3 R 混合动力赛车和 918 Spyder 混合动力跑车的灵感。该车采用 2 个独立的能量回收混合动力系统，从废气中回收热能，并将动能转换为制动下的电能，以存储成锂离子电池组。根据 2014 年的规定，车辆被放置在 6 MJ（1.7 kWh）级别。它有一个 2 升（120 立方）90 度 V4 中置单涡轮增压汽油发动机，功率 370 千瓦，并作为底盘承重单元。

（2）奥迪 R18 TDI/Ultra。奥迪 R18（见图 3.45）是由德国汽车制造商奥迪公司制造的 LMP 赛车。它是奥迪 R15 TDI 的继承者。与前代车型一样，R18 采用 TDI 涡轮增压柴油发动机，但容量减少了 3.7 升，采用 V6 配置。自 1999 年的 R8C 起，奥迪的勒芒原型车采用封闭式驾驶舱设计。R18 也是奥迪首款配备混合动力的赛车。

图 3.44　保时捷 919 Hybrid

图 3.45　奥迪 R18 TDI/Ultra

（3）丰田 TS040 Hybrid。丰田 TS040（见图 3.46）混合动力车是 LMP1 跑车由丰田赛车有限公司为 2014 和 2015 赛季的国际汽联世界耐力锦标赛制造和使用。汽车的设计工作开始于 2012 年 11 月，当时汽车俱乐部发布了其 2014 年技术法规，丰田基于 2013 年勒芒赛事参赛车辆 TS030 混合动力车，重新改进了空气动力学设计，并且配载四轮驱动。它有 2 个动能回收系统（Kinetic Energy Recovery System，KERS）再生制动装置（见图 3.47）在前桥和后桥给超级电容器充电，并根据 2014 年的规定，被放置在 6MJ 类。TS040 的发动机从 TS030 继承下来，其排量从 3.4 升增加到 3.7 升，以提高效率，产生 377.3 千瓦的后轮功率。

图 3.46　丰田 TS040 Hybrid

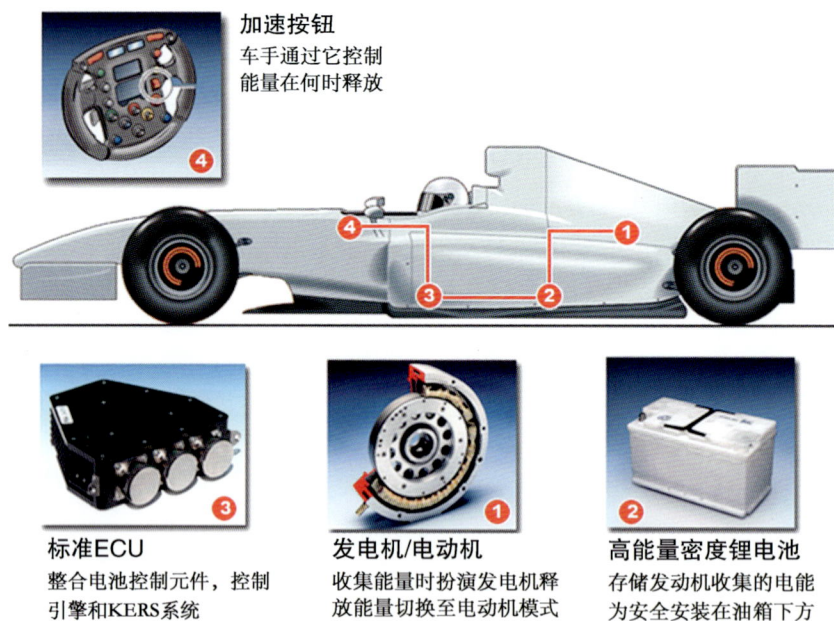

加速按钮
车手通过它控制
能量在何时释放
④

标准ECU
整合电池控制元件，控制
引擎和KERS系统
③

发电机/电动机
收集能量时扮演发电机释
放能量切换至电动机模式
①

高能量密度锂电池
存储发动机收集的电能
为安全安装在油箱下方
②

图 3.47　动能回收系统示意图

3.2.3　WTCR

WTCR 是一项由 FIA 举办的年度系列场地房车比赛，是 WTCC（World Touring Car Championship）与 TCR（Touring Car Racing）合并而成，其标志如图 3.48 所示。

图 3.48　WTCR 的标志

1. WTCR 简介

WTCR 前身是欧洲房车锦标赛（European Touring Car Championship，ETCC）。第一阶段在 1963—1988 年举行，这项赛事由威利·史腾加（Willy Stenger）在国际汽联的指示下负责统筹举办，当时名叫欧洲房车挑战赛（European Touring Car Challenge）。该赛事采用国际汽联第二组别改良赛例，这容许了许多不同大小和引擎容积的赛车同场参与，小至快意 600 和迷你、大至捷豹麦克二型和平治 300 SE 都可参赛（见图 3.49）。首届总冠军由德国的彼得·洛卡所驾驶的捷豹夺得。1968 年，赛例的变更容许了第五组别的赛车参加，但只用了 2 年又再改例。

图 3.49　WTCR 比赛中

1970 年，这项赛事改名为欧洲房车锦标赛，并再采用第二组别的赛例，且在车辆改装上有更大的自由度。1977 年改例，除第二组别外，也容许第一组别的乙级车辆参赛。1982 年，国际汽联将第一和第二组别的赛例换为 N 组和 A 组赛例，不过当年开始就没有 N 组车参加，所有参赛的车辆都属于 A 组。

1988 年赛季完结后，这项比赛因财政问题而停办，此后几年间，澳门东望洋大赛、斯帕 24 小时赛和纽伯林 24 小时赛成了当时主要的国际房车赛事。而因为各国本土超级房车赛的成功和吸引力，国际汽联在 1993—1995 年间曾举行世界超级房车杯赛事。1996 年转而推广德国房车锦标赛，不过却同样因财政问题举行了一年便停办了。

第二阶段在 2000—2004 年举行。在 2000 年，国际汽联将意大利超级房车锦标赛升格为欧洲超级房车杯，并于翌年再变为欧洲房车锦标赛重新登场；采用超级房车赛例并附加容许超级生产的车辆参赛。2002 年改为采用超级 2000 比赛规则。

2005 年，这项赛事改制为世界房车锦标赛（World Touring Car Championship，WTCC），每年吸引了宝马、阿尔法·罗密欧、雪佛兰、菲亚特、本田等主要制造厂商的参加，经过 10～12 站的比赛，每站赛 2 个回合，来竞争年度总冠军的宝座。比赛采用超级 2000 规格的车辆。而另一项赛事 TCR 国际系列赛于 2015 年创立，在短短 2 年时间内受到全球厂商、车队、车手和观众们的热烈欢迎。直接使用厂商售出的赛车让车队运营成本更低，出色的性能平衡机制让比赛更加公平，同时直接带来了更加激烈的竞争。

2017 年 12 月 6 日，在 FIA 于巴黎举办的世界赛车理事会中，WTCC 与 TCR 合并，更名为 World Touring Car Cup，缩写变更为 WTCR。WTCR 接替 WTCC，成为 FIA 下的四大赛事之一，而 WTCC 在结束了第 13 个赛季的争夺后退出了历史舞台。

2. WTCR 比赛要求

WTCR 将采用 TCR 规格，只有经过认证并通过 WTCR 批准的赛车可以参赛。而 WTCR 赛事和现在 WTCC 最大的差异是新的赛事将不允许制造商队伍参赛，也不会设立制造商年度奖项，赛事将仅面向私人车队开放，最多设有 26 个全季参赛车辆名额。参赛车队至少要派出 2 辆赛车参加比赛，以两车阵容参赛的队伍则需要缴纳 15 万欧元的报名费。

所有赛车底盘由厂商直接从生产线生产并带有量产车相同的 VIN 码，并且必须符合赛事对车身尺寸、重量、离地间隙、动力系统、悬架形式等各项指标的要求。赛事使用的赛车均搭载排量在 1 750～2 000cc 的量产涡轮增压引擎，最大输出功率限制在 257.25 千瓦。车队可以在规则允许范围内对发动机变速箱悬挂系统进行调校，一辆 WTCR 的赛车造价在人民币 75 万元左右。另外，性能平衡机制（Balance of Performance，BoP）也值得一提，当初 TCR 国际系列赛采用这一制度让比赛更加公平，同时直接带来了更加激烈的比赛争斗，让车手和观众们都欲罢不能。如今 WTCR 组委会也决定继续实施这一机制。简单来说，就是为了提升比赛的观赏性，国际汽联和 WTCR 的技术部门将会根据每场赛事的特殊性，决定每场比赛的 BoP，从而给予每辆车合理的配重（每辆赛车都会预先在车上加 60 千克配重，根据 BoP 规则进行加减），且会按照一定比例限制动力输出以确保赛事公平。国际汽联将负责与 TCR 的技术代表协商，提供赛事技术管理支持。

综上，参与 WTCR 赛事的赛车必须满足以下 4 个条件方可参赛。

（1）所有车辆认证及执照均由 WSC 颁发，在 EEL/FIA 框架下执行，即经过官方测试认证过的车辆方可认为是合法的 TCR 规格赛车。

（2）所有车手的参赛执照和注册均由 FIA 认定和颁发，此为车手参加全年赛季的必备条件（分站外卡选手除外）。

（3）赛事的 BoP 规则由 FIA 和 TCR 的技术部门联合在赛季开始前制定和发布，BoP 规则将会依据本赛季前 3 站的车辆数据建模分析，作出一定的更新和优化。

（4）零配件方面，全赛季每辆赛车的引擎和涡轮的数量限制分别为 1 和 5。

3. 赛事车队

WTCR 赛事车队全部为厂商车队，其中知名车队包括宝马车队和雪佛兰车队，其标志如图 3.50 所示。宝马旗下的 BMW320 和雪佛兰旗下的科鲁兹通过 WTCR 这个世界级的赛事，将其汽车品牌与赛事结合，为其市场销售打下了良好的公众基础。

图 3.50　宝马车队和雪佛兰车队的标志

3.2.4　F1 锦标赛

世界一级方程式锦标赛（FIA Formula 1 World Championship），简称 F1，是由 FIA 举办的最高等级的年度系列场地赛车比赛，创办于 1950 年，是当今世界最高水平的赛车比赛，年收视率高达 600 亿人次。其标志如图 3.51 所示。F1 与奥运会、世界杯足球赛并称为"世界三大体育盛事"。

图 3.51　F1 的标志

F1 比赛（见图 3.52）可以说是高科技、团队精神、车手智慧与勇气的集合体。F1 是赛车中的顶级赛事，全年的统筹安排，每站比赛的赛事组织、车队工作、电视转播等各个方面都井井有条，F1 世界已经被整改得非常健全。但同任何其他事物一样，F1 也有它的起源、发展过程，而且在前进道路上也有不少曲折。

图 3.52　F1 比赛中

1. F1 简介

F1 赛车的一个锦标赛（championship）代表一年份的赛季（series），而每一个赛季中又包含了许多站的分站，称为"大奖赛"（法文：*Grand Prix*）。"方程式"其实就是"规则与限制"的意思，因为 F1 比赛是在 FIA 所制订的规格与规则下制造赛车以及进行比赛，所有参加的队伍都必须遵守这套如方程式般的准则。

F1 的大奖赛举办地点遍布全球各地，号称除了南极洲之外范围广布各大洲的世界性运动，但实际上它通常被看作一种欧式的车辆运动竞赛。不过由于近年来碍于欧洲日渐抬头的反烟害运动（烟草公司向来是 F1 运动的最大赞助团体）与为了增加更多的收视观众群，FIA 也积极地寻求让 F1 普及到亚洲与美洲等其他地区的机会，增加在欧洲本土以外的举办场次。

2. F1 比赛要求

比赛的时间不是跨年度的，使用的是单一年度联赛制度，积累全年积分来决定车手和车队的成绩，以便产生冠军。每年规划有 16～17 站的比赛（2012 年赛季开始达到 20 站比赛），通常在 3 月中开跑，11 月底结束赛季。

F1 每个分站比赛赛程分为 3 天，每场大奖赛中，所有车手都可以在周五（摩纳哥为周四）进行 2 节各 1.5 小时的自由练习赛。而在周六上午参加 1 节 1 个小时的自由练习赛，下午参加排位赛。练习赛期间，除了上赛季前 4 名的车队之外，其他车队还可以派自己的备用赛车上道测试。而驾驶备用车的车手在前 2 年参加 F1 分站赛的数目，不能超过 6 站。

排位赛第一个 15 分钟。所有的参赛车辆允许参加，成绩最差的 5 辆赛车被"淘汰"，不能参与后面的排位赛。在正赛中，这 5 辆赛车分列第 16～20 位出发，顺序按照该阶段的成绩来决定，成绩最好的列正赛第 16 位。

排位赛第二个 15 分钟。经过第 1 个 15 分钟排位赛的选拔，名列前 15 位的车手继续参与第二阶段排位赛。同样是成绩最差的 5 辆赛车被"淘汰"，不能参与后面的排位赛。在正赛中，这 5 辆赛车分列第 11～15 位出发，顺序按照该阶段的成绩来决定，成绩最好的列正赛第 11 位。

排位赛最后 20 分钟。剩下 10 位车手将参与共约 20 分钟的第 3 阶段排位赛，单圈成绩最快的车手在星期日的正赛中排头位，称为杆位（pole position），其余 9 位车手将名列第 2～10 位出发。

当地时间周日上午 9 时半至 10 时为暖身（warm up），下午 2 时为分站决赛。所有车手首先跑一轮暖胎圈（formation lap），跑完后所有车手回到赛道发车区对应的发车格线上待命,后方的医疗车也会跟在所有赛车后面做好准备,然后比赛就会正式开始。车手重新按照排位赛顺序排队,开始正式比赛。

暖胎圈,赛车术语,又叫热身圈。比赛开始前,所有的车手必须在赛道上跑一圈,这就是暖胎圈。在暖胎圈中规定,所有的赛车绝对不允许按照正常比赛的速度行驶,必须限速,而且不允许超车,不得干扰其他车手。如果没有参加暖胎圈,或者由于某种原因(通常是赛车故障)而赶不上暖胎圈,这辆赛车就必须退到最后一位发车,或者在维修站通道发车并跟到队尾。

暖胎圈作用如下:

(1)使赛车轮胎升温,以达到或接近轮胎的最佳工作温度(这是"暖胎圈"一词的来历)。

(2)使赛车引擎升温,以达到或接近最佳工作温度。

(3)确认赛车状况,以确保赛车可以正常比赛。另外赛车的各方面数据会传到维修区的工作室,车队工程师可以根据赛车在热身圈提供的数据来为车手决定或布置相应的比赛战术。

(4)确认赛道状况,车手可以通过这一圈暖胎圈尽可能地确认赛道路面的状况。尤其是雨天等恶劣条件下更是如此,车手通过热身圈可以大概清楚赛道上哪几个弯、哪几个路段积水比较多或者比较湿滑,在比赛中要注意小心驾驶。

在一些路面较狭窄、超车困难的跑道,排位顺序对于比赛的结果将有直接的影响。如果有车手在测时赛的单圈最快成绩,比同场最快车手的单圈成绩的107%还慢,将无法参加决赛,以免速度过慢影响了其他车手比赛的安全。决赛前有一圈的暖胎,然后在起跑前有 30 秒的倒数,由 5 个一组的灯号所控制,5 个红灯同时熄灭时比赛就开始。赛程以 300 千米(蒙特卡洛赛道为特例)或 2 小时为限,看谁先完成,比赛就算结束。

F1 比赛每个分站产生 1 名分站冠军,全年各分站成绩总积分最高的赛手成为当年度的 F1 世界冠军。

2013 年 12 月,国际汽联(FIA)批准 F1 赛事新规则:2014 年起,F1 将对全年排位最好的车手颁发杆位奖,收官站将给予双倍积分,F1 车手将分配固定车号,增加比赛中进站罚停 5 秒处罚,2015 年启动车队预算帽。

3. 参赛资格

就像一般的道路驾驶一样,F1 也需要驾照。这张由国际汽联颁发的"超级驾照"——FIA Super Licence,只发给在 F3000、F3 或 CART 系列赛事表现杰出的车手。通常 1 位车手要花 8 年的时间从小型卡丁车逐步晋级到 F1,但事实上仅有极少数人能够有此能力与机会登上这赛车金字塔的顶端。

2009 年,超级驾照的起征点是 10 400 欧元,另外获得积分起征点为 2 100 欧元/分,还要另外附加 2 720 欧元的保险费。

4. 赛事车队

一支 F1 车队是由赛车手、试车手、车队经理、技术总监、工程师、技师以及经营管理人员、医师、营养师等组成的团队。车队每年的各种花费上亿美元,因此,每一支 F1 车队的背后都有巨大的资金支持。

自 F1 比赛开始以来,几乎每个赛季都会有一支车队退出,空位总是会很快被其他车队补上。因此从开赛到现在,至少有 97 支车队在这个舞台上展示过他们的风采。到 1995 年,仅有 11 支车队被保留了下来,也就是说在这些年中,有 85 支车队惨遭淘汰了。2019 赛季参赛的车队有法拉利车队(Ferrari)、梅赛德斯 AMG 马石油车队(Mercedes AMG Petronas)、红牛车队(Red Bull)、迈凯伦车队(McLaren)、雷诺车队(Renault)、红牛二队(Toro Rosso)、阿尔法·罗密欧-索伯车队(Alfa Romeo)、赛点车队(Racing Point)、哈斯车队(Haas)、威廉姆斯车队(Williams)共 10 支车队(见图 3.53)。

图 3.53　2019 赛季参赛的车队

研究案例　梅赛德斯不仅是历史

赛车运动象征着"速度"与"激情"。自 1886 年卡尔-本茨制造出第 1 辆汽车,梅赛德斯-奔驰就注定与这项运动密不可分。如果要用一句话来描述赛车运动的历史,可以说"赛车运动的历史,也是梅赛德斯-奔驰的历史"。

1899 年,戴姆勒的最大经销商埃米尔 · 耶利内克(Emile Jellinek)用女儿的名字"Mercedes(梅赛德斯)"命名了汽车品牌。1990 年 12 月,第一辆梅赛德斯 35 PS 汽车诞生,并在法国"精彩速度周(Nice Speed Week)"比赛中取得了一系列成功。而后,埃米尔与戴姆勒签订合同,戴姆勒的新车都被冠以"Mercedes"之名进行销售。

1934 年 6 月,梅赛德斯车队准备参加欧洲纽博格林大奖赛,比赛前发现赛车超出赛事规定的重量限制。为达到比赛规定,工作人员刮去 W25 车身白色油漆以减重,露出了车体金属银的铁皮色。最终车队一举夺得赛场冠军,因为奔驰的银色赛车如飞箭一般,"银箭"一战成名(见图 3.54)。

图 3.54　梅赛德斯赛车

第二次世界大战期间,战乱频繁,但欧洲人对赛车的热情不减。1946 年,汽车协会更名为国际汽车联合会,整合了旗下众多赛事。战后,汽车赛事迅速恢复,如燎原之势在欧洲大陆上展开。梅赛德斯-奔驰连连夺冠,一时风头无两。然而在 1955 年 7 月 11 日,法国勒芒24 小时拉力赛中,梅赛德斯车队的车手皮雷 · 莱夫赫(Pierre Levegh)驾驶 300 SLR 赛车与一辆奥斯汀(Austin)赛车尾部发生碰撞,直接高速冲上了看台,引擎和前车轮的碎片击中了人群,导致 82 人死亡,91 人受伤——这是赛车历史上伤亡最惨重的事故。梅赛德斯车队陷入深深自责,随即决定退出所有比赛。

告别，只是暂时的。梅赛德斯-奔驰对赛车的热情，并没有因此减弱。

在退出 F1 的几十年时间里，梅赛德斯只能通过为 F1 其他车队提供赛车技术服务来积累赛场经验。1994 年，梅赛德斯-奔驰通过与索伯车队的创始人彼得·索伯（Peter Sauber）合作，以引擎供应商身份重新回到了 F1 赛事的顶峰。次年，迈凯伦-梅赛德斯车队（McLaren-Mercedes）成立，不仅在 1998 年获得了车队冠军，并由车手米卡·哈基宁（1998、1999 年）和刘易斯·汉密尔顿（2008 年）获得了赛季世界冠军。

2009 年，戴姆勒公司首席执行官迪特·蔡澈（Dieter Zetsche）、AMG 主管托比亚斯·摩尔斯（Tobias Moers）出席了 F1 德国大奖赛后，决定让梅赛德斯重返赛场。为了顺利组建 F1 车队，同年 11 月，戴姆勒公司宣布了一项具有里程碑意义的计划：与金融合作伙伴阿尔巴投资公司（Aaber Investments）收购当年冠军车队布朗 GP，戴姆勒公司将持有 75.1% 的股份。2010 赛季，梅萨德斯-奔驰终于有了自己的车队——梅赛德斯 GP-马石油车队，并迎来了 F1 赛车历史上最伟大的车手之一：迈克尔·舒马赫。2 年后，车队更名为"梅赛德斯 AMG-马石油 F1 车队"。2012 年，尼科·罗斯伯格（Nico Rosberg）在中国站赢得了重新建队以来的首个分站冠军。

2014 赛季，F1 运动迎来了发展史上最具转折性的时刻。技术规则进行了重大的调整，不再使用 2.4 升自然吸气引擎，而改用 1.6 升涡轮增压引擎和动力回收系统。梅赛德斯长期在引擎方面积累的独特优势开始显现。W05 Hybrid 车型上配备的 1.6 升 V6 涡轮引擎单元，配合 ERS 系统，在性能、耐久、油耗各方面，都展示着教科书式的优越，完美契合国际汽联最新的规则。

自从 2014 赛季 F1 引擎规则修改以来，梅赛德斯就凭借无可匹敌的技术优势占据了 F1 的统治地位。6 年来，虽然我们偶尔能看到一些车队在某个分站威胁甚至战胜梅赛德斯，但纵观整个赛季，足以与梅赛德斯抗衡的车队是不存在的，没有任何对手具备与梅赛德斯一样在任何天气、任何赛道上都能为冠军而战的能力。梅赛德斯不仅自 2014—2019 年连续 6 年包揽车队和车手总冠军，并且其中 4 年是包揽车手冠亚军（见图 3.55）。也就是说大部分时候 F1 冠军争夺战只是梅赛德斯的内战，作为一个梅赛德斯车手，要拿 F1 车手冠军，只需要打败自己的队友。

图 3.55　梅赛德斯冠军赛车及夺冠团队

　　梅赛德斯历史级的统治,可以说是汽车制造商的胜利。F1 现在有 3 支车队可以称为厂商车队,分别是梅赛德斯、法拉利和雷诺。法拉利虽然有自己的车厂,但历史身份更接近私人车队,当初恩佐·法拉利决定制造跑车只是为了给自己的 F1 车队筹集资金,F1 车队始终是法拉利的核心。后来尽管菲亚特集团收购了法拉利的大部分股份,法拉利仍然是独立运营的。雷诺这几年在经营车队和只当引擎商之间摇摆不定,也考虑过完全退出 F1,这种态度与梅赛德斯无法相比。从身后汽车制造商的财力、技术实力、政治影响力等各方面,梅赛德斯都足以压制对手,赛场上的成绩可以说是综合实力的真实反映。

　　2014—2019 年梅赛德斯车队连续 6 年包揽车手、车队年度总冠军的壮举可谓是前无古人,后也难有来者。而他们又将一切归零备战新赛季的比赛,在面对法拉利、红牛、迈凯伦车队的巨大压力下,整个车队仍旧保持镇定和谦虚,正是这种一直永无止境的态度让他们立于不败之地,车迷们也期待着梅赛德斯车队创造更辉煌的历史。

思考与探索

1. 国际汽联的职能变化有必要吗? F1 赛事不断对引擎排量加以限制说明了什么?

2. 梅赛德斯车队为何重返 F1 短短几年就有如此优异的成绩? 该车队为何只参与四大赛事中的 F1?

3. WEC、WRC、WTCR 以及 F1 四大赛车运动对于汽车业的发展有什么帮助?

第 4 章

F1赛车技术、赛车及车队品牌

开篇　威廉姆斯——肃然起敬

与 1950 年 F1 诞生时就参赛的法拉利以及 1966 年开始参赛的迈凯伦相比,威廉姆斯车队的历史较短,1977 年才正式以"威廉姆斯车队"的名号驰骋 F1 赛场。这支车队在 F1 中摸爬滚打了整整 43 年,拿下 114 胜,128 个首发,133 个最快圈速,312 次登上领奖台,33 次以 1～2 名完赛获得 9 座车队总冠军,以及 7 座车手总冠军的奖杯——1979 年拿下第一个分站冠军,1980 年获得第一个车队冠军和车手冠军。从 1980—1997 年,威廉姆斯车队是 F1 绝对的第一梯队。这十几年间可谓是威廉姆斯车队的黄金时代,车队赢得的 9 个车队冠军和 7 个车手冠军均是在这一时期获得的。

对于任何一支车队来说,无论历史长短,进入 F1 都是厂商或者私人车队引以为傲的一件事情,而加入 F1 之后,这支车队就会在 F1 这项全世界最受关注的赛车运动中留下举足轻重的一笔,威廉姆斯车队更是如此。

谈到威廉姆斯车队,就必须说说车队老板和创始人弗兰克·威廉姆斯爵士(Sir Frank Williams)。威廉姆斯于 1942 年在英国出生,他的家庭、童年、青少年时期都与赛车甚至汽车没有丝毫关系,只是一次偶然的机会朋友把他拉上跑车去乡间公路上飙车,让他深深迷恋上了速度的快感,从此改变了他的人生。

威廉姆斯依靠销售二手赛车和零部件赚了些钱,开始尝试参加低级别的赛车比赛。当他明白自己没有多少驾驶天赋之后努力劝说好友皮尔斯·库雷格(Piers Courage)成为职业车手。库雷格确实比他出色,驾驶客户版布拉汉姆赛车就拿到了 F1 分站赛亚军,随后他俩终于凑够钱在 1969 年年底组织了一支小车队参加 F1。然而 1970 年荷兰站库雷格撞车身亡,巨大的悲痛并没有让弗兰克放弃梦想,他苦苦支撑着资金匮乏、成绩糟糕的车队,最终还是丧失了车队的控制权。

1977 年威廉姆斯终于迎来转机,他与出色的赛车设计师帕特里克·海德合作正式组建威廉姆斯车队,摆脱了购买别人旧赛车的命运,开始设计制造自己的赛车。威廉姆斯车队很快成为 F1 赛场上的明星,出色的赛车带来了好成绩,不仅吸引了赞助商的资金投入,更吸引了一批又一批顶尖车手加盟,塞纳(Ayrton Senna)、普罗斯特(Alain Prost)、皮盖特(Nelson

Piquet)、曼塞尔(Nigel Mansell)、希尔(Damon Hill)、维伦纽夫(Jacques Villeneuve)这些 F1
历史上赫赫有名的车手都曾驾驶威廉姆斯赛车赢得胜利(见图 4.1)。

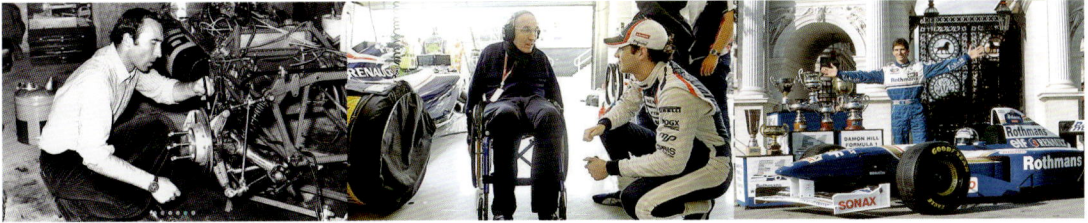

图 4.1　弗兰克·威廉姆斯爵士与车队车手

1986 年他去法国保罗-里卡德赛道观看车队测试,返回的路上遭遇严重车祸,脊椎受伤
导致瘫痪,此后的 33 年只能坐在轮椅上度过。

瘫痪之后的威廉姆斯继续着所有工作,每天从早到晚泡在赛车场和车队工厂,外人很难
想象他的身体状况有多么糟糕。医生无数次警告他必须静养,否则随时可能有生命危险。
他无法自己坐起来,在轮椅上保持姿势都要用皮带捆在椅背上;他的手拿不了杯子,只能用
吸管从固定在底座上的杯子里喝水;由于上厕所很麻烦,他在赛场上经常一整天不吃不喝;
他的手也不能写字,只能用指关节拨电话。

1994 年的圣马力诺站正赛是赛车史上最黑暗的时刻之一,在那场比赛中丧命的塞纳,
当初所在的车队就是威廉姆斯。塞纳去世后,威廉姆斯受到了巨大牵连,在此后的数十年
里,威廉姆斯、技术主管海德和首席设计师纽维因被指控谋杀而面临着一次又一次的指控。
但即便如此,1994 年威廉姆斯车队还是拿下了当年的世界冠军(见图 4.2)。

图 4.2　威廉姆斯车队赛车

2004 年,与宝马的合作结束后,威廉姆斯车队迎来了一个危机,威廉姆斯爵士卖掉了包
括私人飞机在内的家产,为车队续命。或许对于很多人而言,私人飞机是一种用来享受的奢

侈品,但对于威廉姆斯爵士而言却是必需品,因为高位截瘫的他每年需要在 F1 赛季做 20 次环球旅行。

就是这样一位高位截瘫患者,33 年来他总是晚上 8 点之后才离开办公室,威廉姆斯车队的 7 个车队冠军和 5 个车手冠军是在他瘫痪之后取得的。

尽管 F1 格局已今非昔比,威廉姆斯这样的私人车队没有如梅赛德斯、法拉利背后的汽车制造商,也没有像红牛车队一样强大的财力支持,无论在赛车研发、引擎供应还是吸引人才等各方面都无法与对手们抗衡,车队最近十几年的成绩也走上了下滑之路,但威廉姆斯本人及其作为 F1 车坛中老牌强队的威廉姆斯车队都是值得人们尊敬的对象!

赛车运动是汽车工业发展的必然趋势和自然结果。任何刚刚登上历史舞台的科技发明与创新,都是需要对其可行性、实用性等进行一系列推敲与完善才能进入我们的生活。赛车运动就是这样一个平台,而 F1 更代表着赛车运动技术发展的最高水准。从 F1 赛事可以一窥整个赛车运动的发展历程及赛车技术的进步。现如今有太多民用车的技术应用,都是通过赛车来测试可行性和实用性的。比如,现在的后置引擎技术、涡轮增压技术、换挡拨片等都是经过赛车的发展完善后,才应用到民用车上的。而这一切必须有一个行之有效的规则制度去保障赛事的顺利运行以及技术研发的公平竞争。本章将重点叙述 F1 赛事规则、赛道及技术发展情况,帮助读者更好地通过 F1 赛事了解整个赛车运动的发展情况。

4.1　F1 赛事规则与赛道

自 F1 赛事创建以来,赛车的基本原理没有变化,汽车运动的物理规律没有变化,但它的技术规则却随着时代的发展而日趋进步。这是因为赛车手的技能和身体素质在进步,科技的水平也在不断发展。赛事的规则、赛道都设置了最大的限制,使得研发人员、车手在最小的空间内发挥最大的潜能,同时也保证比赛的公正性。

4.1.1　赛事规则

"方程式"赛车是按照国际汽车运动联合会规定标准制造的赛车。这些标准对"方程式"赛车的车长、车宽、车重、发动机的功率、排量、是否用增压器以及轮胎的尺寸等技术参数都做了严格规定。另外,F1 赛事有独特的赛车规格限制、积分规则和旗语。

1. 赛车规格限制

F1 赛车为单座的特制赛车,座舱是敞露在外的,巨大的轮胎也是暴露在车身外面的,没有翼子板遮挡(见图 4.3)。F1 赛车不能在普通道路上行驶,在汽车厂的流水线也不生产,而是由各赛车公司或车厂的赛车运动部单独设计和制造。

图 4.3　F1 赛车

按照 F1 的章程，成立车队的必要条件是要拥有自主研发的底盘，发动机总成、空气动力学套件等可以使用其他车队或厂家的产品。例如：索伯车队的引擎由法拉利提供，而法拉利车队也使用同样的引擎。

1）车身

F1 赛车的车身采用碳素纤维增强塑料（Carbon Fibre-Reinforced Polymer，CFRP）。这是一种异常坚固、重量却很轻的优异材料。在使用这种材料之后，被称为无大梁单体结构（monocogue）的车身基础部分的重量竟然不可思议地只有 30 千克。而最后在安装了所有所需部件以及坐上驾驶员之后，整辆 F1 的重量也只有 600 千克而已，只有一般民用汽车重量的 1/3 左右。

2）发动机

根据规定，现在的 F1 赛车可以使用排气量 1.6 升以内的 6 缸发动机，其最高转速可以达到每分钟 15 000 转，最高输出功率达到 661.5 千瓦。由于 F1 比赛所需要的稳定性，引擎制作的方向不只是单纯的高速，更需要适应长时间的高速运转；而为了得到更好的转弯性能，还必须提出小体积、轻重量和小尺寸等设计需求。

3）悬挂系统

F1 赛车的悬挂系统被暴露在车身的外侧，这是所有方程式赛车的一个退热顶。虽然悬挂系统在 F1 中的功能与市面上销售的民用汽车相同，但是其较舒适来说更需要的是良好的驾驶性能，这需要让 4 个轮胎始终保持与地面接触行驶。为了进一步提升空气动力学效果，在悬挂系统的形状上，F1 也参考了一些飞机的设计。

4）轮胎

赛车持续以 200 千米/小时以上的速度在路面上飞驰，没有一款好的轮胎显然是不行的。轮胎采用高抓地力的软质橡胶。一般使用的干胎有 4 条槽,而雨天使用的雨胎则更多且具有向外的排水槽。1998 年,凹槽轮胎被引入 F1,前轮共有 3 条凹槽,后轮共有 4 条凹槽。在 1999—2008 年,所有轮胎必须有 4 条或 4 条以上的凹槽,这样做的目的是为了降低赛车的过弯速度。规则还要求前后轮胎分别不得宽于 355 毫米和 380 毫米,而轮胎的直径则不得超过 660 毫米(全雨胎为 670 毫米)。2009 年,光头胎重新被引入 F1。

　　一般轮胎的寿命在 150 千米左右,也就是整个赛程的一半。F1 赛事的轮胎供应商为倍耐力,为所有团队提供相同的橡胶。倍耐力生产 5 种轮胎(见表 4.1),每种轮胎具有不同的侧壁颜色——软胎(红)、中性胎(黄)、硬胎(白)、半雨胎(绿)及全雨胎(蓝)。在每场比赛中,每个车队可以获得这些轮胎的 3 种规格(或组合)。

表 4.1　倍耐力为 2019 赛季每场比赛提供的 5 款轮胎

轮胎类型	颜色	种类	驾驶环境	配方	圈速	耐用性
软胎		光头胎	干	C3/C4/C5	1	3
中性胎		光头胎	干	C2/C3/C4	2	2
硬胎		光头胎	干	C1/C2/C3	3	1
半雨胎		花纹	湿地(无积水)	×	×	×
全雨胎		花纹	湿地(有积水)	×	×	×

5）方向盘

F1赛车的方向盘比一般汽车的方向盘小，整个体积相当于一个 A4 大小的笔记本电脑。虽小巧，但是其所拥有的功能非常完备。除了可以方便地转向、不离方向盘来换挡等基本功能外，它更提供了对汽车内各部分的控制按钮。在这个方向盘上，你可以随时调节汽车空气燃烧比、牵引力控制，与车队的工作人员进行沟通，甚至还可以控制自己身上的饮料。

6）刹车系统

F1赛车的刹车系统与一般房车并无多太大差异，也是由刹车碟和刹车缓冲器 2 个部分组成的。不过由于比赛的激烈程度需要经常从 300 千米/小时的极限速度降低到 80 千米/小时的低谷，使得整个刹车系统的工作温度高达 600 摄氏度，所以整个系统的损耗率也相当之高。刹车碟和刹车缓冲器都由碳纤维材料制造而成，与以前使用的铁和石棉比较，显然碳纤维拥有更优秀的稳定性以及相对更轻巧的重量，比起过去的材质，现在整个刹车系统轻了 6~8 千克。一个刹车系统的制造周期在 3~5 个月左右。车手在比赛中可以通过方向盘调节刹车的前后比例，一般是 60% 在前，40% 在后，否则会造成后轮胎锁死。

7）车翼

F1对空气动力学有着相当严格的要求，所以车翼部分至关重要。车翼分前翼和后翼，在 F1 比赛中，显然前翼更为重要。因为它的位置，它控制着空气在赛车其余部位的流动。对于车翼的使用，国际汽联也有着严格的尺寸规定，前翼的直径不能超过 1 400 毫米，深度不超过 550 毫米，高度不超过 200 毫米。但是前翼的翼面数量却不像后翼要被限制为 2 片。前翼的材料是碳纤维，虽然坚硬到不会由于空气动力受损，却十分容易碰撞破裂。特别是由于其位于前轮的前面，在起步与超车的时候特别容易因为互相碰撞而造成前翼损坏而不得不去维修站更换。后翼的作用十分简单，只是牢牢地将车身抓在地面上。国际汽联规定后翼的制作必须遵守 1 000 毫米宽、350 毫米长、200 毫米深的范围。它也必须拥有足够的强度，必须能够承受 1 000 牛顿的重力测试。针对不同的场地，车队一般具备高、中、低这 3 种不同下压力的后翼。

总体来说，F1赛车与普通汽车在车身结构、方向盘、空气动力学元件及制动器件上都有显著不同。

2. 积分规则

F1积分规则共出现过 3 次重大变化，如表 4.2 所示。

表 4.2　F1 积分历代规则

名次	收官战	2010 年至今	2003—2009 年	2003 年以前
1	50 分	25 分	10 分	10 分
2	36 分	18 分	8 分	6 分
3	30 分	15 分	6 分	4 分
4	24 分	12 分	5 分	3 分
5	20 分	10 分	4 分	2 分
6	16 分	8 分	3 分	1 分
7	12 分	6 分	2 分	
8	8 分	4 分	1 分	
9	4 分	2 分		
10	2 分	1 分		

驾驶赛车的赛车手为 1 个人。比赛时 20 辆赛车(10 支车队,每支车队 2 辆赛车)根据排位比赛的成绩排列出发顺序。当 5 盏红灯熄灭时,20 辆赛车同时出发,跑完规定圈数(每场为超过 305 千米的最小圈数),时间最短者获胜。

F1 的年度总冠军分为 2 种:车手总冠军及车队总冠军。计分方式采用积分制,车手与车队的积分都是累积的。车队积分以 2 位车手的积分累加。假如出现事故时比赛尚未完成 2 圈,车手不会获得积分,并且赛事干事有权要求修复赛车或者使用备用车(如果该年规则允许使用)重新发车。假如比赛在达到全部赛程的 75% 被迫中止而无法完赛时,则积分必须乘上 1/2,通过各站赛积累计分,方可决出本年度车手及车队的世界冠军。若最终积分相同,则比较分站冠军数、亚军数、季军数……直到一方比另一方多为止。如果依旧相同,还要比较正赛最快圈速的多少、杆位的多少,终级的方式将通过抽签决定。

3. F1 旗语

F1 旗帜共有 10 种,包括黄旗、红黄竖条纹旗、白旗、红旗、蓝旗、绿旗、黑旗、黑底红圈旗、黑白方格旗、黑白对角旗(见图 4.4)。

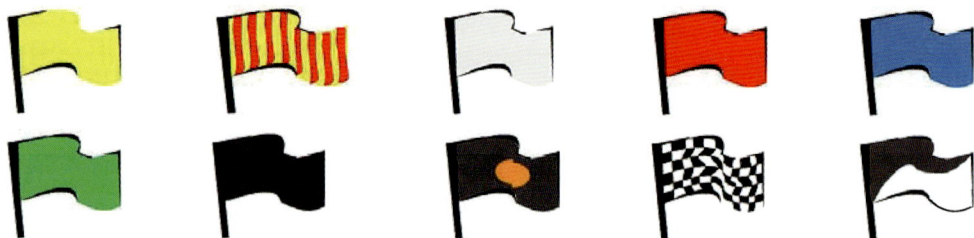

图 4.4 F1 旗语

1）黄旗

黄旗代表前方车道上有障碍物，比如一辆撞坏的或者出现故障的赛车，提醒车手要小心驾驶。如果障碍赛车停在赛道一侧，或者障碍物不在赛道上，那么黄旗会静止不动。如果障碍物在赛道上，那么黄旗就会来回摇动，以提醒车手做好准备改变方向。如果赛道被彻底堵塞，那么会摇动 2 面黄旗。出现黄旗的时候不允许超车。如果一名车手没有认真读取黄旗的信息，而仍旧以比赛速度开车来到赛道的事故发生地段，那么这名车手将会受到严厉的处罚，甚至会被取消比赛资格。

2）红黄竖条纹旗

红黄竖条纹旗代表赛道前方路面有油，或者路面较滑，车手应该小心驾驶，直到信号旗收回为止。如果赛事工作人员挥动该旗帜，则表示前方不远处有所谓的湿滑地带。

3）白旗

当出现白旗的时候，表示前方有慢速行驶的车辆。这可能是一辆救护车、一辆拖车，或者是赛会安全车辆。当看到白旗的时候，车手应该小心驾驶，甚至应该适当减速。

4）红旗

红旗表示比赛因某种原因提前结束或暂停。红旗会在整个赛道各个位置同时出示，这个时候车手应该回到维修站，并在那里原地待命，以得知是否恢复比赛，何时恢复比赛。正式比赛中，赛程超过 75% 后出示红旗，则比赛结束，比赛最终成绩以挥动红旗前 2 圈的成绩为准。

5）蓝旗

蓝旗表示后方有准备套圈的车辆正在接近，并且准备超车。被出示蓝旗的车手应该减速让行，必要时要让出赛车线。如果一名车手被连续出示挥动蓝旗达到 3 次，这名车手将会受到处罚。

6）绿旗

绿旗表示比赛、排位赛开始前的信号或赛道存在的障碍已经得到清除，比赛恢复正常。

7）黑旗

如果车手的号码显示在出发线,同时旁边有黑旗出现,这表示车手在跑完这一圈之后需要向维修站汇报。当一名车手因为比赛行为不当而需要对其进行调查,或者当车手在比赛中犯规的时候,需要向车手出示黑旗。出现该旗帜时,车手被取消比赛资格。

8) 黑底红圈旗

如果车手的号码显示在出发线,同时旁边有黑底红圈旗出现,这表示车手需要立即与检修站取得联系。当赛事工作人员怀疑车手的赛车存在机械问题而需要检修的时候,会出示黑底红圈旗帜。

9) 黑白方格旗

当出现黑白方格旗时,表示比赛或者练习赛结束了。这个时候所有车手都要返回检修车道或者集中到出发区。这时,车手们需要从这里将他们的赛车开到赛前检录处,赛车在这里进行检测以确保符合比赛的各项规章制度。对于每次比赛的冠军,将会为他挥舞黑白方格旗;对于冠军之后的车手,黑白方格旗将会静止出示。

10) 黑白对角旗

与车手号码一同出现,警告该车手的驾驶行为有碍体育竞技道德。

4.1.2　F1 赛道

自 F1 比赛创办以来,遍布世界各地的 F1 赛道如同明星一般闪耀着夺目而彼此各异的光芒。在 F1 现有的 21 条赛道中,有从 1950 年首届大奖赛沿用至今的经典赛道(英国银石赛道),也有像 20 世纪 70 年代使用后退出又在 90 年代翻修后重新使用的赛道(红牛 A1 赛道),还有 21 世纪开始建造的、现代化的、独具特色的赛道(中国上海"上"字形赛道、新加坡的夜间赛道和俄罗斯的冬奥会场馆赛道等)。赛道的竞赛性和安全性都越来越高,并且独具地方特色,有利于品牌传播。

1. 赛道历史

最初大奖赛可在任何地方举行,但随着汽车性能的提高,FIA 对赛道的设计、宽度、长度、路面、安全防护及设施都有严格的要求,从设计施工到最后完全,FIA 都要进行一系列的视察和检验。

F1 现存赛道中有不少拥有着悠久的赛车传统和与之对应的浓厚的当地赛车文化,其中更是不乏早在 F1 正式创立之前就独自举办过今天所承认的、当地独立的 F1 锦标赛的赛道。以摩纳哥的蒙特卡洛赛道为例。

蒙特卡洛赛道位于欧洲法国南边的城邦国家——摩纳哥公国,因赛道的大部分都在摩纳哥的蒙特卡洛区而得名。当地的赛车历史可以追溯至 1909 年的蒙特卡洛越野大赛和

1911 年的蒙特卡洛拉力锦标赛,并在 1929 年就举办了自己的第一次 F1 大奖赛。至今,蒙特卡洛已举办了 79 次大奖赛,组织创立了大奖赛的摩纳哥汽车俱乐部也延续至今,在欧洲乃至世界赛车界具有强大的影响力。

蒙特卡洛大奖赛被一些人称为"F1 王冠上的明珠",这其中除了赛事的激情和刺激以外,更离不开多年来围绕着赛道,对赛事始终不断地完善与优化。蒙特卡洛赛道历史上经过 6 次较大的修改,修改的内容主要围绕赛道的弯道进行,其中有对于旧弯道的整体重新设计,有对于旧弯道针对性的改进,也有直接增加弯道、双急弯的改进,以增加赛事的激烈和刺激程度。正是这样精益求精的不断改进,使得时至今日,蒙特卡洛大奖赛仍是 F1 全年赛事中最值得被关注的分站赛之一。这些赛道上的技术改进不断推动着 F1 车队和管理者们对于速度和技术的不断追求,对于 F1 赛事的发展不可谓不重要。

除了肉眼可见的技术要素以外,赛车本身之外的因素也不可忽略。一条赛道在当地能否通过比赛形成属于自己的赛车文化,对于赛事本身的发展和延续至关重要。蒙特卡洛大奖赛同样可以作为正面案例。蒙特卡洛大奖赛是非常典型的街道赛道,也就是说这里平时是街道,等到正式比赛才加上防护墙,组成临时赛道。赛道全长 3.337 千米,也是目前 F1 赛道中最短的一条,整个赛道穿城而过,同时也会经过 F1 赛道中唯一的隧道和当地标志性的海湾——海湾里停满了欧洲富豪们度假用的游艇和帆船,而本身整个摩纳哥公国的面积也就只有 1.95 平方千米。

在这样的条件下,当地政府和负责管理赛事的摩纳哥汽车俱乐部利用政策、宣传等手段很好地带动了当地人和欧洲邻近国家的人对于蒙特卡洛大奖赛的热情和激情,并在长期发展中建立了属于当地独特的赛车文化和赛事氛围。当地普通人对于赛事和赛道环境的津津乐道——"在自家阳台上看 F1,为我支持的车队加油";每年比赛日的周末,整个摩纳哥城人声鼎沸,无数欧洲富豪和 F1 退役车手、现役车手在当地居住以参与这项盛事。

像蒙特卡洛大奖赛、英国银石大奖赛这样历史悠久、延续至今的分站赛无疑算得上 F1 赛事中的中流砥柱,在 F1 赛事起源至今的发展过程中始终贡献着属于自己的力量和精彩。

相较于蒙特卡洛赛道的一脉相承,红牛 A1 赛道作为 F1 赛道的历史就显得曲折而坎坷,但也不难从中窥见人们对于速度和激情的本能向往和对 F1 赛车运动的痴迷狂热。奥地利大奖赛的故事始于 20 世纪 50 年代。当地的赛车爱好者在泽尔特维格镇用圆锥体和干草捆做成了一个简单的 L 形赛道。1958 年在那里举行的第 1 场国际赛事的冠军是由沃夫冈·冯·朱尔斯(Wolfgang von Trips)驾驶一辆保时捷赢得的,尽管赛道的崎岖不平遭到了一些人的批评,但赛道还是在 1959 年和 1960 年连续举办了两轮 F2 锦标赛。然而,主办方却梦想着举办一场 F1 比赛。1961 年和 1963 年,策尔特韦格(Zeltweg)机场举办了一场非锦标赛,分别由英尼斯·爱尔兰(Innes Ireland)和杰克·布拉汉姆(Jack Brabham)赢得冠军。

奥斯特瑞克环位于一个天然盆地，被证明是世界上最快的赛道之一。它令人印象深刻的弯角、奇妙的美感和对车手技术的要求，都成了 F1 的传奇。第一次 F1 比赛于 1970 年在那里举行。

在经历了一系列的起跑线事故后，由于与当地农民在停车场的争论以及对赛道的不安全的普遍感觉，奥地利大奖赛在 1987 年最终从赛程上消失了。这条赛道继续举办其他赛事，但后来逐渐失修，直到奥地利电信公司 A1 提供资金重新开发赛道，将其更名为 A1 赛道，并在 1997 年把 F1 带回奥地利。在接下来的 6 年里，它继续举办大奖赛。之后该赛道又在 2003 年再次退出 F1 赛程。之后，赛道的许多改进计划都被搁置了，直到最终被重新开发并重新命名为红牛圈，并在 2011 年重新开放。

21 世纪之后，越来越多的国家拥有了足够的财力、技术能力和制造能力，纷纷开始追求属于自己的 F1 赛事，这一波新的力量也对 F1 赛事的发展起到了不小的推动作用。新的赛道对于 F1 赛事而言不仅意味着更多的观众、更多的收入和更大的影响力，新赛道在赛事上做出的新探索也为 F1 带来了巨大的财富和魅力。

以 2008 年开办的新加坡大奖赛为例，它不仅首次尝试了夜间 F1 比赛，也是为数不多的逆时针比赛赛道之一。首届新加坡大奖赛在新的街道赛道上上演了一场涡轮增压的感官盛宴，取得了巨大的成功。拥有新加坡标志性天际线的滨海湾也恰如其分地烘托出 F1 赛事的精彩纷呈。

这场比赛是在 2007 年 5 月宣布的。此前，时任 F1 首席执行官的伯尼·埃克莱斯顿（Bernie Ecclestone）、新加坡企业家王本成（Ong Beng Seng）和新加坡旅游局签署了一项为期 5 年的协议。它立刻成为赛程上最具戏剧性和最具气氛的比赛之一。该活动的举办时间也意味着，欧洲电视观众和激动人心的当地观众可以在方便的时候收看。通过在滨海湾地区周围的公共道路，这条赛道利用强大的照明系统来复制日光条件，最严格的安全规程确保了驾驶员和观众的安全。看台和接待区可以容纳 8 万多名观众，而一个永久的维修区拥有豪华的围场设施，位于新加坡的弗莱尔综合中心附近。前新加坡贸易与工业部部长林勋强（Lim Hng Kiang）感叹道："我们的目的就是打造一个全国性的节日，为所有人提供参与 F1 赛事的机会，无论是游客还是新加坡人。"

2. 赛道规格与类型

1）赛道规格

一般来说，公用赛场为环形，每圈长 3～7 千米，赛道总长度不能太长，一般为 305～320 千米。为安全起见，赛道两旁铺设开阔的草地或沙地，以便将观众与赛道隔离。现在，在正式比赛的诸多赛场中,摩纳哥赛场的蒙特卡洛赛道最短(3.337 千米),比利时的斯帕赛场的赛道最长(6.94 千米)(见图 4.5)。

图 4.5　蒙特卡洛赛道(左)和斯帕赛道(右)

国际汽联规定赛场不应有过多过长的直道,目的在于限制高速,以免发生危险。一般来说,对于一个标准的 F1 赛场来说,以下设施是必不可少的,如:

- 赛道宽 7～11 米,长 3.0～7.0 千米。为防止车速过高,必需设置较多弯道。
- 起步与起点,直道宽 12 米,长 250 米,能够并排安设 2 辆赛车。
- 看台需用 1.2 米高的护栏与赛道隔离。
- 安置摄像机与电视塔,用于电视转播。
- 大屏幕电视置于看台对面,便于看台上的观众观看实况比赛。
- 安全人员在隔离地段处置各类意外状况,向车手出示旗语等信息。
- 配备直升机,以便对受伤车手进行紧急救护。
- 每队装备一个补给站。
- 资助商欢迎看台位于补给站前方的高台上,可俯瞰补给站。
- 围场为运输车及宿营车泊车处。
- 管制塔位于整个管制塔的第二层,能够俯瞰补给站进口,赛会人员在此经过无线电装置与安全人员获得联络。

以前的车赛常借用城市的街道和公路作为赛道,而且比赛规则也不完善,选手也由此受到了很大的局限性。随着专业赛道的出现,比赛规则的不断完善,使车手有了更好的发挥。

2) 赛道类型

赛道主要分为以下 4 种:

　　（1）专用赛道。这类跑道占 F1 举办场地的大多数，除了 F1 之外，往往也是其他种类车辆竞赛的使用场地。代表赛道：上海国际赛车场、英国银石赛道等（见图 4.6）。

图 4.6　上海国际赛车场（左）和英国银石赛道（右）

　　（2）街道赛道。以一般的市街道路、高速公路或公园内的环园道路为基础所围绕而成，加装一些缓冲或安全防护设施后用以进行比赛的场地。代表赛道：阿尔伯特赛道、蒙特卡洛赛道（见图 4.7）。

图 4.7　阿尔伯特赛道（左）和蒙特卡洛赛道（右）

　　（3）公路赛道。赛道所使用的场地平日只是一般的道路，在要进行比赛时才封锁围成比赛用场地，赛后恢复原状。代表赛道：索契赛道（见图 4.8）。

图 4.8　索契赛道

（4）混合赛道。这类场地在平日可能有一个规模比较小、距离比较短的专用赛道存在，在正式比赛时再扩展联结周围的普通道路变成一个完整的跑道；或赛道平日作交通路线使用，比赛时再围起来变成赛道。代表赛道：蒙特利尔赛道（见图 4.9）。

图 4.9　蒙特利尔赛道

3. 全球 21 条知名 F1 赛道

21 条 F1 赛道包括澳大利亚阿尔伯特公园赛道、巴林萨基尔赛道、中国上海国际赛车场、摩纳哥蒙特卡洛赛道、意大利蒙扎赛道、英国银石赛道等，表 4.3 列出了 21 条赛道的基本信息。

表 4.3　全球 21 条 F1 赛道

赛道	国家	启用年份	总长度/千米	圈数	单圈长度/千米
阿尔伯特公园赛道	澳大利亚	1996	307.574	58	5.303

（续表）

赛道	国家	启用年份	总长度/千米	圈数	单圈长度/千米
萨基尔赛道	巴林	2004	308.238	57	5.412
上海国际赛车场	中国	2004	305.066	56	5.451
巴库赛道	阿塞拜疆	2016	306.049	51	6.003
加泰罗尼亚赛道	西班牙	1991	307.104	66	4.655
蒙特卡洛赛道	摩纳哥	1950	260.286	78	3.337
亚斯码头	阿联酋	2009	305.355	55	5.554
蒙扎赛道	意大利	1950	306.72	53	5.793
马里纳贝赛道	新加坡	2008	308.828	61	5.065
索契赛道	俄罗斯	2014	309.745	53	5.848
铃鹿赛道	日本	1987	307.471	53	5.807
罗德里格斯赛道	墨西哥	1963	305.354	71	4.304
英特拉格斯赛道	巴西	1973	305.909	71	4.309
斯帕-法荣科尚赛道	比利时	1950	308.052	44	7.004
奥斯汀赛道	美国	2012	308.405	56	5.513
蒙特利尔赛道	加拿大	1978	305.27	70	4.361
保罗里卡德赛道	法国	1971	309.69	53	5.842
红牛赛道	奥地利	1970	306.452	71	4.318
银石赛道	英国	1950	306.198	52	5.891
霍根海姆赛道	德国	1970	306.458	67	4.574
亨格罗林赛道	匈牙利	1986	306.63	70	4.381

4.2　赛车技术发展的四大突破

F1 赛车本身是在一定规则下竞争的比赛。规则的严格限制，导致厂商想要获得技术优势，必然要在规则的狭小空间内做出创新，由此也会带来很多的技术进步。

4.2.1　引擎

1947 年至今引擎技术的发展如表 4.4 所示。

表 4.4　1947 年至今引擎技术发展历程

年份	四冲程活塞发动机	排量		转速极限	气缸	燃料	
		自然吸气	机械/涡轮增压			乙醇	汽油
2014 年—今	禁用	禁用	1.6 升	15 000 转/分	直列 V6	5.75%	无铅
2009—2013				18 000 转/分	直列 V8		
2008		2.4 升		19 000 转/分			
2007				无限制			
2006			禁用				
2000—2005					V10		
1999		3.0 升			最高 V12		
1995—1998							
1992—1994						禁用	
1989—1991		3.5 升					
1988			1.5 升，2.5 巴①				无限制
1987			1.5 升，4 巴				
1986		禁用					
1981—1985	未指定	3.0 升	1.5 升		无限制		
1966—1980							
1963—1965		1.5 升（最小 1.3 升）	禁用				Pump
1961—1962							
1958—1960		2.5 升	0.75 升				无限制
1954—1957						无限制	
1947—1953		4.5 升	1.5 升				

2017 年,国际汽联开始与现有的制造商和潜在的新制造商就下一代发动机进行谈判,预计将于 2021 年引入。最初的提案旨在简化发动机设计,削减成本,推广新条目并解决针对 2014 年发动机规则的争议。提案决定保留 1.6 升 V6 的引擎配置,但放弃了复杂的电机组和 MGU-H 系统。该提案还要求引入标准化组件和设计参数,以使所有制造商生产的组件在称为"即插即用"的系统中相互兼容。此外,提案还提出了允许四轮驱动的倡导,其中前桥由 MGU-K 单元驱动,前桥与后桥的动力相互独立。

---

　　① 巴是压强单位。1 巴（bar）＝100 000 帕（Pa）＝10 牛顿/平方厘米。

4.2.2　车体结构与材料

从 F1 的车体结构变化上来看,赛车车体一直在往更安全的方向发展。最初的车体安全性较为一般,伤亡率很高,经过工程师的不断改良,有了现在的单壳体座舱(见图 4.10)。当前的 F1 赛车能够对车手提供非常全面的保护措施。

除了在安全上的追求,当前的主流 F1 车体还在追求非常优秀的空气动力学表现,直道减小空气阻力,过弯时增加下压力,确保轮胎具有足够的抓地力。

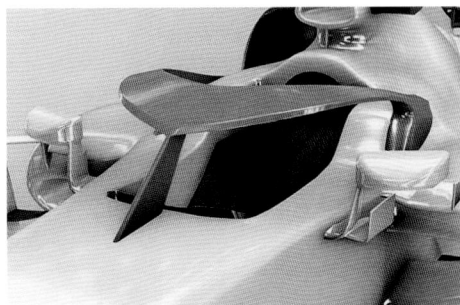

图 4.10　单壳体座舱

车体材料的发展较为稳定,在 1981 年迈凯伦的碳纤维底盘问世之前,各个车队都在用铝合金、镁铝合金等轻量化金属材料。但是合金材料在追求极致轻量化的同时难免会牺牲材料的强度,碳纤维的出现很好地解决了这个问题。

碳纤维复合材料不仅能大幅降低赛车的重量,还能提高车体的强度。对于 F1 赛车而言,既提高了比赛成绩,也提高了赛车本身的安全性。在更适合 F1 的材料出现之前,碳纤维材料将持续成为各车队在车体材料上的首选。

4.2.3　方向盘

F1 方向盘使用了许多材料,主要材料是碳纤维、玻璃纤维、硅、钛和铜,这些材料构成了 F1 方向盘内的数百个零件。车手们也积极参与了方向盘的设计过程,因为方向盘是根据车手的个人需求来定制的,其物理布局也充分考虑了人体工学设计。在赛季期间,车队会根据车手的要求和赛道特性来改变方向盘上的一些设计(见图 4.11)。

一个 F1 方向盘大概需要 80 个小时才能制作完成,除了中央显示器和底层电路板这些所有车队公用的部件,大部分零件,如电路、电路板、碳纤维外壳、快速释放装置、电气连接器和转向装置都是车队内部制造的。

一个赛季每位车手可拥有 3～4 个方向盘,而且方向盘需要定期保养和检查,因为方向盘上的零部件也是有使用寿命的。

下面以汉密尔顿的方向盘为例,介绍一个 F1 方向盘的组成零件与功能。

1. 换挡指示灯

换挡指示灯即引擎转速提示,位于方向盘顶部,一共有 15 个 LED 指示灯,分别为 5 个

图 4.11　2019 年梅赛德斯 W10 赛车汉密尔顿的方向盘

绿色,5 个红色,5 个蓝色,用来提示车手选择合适的换挡时机。一般情况下,在比赛中,这些灯从左至右依次亮起后,车手就可以进行升档操作。

2. 中央显示屏

这属于通用电子部件,每支车队都采用相同模块。中央显示屏上会显示一些基本参数,包括速度、挡位、圈速和引擎转速等。另外,车队会根据比赛周末的实际情况来显示一些关键信息给车手,比如与其他赛车的时间差距,还有一些传感器信息,像轮胎温度等。

3. 策略旋钮

策略旋钮控制着动力单元模式的主要设定,并且控制着内燃机、MGU-K 与 MGU-H 的工作状态,管理着整个能量回收系统的运转,对赛车的性能有很大的影响。由于每种策略模式都有不同的性能,需要在合适的时间段使用相应的"策略模式",因此,车手一般不会自己随意操作,而是要听从比赛工程师的指令。

4. 多功能旋钮

多功能旋钮主要用于赛车本身一些参数的调节,比如调节无线电通话的音量,首先先将多功能旋钮转到 8,然后"＋10"是减一挡,"＋1"是加一挡。此外,还可调节中央显示屏的亮度等。

5. 高性能动力单元控制旋钮

高性能动力单元控制旋钮(high performance powertrains,HPP)类似于多功能旋钮,控制动力单元参数的设置,主要用于调节引擎模式。这里面的每个数字均代表特定的参数设置,也就是不同的引擎模式,然后可用方向盘上方的"＋10"和"＋1"按钮来进行精细调整。梅赛德斯的 HPP 转到 1,是最大功率的引擎模式,多用于排位赛 Q3 阶段。

6. DRS

DRS 系统启动按钮。不同的是,汉密尔顿的按钮在方向盘正面,而博塔斯的则在背面。

7. "＋10"和"＋1"按钮

这对按钮主要有两方面的功能:一方面,可伴随多功能旋钮以及 HPP 旋钮使用;另一方面,可用于"车手默认项"。在比赛中如果赛车出现故障,如传感器失灵等,需要重启或者让备用部件工作,这种情况下,让车手记住解决方案是不现实的,所以只能通过车队告知车手如何解决,比如该故障可用"默认 15"来解决,车手只需要按 1 次"＋10",再按 5 次"＋1",然后按下确认键"X"按钮即可。

8. 空挡

使变速箱进入空挡,通常在进站中使用。另外,空挡按钮也可以在赛车失控时迅速按下,用来保护变速箱。

9. 赛道旗语指示灯

中央显示屏的左右两侧各有 3 盏竖直排列的 LED 灯,会有红、黄、蓝 3 种颜色显示,以构成赛道上常用的旗语,分别代表红旗、黄旗和蓝旗。

10. 维修区限速

维修区(pit lane,PL),按下该按钮后,由电子系统控制赛车的车速,可确保赛车在维修区限制的最高速度之下。

11. 进站确认

当车手按下"进站确认(pit confirm,PC)"按钮时,即向车队确认即将进站。通常情况下,车手会在车队发出进站指令后按下,即表示收到(copy)的意思。另外,当赛车遭遇突发状况,需要进行非计划性进站时,车手可按下该按钮示意车队自己正在返回维修区的途中。

12. 差速器调整

方向盘上有 3 个旋转轮可对差速器进行调整,分别控制进弯(entry)、弯中(mid)、出弯(hi-speed)这 3 个阶段。使用频率根据赛道特性而定,一般会针对差别较大的弯角进行单独调整,通常情况下,比赛工程师会在无线电里告知车手。

13. 动态刹车平衡调整

如今,搭载混合动力单元的 F1 赛车使用线控刹车,这使得刹车压力的动态变化会比传统刹车更加敏感,这个调整有助于车手更好地控制刹车。

14. 粗略刹车平衡调整

功能类似方向盘底部刹车平衡的"BB+"和"BB−"按钮。不过,这是改变刹车平衡的脉谱。

15. 标记

该按钮用来标记某些数据或某个瞬间,便于车队分析数据。在比赛中,如果车手感觉赛车有些问题,但是又无法判断究竟是什么问题,就会按下该按钮标记数据供车队进行分析。

16. 发车模式

按下"发车模式(race start,RS)"按钮,表示赛车进入发车模式。

17. 引擎制动控制

当车手松掉油门同时又没有踩刹车时,即进行引擎制动(engine brake,EB)。该旋转轮可控制引擎制动效率,选择不同程度的引擎制动效率,也会影响赛车的引擎脉谱。

18. X 按钮

这是确认按钮,赛车手根据自己的喜好会有不同的选择,例如博塔斯的方向盘上是一个OK 按钮,而汉密尔顿的方向盘则对"X"这个字母情有独钟。

19. 车队无线电通话

车队无线电通话即车队无线电的启动按钮。车手按一次该按钮,则可与车队通话,再按一次就会关闭。通话期间,车手不用始终按着按钮。

20. 精细刹车平衡调整

刹车平衡(break balance,BB)的调整即赛车前后轮刹车比的调整,"BB—"使刹车平衡倾向前轮,"BB+"使刹车平衡倾向后轮。通常情况下,车手需要多次触碰该按钮完成整个调整过程。

21. 普通 LED 灯

有很多基础作用,比如告知车手 DRS 处于开启状态。

22. 换挡拨片

左侧降挡,右侧升挡,是整个方向盘中使用频率最高的部件。以英国银石赛道为例,每一圈车手需要使用换挡拨片约 40 次。

23. 离合器

F1 的离合器只有在起步的时候才需要使用。

4.2.4 空气动力学套件

空气动力学套件,主要是为了把赛车紧紧压在赛道上,让轮胎有更强的抓地力,来提升弯道和刹车性能。其结构如图 4.12 所示,从左至右依次为伯努利套件、牛顿套件以及现代套件。

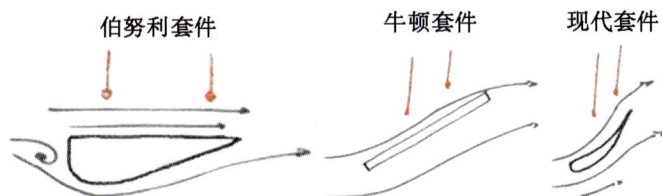

图 4.12 空气动力学套件结构

其中,伯努利套件类似倒着的机翼,利用上下气流流过的距离不同产生速度差,流速快,气压低,制造下压力。缺点是低速下下压力很小。牛顿套件为方形偏置,下压力很足,但是高速时阻力会特别大。现代套件是伯努利与牛顿套件两者的结合。

F1 的空气动力学新规则主要体现在 3 个方面:

（1）简化前翼，增大前翼跨度，减少外扩气流。前翼的一个很重要的作用是产生强大的涡流来束缚和控制前轮产生的乱流。因此，前翼的作用不仅仅是产生下压力，还包括通过涡流来引导气流沿着车身流动。

（2）简化制动通风道，取消小翼片。近几年的F1赛车的刹车通风管道都布置了很多小翼片。这种布置主要是由于复杂的前翼导致的，作用和车身侧边的破风板和导流板相似，也是用来引导来自前翼的涡流。

（3）增加尾翼的宽度和高度尺寸。这一改变是为了增强DRS（drag reduction system）的作用。尾翼是下压力产生的主要装置之一，但是会伴随产生很大的阻力，这会降低车的尾速。DRS通过主动调节尾翼，来使阻力大大降低。

F1赛车需要的是尽可能短的单圈时间，这意味着尽可能快的平均速度。在一些高速弯道，F1赛车能够以超过250千米/小时的速度通过，这就需要空气动力学帮助产生极大的下压力，让赛车牢牢抓住地面。这些下压力中大约有20%～30%由前翼产生，30%～40%由尾翼产生，其余由车尾扩散器（底板）生成，车身的其他部分也可能提供一些下压力。简单来讲，前后翼的下压力来自翼片翼型产生的气压差（就是飞机机翼倒置）；车尾扩散器则形似一个喇叭，车底气流到达车尾时通道迅速扩大，使得气流加速抽离车底形成负压，从而对赛车产生向下的压力（见图4.13）。

图4.13 空气动力学模拟

参照F1的规则，不同车队的研发都具有各自不同的特点（见表4.5）。下面以F1各车队赛车为例，列举并分析各车型空气动力学套件的特征。

表4.5 不同车队的研发重心

车队	研发重心
梅赛德斯	引擎、空气动力学、悬架
法拉利	散热、引擎、空气动力学

（续表）

车队	研发重心
迈凯伦	空气动力学、车体
红牛	散热、悬架
雷诺	引擎、空气动力学
红牛二队	空气动力学、悬架
威廉姆斯	空气动力学
索伯	车体、空气动力学
哈斯	空气动力学
赛点	空气动力学

1. 红牛 RB15

红牛赛车（见图 4.14）的设计别出心裁，前翼的最深处出现在了外侧，而不是其他车队所采用的内侧。轮胎前部区域通过襟翼调节器与内侧区域隔开，但内侧襟翼区域的变化明显较小。这与迈凯伦翼板的变化正好相反。除此之外，底部翼板的向上扫动也相当温和。

图 4.14 红牛 RB15

2. 梅赛德斯 W10

梅赛德斯（见图 4.15）的车辆设计从外观上看，翼板由内向外较为均衡地上升，且整体较高。这种设计有可能会带来外刷（outwash）的负面效应，但是可以看到其利用底部翼板的大角度上扫所制造的"喉咙"效应对此进行了补偿。

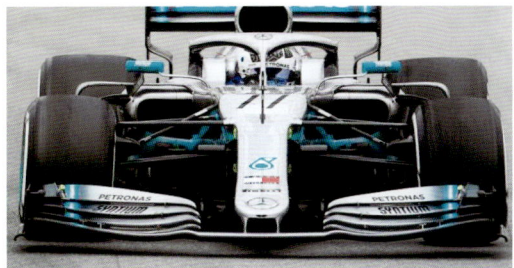

图 4.15 梅赛德斯 W10

3. 阿尔法·罗密欧 C38

阿尔法·罗密欧(见图 4.16)的设计很极端,轮胎前侧撞风件的面积非常小。襟翼调节器的外侧急剧下降,在轮胎前方形成了一片真空区域,这使得气流绕过轮胎变得容易,但同时却牺牲了一部分襟翼产生下压力的能力。

图 4.16　阿尔法·罗密欧 C38

4. 法拉利 SF90

相较于激进的阿尔法·罗密欧,法拉利(见图 4.17)的设计显得平衡许多。可以看到 5 片翼板在中央部分向上蜷曲,然后在外侧几乎堆叠在一起。此外,底部翼板在外侧向上弯曲,从而在其下方形成了一个巨大的"喉咙",加速了轮胎周围的气体流动。

图 4.17　法拉利 SF90

5. 红牛二队 STR14

红牛车队(见图 4.18)的青年队选择了与主队相反的路线,采用了与阿尔法和法拉利相似的几何结构,襟翼的布置在内侧充分利用了规则限定的最大深度,然后外侧选择在轮胎前方下降堆叠。整体而言,不像结构复杂的法拉利那样华丽。

图 4.18　红牛二队 STR14

6. 赛点车队 RP19

赛点车队(见图 4.19)上部的翼板向内侧收敛时较为温和,并且只利用了大约一半的规则深度。但是这种收敛趋向于中央区域的头部,因为襟翼在中间位置会与端板耦合,从而可以在此下方形成一个较强的"咽喉"效应。

图 4.19　赛点车队 RP19

7. 迈凯伦 MCL34

迈凯伦车队的翼板从内侧中央区域以较为侵略性的姿态向前方弯曲,而翼板的底侧则略微向上翘起。从襟翼调节器的角度来看,呈现出内高外低的造型,并伴有阶梯状的特点(见图 4.20)。

图 4.20　迈凯伦 MCL34

8. 雷诺 RS19

初看雷诺车队的赛车,前翼外侧的约束相当温和,而外侧下方的喉部区域,从外形轮廓上看也较为平常。在中央区域,翼板整体所占的深度约为规则限定的一半,大于法拉利而略低于梅赛德斯(见图 4.21)。

图 4.21　雷诺 RS19

9. 哈斯 VF-19

虽然哈斯的空气动力学是在法拉利的风洞中由法拉利的空气动力学家构想出来的,但是这辆车的主翼采用了与法拉利相反的原理。这倒是和奔驰相近,充分利用了中央区域的规则允许深度。另外,底部翼板的上翘较为温和,使得下方的"喉咙"效应较为平缓(见图 4.22)。

图 4.22　哈斯 VF-19

10. 威廉姆斯 FW42

威廉姆斯车队的赛车前翼非常高,几乎达到了规则允许的上限。上部的 2 片翼板较大,且成一定的比例;而下方的 3 片则相对较纤薄(见图 4.23)。底部翼板的上扫较为平缓,但与另一侧端板的交汇点却极高,设计者的意图是为了产生更大的涡流。

图 4.23　威廉姆斯 FW42

F1 赛车的空气动力学研究成本高昂,但各车队依然投入巨额资金,不断改善赛车的空气动力学性能。虽然普通乘用车与 F1 赛车相去甚远,但针对乘用车的空气动力学研发和造型设计可以参考 F1 空气动力学的研究方法和研究成果。目前越来越多的超级跑车在车身的某些部位借鉴了 F1 赛车的空气动力学设计理念,包括:前保险杠、尾翼、制动器和发动机散热、车底板结构、尾部扩散器等。在进行 F1 空气动力学研究的过程中,一些研究方法如风洞测试、流动可视化试验、CFD 等得到了充分发展。而这些研究方法对于普通乘用车的空气动力学研究也是必不可少的。因此,作为最顶尖的汽车制造技术,针对 F1 赛车的空气动力学研发势必会影响整个汽车工业的发展。

4.3　F1 四大车队技术的最新发展

F1 的历史长河中既有后起之秀,又有老牌劲旅。分别来自奥地利、英国、意大利、德国的红牛、迈凯伦、法拉利、梅赛德斯-奔驰车队成为其中长盛不衰的佼佼者。

就现代来说,除了迈克尔·舒马赫带领的"法拉利王朝"时期,迈凯伦在 1988—1991 年成为第一支成就连续 4 年"双冠王"的车队,其中,塞纳和普罗斯特在 1988 年的 16 场比赛里,联手拿到了 15 场胜利。就在梅赛德斯崛起之前,红牛和维特尔的组合在 2010—2013 年拿到了 8 个世界冠军。自 2010 年回归 F1 以来,梅赛德斯一直展现出强大的实力,2014 年起连续 6 年包揽车手、车队总冠军。

最近 10 年来,国际汽联对 F1 的技术发展增加了更多限制,如缩缸、限制排量、引擎改动限制、空气动力学限制。四大车队也在技术规则的"镣铐"下想方设法提升自己赛车的性能。动力强劲且表现稳定的发动机一直是梅赛德斯 AMG 车队的核心优势所在。法拉利则在底盘、发动机、制动以及悬架等方面有大幅度的提升,希望能够平衡赛车在直道和弯道中的综合表现。迈凯伦受制于动力系统的技术难点,空气动力学的表现虽十分优异,但是赛车性能仍旧有所欠缺。红牛车队同样也致力于改进动力单元,并将动力方面的进步与空气动力学进行完美匹配,创造出更强的战斗力。

这四大车队的辉煌成就得益于其强大的技术和研发实力。本部分将以法拉利、梅赛德斯、迈凯伦和红牛这 4 支比较典型的车队为核心对 F1 赛车的技术革新进行探索。

4.3.1　法拉利车队

法拉利车队(Scuderia Ferrari)是法拉利汽车公司的赛事部门。其标志如图 4.24 所示。自 1929 年建队以来,这支车队在参加 F1 赛事的同时,也参加一些其他赛车比赛,包括运动车比赛。

图 4.24　法拉利车队标志

从 1950 年 F1 大奖赛建立以来,这是赛事历史上现存最古老也是最成功的车队。作为制造商车队,法拉利总共赢得 16 次车队冠军、15 次车手冠军。

1. 引擎

法拉利自 2006 年至今已使用过 5 代型号的引擎,分别为 Tipo 056、Tipo 059/3、Tipo 059/4、Tipo 061 和 Tipo 062,如表 4.6 所示。

表 4.6   2006—2018 年法拉利赛车 5 代引擎

型号	图示	使用年份	汽缸数量	排量	每分钟回转速	马力
Tipo 056		2006—2013	8	2.3 升 (自然吸气)	19 000 (2006—2008) 18 000 (2009—2013)	600
Tipo 059/3		2014	6	1.6 升 (涡轮增压)	15 000	600
Tipo 059/4		2015	6	1.6 升 (涡轮增压)	15 000	600
Tipo 061		2016	6	1.6 升 (涡轮增压)	15 000	900
Tipo 062		2017—2018	6	1.6 升 (涡轮增压)	15 000	1 000

2. 车体结构

自 2008 年的 F2008 车型起,法拉利 F1 赛车每一年都进行了车体结构的改进。

(1)F2008(2008 年)。F2008 车型如图 4.25 所示。动力系统不变,总重量只有 605 千克。轮圈还是 13 英寸的 BBS,开始使用轮圈导风系统。

图 4.25　F2008

(2)F60(2009 年)。国际汽联引入新规则使得 F1 赛车的外形产生了巨大变化。前翼比过去宽大了许多,尾翼则更高更窄,扩散器进一步回归,车体没有了出气口,对空气动力学运用减弱。F60 车型如图 4.26 所示。

图 4.26　F60

(3)F10(2010 年)。法拉利在经历 2009 年的失败后,2010 年对空气动力学套件进行了重组。F10 的单体壳明显升高,并采用了 RB5 风格的鼻锥锥体设计:中间凹陷,两侧凸起,断面呈 V 型,整个外形为空气动力学服务。F10 车型如图 4.27 所示。

图 4.27　F10

(4)150°Italia(2010 年)。150°Italia 车型如图 4.28 所示。命名为 150°Italia 是为了纪念意大利统一 150 周年,尾翼也出现了巨大的意大利国旗。

图 4.28　150°Italia

(5)F2012(2012 年)。F2012 车型如图 4.29 所示。鼻锥采用了阶梯状的设计,赛车的尾端和前端采用了拉杆式悬架。

图 4.29　F2012

（6）F138（2013 年）。F138 车型如图 4.30 所示。命名为 F138 是为了纪念 V8 引擎在 F1 的最后一年，"13"代表年份 2013 年，"8"指 V8 引擎。

图 4.30　F138

（7）F14-T（2014 年）。F14-T 车型如图 4.31 所示。吸尘式的鼻锥设计可以获得更多压力，同时使气流在鼻锥下方形成高压区，使赛车底部流入更多空气，帮助扩散器获得更多气流。法拉利保留了其拉杆前悬架设计。

图 4.31　F14-T

（8）SF-15T（2015 年）。SF-15T 车型如图 4.32 所示。前路特斯车队设计师詹姆斯–阿里森带领下设计的第一款战车。从法拉利发布的新车图片来看，这款战车的前鼻锥采取下探式设计，看起来修长优雅。

图 4.32　SF-15T

(9)SF-16H(2016 年)。SF-16H 车型如图 4.33 所示。前翼安装点尽量向后移动,同时也被尽可能地远离对称面,保证进入这一区域的空气流量达到最大。侧箱入口的尺寸有了增大,有利于增加冷却效率。侧箱表面的造型同样做了改变,腰部开始向内收缩,直到可乐瓶区域,线条更加优美。

图 4.33　SF-16H

(10)SF-70H(2017 年)。SF-70H 车型如图 4.34 所示。车队尽量将侧箱进气口的位置提高,从而留出悬架上部-侧箱的气流通道。这种方式同时为在侧箱前部区域设置更为复杂的扰流板和导流翼片提供了可能性,同时在侧箱外形的设计上更为激进,向下趋势非常明显。

图 4.34　SF-70H

(11)SF-71H(2018 年)。SF-71H 车型如图 4.35 所示。其轴距仅比前一款赛车长了 100毫米。从赛车整体设计和重量分配的角度看,增加的轴距给车队带来了更多的选择,车队能够在车身中央进行更多的改进。SF-70H 采用了有别于传统的侧箱设计,这种设计理念允许车队推翻并重新设计冷却通道入口,重新规划内部空间,让侧箱的表面更为连贯。这是一种针对侧箱性能提高的通盘设计,但最重要的目的是让前轮对侧箱产生的影响降至最低。

图 4.35　SF-71H

(12)SF90(2019 年)。SF90 车型如图 4.36 所示。5 片翼板在中央部分向上蜷曲,然后在外侧几乎堆叠在一起。此外,底部翼板在外侧向上弯曲,从而在其下方形成了一个巨大的"喉咙",加速了轮胎周围的气体流动。

图 4.36　SF90

3. 车体材料

1948 年的法拉利 125F1 采用钢,1965 年的法拉利 275GTB 采用铝,1985 年的法拉利 156/85 采用凯夫拉碳纤维,1995 年的法拉利 412 T2 采用蜂巢结构碳纤维。

4.3.2　梅赛德斯 AMG 马石油车队

梅赛德斯 AMG 马石油车队(本节简称"梅赛德斯车队")(见图 4.37)是一个 2009 年成立的一级方程式车队,其前身为车队领队罗斯·布朗(Ross

图 4.37　梅赛德斯 AMG 马石油车队标志

Brawn)创立并参加 2009 年世界一级方程式锦标赛的布朗车队。布朗车队于 2009 年 3 月 6 日成立,前身是本田车队。布朗车队在参赛的第一年便获得车手、车队双料冠军。2014— 2019 年,梅赛德斯 AMG 马石油车队连续 6 年夺得 F1 车队冠军。

1. 引擎

2013 年以前,梅赛德斯车队在 F1 比赛中使用排量为 2.4 升的 V8 引擎。2014 年起,F1 规则又发生了变化,进一步缩小排量到 1.6 升,从此梅赛德斯车队开始使用排量为 1.6 升的 V6 引擎。而 F1 引擎从 2014 年起也不再叫引擎,而称为动力单元(power unit)。这是因为 跟以往不同,新的动力系统不再仅仅依靠内燃机提供动力,而是增加了动能电机(motor generator unit-kinetic,MGU-K)和热能电机(motor generator unit-heat,MGU-H)两大电 机系统。

梅赛德斯 V6 引擎采用了一个全新的装备,称为多火花点火(multi-spark ignition)—— 一个全新的点火火花塞,这个火花塞可以进行更快的充电,使得在 1 毫秒内发出 4 束火花。这 样可以进行更好的掌控,带来更完全的燃烧以获得更低的排放和更低的油耗(见表 4.7)。

表 4.7　V8 与 V6 引擎数据对比

发动机	V8	V6
气阀数量	每缸 4 气阀,32	每缸 4 气阀,24
进气方式	自然吸气	单涡轮增压,无增压限制(据燃油流速限制,最大参考值 3.5 巴)
燃油喷射	缸外喷射	缸内喷射
燃油喷射压力	≤100 巴	≤500 巴
喷油嘴数量	1 个/缸	1 个/缸
火花塞数量	1 个/缸	1 个/缸(禁止使用等离子、激光和其他高频点火)
引擎排量	≤2 400cc	1 600cc(+0/−10cc)
气缸内径	≤98 毫米	80 毫米(+/−0.1 毫米)
气缸间距	106.5 毫米(+/−0.2 毫米)	—
曲轴中性线	≥参考面 58 毫米	≥参考面 90 毫米(+/−0.5 毫米)
引擎夹角	90 度	90 度
转速	18 000 转/分钟	15 000 转/分钟
燃油流速	参考值 170 千克/小时	100 千克/小时(−40%)
每场比赛允许燃油	参考值 160 千克	100 千克(−35%)

（续表）

发动机	V8	V6
排气管	双排气管,每列气缸1根	单排气管,连接位于赛车中心线的涡轮排出
变速箱匹配	7前进挡+1倒挡	8前进挡+1倒挡
动力单元质量	最低95千克	最低145千克(含Turbo和ERS)
动力单元重心	≥参考面165毫米	≥参考面200毫米
动力单元使用	8台/年	5台/年

2. 车体结构

（1）初期：1934—1939年的奔驰W165（见图4.38）为前置引擎，车体为钢制，底盘有5根交叉的加强杆。

图 4.38　奔驰 W165

（2）中期：1954—1955年的奔驰W196R（见图4.39）为前置引擎，车体为加厚铝制板材，呈网格状以提高车体强度。除此之外，车身的设计运用空气动力学，使得风阻力较初期车型大大减小。

图 4.39　奔驰 W196R

（3）近期：2010—2018 年的奔驰 MGP（见图 4.40）系列为后置引擎，车体由蜂窝结构碳纤维复合材料制成。除此之外，车身运用大量空气动力学套件使得赛车在高速过弯时拥有足够的下压力，使得车手能以更高的速度过弯，进一步提高成绩。

图 4.40　奔驰 MGP

3. 车体材料

与法拉利赛车类似，奔驰 1934—1939 年采用了钢，1954—1955 年采用了铝合金材料，2010 年至今使用了蜂窝式碳纤维。

4.3.3　迈凯伦车队

迈凯伦集团总部位于英国沃金。其标志如图 4.41 所示。这里聚集了先进的高科技公司，每个公司都最大化地为迈凯伦在一级方程式运动领域的前沿技术中建立起的全球名

图 4.41　迈凯伦车队标志

声和美誉添砖加瓦。创始人布鲁斯·迈凯伦对 F1 世界的巨大影响，远远超过了他作为车手取得的所有成绩的总和。50 年代中期，迈凯伦在家乡开始了车手生涯。很快，他在 1958 年赢得了去欧洲参加 F2 比赛的奖金，迅速上升为单座车手。次年，他在库伯上演了自己的 F1 处女秀。在该赛季接近尾声之时，他已是得分榜上的常客。他最终在赛柏林夺取了该赛季决赛的冠军，当时只有 22 岁，成为大奖赛有史以来最年轻的冠军。1960 年退役之后，迈凯伦组建了"布鲁斯·迈凯伦赛车有限公司"并装配自己的汽车。他把公司逐步发展成为成功的专业机构，因技术方面出类拔萃赢得了广泛的赞誉。

迈凯伦没有自己的研发引擎，它一直在使用其他厂商的引擎技术，自己在研发上则侧重别的方面（如车身体料选择、车身设计等）。这种"特殊"的运营模式实际上是一种非常典型的 F1 车队运作模式。

1. 引擎

1966 年至今迈凯伦车队使用的车型及引擎如表 4.8 所示。

表 4.8　1966—2018 年迈凯伦车队使用的车型与引擎

年 份	车 型	引　擎
1966	M2B	福特 indianapolis500 和 SerenissimaV8
1968	M7A	Cosworth 的 DFV 引擎
1970	M8D	雪佛兰 V8
1974	M23	福特-考斯沃斯 DFV
1981	MP4/1	福特-考斯沃斯 DFV
1988	MP4/4	新型本田 V6 引擎
1998	MP4-13	梅赛德斯-奔驰 FO 108
2008	MP4-23	梅赛德斯-奔驰 FO 108V
2009	MP4-24	梅赛德斯-奔驰 FO 108W
2010	MP4-25	梅赛德斯-奔驰 FO 108X
2011	MP4-26	梅赛德斯-奔驰 FO 108Y
2012	MP4-27	梅赛德斯-奔驰 FO 108Z
2013	MP4-28	梅赛德斯-奔驰 FO 108F
2014	MP4-29	梅赛德斯-奔驰 pu106a 混合涡轮
2015	MP4-30	本田 RA615H 1.6L
2016	MP4-31	本田 RA616H
2017	MCL32	本田 R.A.6
2018	MCL33	雷诺 R.E.18

2. 车体结构

1966 年，迈凯伦 M2B（见图 4.42）采用后置引擎，车体采用轻量化铝合金，车身呈流线型，风阻力比较小，但转弯时会由于抓地力不足而转向不足。

1968 年，迈凯伦 M7A（见图 4.43）采用后置引擎，镁铝合金车体，车身流线型，在之前的基础上加了尾部扰流板以提高过弯稳定性。

图 4.42　迈凯伦 M2B

图 4.43　迈凯伦 M7A

1970 年,迈凯伦 M8D(见图 4.44)采用后置引擎,铝合金车身,在进一步提高车身流线型的基础上加宽车体,提高行驶稳定性。

2008 年,迈凯伦 MP4-23(见图 4.45)采用后置引擎,车体周围配备大量空气动力学套件,使得过弯时拥有足够的下压力,以获得更高的过弯速度。

图 4.44　迈凯伦 M8D

图 4.45　迈凯伦 MP4-23

3. 车体材料

M2B 采用了轻量化铝合金;M7A 采用了镁铝合金;M8D 采用了铝合金;MP4-1 首次以碳纤材料制造整个赛车底盘,并以之取代传统的铝制底盘;MP4-23 采用了蜂窝结构碳纤维复合材料。

4.3.4　红牛车队

红牛车队是奥地利的红牛公司旗下的 F1 车队之一(另一个车队是红牛二队),其标志如图 4.46 所示,现时由克里斯蒂安·霍纳(Christian Horner)出任主席,同时他也是 F3000 赛车的阿登车队（Arden Motorsport）主席。车队于 2005 年初战 F1 赛场，并在 2010 年、2011 年、2012 年及 2013 年获得年度车队总冠军；旗下车手赛巴斯蒂安·维特尔则于 2010 年、2011 年、2012 年及 2013 年连续 4 年获得年度车手总冠军。

图 4.46　红牛车队标志

1. 引擎

同迈凯伦车队一样，红牛车队也没有在引擎上投入过多研发费用，也是使用别家车队提供的引擎技术。其引擎提供方多为雷诺，2019 年改为本田（见表 4.9）。

表 4.9　红牛车队的车型及引擎

年　份	车　型	引　擎
2009	RB5	雷诺 RS27
2010	RB6	雷诺 RS27-2010
2011	RB7	雷诺 RS27-2011
2012	RB8	雷诺 RS27-2012
2013	RB9	雷诺 v8 engine
2014	RB10	雷诺 v6 engine
2015	RB11	雷诺 v6 engine
2016	RB12	雷诺 R.E.16
2017	RB13	雷诺 R.E.17
2018	RB14	雷诺 R.E.18
2019	RB15	本田 RA619H

得益于燃油经济性极佳并且非常稳定的雷诺 RS27 发动机（见图 4.47），红牛车队的赛车动力一直领先于其他车队。雷诺引擎与红牛赛车的完美融合也帮助红牛车队在 2010～2013 年连续 4 年夺得车队总冠军。

图 4.47　雷诺 RS27 发动机和红牛车队赛车

2. 车体结构与材料

红牛车队 RB 全系均采用空气动力学大包围,在保证抓地力的同时也很好地控制了空气阻力,为其取得优异的比赛成绩奠定了基础。红牛车队 RB 全系均采用蜂窝结构碳纤维复合材料。

红牛赛车在结构、材料、空气动力学、悬挂等方面达到了近乎完美的平衡。

红牛的悬挂如图 4.48(a)所示,包括机械式或者是液压式的三元件,横向惯容器和扭杆,悬挂为赛车提供了巨大的稳定性和回馈控制。尾翼如图 4.48(b)所示,主要在端板内,可以增加或者移除额外的垂直翼片。尾翼是低下压力配置,襟翼和主翼的高度都很低。这也证明红牛赛车从车底获得的下压力水平非常高。

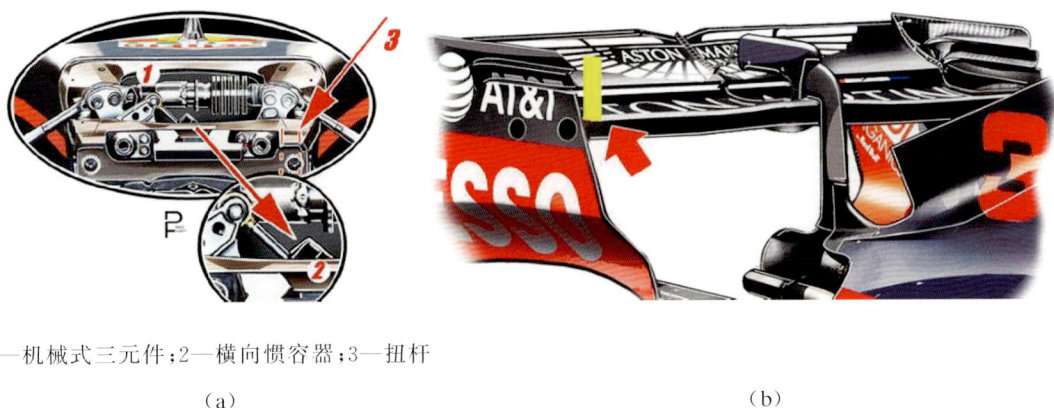

1—机械式三元件;2—横向惯容器;3—扭杆

　　　　　　(a)　　　　　　　　　　　　　　　　　　　(b)

图 4.48　红牛赛车悬挂系统和尾翼

红牛赛车的前翼端板的主翼和襟翼的曲率发生了变化,随后前鼻锥回归到了最初的设计,从封闭到带有开口。同时,赛车前翼的破风板有了重大升级,旨在提高空气动力学效率,尤其是增加赛车从底部获得的下压力。红牛赛车还引入了底盘副耳,将副耳与修改后的后视镜支架小翼相耦合,以产生下冲气流,旨在改善流入侧箱的气流的管理效率,有利于提高冷却系统的效率(见图 4.49)。

图 4.49　(从左向右依次为)红牛赛车鼻锥、前翼和底盘副耳

综上所述,方程式赛车,正因为有极其复杂且严苛的规则,才如此得名。这项比赛最精彩的部分之一,就在于即便规则很严苛,总有人能在规则允许的范围内让赛车跑出极好的成绩。从引擎不限制,到限制至少使用 2 站,到 1 年 8 台,到现在的 1 年 5 台,甚至以后的 4 台,各大车队都能在技术规则下挖掘最大的潜能。这里面虽然有限制转速、减少汽缸数量、减小排量等种种措施,但是车队不但逐步榨取出引擎的性能,也逐步提高了引擎的稳定性和寿命,这些年 F1 赛场上爆缸的次数已经比以往少很多了。可见,虽然引擎的研发在某些方面受到了限制,但是在另一些方面却有了极大的进步。

F1 车队,拼技术也拼车手水平。在规则内,四大车队都用外行看起来一样的东西,但是却能榨取更多的性能,在规则允许范围内跑得最快,车队才能当之无愧地拿到制造商冠军,这就是 F1 的魅力。

|研究案例　哈斯车队——F1 中的另类|

自美国 F1 车队申请参赛 2010 年赛季失败后,哈斯车队是首次提出参赛的美国车队,同时也是自 1985 年赛季和 1986 年赛季出赛的哈斯·罗拉车队(英语:Haas Lola)后首支美国参赛车队。哈斯·罗拉由迈凯伦老板泰迪·梅耶(Teddy Mayer)及与吉尼·哈斯没有血缘关系的卡尔·哈斯(Carl Haas)所持有。

在玛鲁西亚车队于 2014 年赛季期间倒闭并拍卖其资产后,哈斯买下了该队位于英国班伯里的总部,以作为他们的前进基地。哈斯在正式赛季开始前并不受测试规则所限制,2015 年 12 月,他们早在 2016 年初的巴塞罗那季前测试前就推出了新车。哈斯车队与意大利制造商达拉商量设计与制造他们的赛车底盘,动力单元则由法拉利供应。前捷豹车队与红牛车队的技术指导京特·施泰纳(Guenther Steiner)将会担任车队主席。2016 年 1 月 8 日,哈斯证实他们的新车已通过国际汽联的强制碰撞测试。

哈斯车队与普林特系列车队同属于基尼哈斯。哈斯车队目前还是一支年轻的车队。在充满了竞争性的 F1 中,哈斯车队毅然逆流而上。

2015 年 9 月 25 日,车队宣布前路特斯车队车手罗曼·格罗斯让成为他们 2016 年赛季的一位正式车手。法拉利测试车手伊斯班·古铁雷斯在 2016 年加盟(见图 4.50)。

图 4.50　哈斯车队车手及赛车

在车队于 2016 年澳大利亚大奖赛的开幕战中,格罗斯让以第 6 名的成绩完赛,为该队取得积分,成为首支首场出赛便取得积分的美国车队,以及继 2002 年的丰田车队后,首支初登场便取得积分的车队。在这场比赛中,他的队友古铁雷斯与前世界冠军费尔南多·阿隆索相撞,后者的迈凯伦严重损坏,迫使比赛出示红旗,所幸双方皆无大碍。2016年刚刚加入F1赛事的哈斯车队表现不错,经过澳大利亚、巴林、中国3个分站比赛,哈斯车队拿到18个积分,在车队排行榜上位列第5。在巴林站上,车手格罗斯让也获得了第5名的好成绩。随着成绩而来的,自然就是源源不断的收益。

根据Formula Money的计算,在3站比赛中,哈斯车队所获得的品牌曝光度相当于投放了超过1 400万美元的广告,而按照现在的成绩进行估算的话,整个赛季哈斯车队的品牌曝光将会接近1亿美元的广告。

和过去几年中加入F1的那些新车队比起来,1亿美元这个数字也可以算是相当可观。2010年,维珍、莲花和HRT这3支车队加入F1的赛事。当年,他们获得的品牌曝光分别相当于4 400万美元、3 700万美元以及1 200万美元。哈斯车队本身比3支车队更优异的战绩是造成这些差别的最主要因素。从某种程度上来说,哈斯车队取得成功的这一模式并没有什么特别新鲜的——通过重金投入提升俱乐部战绩,反过来刺激自身品牌的认知度(见图4.51)。

图4.51　哈斯车队赛车车身赞助商

　　哈斯车队的好成绩并没有相应带来赛场内的好名声。自成立以来,哈斯车队已经成为 F1 赛场内最不受人待见的车队。他们遭到迈凯伦和雷诺等车队的公开批评和质疑,俨然是 F1 届的 RB 莱比锡,这支球队也是依靠规则的灰色地带快速提升实力,从而超越多特蒙德和沙尔克 04 等球队成为拜仁慕尼黑的主要挑战者,而整个德国除了莱比锡的球迷之外都视这支球队为异己。哈斯车队的处境也不如红牛二队,毕竟后者是名正言顺的红牛青年车队,哈斯走捷径的做法确实惹恼了其他竞争对手。

　　哈斯车队遭到质疑的原因很简单,那就是他们身上拥有太多的法拉利因素,从引擎到赛车设计,处处都可以看到法拉利的影响,在很多人的眼中他们就是"法拉利二队"。在揭幕站澳大利亚大奖赛中发生的令人瞠目结舌的"双退事件"引发安全车(哈斯车队的 2 辆赛车由于轮胎安装错误相继退出比赛,由于格罗斯让的哈斯赛车难以清理出赛道,赛会在第 27 圈派出了安全车),进而间接帮助维特尔夺冠之后,哈斯车队更是成了舆论的焦点。

　　在雷诺车队看来,哈斯车队完全就是一支付费车队,他们没有把人力、财力花在赛车技术的研发上,而是直接付给了法拉利,这对于其他车队来说是不太公平的。而迈凯伦车队的阿隆索更是直接表示,在哈斯车队身上处处都是"克隆"的影子。

　　在强调制造商地位、重视技术研发与创新的 F1 世界中,哈斯可谓一个不折不扣的异类。

思考与探索

1. 哈斯作为加入 F1 不久的新车队,是如何与传统车队竞争并占有一席之地的?
2. 哈斯车队的商业模式对于整个 F1 的品牌有着怎样的影响?F1 需要这样的车队吗?
3. F1 是汽车工业顶级技术的集合,为什么要对技术的研发做出各种限制?

第 5 章

汽车生态系统与Tⁱ商业模式

开篇　赛点车队与赞助商的双赢

自 2008 年起,印度力量车队在 F1 连续征战了 10 年,凭借雄厚的实力常年稳定在各车队中游,留下了无数精彩的瞬间。2018 赛季,受到资金紧缺的影响,印度力量车队在夏休期被劳伦斯·斯特罗尔(Lawrence Stroll)领衔的财团赛点英国公司(Racing Point UK)收购,并在比利时站时以"赛点印度力量"之名作为新车队参加该赛季余下的比赛。2019 赛季,全新的赛点车队(Racing Point)正式亮相 F1 赛场。

赛点车队的前身印度力量车队(见图 5.1)是印度富商维杰·马尔雅(Vijay Mallya)与荷兰伙伴联手收购世爵 F1 车队后组建的车队,成立于 2007 年。2008 年,印度力量使用车队史上的首款 F1 赛车——VJM01(使用法拉利 056 V8 引擎)参赛,但因缺乏竞争力,一分未得。

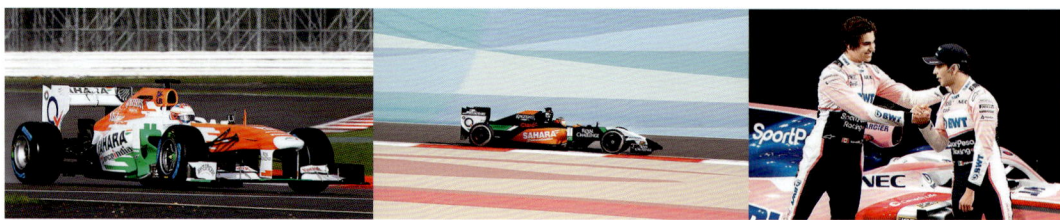

图 5.1　印度力量车队赛车(左、中)和赛点车队(右)

2009 年开始,印度力量的赛车改用奔驰和迈凯伦提供的引擎,由吉安卡洛·费斯切拉(Giancarlo Fisichella)在斯帕赛道为车队赢得建队以来的首个杆位和首个亚军。2010 年,车队的竞争力无力去争冠,甚至战绩还不能与第二集团的梅赛德斯 GP 车队和雷诺车队抗衡,最终他们排在威廉姆斯车队之后,名列车队积分榜第 7。

2011 年,主力车手由有经验的苏蒂尔和新秀迪·雷斯塔组成,在前半个赛季,车队表现不尽如人意,经过夏休期的调整,车队在下一个赛季的表现有了一些起色。

2012 年,车队的最好成绩是在新加坡大奖赛上,当时迪·雷斯塔获得第 4 名。另外一名车手霍肯伯格在收官战上也有着不俗的表现,他曾在很长时间内保持领先,最终获得第5 名。

2013 年,马尔雅的印度力量延续了 4 年来稳定的发挥,保持在中游车队的第 6 位。虽然距离头排车队有差距,但前半赛季的持续拿分能力仍然可圈可点。尤其是在前半赛季作为进入排位赛第 3 节的常客,从一个侧面反映了 VJM06 赛车的基础能力稳中有升。已经在F1 完成 5 个赛季的印度力量,资金情况健康,并不需要依靠付费车手来维持车队的日常运转。然而想要挑战前排车队的位置,却显得后继乏力。比赛中,印度力量主要以尝试非常轮胎策略为主。然而整体技术团队的底蕴一定程度上限制了车队再往上走的空间和动力。

2018 年,虽然连续 2 年获得制造商年度第 4 名,但是印度力量的财政问题却出现严重恶化。由于车队老板马尔雅的个人财务/法律问题,甚至被政府取消护照,车队不得已被出售给赛点公司,成为"赛点印度力量车队"。

如果说赛点车队的名字还让人相对陌生,那么若将其赛车展示出来,想必大多数车迷的反应都是"原来是它"。2016 年,赛点车队(当时为印度力量)首次公布粉色涂装时就引起了不少讨论。而赛点车队之所以换上这身"出挑"的外衣,是因为其赞助商 BWT 的推动(见图 5.2)。

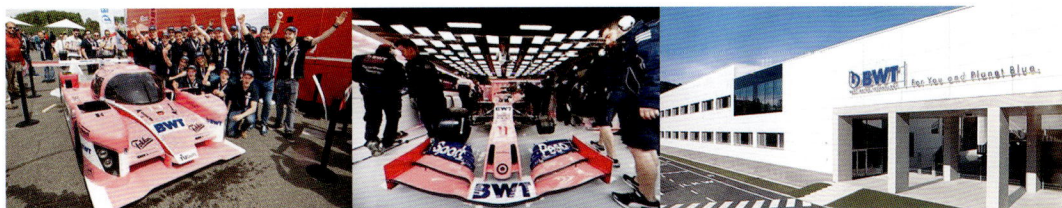

图 5.2　赛点车队(左、中)及赞助商 BWT(右)

赛点车队赞助商 BWT 成立于 1823 年,其客户包括可口可乐、拜耳制药、希尔顿等食品、医药、酒店领域的知名企业。但对于 C 端消费者来说,这家老牌科技公司还相对陌生,旨在向全球市场进行推广的 BWT 选择用体育的语言把自己介绍给消费者。近年来 BWT 通过体育领域的赞助营销在世界范围内扩大了品牌知名度,其"秘诀"之一就是采用体育赛场上少见的粉色元素。

在体育领域,BWT 进行了很多布局,除 F1 外,还有足球、手球、滑雪等项目。在这些项目中,和赛点车队在 F1 赛事中的合作是第一位的,原因是 F1 同时带有"国际化"和"科技化"两大标签。不只是 F1,赛车运动的粉丝也大多是高科技的爱好者。如今的 F1 赛车充满了高精尖科技,而其粉丝们也很关注科技的发展。说到用水,同样也需要科技,在这一点上

BWT 和 F1 很契合,相当一部分赛车迷就是 BWT 的目标群体。

BWT 在推广方式上也走了一条不寻常的路。或许你对这个品牌仍旧了解不多,但提起 F1 赛道上的"骚粉"涂装,许多不常看 F1 的人都会点评一两句。独树一帜的颜色确实帮助 BWT 取得了不错的成效。BWT 和车队合作的第 1 个赛季,就在 2017 年度尼尔森对 F1 全部 200 多个赞助品牌进行的认知度排行中排到了第 8 位,2018 年赛季又进一步提升到了第 7 位。

F1 不仅考验车手的技术,对身体的消耗同样是一大挑战,水分补给更是不可或缺的一环。车手在饮用 BWT 净化过的水后,可以在比赛中维持充足水分。将产品运用到车队中,帮助他们更高效地工作,以此来提高比赛成绩,才是更有说服力的赞助案例。由此可见,F1 以及 F1 车队的赞助远非贴标那么简单。

2019 年 1 月,F1 赛点车队宣布了与主赞助商 SportPesa 签约的消息,双方达成了为期 2 年的赞助合同,SportPesa 获得了车队的冠名权。这笔交易的成交价远低于市场价,SportPesa 第 1 年的赞助费是 800 万美元,之后每年递增 200 万美元,如果 2021 年他们想继续冠名车队,那么赞助费用将达到 1 200 万美元。然而即便是这样,其赞助费也低于 Best Water Technology 向车队前身印度力量支付的 1 500 万美元。

赛点车队的稳步前进与其前身印度力量车队的步履蹒跚形成了鲜明的对比。这恰恰映射了在 F1 这个大的生态系统下,各支车队能够平稳运作并能有效反哺的一条道路。车队、车手、技术提供商、赞助商、赛事运营等都是 F1 生态系统中不可或缺的部分。只有各个生态系统的有机组成部分有效地互动起来,才能保证 F1 赛事的健康持续发展。

商业生态系统是在不同行业面临越来越复杂的外部和内部环境背景下提出的。

"竞争战略之父"迈克尔·波特（Michael Porter）的价值链理论起初是在内部价值分析的基础上为企业的战略定位和商业模式提供参照；随后的供应链、价值网等理论则对价值活动的关注上升到企业间的链条层面，集群、价值网、商业生态系统等理论应运而生。

商业生态系统理论与其他概念的模型与应用存在明显的不同之处。以往战略制定多关注企业自身，局限于具体的行业分析和企业定位，由于分析视野的局限性，影响了企业在复杂环境下商业模式的适应性和有效性。

本章将从汽车公司商业生态的角度切入，阐述汽车公司的产业链结构与模式，并系统分析 F1 赛事的商业模式。

5.1　汽车业生态系统

汽车业生态系统作为全新的概念被众多企业接受，从生态位管理到生态链战略，每个企业均有其独特的思考角度，生态系统的扩展方向也不尽相同。

现代管理学之父彼得·德鲁克（Peter Drucker）说过："当今企业之间的竞争，不是产品和服务之间的竞争，而是商业模式之间的竞争。"如今，随着互联网、智能制造、人工智能等新兴科技对传统汽车制造业带来转型的驱动力，众多国际汽车公司也相继提出新的发展战略方向和商业模式。产品方面，未来汽车朝着无人化、电动化和网联化的方向发展；商业方面，共享经济和移动出行给企业发展带来了新的机会。作为先进的出行解决方案，汽车需要高度智能化，实现个人、团体和货物的高效传递，建立新时代背景下的汽车商业模式，以此重新塑造商业生态链。F1 赛事作为汽车行业生态系统的延伸，也变得尤为重要。

5.1.1　关于商业生态系统

生态学思想越来越多地被引入经济管理领域。很多学者在 20 世纪 70 年代便提出了组织生态和企业种群等概念。组织生态由企业群落与其赖以生存和发展的外部市场环境所形成，它是企业及其利益相关者构成的整体。如今，学术界已将组织生态的概念完善至商业生态系统，它的最终目的是满足顾客（现有及潜在的）价值。在复杂多变的市场中，顾客需求是多维的,单个企业已无法完成这一任务,需要整个生态系统提供解决方案。

商业生态系统既不是垂直一体化的企业内在价值链系统,也不等同于扩展的供应链,它与既有概念有着明显的区别。表 5.1 比较了集群、价值网、商业生态系统之间的内涵差异,从中可以看出,商业生态系统更符合现实的竞争情况。

表 5.1　集群、价值网、商业生态系统之间的内涵差异

对比方面	集群	价值网	商业生态系统
主体	企业	企业	企业、消费者、市场因素等
地理范围	既定区域	无区域限制	无区域限制
行业	相同或相似的行业	纵向连接行业	相关联的众多行业
控制权	各主体间平等	某一主题具有强的控制力	主体间地位不平等,但控制力相对分散
竞争情况	以竞争为主	以合作为主	既有竞争又有合作

资料来源:肖磊,李仕明,2009.商业生态系统:内涵、结构及行为分析[J].管理学家(学术版),(01):45－51＋80.

企业战略与商业生态系统中的生态链、生态键和生态位息息相关。生态链是生态位的链接组合,对于任何两家企业而言,它们的合作都能成为一个简单的生态链。生态链的大小、复杂程度决定了该企业生态系统的可承压能力。多家企业之间通过不同的合作方式(依附、合作或收购的相互关系)形成了生存系统,组成一个共同体。在这个共同体中,相对于每一个企业个体来说,生活在它周围的其他企业个体或组织连同社会经济环境构成了其生存的外部环境,企业个体与其外部环境通过物质、能量和信息的交换,构成一个相互作用、相互依赖、共同发展的整体。如果把生态位的情况看作企业自我管理能力的体现,那么生态链则是战略方向的把握情况(见图 5.3)。

图 5.3　生态位、生态键与生态链的关系

商业生态系统为企业应对动态、复杂的环境，制定和执行竞争战略提供了一个新思路。传统竞争战略的基本目的是建立可持续的竞争优势，商业生态系统理论则强调系统内企业的合作、竞争以及"共同进化"。传统竞争战略的基本假设前提是公司的内部规划和有意识控制是竞争优势的来源，公司能够通过内部关键驱动力来获得成功。在相对静态、有限的竞争环境下，企业能够比较容易地通过"内部选择"来确定获取竞争优势的最佳方案。在以动态和无限竞争为特征的环境里，由于信息的传输比以前更容易，成本也更低，市场中参与竞争的成员数量急剧增多，消费者的选择倾向由于信息的快速流动也动态地改变。基于商业生态系统的竞争分析从系统整体上考察和考虑竞争，从系统成员之间的相互关系方面建立合作，以合作来应对竞争，并通过开放的环境吸引成员，以扩大系统的共同"做大饼"的方式来避免共同"分小饼"式竞争。这对于应对动态、无限的竞争具有重要价值。同时，商业生态系统理论打破了传统的以行业划分为前提的战略理论的限制，在企业生态系统均衡演化的层面上，把商业活动分为开拓、扩展、领导、自我更新或消亡 4 个阶段（见表 5.2）。

表 5.2　商业活动的 4 个阶段

分类	第一阶段	第二阶段	第三阶段	第四阶段
方式	开拓	扩展	领导	自我更新或消亡
核心	价值创造	形成核心团体	权威	改进与创新
策略	新技术和方法；有效投资；商业联盟；控制风险	客户关系管理；发掘并控制新市场；加强子系统间的联系	改进投资；资源集中管理与配置；保持强创新能力	精准评估系统；确定系统的价值改进轨道；协调系统与社会价值的关系

资料来源：胡海波，卢海涛，2018. 企业商业生态系统演化中价值共创研究——数字化赋能视角［J］. 经济管理，40(08)：57-73.

在信息技术时代，电子手段可以使简单的竞争异常激烈化，简单的产品之间的竞争将被商业生态系统间的竞争所取代。同一商业生态系统间的企业相互协作、共同学习，不仅能极大地降低成本、提高产品质量，而且能够构建更大更广的防护体系，以保持自身的竞争地位。

汽车生态链作为全新的概念被众多企业接受，从生态位管理到生态链战略，每个企业均有其独特的思考角度，生态链的扩展方向也不尽相同。特斯拉和奔驰是新能源趋势和新商业模式下汽车生态系统的典型公司。

5.1.2 奔驰的商业生态系统

奔驰自 1928 年制造了世界上第一辆防弹汽车起,将自己的车型系列和产品技术不断多元化,依顺序率先使用柴油发动机、汽油喷射装置、空气悬架、三转子汪克尔发动机,推出 C111 一代二代汽车、S 级豪华车、G 系列越野车等。早期的奔驰发展关注产品多样化与科技的创新,不断扩张自己的产品涉猎范围。后期奔驰专注于环保、安全与全球化生态链的形成。奔驰作为世界上历史最悠久的汽车制造企业,不仅见证了汽车的创新,而且用德式的豪华形象一路见证了汽车的发展与变革。

如今,奔驰产品线涵盖了轿车系列 S、E、C、A、B、R,SUV 系列 GLS、GLE、G、GLC、GLA,轿跑车与敞篷跑车系列 S、E、C、CLS、CLA、SLS、SLC,以及 MPV 系列 V、Vito(见表 5.3)。

奔驰计划构建全系列产业生态,延伸奔驰汽车的智能解决方案。从汽车制造产业链,到智能应用平台,再到面向客户的汽车产品,奔驰为其新一代智能模式的汽车提供了各个环节的硬件、软件升级。奔驰希望借此搭建其产品、销售渠道与售后服务、供应链和合作战略生态链(见图 5.4)。

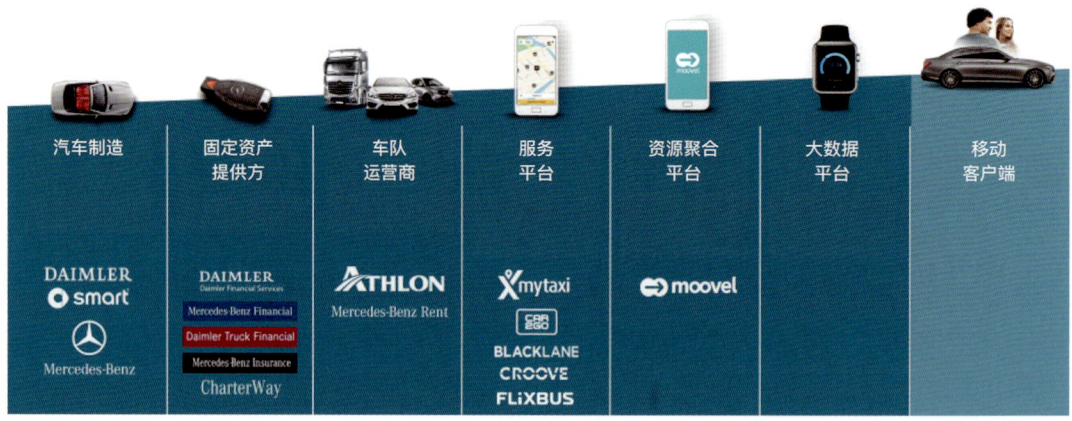

图 5.4　奔驰生态链

资料来源:奔驰官网

表 5.3　梅赛德斯-奔驰产品线品牌

轿车系列		SUV 系列		轿跑车系列		敞篷跑车系列		MPV 系列	
S		GLS		S		SL		V	
E		GLE		E		SLC		Vito	
C		G		C					
A		GLC		CLS					
B		GLA		CLA					
R									

1. 产品生态链

戴姆勒-奔驰董事会主席康林松(Ola Kaellenius)于 2019 年宣布启动"Ambition 2039"计划,设立了新的产品目标,如:①到 2030 年为止,插电式混合和纯电动汽车总销量比率超过 50%以上;②2039 年实现碳中和;③致力于简化生产流程,提高工厂效率,2022 年实现所有欧洲工厂碳中和;④作为品牌触点的重要组成,梅赛德斯-奔驰全球 6 500 个经销商伙伴组成的线下实体零售网络实现逐步转型;⑤奔驰研发团队核心聚焦创新、数字化转型以及全面可持续发展;⑥出行可循环,打造新模式及配套设施,新增商业模式与城市出行;⑦"瞰思未来(C.A.S.E.)"战略:智能互联、自动驾驶、共享出行、电力驱动,四大领域有机整合,为客户提供个性化产品服务。

如今,奔驰增加了城市出行、新商业模式,加快产品的数字化转型。该变化将使戴姆勒-奔驰汽车公司拥有跨领域业务,在智能出行的大环境下加快转型步伐。其次,按照德国工业 4.0 的战略规划目标,提出智能制造和个性化服务要求。奔驰公司将加快制造产业的升级,推出绿色、可持续的发展方式。

2. 销售渠道与售后服务生态链

奔驰增加了线上销售渠道的比重,短期内将形成线上线下的有机结合,长期情况下该模式势必会对传统 4S 店模式造成冲击。一般来说会有 2 种情况:一是线上销售价格导致 4S 店模式彻底消失,奔驰迈向线下体验线上下单的销售模式;二是线上销售价格不如 4S 店有优势,线上销售进展缓慢。该变化更多地取决于试驾与购车人群的比例。按照行业发展趋势来看,前一种变化更符合互联网精神,智能化、定制化的服务将促进戴姆勒-奔驰公司的生态销售渠道转变。然而同时,4S 店不会因为线上的销售模式受到毁灭性冲击,因为燃油车保有量的存在必然需要 4S 店的维护与保养。

3. 供应链生态链

奔驰在早期就建立了有效的、全球化的供应链生态模式,汽车制造企业与供应商"共同创造未来"。几十年中,奔驰先后通过控股或持股等方式,培养了多个供应商公司。

4. 合作战略生态链

梅赛德斯-奔驰汽车由戴姆勒-奔驰汽车公司制造,该公司前身为戴姆勒与奔驰两家独立的汽车公司。戴姆勒-奔驰汽车公司多年深耕汽车领域,与众多企业形成了合作关系,戴姆勒和奔驰公司的合并即是其发展的起源。

在全球范围内,1998 年,奔驰与克莱斯勒公司宣告合并;1999 年,奔驰收购其 AMG;2019 年,戴姆勒与宝马集团在自动驾驶领域开展长期发展合作,并与奥迪、宝马及中国多家车企与供应商,联合成立自动驾驶安全联盟(Safety First for Automated Driving, SaFAD)。在中国,奔驰也与北京汽车合资成立了北京奔驰生产乘用车,与福田汽车合资成立了福田奔驰生产商用车,2012 年与比亚迪合作创办了腾势汽车。合作、共生的关系形成的企业生态链,将使戴姆勒-奔驰汽车公司更好地应对外部环境的变化。

奔驰之所以取得现在的地位,首先,与其在发展阶段与各个供应商、竞争对手的合资和合作是分不开的;其次,与其对世界大环境的关注、商业生态链的关注是分不开的。正是这些全面的考量使得奔驰作为一个传统百年制造业品牌,可以在这个数字化时代保持常换常新,屹立不倒。可以发现,奔驰的成功并不是其整车厂商自身的成功,而是源于整个产业价值链竞争力的高速发展,在未来,奔驰的发展也将不仅是价值链的延伸和构建,而是在汽车产业生态圈战略布局整体规划和产业系统各空间协调作业的基础上,在良性互动的变革下螺旋上升。

5.1.3 特斯拉的商业生态系统

特斯拉于 2003 年成立于美国加利福尼亚州,是全球电动车及新能源的领导者,2019 年 12 月 31 日成为市值(753 亿美元)仅次于丰田集团(2 001 亿美元)和大众集团(1 025 亿美元)的第 3 大汽车制造商。

特斯拉的创立者马丁·埃伯哈德(Martin Eberhard)和马克·塔彭宁(Marc Tarpenning)曾提出使用笔记本电脑锂电池作为汽车能源,使用 IT 理念证明电动车可以比燃油车更快、更舒适。2004 年,特斯拉公司由埃隆·马斯克(Elon Musk)作为首席执行官正式接手。由此,马斯克也构建了一个由特斯拉、Space X 和 SolarCity 组成的新能源与高科技帝国(见图 5.5)。

图 5.5　埃隆·马斯克掌舵的新能源与高科技公司

特斯拉公司的任务是使全球加速向可持续能源方向转变,自成立以来推出了多款车型和能源产品,其中包括 Roadster、Model S、Model 3、Model X、Model Y、太阳能电池板、充电桩等。特斯拉在全球共有 3 家工厂,其中包括位于美国里诺(Reno)的 Gigafactory 1、位于美国布法罗(Baffalo)的 Gigafactory 2,以及位于上海临港的 Gigafactory 3。Gigafactory 3 是特斯拉第一家海外整车工厂,2020 年第一季度已经交付第 1 批中国产 Model 3,发力中国市场的新能源车型快速增长。

特斯拉当前的主要市场包括北美、亚太、欧洲,并且今年成功开拓了中东市场。2018 年全球交付量为 245 240 辆,排名全球新能源乘用车企业销量第一名。

2019 年是特斯拉最为重要的一年。在 2018 年的财务、产能、退市风波等问题被逐渐克服之后,2019 年,特斯拉开放所有专利,发力生态链环境建立及推动全球新能源汽车领域的变更,取消所有线下体验门店,发力电子商务。

特斯拉企业的最终目标是加速清洁交通和清洁能源的生产,在不断优化汽车开发、推出新车型的同时,特斯拉的电动卡车业务 Semi 也进入了试驾体验环节,公司还设计了 Powerwall、Powerpack、Solar Roof 等能源储存、能源提供等解决方案,保证了特斯拉车型的出发便捷。特斯拉的智能驾驶系统已经发布 V10 版本,这是电动汽车与可再生能源、智能化的有机结合,特斯拉的企业发展将改变人们的出行未来。

1. 特斯拉生态链的演变

特斯拉的生态链发展以埃隆·马斯克的领导力和创造力为基础,通过并购、创造、研发等方式不断补完缺少的拼图。

1995—2000 年,埃隆·马斯克先后创建了 3 家公司并通过这些公司获得了大量财富。2002 年,他创建了太空探索技术公司 Space X;2004 年,他出任特斯拉首席执行官;2006 年,他联合创办太阳能公司 SolarCity,专注于太阳能光伏的开发与应用;2015 年,他宣布火星移民计划;2016 年,他创立 The Boring City,旨在解决路面拥堵问题;2017 年,他建立神经科技公司 Neuralink;2018 年,他成立 The Brick Store,解决 The Boring City 在开发隧道时产生的泥土;2019 年,他的 Starlink 卫星发射成功,建成后的卫星系统将提供完善的互联网服务。

马斯克走的每一步,好像都在完成其 2001 年和 2015 年宣布的火星移民相关计划。比如 SolarCity 将解决火星移民后的能源问题,特斯拉和 The Boring City 则是其新能源交通的重要组成部分。Space X 更是其整个计划的重要组成部分。马斯克在逐渐将其创业公司打造成一个完整的生态链。

其次,马斯克的公司也正呈现出自我互补的状态,最典型的是 Tesla 和 SolarCity 的组合。SolarCity 的储能电池和 Tesla 的电动汽车将改变家用储能管理的方式,形成新的智能电网生态系统。

2. 特斯拉的生态链系统

根据产品开发动态和各个渠道现状,可以看出特斯拉的生态链分为 4 个部分,包括产品生态链、供应链生态链、销售渠道与售后服务生态位、合作开发生态链。

1) 产品生态链

特斯拉的产品生态链从自身的技术和核心竞争力出发,包括汽车开发、电池管理、电力驱动、交互软件及算法、储能及充电技术等向外辐射。

以汽车类相关技术形成不同类型、适用于不同人群的乘用车或者卡车 Semi,以操作系统、大数据为出发点形成以 Linux 系统为基础的 V10 系统以及自动驾驶技术——软件与硬件的结合下产生智能驾驶层面的发展;以储能及充电技术作为核心竞争力,通过储能设备、充电设备形成能源领域生态位,以互联网技术为基础,建立 SuperCharge 能源充放网络。在能源充放网络与智能驾驶的结合下(尽管目前尚未宣布埃隆·马斯克旗下各个公司之间是否会有深入合作),这些公司的合作必将形成智慧交通的最终目标。

相比于其他企业,特斯拉的优势产品包括电池控制系统、智能驾驶、自动驾驶系统以及充电设备、储能设备、清洁能源应用技术等。特斯拉的全系列产业生态链的形成,使特斯拉的竞争优势呈现多元化,车联网的应用使电动车不单单是一种移动工具,更是融入生态环境、推进可持续能源发展的重要一环。

2) 供应链生态链

新能源车型和传统燃油车在零部件成本上有着很大的区别,其中最大的区别是动力系统的成本占新能源车的 50%,相反,传统燃油车各项成本均控制在 20% 以下。两种车型的物料清单(bills of material,BOM)如图 5.6 所示。对于新能源车型来说,掌握了电池技术和电池管理便主宰了市场地位。

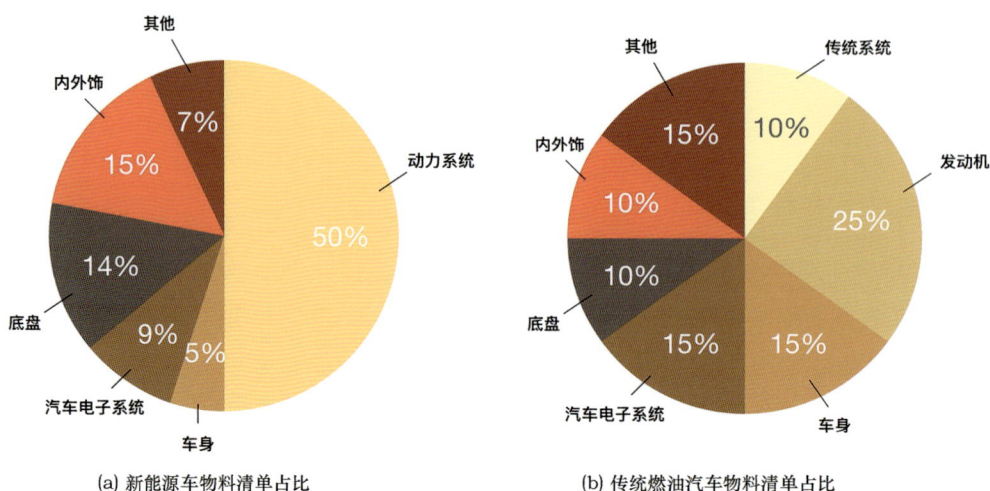

(a) 新能源车物料清单占比　　　　　(b) 传统燃油汽车物料清单占比

图 5.6　新能源车和传统燃油汽车物料清单对比

资料来源：汽车之家、电动邦及东方证券研究

随着特斯拉销量的不断攀升(见图 5.7)，它的供应链也被各国纳入重要关注点。数据统计显示，2021 年，特斯拉供应链总价值预计可达到人民币 1 991 亿元，2023 年预计可达到人民币 2 845 亿元，复合年均增长率达到 43%。

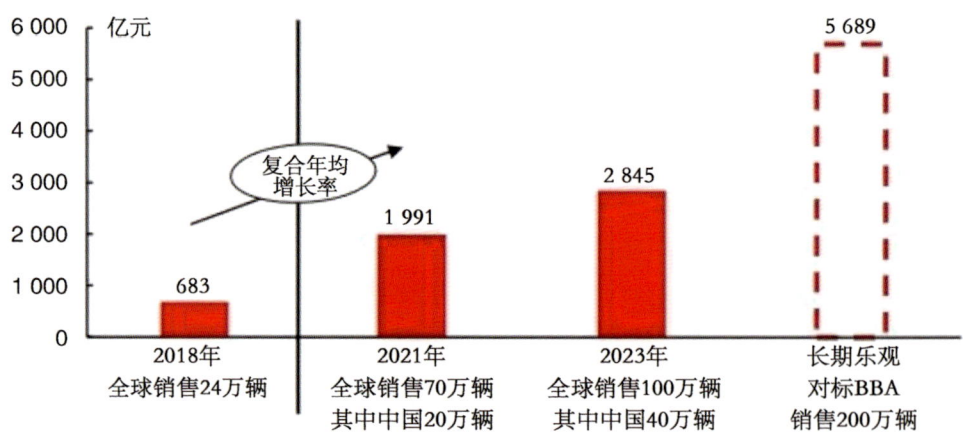

图 5.7　2018—2023 年特斯拉供应链规模及其预估

资料来源：特斯拉公司年报，中信证券研究部预测。

注：这里简化假设不考虑零部件采购年降

除了把控电池管理系统、车身轻量化外，特斯拉将 13 个大件进行了系统外包。这和特斯拉新进入者的身份以及专注于电池电控管理核心技术开发契合。大量的系统外包给予了相应零部件企业较好的生存空间,同时随着 Model 3 正式在中国量产落地,特斯拉的供应链生态将更加完善。

3)销售渠道与售后服务生态位

特斯拉的销售模式为直销,不经过经销商,由特斯拉统一管理其线下体验店及售后服务市场。特斯拉改变了传统的销售与运营模式(见图 5.8)。首先,传统 4S 店开在偏远地方较多,并不利于特斯拉的品牌传播;其次,特斯拉属于收到订单后开始生产,经销商处不会有存车,经销商过多没有实际意义;此外,特斯拉属于线上下单,经销商一般采用高于直销价定价的方式来获得利润,但是对于特斯拉来说价格已经在网上公布,经销商从新车销售环节难以获取利润,且定期服务中不像传统汽车需要更换机油、机滤等;更重要的是,特斯拉已经有较好的品牌口碑,不需要也不会投入广告资金。

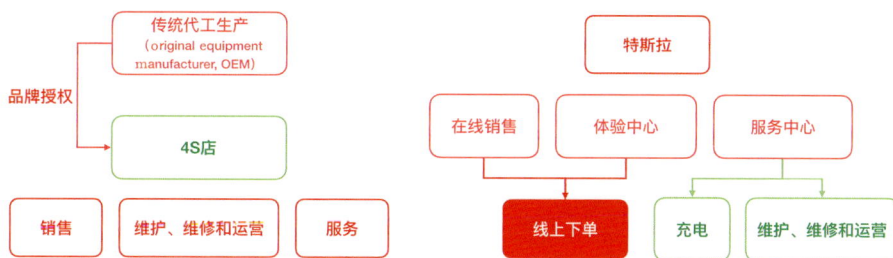

图 5.8　传统 4S 销售模式与特斯拉销售模式对比

特斯拉坚持在全球采用直销模式,让顾客先通过网络了解特斯拉车型,进入体验店与工作人员沟通进一步了解特斯拉的基本情况,随后网上下单,最后提车。另外,特斯拉直接负责车辆的售后服务及充电服务,同时保证了消费者获得统一的售后服务,且在大数据环境下更便于特斯拉管理和了解用户的使用环境及偏好。

在进入中国市场时,埃隆·马斯克曾这样回应:"特斯拉做网络直营是要确保所有的客户从开始到最后都有全链条的最佳体验。投资人希望在中国卖高一点,很多汽车厂商都这么干,但我认为不能欺骗消费者。"特斯拉的汽车销售和服务形成了一个闭环的生态位。

2019 年 3 月,特斯拉经过大规模调研后发现,特斯拉的车主中约 80% 的用户没有去过体验店或者参与过试驾,体验店不能成为自己收益增长的动力,并且高昂的产地租赁费用给企业也带来了负担,因此,特斯拉开始大幅度削减线下体验店的数量。如今除中国大陆外,特斯拉已在大部分国家采取了网络销售方式。

4)合作开发生态链

2014 年,埃隆·马斯克在其博客上发表了一篇文章,提及:"就在昨天,特斯拉专利还被封闭在我们帕洛阿尔托的总部内。从今以后,这种局面将不复存在。我们本着开源运动的精神,开放了我们的专利,目的是推动电动汽车技术的进步。"2019 年 2 月,埃隆·马斯克再次申明开放所有特斯拉专利,来应对汽油车巨头的挑战。

对于特斯拉来说,其开放专利的背后是加速汽车行业电动化的战略目的,也是合作开发生态链的初步形成。其战略理念包括:①降低电动车新进入者门槛,加速汽车电动化产业的竞争与快速发展;②使特斯拉技术作为行业标杆,增强技术标准普适性。

加速电动车产业的发展不只是特斯拉一家公司的职责,但特斯拉主动开源必将推动电动车行业的变化。特斯拉继续拉入供应商或其他新进入者加入电车汽车行业。一旦出现竞争者,且该竞争者的出现是基于其特斯拉开源专利的情况下,势必对特斯拉的发展产生有利影响,或许会形成一个共同开发平台,良性、同水平竞争可以促进行业的快速变革与发展。

其次,特斯拉的专利开源,或许可以使其成为行业标杆。目前除了特斯拉以外,丰田汽车也开放了自身专利促进行业发展,两家公司的目的都是通过该行为增加自身技术的普适性。电动汽车属于新兴产业,每家公司均拥有不同的技术标准,而随着产业的发展,国家或机构势必会出台相应的普适性、统一技术标准来抬高或限制新进入者的机会。此外,开放专利并不等于开放所有技术参数,这也符合很多公司保护机密技术的策略。开放专利反而可以很好地提升特斯拉的口碑,起到市场营销的作用。尽管有质疑的声音,但大部分人都表示了对特斯拉格局高、眼界宽的赞扬。

尽管特斯拉开放其专利有着许多不同的目的,但这一行为必将推动行业的发展,加速电动汽车的开发与竞争,建立共同开发、竞争平台,将电动车行业放置在一个公平竞争的水平面。

5.1.4 奔驰和特斯拉生态系统的对比

戴姆勒-奔驰汽车公司是从 1885 年开始发展出来的传统汽车制造业先进性代表,特斯拉是自 21 世纪专注于新能源汽车开发与应用的先驱者。其生态系统的共同点是将汽车制造业向智能化、物联化、数字化转变,两家公司的生态系统中均包含了扩张业务范围,提出跨界业务,增加在多变的环境下的适应性与竞争力。两者生态系统也存在不同点,如在核心竞争力、生态系统理念以及销售渠道模式上有较大的差异。

1. 核心竞争力

奔驰与特斯拉在新能源趋势下的核心竞争力并不相同(见图 5.9)。

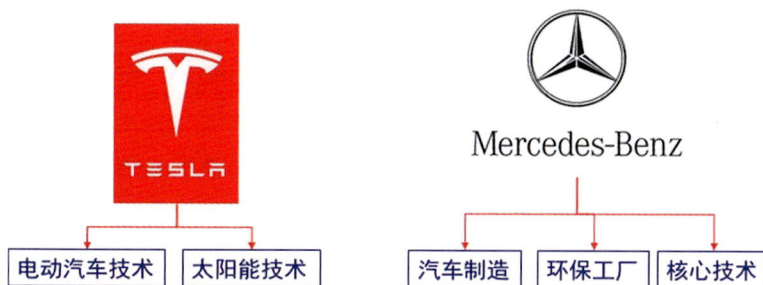

图 5.9　奔驰与特斯拉核心竞争力对比

从奔驰的"Ambition 2039"计划可以看出,奔驰的核心竞争力将从多点开花,包括新一代智能模式的汽车、城市出行业务的拓展、智能环保工厂的搭建等,以汽车制造为中心向外辐射生态系统。

相比奔驰,特斯拉涉及制造业的时间较短。特斯拉将核心竞争力集中在电动汽车的开发研究上,专注于改变电动汽车领域的格局,通过开放专利来引导电动车领域竞争的形成。其与戴姆勒-奔驰汽车公司最大的区别在于特斯拉公司涉猎能源系统,其 SolarCity 的太阳能技术使特斯拉形成能源产业与电动汽车的闭环。

2. 生态系统理念

奔驰与特斯拉的生态系统终极目标、销售渠道和服务方式、合作战略生态也不尽相同。

(1)生态系统终极目标。奔驰的目的是实现汽车智能化、环保、出行智能以及碳中和。而特斯拉当前的目标是实现向可持续能源的转变,后续的短期目标是形成能源生态体系,长期目标是形成智慧交通。相比奔驰,特斯拉拥有实现智慧交通的基础——能源生态链。一旦该生态链形成,特斯拉将会改变整个汽车行业的发展。如表 5.4 所示,2018 年全球新能源乘用车销量排名,特斯拉名列首位,奔驰还未进入前 20 名,这是奔驰当前所不具有的优势。

表 5.4　2018 年全球新能源乘用车销量(前 20 名)

单位:辆

排名	车企	销量	排名	车企	销量
1	特斯拉	245 240	11	华泰	51 736
2	比亚迪	227 364	12	雪佛兰	50 682
3	北汽新能源	164 958	13	江淮	49 883

（续表）

排名	车企	销量	排名	车企	销量
4	宝马	129 398	14	吉利	49 816
5	日产	96 949	15	江铃	49 312
5	上汽荣威	92 790	16	丰田	45 686
7	奇瑞	65 798	17	三菱	42 671
8	现代	53 114	18	东风	39 945
9	雷诺	53 091	19	起亚	37 746
10	大众	51 774	20	沃尔沃	35 994

资料来源：明艳，2018.全球新能源汽车销量超201万辆，年度榜单来了！［EB/OL］.（2019-02-02）［2019.12.20］. http://dlev.com/news/shuju/86558.

（2）销售渠道和售后服务方式。特斯拉和奔驰采用不同的销售模式。奔驰目前从分销开始转型为线上与分销共存，并逐渐将重心转向线上销售。特斯拉则采用直销模式，体验店和线上下单的结合开创了新的销售模式。2种销售模式均有其优势与劣势，特斯拉的模式在当前阶段适用，但是随着特斯拉的体量不断扩张，特斯拉会逐渐无法应对销售及售后服务等压力。而奔驰目前线上与分销的合作模式，后续随着网络、智能化等多方式的变化革新，必然会发生向一方的彻底迁移。可预见在不久的未来，当前的不同点可能会趋于一致。

（3）合作战略生态。奔驰采用企业合作战略，如与宝马联合开展汽车开发，以此来抗衡特斯拉的强势。同时，奔驰与多家企业合作开发自动驾驶。特斯拉当前处于电动汽车领先者地位，除了开放专利战略以外，并没有与外部企业合作，更多是采取一体化战略，如收购SolarCity开展能源业务，收购 Hibar Systems 提高自身生产电池的可能性，来不断弥补自身的短板。特斯拉更像是一个独行侠，独自深耕电动汽车领域。

5.2 F1 车队的组建及管理

F1 是最具激情、最刺激观众神经的世界级赛事之一。奔驰与特斯拉商业生态系统中一个重要的不同点便是将产业链延伸到了 F1 赛事。每次举办 F1，主办城市必然热闹非凡、万人空巷。自 1950 年第 1 届 F1 举办以来，F1 追求卓越与速度的竞赛目标从未改变过，参与者所承受的风险从未改变过，随着胜利而来的喜悦也从未改变过。引擎的轰鸣声以及惊心动魄的超车时刻令人血脉偾张，因为它们见证了人类的冒险精神演化成所有人共同的激情与狂热的历程。

事实上，F1 需要一支无比强大而成熟的团队来支持运营，只有众多团队成员间的默契配合才能使一支 F1 车队走向赛事顶峰。

5.2.1　F1 团队的构成

一个完整的 F1 团队由车手、车队经理、商业总监、技术总监、空气动力师、设计师经理、风洞总监、动力工程师、比赛工程师、首席技师及其团队、信息技术员、货车手和餐饮人员，以及测试小组组成。

1. 车手

根据国际汽联的有关规定，每年全世界有资格驾驶世界 F1 赛车的车手（driver）不超过 100 名。所有驾驶 F1 赛车的选手，都必须持有国际汽联签发的"超级驾驶执照"，每年只有少数的优秀车手有资格参加决赛。

2. 车队经理

不管是在比赛场上还是对车队的经营，车队经理（team principal）都是车队运作的灵魂人物，他们通常拥有丰富的赛车及商业背景。

3. 商业总监

商业总监（commercial director，有时也称市场主管或市场经理）通常是在幕后管理赞助商事务或技术联络。他必须在面对金钱的时候保持冷静。财务和会计部门的主管对他负责。商业总监通常在为车队吸引赞助商和建立所需要的管理机制上扮演重要角色。他通常也能够让车身的每一部分都值几百万美元。

尽管这项定义主要适用于独立车队，但也不总是这样。在制造商车队，商业总监这个职位通常是由母公司派人担任的，因为大部分财务事务事实上源于其母公司。在雷诺，这个职位基本由车队老板布里亚托利担任。

4. 技术总监

车队在赛车场上真正的灵魂人物是技术总监（technical director），比赛的策略及问题的处理都是由技术总监负责。技术总监的工作一半是管理上的，一半是技术上的。技术总监通常具有优异的技术及科学研究背景。他们是拥有 F1 特质与经验的真正的 F1 人，他们对 F1 的贡献更是无价的。

由于在车队成功与否方面扮演着重要的角色,技术总监可以拿到高额的薪金。目前梅赛德斯车队的技术总监是鲍勃·贝尔(Bob Bell)。

5. 空气动力师

空气动力从根本上决定了 F1 赛车的最终潜力。就算一支车队将赛车调校得恰到好处,也只能节省几分之一秒,不会超过一秒的单圈时间。但赛车空气动力性能的好坏往往以秒计算。这就是为什么空气动力师(aerodynamicist)担负着极为重大责任的原因。

由于相关的计算非常复杂和精密,他需要依靠整整一支空气动力师团队。他们在主空气动力师的带领下负责细节的计算,设计新部件并在风洞中进行测试。

空气动力师最关注的是总体效果。一辆赛车的空气动力性能是由它的升力与阻力比来表示的,即在多小的直道车速阻力下能够提供多大的抓地能力,而这就是空气动力师首先要考虑的。

6. 设计师经理

设计师经理(designer manager)必须制造出赛车的整体结构,在给空气动力师留下所需的余地以产生有效的抓地性能的前提下,能使所有部件都安装在上面,并适当地进行冷却。必须最大限度地利用空气动力迫使设计师制造出足够坚固的赛车结构——这是主设计师的另一项工作。他手下有一群设计师和结构设计师。

一支车队最少要有两名设计师经理为之服务,其中一个人的精力可以不被现有的赛车分散,专注于设计来年的赛车。当这部赛车变成车队正在使用的赛车之后,他继续留下,而另一位设计师去开发下一个赛季的赛车。

7. 风洞总监

风洞的精确与可重复性是空气动力师测试赛车好坏的基础,由风洞总监(wind tunnel director)负责。建立一个风洞是极为复杂的工程,顶尖的车队都由专业的风洞总监来设计风洞。

8. 动力工程师

有些车队自己生产变速箱,因此有传动装置的实际和加工小组。但是即使是那些从专业制造商那里购买变速箱的车队也有专门负责搭配引擎的动力工程师(power engineer)。

9. 比赛工程师

每一位车手都有一位专属的比赛工程师（race engineer），车手与比赛工程师密切合作以求得赛车在跑道上的最佳状况。比赛工程师可说是车队工程师中最高阶的，全权负责赛车的设定并管理后勤维修小组。他们通常具有工程背景，并且担任过技术工作人员。比赛工程师通常薪水不低，平均年薪约 20 万美元。但他们很少有机会能够晋升到管理阶层，而且常会随着车手的跳槽而转换车队。如威廉姆斯车队首席运作工程师萨姆·迈克尔（Sam Michael）。

10. 首席技师及其团队

首席技师（chief mechanic）负责指挥技师小组，成员包括引擎、变速箱、电子系统的专家以及全能型的技师（mechanic），甚至连车队的卡车司机在比赛的周末都得持续努力地工作。因为每次赛车进站换胎需要 24 位技师合作才能完成（见图 5.10）。

16 位技师负责换轮胎，每一轮 4 位：1 位负责拿气动扳手拆、锁螺丝，1 位卸胎工，1 位装胎工，1 位安全员。其余技师分工如下：1 位负责操作前千斤顶；1 位负责操作后千斤顶；1 位负责在赛车前鼻翼受损必须更换时操作特别千斤顶；1 位负责检查引擎气门的气动回复装置所需的高压力瓶，必要时必须补充高压空气；1 位负责持灭火器待命；1 位取下受损的鼻翼；1 位换上新的鼻翼；还有 1 位接过受损的鼻翼，不妨碍赛车经过，这样可以加快速度；最后还有 1 位负责擦拭车手安全帽。

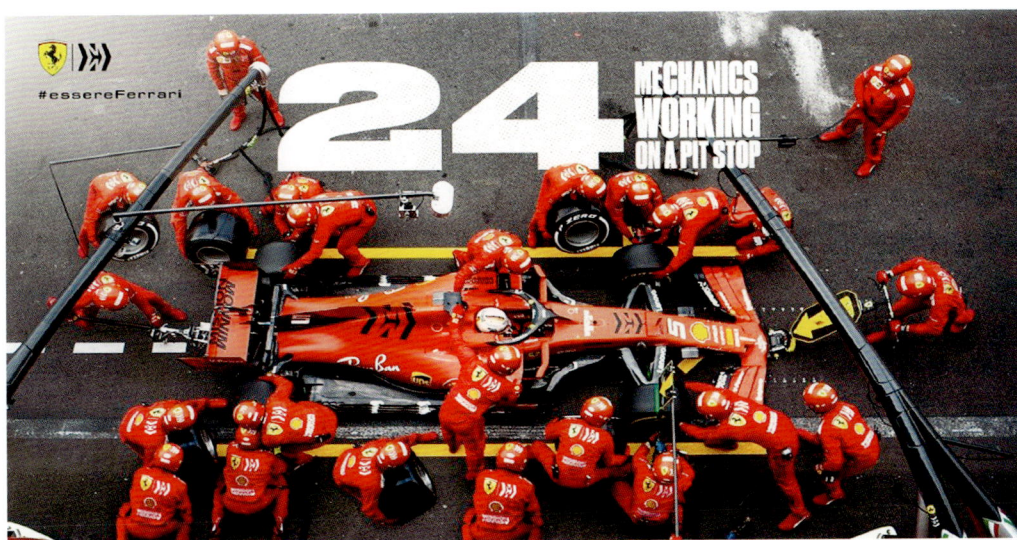

图 5.10　一次换胎

担任车队的技师并不需要特别的技术背景,但是如果能具备赛车的知识则对工作会有帮助。汽车维修厂的技师会是技师很好的启蒙,在初级方程式车队历练几年之后才有机会成为 F1 技师。新加入车队的技师会先到测试小组历练,之后才会调到赛事小组。技师的薪资普通,而且工作时间很长,必须对这项工作充满热情才能胜任。

11. 信息技术员

信息技术员(IT technician)可以占到车队雇员人数的一半。精于计算是 F1 车队固有的特征之一。其中最显而易见的形式是,计算机通过遥测来记录和传输周末比赛中从赛车到车队维修站之间数据的传输。但是遥测知识只是 IT 部门的部分工作。计算机编程的使用贯穿于车队在设计、工程、制造、开发和竞赛的每一步操作。有一些程序是买来的,其他是由内部开发的,以图在与对手的竞争中占得先机。一支顶级车队往往拥有数百名软件专家。

12. 货车手和餐饮人员

F1 车队移动起来是非常壮观的。使车队从一个地方移动到另一个地方并在这个过程中为他们提供饮食便是落在所有货车手(trunk driver)和餐饮人员(food & beverage person)肩上的重大责任。装有赛车的拖车同样也是车队技术汇报会的场所。其他卡车内部设有可移动的豪华房间,作为比赛周末车队的总部。这些房间可以改造成为一座“大楼”,提供车队所需的全部设施和奢侈品,包括餐饮人员在周末为整支车队和客人提供饮食的厨房。

13. 测试小组

一个独立的测试小组(testers)复制了比赛小组的大部分组成部分,小组成员包括工程师、成排的计算机和数据分析师。这个小组在比赛之间来往于各个赛道,进行轮胎和新开发部件的测试。测试小组拥有自己的一群机械师,而且通常还有专门的测试车手,但是正式车手也经常为他们驾驶赛车。

这样读者可以理解为何 F1 赛车进维修站后往往会看到一整个团队人员蜂拥而上。根据以上概述可见,一支成功的车队必须调动多方力量,达成各部门间的高效磨合与运转,这样才能实现车队的进一步战略发展与实力提升。

5.2.2　F1 著名车手

众所周知,F1 世界一级方程式锦标赛是目前全球最高规格的汽车赛事,其最高规格体现在赛事影响力、技术先进性、耗资巨大等方面,对参赛的选手要求也非常严格,除了车技以外,更多的是对身体素质的极高要求。

普通人对赛车手的了解,可能限于国内的赛车手韩寒或者电影《头文字 D》的一些人物,甚至是电影《速度与激情》里面的那些主角。但这些人与 F1 赛车手的身体素质相比简直是小巫见大巫,F1 赛车手对人体强度、精神注意力、心脏承受力的要求都是所有职业运动比赛中最高的。

一位 F1 车手往往在三四岁时就学开车,经历从卡丁车、初级方程式、高级方程式(F2、F3、雷诺方程式、福特方程式、GP2、Indy car 等)、F1 试车员到最终有机会入选车队车手名单的漫长过程。培养一位 F1 车手的花费甚至超过 1 亿元人民币。但是 F1 的签约车手全世界只有 20 多人,每年的轮换甚至只有几人,即使足够优秀,可能到运动年龄优势消耗殆尽,也得不到一次上场机会。

最近几年,这种传统的晋级方式开始有所转变,主要原因在于一级方程式赛车的参赛车队开发经费越来越大,车队出于运营的考虑也会把优先权给那些能带来高额赞助费的车手。所以,近些年加入 F1 的车手,出现了更多车队测试车手,以及国际汽联性能房车赛(FIA GT)、国际巡回车锦标赛(ITC)等转业车手。

在 F1 的历史上,涌现了数百位赛车手,他们都是经过层层残酷的选拔才脱颖而出的,其中有 10 位顶级车手更是在 F1 的历史长卷中添下了浓墨重彩的一笔,包括"大师"方吉奥、"计算机"尼基·劳达、"车神"塞纳、"教授"普罗斯特、"芬兰飞人"哈基宁、"车王"舒马赫、"冰人"莱科宁、"西班牙车王"阿隆索以及英国人汉密尔顿和美国人维特尔(见图 5.11)。

图 5.11　(上排从左到右依次为)方吉奥、尼基·劳达、塞纳、普罗斯特、哈基宁

(下排从左到右依次为)舒马赫、莱科宁、阿隆索、汉密尔顿、维特尔

5.2.3 车手薪资与收入

当车手与职业车队签约时,合约代表着车手们不仅仅是开车赚钱的车手,同时也代表着车手们成为车队赞助商们的形象大使。从车队的冠名赞助商到补给品供应商,从车队的赛车品牌到车队的饮料品牌——车手们可不仅仅是一支车队的形象大使。

但是对于许多车手来说,赞助以及代言的关系可能不仅局限于现役车队的那些赞助关系,很多成功的车手还会选择其他的赞助或代言品牌,以此扩大自己的影响力。

1. 车手薪水情况

作为赛车领域皇冠上的明珠,每年全世界只有二十几人能挤进F1这个圈子。有人戏称F1运动的参与者比世界上的宇航员还要稀少。因此,F1车手的世界并不像表面看上去那么风光。在这个金字塔顶尖,站满了密密麻麻各具天赋却又跃跃欲试的F2、F3等各个级别的赛车手们,如果今年不小心掉了下来,马上就会有人继续顶上不说,要想再回到这片围场,几乎不可能了。

哪怕登上了金字塔顶尖,他们也要为"生计"发愁。尽管汉密尔顿、维特尔这些车手动辄就可以在全球运动员收入排行榜单上占有一席之地,但高的也只有那么一两个人,车手之间的薪资水平极度不平衡。

"车王"舒马赫每年的收入在F1乃至整个世界体坛都数一数二(见表5.5),以他退役前的2004年全年为例。据《欧洲商业》杂志报道,舒马赫当年收入为1.055亿欧元,位居世界体育明星收入榜第一位;第二名泰格·伍兹以1亿欧元的收入可以与其竞争。榜单的其余入选者虽然在各自领域都是收入最高的,却连舒马赫的1/3都不到,就连"篮球之神"乔丹的收入也只有"区区"2 150万欧元(见表5.6)。

舒马赫这样名利双收的例子在F1可谓屈指可数。以2019赛季为例,梅赛德斯车队车手汉密尔顿,薪水高达5 700万美元,而队友博塔斯却只有850万美元,莱科宁450万美元的薪水,已经可以在20位车手里排到第6位。此外,还有6位车手的薪资不到百万美元,薪资最低的红牛二队车手亚历山大·阿尔本(Alexander Albon)只有17万美元,还不到汉密尔顿的3‰(见表5.7)。

表 5.5　舒马赫 2004 年收入清单

单位:欧元

收入构成	收入
法拉利工资	4 000 万
个人广告收入	
沃达丰(通信)	300 万
壳牌(石油)	300 万
普利司通(轮胎)	200 万
欧莱雅(洗发水)	200 万
德国 DVAG 有限公司(咨询)	250 万
Mattel(玩具)	200 万
红牛(功能饮料)	200 万
欧米茄(手表)	200 万
Sting(眼镜)	150 万
车迷收藏品和经营许可	1 500 万
柯本卡丁车中心	50 万
投资收益	
国债和股票基金	1 375 万
房地产基金	1 125 万
合 计	1.055 0 亿

资料来源:徐菱虹.舒马赫年收入清单公布,超越伍兹成体坛明星首富[EB/OL].(2004-05-26)[2019-12-20].http://fl.sina.com.cn/2004-05-26/0943905225.shtml.

表 5.6　2004 年体育明星收入榜

单位:欧元

排名	体育明星(领域)	收入
1	舒马赫(F1)	1.055 亿
2	伍兹(高尔夫)	1 亿
3	贝克汉姆(足球)	3 520 万
4	霍亚(拳击)	3 200 万
5	罗伊·琼斯(拳击)	2 600 万
6	加内特(篮球)	2 520 万

（续表）

排名	体育明星（领域）	收入
7	奥尼尔（篮球）	2360 万
8	小威廉姆斯（网球）	2 250 万
9	罗德里格斯（棒球）	2 200 万
10	乔丹（篮球）	2 150 万

资料来源：徐菱虹. 舒马赫年收入清单公布，超越伍兹成体坛明星首富［EB/OL］.（2004-05-26）［2019-12-20］. www.f1.sina.com.cn/2004-05-26/0943905225.shtml.

表 5.7   2019 赛季 F1 车手薪水表

单位：美元

车手	车队	薪水
亚历山大·阿尔本	红牛二队	17 万
乔治·拉塞尔	威廉姆斯车队	18 万
安东尼奥·吉奥维纳兹	阿尔法·罗密欧车队	23 万
兰多·诺里斯	迈凯伦车队	26 万
丹尼尔·科维亚特	红牛二队	30 万
罗伯特·库比卡	威廉姆斯车队	57 万
凯文·马格努森	哈斯车队	120 万
兰斯·斯特尔	赛点车队	120 万
皮埃尔·加斯利	红牛车队	140 万
罗曼·格罗斯让	哈斯车队	180 万
塞尔吉奥·佩雷斯	赛点车队	350 万
查尔斯·勒克莱尔	法拉利车队	350 万
卡洛斯·塞恩斯	迈凯伦车队	400 万
尼科·霍肯伯格	雷诺车队	450 万
基米·莱科宁	阿尔法·罗密欧车队	450 万
瓦尔特利·博塔斯	梅赛德斯车队	850 万
马克斯·维斯塔潘	红牛车队	1 350 万
丹尼尔·里卡多	雷诺车队	1 700 万
塞巴斯蒂安·维特尔	法拉利车队	4 500 万
刘易斯·汉密尔顿	梅赛德斯车队	5 700 万

资料来源：佚名. F1 车手 2019 年薪水榜：1 个汉密尔顿＝12 个莱科宁［EB/OL］.（2019-11-4）［2019-11-4］. http://sports.sina.com.cn/motorracing/f1/newsall/2019-01-29/doc-ihqfskcp1318975.shtml.

如此巨大的薪资差距,在整个竞技体育领域都极为少见。以高度商业化的 NBA 赛事为例,薪资最高的顶尖巨星,如斯蒂芬·库里(Stephen Curry)、克里斯·保罗(Chris Paul)、拉塞尔·威斯布鲁克(Russell Westbrook)年薪可以达到 3 800 万～4 000 万美元,与 F1 车手的最高年薪相差不大。但底薪运动员的差距就相差甚远,如在 NBA 效力近 20 年的老将乔·约翰逊(Joe Johnson)、泰森·钱德勒(Tyson Chandler)、德怀特·霍华德(Dwight Howard)可以获得 1 620 564 美元的年薪,但像阿尔本这样 17 万美元的工资,往往只会出现在 NBA 一两个月的"临时工"合同中。

2. 付费车手

20 位正式比赛的 F1 参赛选手多半都是靠赞助和关系获得参赛席位的"付费车手",之所以会出现这个现象,在于 F1 运动本质上是一项相当烧钱的竞技运动。一辆赛车每年参赛成本近 1 000 万美元,加上每辆赛车的科研、设计、试验费用、事故损耗,总成本至少达 2 000 万美元。以近几年处于中下游的索伯车队为例,2015 年,车队亏损就高达 1 500 万英镑;曾经在过往风靡车坛数十载的威廉姆斯车队,也在最近几年陷入财政困境,每年亏损近 2 000 万英镑。在 F1 整体运营收入每况愈下的情况下,很多老牌私人车队越发步履维艰。

与 F1 车手工资相对应,各支车队的商业价值、市场影响力也相去甚远,F1 电视转播、商业赞助的份额中,绝大部分都流向几支有实力夺冠的大车队,中下游车队的生存非常艰难。因此,除了靠车队自身的赞助收益,以及 F1 大奖赛的年底分成之外,车手赞助费已经成为许多中小车队营收的主要来源。

从 F1 诞生那天起,付费车手就一直存在,20 世纪 50 年代,有很多富人和贵族以私人名义赞助参赛,如 5 届 F1 世界冠军方吉奥就得到了阿根廷政府的财力支持,3 届世界冠军劳达也用自家房产做抵押获得银行贷款,才进入 F1 的大门。

实际上,不少车队甚至明确了整个赛季的车手合同费用、参加一场比赛的费用,以及参加一场正规测试的费用。几乎所有车手进入 F1 都要经历。而今,赞助商为了给车手买合同不惜一掷千金,购买车手席位的价格甚至都是每年 1 500 万欧元起价,也有如梅赛德斯车队以提供引擎为条件为奥康拿到印度力量车队席位,法拉利为勒克莱尔拿到索伯车队席位。

付费车手进入 F1 的大门之后,必须通过自己杰出的表现方可站稳位置,如 1991 年,舒马赫在乔丹车队开始 F1 生涯,是梅赛德斯车队为他提供的参赛机会,出色的表现和极大的潜力使舒马赫仅一站比赛后就被贝纳通车队抢入麾下。但 F1 历史像舒马赫这样的天才少之又少,绝大多数付费车手的境遇与委内瑞拉赛车手帕斯托·马尔多纳多(Pastor Maldonado)类似:他依靠委内瑞拉石油公司提供的 3 000 万欧元赞助费进入路特斯车队车手席位,但随着委内瑞拉经济形势恶化,委内瑞拉石油公司取消了赞助,加之他本人战绩平平,很快他就从 F1 赛场上消失了。

总之,F1 就是这样一项运动,缺乏资金的小车队选择车手不是根据驾驶技术,而是他能带来多少赞助;制定比赛规则不仅需要考虑公平竞争,更需要想方设法让比赛更加吸引赞助商。正如 F1 前掌门人伯尼·埃克莱斯顿所说,F1 已不仅是体育比赛,更是商业活动。

5.3 F1 管理公司(FOM)

赛车运动建立的基础,就是现代文明下的产物——汽车,仅仅凭借这点,就注定了这项赛事高消耗、高投入的特点。为维持这项运动的发展,人们一直在寻求各种商业开发的手段和领域。FOM 管理公司的商业开发推广是最成功的典型。

FOM 全称为 Formula One Management Limited,是一级方程式世界锦标赛有限公司的子公司,译为"一级方程式管理有限公司",公司标志如图 5.12 所示,成立于 1981 年,总部位于英国伦敦,在全球有 209 家分公司。FOM 是 F1 赛事的主要管理方,提供进一步的比赛推广服务。

图 5.12　FOM 管理公司标志

FOM 控制 F1 赛道的使用许可权和商业运营权。同时,FOM 对各车队队名、F1 官方标志、媒体信息、最大赛车数量等拥有商业管理权。FOM 制作所有大奖赛的电视转播,通过欧洲广播联盟(European Broadcasting Union,EBU)向授权区域提供评论和转播。FOM 的生产部门设在肯特郡的比金希尔机场,方便运送转播比赛所需的设备。财务上,FOM 为新的赛道和车队提供部分投资,并在新的市场上扩大 F1 的影响力。FOM 也负责每场比赛的运输设备和人员的后勤。

5.3.1 FOM 的运营基础

FOM 的运营基础与国际汽联有重大的关系。F1 在 20 世纪 50 年代的英国只是一项不起眼的小型赛车比赛,WRC、WTCC 等赛车比赛才是众人瞩目的焦点,并且随着第二次世界大战后经济复苏，如火如荼地开展起来。FOM 成立后，时任首席执行官伯尼·埃克莱斯顿（Bernie Ecclestone）敏锐地发现了这项运动的巨大市场潜力，他以 3.6 亿美元取得了 F1 的经营开发权，并成功地在 2000 年将这个协议的有效期自 2010 年继续延长 100 年。这意味着 FOM 花了极低的成本就从国际汽联手中获得了到 2110 年的经营开发权。从经营角度来看，国际汽联仅是作为管理者和规则制定者，不直接经手金钱的运作，而各车队的赞助商是 F1 这个金钱游戏得以延续下去的主要来源。但在 F1 的直接运作中，他们基本上处于只出不进的状态，他们向车队投入大量金钱，是希望推广企业品牌或者促销相关产品，这个效益是长期的。有了长达 100 年的经营开发权，FOM 开始整合资源，逐渐在方程式领域建立起它的王国。

此外，FOM 对 F1 赛事稳固的管理地位还得益于赛车界"宪法"《协和条约》（Concorde Agreement）的签订。该条约签订前，F1 的赛事组织和市场开发十分混乱，当时参与 F1 赛事组织管理的 F1 车队协会（The Formula One Constructors' Association，FOCA）、国际汽车运动联合会和国际汽联之间为了经济利益明争暗斗。为了避免无谓的损失，1981 年 1 月 9 日，F1 车队协会和国际汽车运动联合会在巴黎协和广场边国际汽车运动联合会的办公室里签署了著名的《协和条约》。条约规定了各自的权利与义务，包括电视转播收入分配和管理运作程序的法律约定等，同时明确地划分了 F1 赛车运动的商业权益、运营管理体系等分工。《协和条约》为 FOM 日后的商业开发和长期经营铺平了道路，是 FOM 不断发展的重要基石。

5.3.2　FOM 对 F1 的品牌管理

拥有了稳定的经营开发权后，F1 各个车队和 FOM 达到了空前的团结。事实上，FOM 已经掌握了 F1 这项运动的管理大权，有关这项运动的一切权利几乎都集中在了 FOM 手中，于是 FOM 开始集中全力打造这项运动。

1. 电视转播

FOM 从国际汽联取得的商业开发权中最重要的一项就是电视转播权，显然这一点也显示了伯尼超强的预见力。20 世纪 80 年代，奥运会、世界杯还没有走向商业化道路，甚至电视机还没有在中国等发展中国家普及。但作为高端场地赛车的产品，F1 显然具有得天独厚的电视转播优势。

首先，赛车场很小，F1 是一个在固定场地里举办的比赛，环形赛道长度为 3～5 千米，对于现代转播技术来说，实时记录并转播这样的比赛，并不是一件难事。20 世纪 90 年代，对于一些新兴的有待推广 F1 运动的国家，FOM 甚至免费提供电视转播画面。在 F1 商业推广如此完备的今天,FOM 还会在每场比赛后为世界各国的电视台免费提供 20 分钟左右的比赛集锦画面(见表 5.8)。

表 5.8　F1 赛事在部分国家的转播情况

国家	电视台
澳大利亚	Ten
奥地利	ORF-1、ORF-2
巴林	巴林电视台
比利时	Canvas（North）、E´en（North）、La Deux（South）、La Une（South）
巴西	Rede Globo
加拿大	RDS、TSN、TSN2
中国	CCTV-5、广东体育频道、上海五星体育频道
丹麦	TV3 Puls、TV2/TV2 Zulu
德国	RTL、Premiere
法国	TF1
希腊	Alpha、ANT1
荷兰	RTL7
马来西亚	ESPN Asia、NTV7、Star Sports、ASTRO
日本	富士电视台
美国	FOX、FOX Deportes、Speed
西班牙	Canal 9、IB3、La Sexta、TV3
意大利	Rai Due、Rai Uno
英国	BBC One、BBC Two

其次,F1 比赛的时间比较短,有利于电视转播。按照 2019 年的 F1 比赛规则,排位赛由 3 节组成,第 1 节 20 分钟,第 2 节 15 分钟,第 3 节 10 分钟,每节中间休息 5 分钟,排位赛总共时长不超过 1 个小时;决赛时间一般也维持在 1.5 个小时左右。因此,在周末体育转播异常火爆、各种比赛爆棚之时,F1 可以在直播频道时段中占据一席之地,也符合现代人快节奏的生活模式。

此外,比赛转播的安排有利于电视广告的插播。多年的商业开发经验使 FOM 在比赛转播中为世界各国的电视台考虑周到。排位赛每节之间的休息时间、决赛集中进站加油的环节都为电视台插播广告预留了空间和时间。

由于电视转播的推广,F1 这项运动在 1 年近 10 个月时间里占据着各国体育新闻的版面,保持着极高的曝光率。如此取得的成果就是在电视机最早普及入户的欧洲,F1 最早敲开了老百姓家的大门,这也是至今欧洲依然是 F1 大本营的原因。F1 这项运动的主要赞助商、商业收入在欧洲地区仍占 80% 以上。在亚洲,FOM 不再简单地移植曾经单纯地依赖电视转播增加曝光率的洗脑营销,而是采取了媒体先行进而带动电视转播的、全新的、复合式的推广方式。他们先是邀请重要的媒体了解、感受这项运动,然后通过媒体人的口碑进行前期宣传,之后再加上强大的电视转播力量,把这项运动推广到普通的中国家庭中。

2. 打造 F1 偶像

FOM 在推广 F1 这项运动时采用了打造偶像的营销策略,在每个年代不断推出新的巨星车手,是对 F1 品牌的强势营销(见图 5.13)。

图 5.13 (左起)塞纳、舒马赫、莱科宁和汉密尔顿

在 20 世纪 80 年代,风流倜傥的巴西赛车手埃尔顿·塞纳(Ayrton Senna da Silva)几乎成了全民偶像,他的一颦一笑都是女孩子们追逐的焦点,他的家门口总是守着几十甚至上百位车迷,而他在 1994 年不幸在圣马力诺大奖赛中丧生更是让全世界的车迷悲伤落泪。

紧接着,FOM 又推出了新偶像迈克尔·舒马赫(Michael Schumacher)。虽然他没有塞纳俊美的外表,但德国人特有的坚定意志和完美、高超的车技使他成为新一代的赛车偶像。同时这个偶像的推出也符合了那个时代的特点:不要完美而要个性。舒马赫可以拼尽全力去获取胜利,无论遇到什么困境,取得胜利就是这个德国人唯一的目标。而在伯尼和 FOM 刚开始向亚洲市场进发的时候,在中国甚至在整个亚洲,只知舒马赫而不知 F1 的也大有人在。

舒马赫退役之后,作为他的继任者,芬兰车手基米·莱科宁(Kimi Raikkonen)又迅速俘获了大批车迷。他温文尔雅、冷静沉稳的性格似乎与分秒必争的 F1 有些格格不入,然而这恰恰使他成为 F1 赛场上的一股"清流"。他的开车风格极其文明和干净,不仅在赛场上,赛场下的莱科宁也鲜有花边新闻。然而在他状态最好的时候,似乎总差了几分运气而与冠军擦肩而过,职业生涯仅仅获得过一次总冠军。尽管辗转多家车队,他对赛车运动的热爱、坚守和执着却始终如一,这也为他增添了一抹"悲情英雄"的色彩,这样纯粹的体育精神让无数人为之动容。

随着 F1 触角的全球化，FOM 又适时地推出了他们的新一代偶像天王——刘易斯·汉密尔顿。黝黑的皮肤、良好的教养、完美的车技、坚定的意志，这些被大肆渲染的光环正说明了 FOM 对新市场的期待。汉密尔顿的出现把 F1 这项似乎只是欧洲白人之间的竞赛拉到了普通老百姓的身边。"只要你有梦想，不管你的家在哪里，只要你喜欢赛车，只要你努力，梦想就能够实现。"因此，在中国和其他许多赛车文化并不普及的国家，许多家长开始鼓励孩子参与卡丁车等少年赛车运动，甚至把孩子送到欧洲的赛车学校进行学习。在这里 FOM 所能赚到的除了更多的偶像纪念品、赛车学校的学费投入外，更多的是孩子们对于偶像的崇拜以及 F1 文化在他们心中的萌芽。

3. F1 形象的全面定位与提升

品牌形象(brand image)是很多企业(甚至包括奢侈品公司)会不经意间忽视的重要元素。对任何一家企业而言，它必须在整个品牌生命周期中管理好品牌概念与形象的联系(brand concept-image)。对于三个不同的管理阶段(形象引入期、定制期和加强期)，公司需要采用特定的定位战略，通过营销组合来实施，让消费者更好地理解品牌形象(引入期)、感知稳定的价值增长(定制期)，并把这种形象融入企业生产的其他产品中(加强期)。

为了传递品牌形象，奢侈品公司会通过特别的传播方式展现品牌的魅力，如大型高雅的活动、时装秀、酒会等。但是，在这个多变的商业世界里，奢侈品品牌或多或少会遭遇品牌危机，有外界因素，也有内在原因。如何有效地处理品牌危机也成为奢侈品公司维护品牌形象的关键议题。

奢侈品品牌形象的构建是其传递文化的重要组成部分。奢侈品品牌形象代表整体品牌的气质，植根于背后深厚的文化积淀。奢侈品品牌形象的构建要素包含了九大方面——品牌标志性、产品创新性、设计专有性、品牌传播、品牌溢价、独特性(排他性)、环境和服务、历史传承性和文化开放性(见图 5.14)。

奢侈品品牌创建是一个系统工程，需要激情、智慧与信念。F1 作为竞技运动和体育赛事中的"奢侈品"品牌，其品牌形象构建与传播也值得我们研究。品牌的强大取决于品牌领导力。对于 F1 品牌建设工作，针对顾客在品牌标志维度上做出的综合评判与信息转达的匹配度至关重要，因为它提供的是一个具有一致性且给人自我强化感觉的品牌形象。F1 需要确保品牌即使在困难时期也保持强劲，并提供符合品牌承诺的价值。

消费者对 F1 的认知源于 F1 明晰精准的定位并准确、一致地向顾客传达品牌信息和品牌效益，最后 F1 会利用品牌资产进行品牌延伸、跨界创新或品牌融合(见图 5.15)。这就是品牌传播的 4 个阶段，即 PCDL 模型。

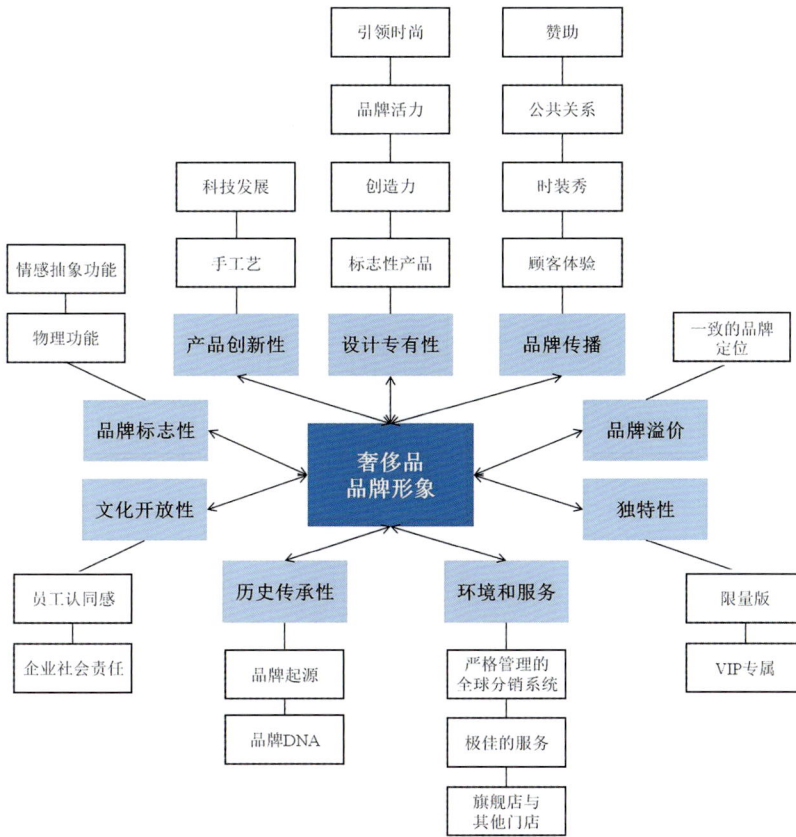

图 5.14　奢侈品品牌形象的构建

资料来源：FIONDA A M，MOORE C M，2009. The antomy of the luxury fashion brand[J]. Journal of brand management，16：347-363.

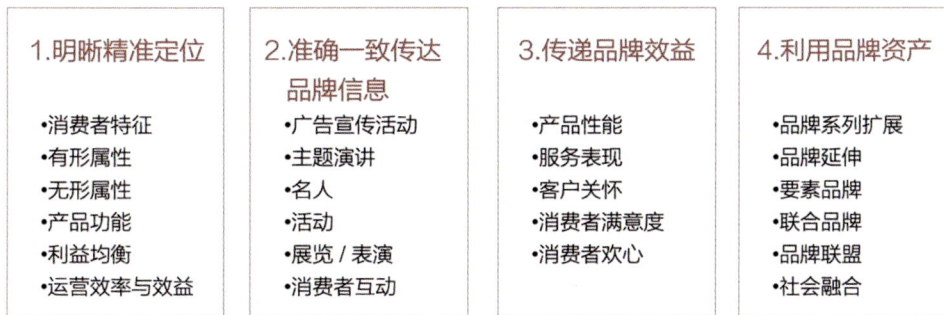

图 5.15　关于品牌传播 PCDL 模型

资料来源：GHODESWAR，BHIMRAO M，2008. Building brand identity in competitive markets：a conceptual model[J]. Journal of product & brand management，17(1)：4 - 12.

从 20 世纪 70 年代开始,FOM 开始刻意营造 F1 运动的高端形象,其主要表现在研发费用、车手薪金和奢华运营 3 个方面。

(1)庞大的研发费用。每家车队计算成本的方法不尽相同,总的来说研发和材料等部分大约占到总支出的 40%。接下来就是雇员工资,车手的工资一般另外计算,还有一项开支是比赛和试车的运输与附加费用。营销支出在大多数车队都是最少的一方面。一辆 F1 赛车的基本费用合计大约需要 885 万美元。庞大的研发费用与 FOM 竭力打造的 F1 高端形象相契合。

(2)车手高昂的薪金。F1 车手的高薪已经不是什么秘密,早在 20 世纪 90 年代,舒马赫 3 500 万美元的年薪就一直稳居体育明星收入榜的第一位很多年。舒马赫退役后,芬兰冰人莱科宁成了他的继任者。此外,最年轻的两届世界冠军阿隆索的年薪也有 3 000 万美元,而他的对手汉密尔顿则是 2 500 万美元。至于其他"中层"F1 车手,年薪则均在 1 000 万美元上下。

虽然 F1 贵为赛车界第一运动,但较以往的舒马赫时代相比,现今 F1 车手们的收入已经打了不少折扣。不过,随着 F1 运动越来越大的影响力,车手年薪也成为人们口中津津乐道的话题。

(3)车队和 FOM 的奢华运营。除了车手的高额薪金,F1 各个车队和 FOM 在 F1 赛事上投入了极高的研发费用,F1 各个分站赛的举办费用都是天文数字。以中国大奖赛为例,F1 中国站每年的承办费高达 3 000 万美元。由于赛场广告、电视转播权等赛事主要收入全部归属于 FOM,F1 中国站仅能从门票、赛场纪念品等销售中获得少量回报。

5.3.3　FOM 的盈利能力

经过 20 年近乎疯狂的投资后,FOM 在近 15 年开始了同样高额的盈利。FOM 在 1995—1996 年税前利润高达 5 900 万美元。1999 年夏,10 亿美元的债券顺利发行,使 FOM 的财富更加庞大。据债券在交易所公开发行的规定,FOM 必须披露所有重要的而又是应该被公众知道的信息,包括一些重要的合约。从合约中可看出,虽然 FOM 每年支付的金额由 800 万～900 万美元上升到 3 800 万美元,但是与 F1 每年电视转播费的 2.41 亿美元收入相比,比例还是很小。在 20 世纪 70 年代后期,F1 赛车的电视收入每年只有 100 万美元。1990 年,伯尼开始与公共和商业电视网逐家谈判,1996 年以 1 亿美元的价格将 F1 转播权卖给了英国独立电视台(ITV)。虽然 F1 的管理层没有透露过它的收入,但到 2002 年,F1 的全球电视转播权收入预计已超过 5 亿美元。获得这些收益的主要途径有以下 3 个方面:电视转播权、赞助商和媒体宣传。

1. 电视转播权

F1 的核心收入来自电视转播权,在体育界仅次于世界杯和奥运会。近 40 年来,不管 F1 赛事的管理结构如何变化,其中都能够看到 FOM 在背后操控着 F1 的方向盘。通过出售 F1 赛事的转播权,FOM 已经成为世界上最盈利的公司之一。

同时,在经历了 10 多年的强势推广后,F1 的转播权不再免费赠予各国电视台。20 世纪 80 年代,英国电视台 ITV 首先有偿转播了这项赛事。接着随着这项赛事影响力的不断提高,其电视转播费用也是水涨船高。2010 年之前的 7 年,上海久事购买电视转播权的费用在 1.5 亿元人民币左右。2007 年,德国的收费电视台 Premiere 续签 1 年的 F1 电视转播合约,同时支付了 3 000 万欧元。2008 年,英国广播公司签订了一份 F1 在英国为期 5 年的转播合同,合同期为 2009—2013 年,BBC 为此支付了大约 2 亿英镑。[①]

在 F1 的商业运营中,电视转播权是继比赛举办权收入之后最大的财源,每赛季大约有 5 亿欧元进账,其中一半分给车队。

近年来,FOM 的 F1 转播质量有了大幅度提高,比如说安装了车身摄像头来拍摄车手在舱内的驾驶动作,在尾翼上安装摄像头来拍摄后面追上来的其他赛车,配合 AR 技术呈现更多赛车状况和实时数据等(见图 5.16)。这些设施的成本也非常高,赛道沿线铺设光纤造价不菲。

图 5.16　F1 电视转播画面

以中国、新加坡为代表的亚洲市场也成了 F1 收视率新的增长点。2018 年,中央电视台时隔 5 年后重新直播 F1,腾讯体育拿下 2 年的新媒体独播版权,五星体育签约获得 2018—

---

① 匿名.英视十年来首次不转播 F1,被曝皆因利益之争[EB/OL].(2013-03-18)[2019-12-22]. http://sports.qq.com/a/20130318/000385.html.

2020 年 3 年的直播权益,广东电视台体育频道则是直播了数场大奖赛。赛事直播在中国全面开花的大背景下,中国的 F1 收视人群也显著扩大。2019 年初的官方数据显示,中国市场单场比赛观众数量高达 6 800 万,仅次于巴西,在全球市场排名第 2,几乎为第 3 名美国的 2 倍;涨幅则是高居世界首位,出现了 3 倍的增长。

2. 赞助商

历史上 FOM 曾与众多赞助商共同合作,厂商来自金融、通信、体育、机械、工业、烟草、石油、饮料、保险等各个领域,大众熟知的品牌包括美孚、壳牌、普利司通、耐克、西门子、佳能等(见表 5.9)。

表 5.9　2010—2019 年主要车队赞助商一览表

车队	技术赞助商	所属行业	商业赞助商	所属行业
法拉利	壳牌	燃料和润滑油	菲利普·莫里斯（主赞助商）	烟草
	普利司通	轮胎	AMD	电脑硬件
	玛涅蒂·玛瑞利	汽车零配件	Fila	体育用品
	Brembo	机械工具	SACHS	汽车配件
	NGK	工业材料	欧洲车行	汽车租赁
	菲亚特	汽车制造	Technogym	健身器械
	MOMO	汽车配件	依维柯	汽车制造
	SKF	轴承	Cevolani	机械设备
	TRW	汽车配件	Acer	电脑
	Poggipolini	钛金材料	Cima Labs	制药
	Fluent	工业软件	阿古斯塔	直升机制造
	PTC	软件	VECA	电子通信
	Alenia	航天技术	奥林巴斯	照相器材
	彪马	运动装备器材	沃达丰	通信
	Eightcap	在线金融交易	雷朋	眼镜
	Infor	软件	卡巴斯基实验室	电脑安全
	Laszmoe	汽车保养品	UPS	物流快递
	Experis	人才解决方案	潍柴	汽车配件
	Riedel	电子通信	宇舶	钟表
	VistaJet	航空	联想	电脑
			MAHLE	汽车配件
			OMR	汽车配件

（续表）

车队	技术赞助商	所属行业	商业赞助商	所属行业
迈凯伦	戴姆勒–奔驰（主赞助商）	汽车制造	SAP	软件
	普利司通	轮胎	西门子	电子通信
	英国航空电子	航空技术	Warsteiner	啤酒
	旭格	铝合金材料	Hugo Boss	服装
	SUN	计算机系统	CA	操作软件
	GS-BATTERY	蓄电池	佳能	电子产品
	泰吉利	照明电器	汉高乐泰	工程胶粘
	ENKEI	轮圈制造	阿奇夏米尔	工业机械
	SONAX	汽车保养品	West	烟草
	T-Mobile	通信服务	健伍公司	音响设备
	美孚	燃料和润滑油	瑞士 TAG Heuer 钟表公司	钟表
	倍耐力	轮胎	一加	手机
	沃尔沃	汽车	戴尔	电脑
	艾睿电子	电子通信	理查德米尔	腕表
	罗技	消费技术	Estrella Galicia	啤酒
	Akebono	制动材料	英美烟草公司	烟草
	Sparco S.p.A	赛车运动安全设备及汽车配件	Hookit	运动品牌赞助分析和评估
	Sikkens	涂料	Huski	食品
	Enkei	汽车制造	FxPro	外汇
	HTC Vive	虚拟现实	CNBC	新闻网络
	Yamazaki Mazak	汽车零件	Kenwood	电子通信
	Calsonic Kansei	汽车零件	希尔顿	酒店
	Technogym	健身器材		
	Stratasys	3D 打印		

（续表）

车队	技术赞助商	所属行业	商业赞助商	所属行业
威廉姆斯	嘉实多	润滑油	安联保险	保险
	普利司通	轮胎	七喜	饮料
	OZ Racing	汽车轮圈	巴西国家石油	燃料
	MAN	卡车制造	埃森哲	咨询
	日本丰田汽车公司	汽车制造	路透社	新闻媒体
	PPG	工业制造	葛兰素史克	制药
	美国惠普公司（主赞助商）	电子科技	西联汇款	金融
	耐克	运动服装	ORIS	钟表
雷诺	ELF	燃料和润滑油	柔和七星	烟草
	嘉实多（主赞助商）	润滑油	RCI 银行	金融
	普利司通	轮胎	Alpinestars	赛车服
	3D Systems	工业模具	洽密	机电产口
	玛涅蒂-玛瑞利	汽车零配件	Elysium	软件
	施罗特	赛车设备	力克	纺织机械
	STARCD 工业软件	工业制造	NA	网络设备
	泰科	电子通信	Stonesoft	网络技术
	英菲尼迪	汽车	韩进海运	航运
	杜邦	化工	Mapfre	保险
	微软	电子科技	英国石油公司	石油
	西门子	电子通信	柏莱士	腕表
丰田	西卡	化学材料	松下（主赞助商）	家用电器
	达索	汽车设计	AOL	网络技术
	EMC	信息技术	AVEX	唱片制作
	EOS	工业零件	Ebbon-Dacs	软件
	美孚	燃料和润滑油	KDDI	电话通信
	DEA 工业设备	工业制造	MAN	商用车辆
	普利司通	轮胎	Meteo	气象服务
			未来运动	健身俱乐部
			彪马	体育服装

资料来源：由作者根据各车队官网信息整理而成。

以 2019 年梅赛德斯马石油车队的赞助为例（见图 5.17），马来西亚国家石油公司（Petronas）是梅赛德斯的冠名赞助商，每年提供近 5 000 万英镑的赞助，几乎占到了车队总收入的一半。运动装制造商彪马（Puma）每年支付大约 200 万美元，让他们的标志成为特色。与此同时，音频巨头博士（Bose）、服装品牌汤米·希尔费格（Tommy Hilfiger）、饮料制造商魔爪（Monster Energy）、金融服务公司瑞银集团（UBS）、无线技术研发公司高通（Qualcomm）、印刷和通信公司爱普生（Epson）、瑞士手表万国表（IWC）和包装产品维胡里（Wihuri）都提供了 7 位数以上的赞助。Tibco（分析软件）是赞助商中付出代价最小的——他们支付了大约 100 万英镑，在汉密尔顿赛车服的肘部上面得到一个位置。

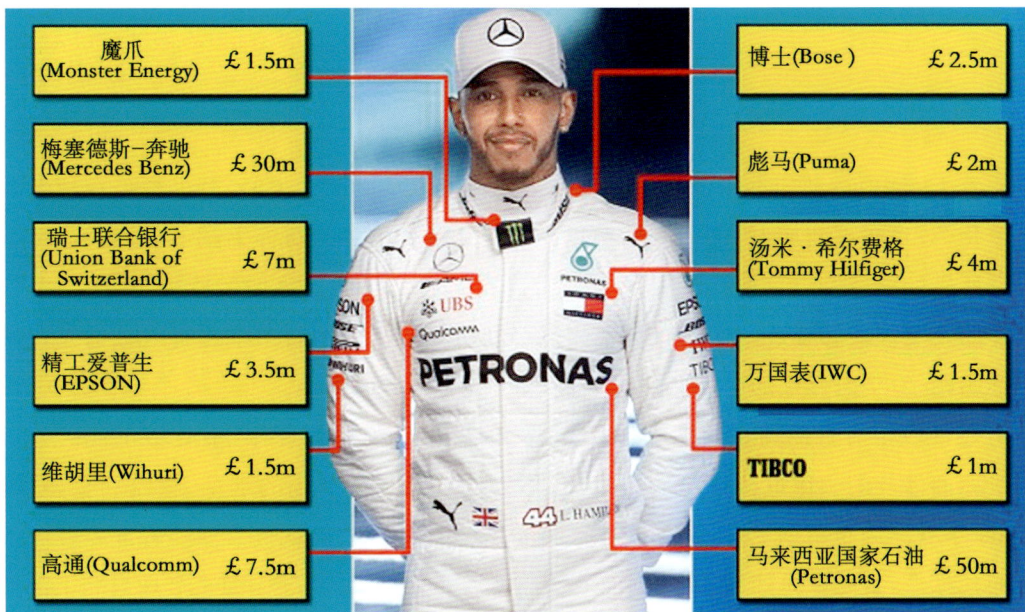

魔爪（Monster Energy）	£1.5m		博士（Bose）	£2.5m
梅塞德斯-奔驰（Mercedes Benz）	£30m		彪马（Puma）	£2m
瑞士联合银行（Union Bank of Switzerland）	£7m		汤米·希尔费格（Tommy Hilfiger）	£4m
精工爱普生（EPSON）	£3.5m		万国表（IWC）	£1.5m
维胡里（Wihuri）	£1.5m		TIBCO	£1m
高通（Qualcomm）	£7.5m		马来西亚国家石油（Petronas）	£50m

图 5.17　2019 年梅赛德斯马石油车队赞助商及费用

资料来源：余琳琦. F1 赞助费有多高？汉密尔顿车手服赞助超 1 亿英镑［EB/OL］.（2018-03-21）［2019-11-23］. http://lanxiongsports.com/? c＝posts&a＝view&d＝9724.

追溯 F1 赞助商的源头，F1 最早的赞助商是从和这项运动联系最紧密的汽车、石化产业开始的。其原因很简单：石化产业是赛车运动最直接的受益者。但是 F1 赛事对于中国市场的开发却并不顺利，最突出的例子是 F1 中国站的赞助商问题。F1 自 2004 年进入中国，至今已有 15 年，但冠名赞助过 F1 中国站的中国厂商却只有中国石化一家。从 2004—2008 年，中国石化曾以近 10 亿元的价格，连续赞助 F1 中国站 5 年。但由于种种原因，2009 年合约没再继续。在"裸奔"了 2 年之后，F1 先后将中国站的冠名权益分配给了 4 家 F1 的全球赞助商,分别为 UBS(2011—2014 年)、阿联酋航空和倍耐力(2015 年)、倍耐力(2016 年)、喜力啤酒(2017—2018 年)(见表 5.10)。

表 5.10　2004—2018 年 F1 中国站冠军赞助商

年份	冠名赞助商
2004—2008	中石化
2009—2010	—
2011—2014	UBS
2015	阿联酋航空＆倍耐力
2016	倍耐力
2017—2018	喜力

随着 F1 这项运动的不断强大,其高端、奢华的形象不断深入人心,赞助商也在悄悄地发生着变化,数目在不断增大,这点从车手和赛车身上越来越多的商标上就能看出。甚至车手比赛后所带的棒球帽也只得不断更换。因为普利司通公司的独家轮胎赞助,车手们不得不在比赛的发奖仪式和赛后新闻发布会上佩戴普利司通的帽子。而车手比赛时戴的是布满各种商标的帽子,平时佩戴的是车队或自己品牌的帽子。

另外,FOM 对赞助商也开始有了一定要求:只与高端品牌合作,不与不正规的公司洽谈。赞助商涉及的领域也从最初的汽车、石化产业发展到了如今的烟草、物流和金融产业。在 2000 年欧洲颁布禁烟令之前,烟草业一直是 F1 最主要的"提款机",但随着世界各国不断地颁布禁烟令,金融业迅速崛起成了 F1 新的主要赞助商。眼下,整个 F1 车坛只剩下法拉利的赞助商万宝路这一家烟草厂商,金融业的阵容却声势浩大。主力军之中,威廉姆斯车队的赞助商苏格兰皇家银行和安联保险、宝马车队的赞助商瑞士信贷集团、迈凯伦车队的赞助商西班牙桑坦德银行以及雷诺车队的荷兰 ING 银行等赫然在列。

进入 21 世纪以来,赞助 F1 车队的中国赞助商也超过了 10 家。赞助过 F1 车队的中国厂商和品牌不完全统计如表 5.11 所示。

表 5.11　2001—2018 年 F1 车队的中国赞助商与首次赞助年份

年份	赞助商	车队
2001	Acer	普罗斯特
2003	新浪	英美

（续表）

年份	赞助商	车队
2003	CCTV&SHANGHAICIRCUIT	乔丹
2003	CCTV&SHANGHAICIRCUIT	威廉姆斯
2004	泰康人寿	索伯
2004	北京公馆	乔丹
2006	中国银行	威廉姆斯
2006	铭雅欧洲城	世爵
2007	爱国者	迈凯伦
2007	联想	威廉姆斯
2010	FCACA	HRT
2011	常州天台光能	路特斯
2012	新浪微博	HRT
2013	潍柴动力	法拉利
2013	中国银联	迈凯伦
2014	海信	路特斯
2017	中信银行	威廉姆斯
2018	中信戴卡	威廉姆斯
2018	天猫	雷诺
2018	利来国际	印度力量

3. 媒体宣传

2016 年 9 月 7 日，美国自由媒体集团（Liberty Media Corporation）宣布以 80 亿美元的价格收购 F1，最后收购通过购买 FOM 母公司 Delta Topco 的 100% 股份实现，其投入为 44 亿美元。同时，他们还需要承担 F1 此前约 41 亿美元的债务。收购在 2017 年第一季度完成，Liberty Media 的总投入为 85 亿美元，收购后 Liberty Media 将成为 FOM 的最大股东以及 FOM 和 F1 的实际控制者。

此前拥有 FOM 和实际控制权的 CVC 资本集团将持有新公司"F1 集团"64.7% 的股份，但没有实际控制权。之后以 CVC 资本为首的这些老股东也分 4 个阶段相继出售了他们在 F1 集团的股份，其中 CVC 资本成为最大的受益方，他们通过出售 FWONK（F1 集团在纳斯达克的股票代码）的股份得到了 8.463 亿美元。《福布斯》在 2015 年 7 月的一篇报道中指出，在向自由传媒集团转手之前,CVC 资本已从 F1 身上赚了近 44 亿美元,相比之下,他们在 2005 年收购 F1 的费用为 9.65 亿美元,F1 赛事的吸金能力和盈利能力从中也可见一斑。

自由媒体集团接管 F1 之后,并未急于通过这 4 个收入板块增收,而是选择了先培育品牌。为此在运动的传播与推广、提高车迷体验方面做了大量的工作。而这正是自由媒体所擅长的领域,当然也被认为是伯尼掌权时代的短板。

自由媒体集团从数字新媒体运营到推出 F1 TV Pro OTT 服务,从 2018 年修改转播界面设计到 2019 年利用亚马逊机器人学习和数据分析服务,提升电视观众的观赛体验;从线下的 F1 车迷嘉年华,到线上与线下集合的 F1 官方电竞——F1 Esports Pro Series,在数字新媒体传播运营方面取得了丰厚成果。2018 年,F1 账号在 4 个社交媒体平台(Facebook、Twitter、Instagram、YouTube)的粉丝数相较 2017 年增长了 53.7%,达到 1 850 万,使 F1 成为社交平台上增长最快的大型体育品牌。F1 通过吸收退役冠军车手尼科·罗斯伯格(Nico Rosberg)、简森·巴顿(Jenson Button)等担任解说嘉宾并进行媒体报道,进一步丰富了车队车手宣传的故事性。

不仅如此,F1 平均每个比赛周末的独立用户数,较 2017 年增长了 11.1%。越来越多的内容被用户浏览。2018 年总曝光量达到 104 亿次,增长了 29.2%。另据 F1 官方统计,2018 年 F1 全平台互动数增长 52%,达到 1.85 亿次。使得 F1 成为所有主要的体育品牌中,互动率最高的赛事。

但 F1 并不满足于此,在像中国这样的区域化市场,开通了本土化的官方微博、官方微信和头条账号。2019 年,F1 官方又增加了一个抖音 App 账号,以期至年末全平台粉丝实现 200% 的增长,视频浏览量达到 2 000 万。

当然,所有的这些运营,都意味着更大的投入。2018 年,自由媒体涉及数字化和技术的员工新增 15 人,全球的网络广告投入首次超过了全球的电视广告投入。除了传播与推广,自由媒体新任命的汽车运动总监罗斯·布朗(Ross Brown),也在携手国际汽联推进比赛规则的改进,以进一步提高赛事观赏性。2019 年,F1 对车身 Aero 规则的修改便是最鲜活的案例。

5.4　F1 及其车队的商业模式

彼得·德鲁克曾说:"当今企业之间的竞争不是产品之间的竞争,而是商业模式之间的竞争。"曾几何时,商业模式(business model)并没有受到企业家的足够重视,绝大多数行业陷入了同质化竞争的窠臼。

商业模式是一个整体、系统的概念,如收入模式(广告收入、注册费、服务费)、向客户提供的价值(价格竞争、质量竞争)、组织架构(自成体系的业务单元、整合的网络能力)等都是商业模式的重要组成部分,但并非全部。真正的商业模式各组成要素之间必须有很强的内在联系,把各组成部分有机地关联起来,互相支持、共同作用,形成一个良性循环。

基于此,亚历山大·奥斯特瓦尔德(Alexander Osterwalder)和伊夫斯·皮尼厄(Yves Pigneur)用画布模型(canvas model)总结了企业家和管理者们需要关注商业模式的 9 个基本构造块:关键活动(key activities)、客户关系(customer relationship)、关键伙伴(key partners)、价值主张(value proposition)、顾客细分(customer segments)、关键资源(key resources)、分销渠道(channels)、成本结构(cost structure)和收入来源(revenue stream)。

画布模型给商业模式提供了完整的概念模型,也可以作为企业管理者系统思考的框架,能被广泛应用于成熟企业的商业模式重构。画布模型很适合应用在包括 FOM 管理公司在内的创业型公司、中小型公司的商业模式创新设计和实施。管理者是否应该采用画布模型或者进行改良,需要根据企业自身的知识、经验和能力,以及掌握商业模式设计技巧熟练程度而决定。确定了商业模式框架后,需要进一步选择商业模式的具体类型。

对于 FOM 管理公司而言,F1 赛事在其 30 多年的经营下,年盈利额超过 3 亿美元,观众累计超过 10 亿人。伯尼掌舵下的 F1 在保持高定位的同时,也披着神秘的外纱。F1 赛事的商业模式,并不为普通大众所知。F1 目前的收入由 4 个部分构成(见图 5.18),以 2017 年 18 亿美元的收益为例,占比第 1 的是由各分站举办方交纳的举办费,约 6.083 亿美元;接着是电视版权费,约 6.012 亿美元;排名第三的是围场 VIP 销售和其他收入,共 3.015 亿美元;劳力士、阿联酋航空为赛道广告支付的费用收入位居最后,约 2.73 亿美元(见表 5.12)。

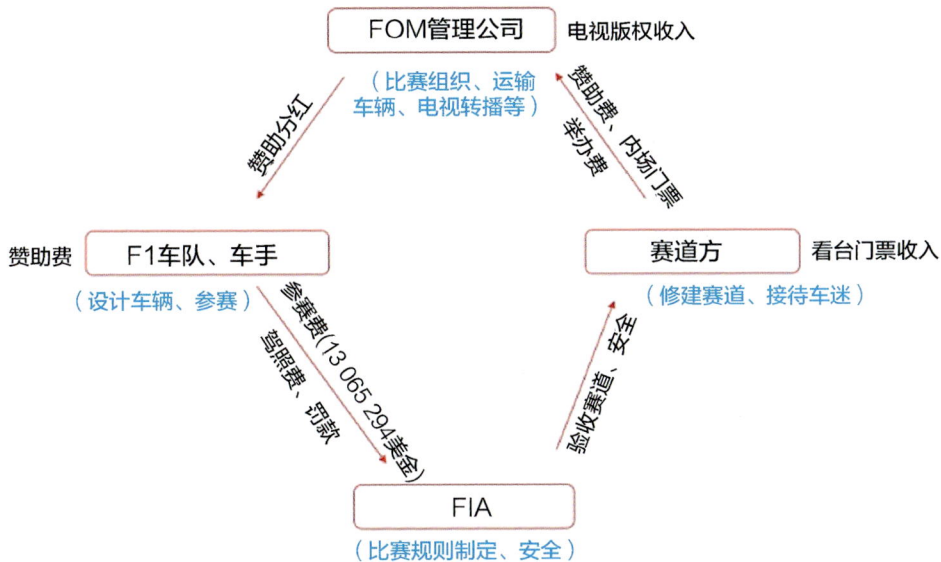

图 5.18　F1 赛事的收入构成

表 5.12　2017 年 F1 赛事收入构成

单位：美元

排序	收入	金额
1	举办费	6.083 亿
2	TV 版权	6.012 亿
3	围场 VIP 销售和其他	3.015 亿
4	广告赞助	2.73 亿

资料来源：Liberty media corp. Liberty media corporation annual report［R］.（2017-11-14）［2019-12-11］. https://ir.libertymedia.com/financial-information/annual-reports.

　　F1 的商业模式是伯尼缔造的，并且在短期内难以被打破。自由媒体集团为了促成 F1 迈阿密站的举办，曾提出与赛道分红的模式，但 2019 年 1 月 28 日，遭到 F1 承办方联盟 FOPA（Formula One Promoters' Association）16 个成员的联合反对。

　　对于 F1 各车队而言，它们的运营模式由于其各自车队成绩、公司资源、技术水平的区别而不尽相同。上游、中游和下游车队分别有独特的运营模式。

5.4.1　上游车队运营的盈利模型

　　上游车队凭借其优秀的战绩、总公司雄厚的资金来源、庞大的品牌效应和领先的技术水平得以在众多车队中脱颖而出，在高开销的同时，也能获得高收入，从而盈利。知名上游车队包括法拉利车队和新晋的梅赛德斯车队。

　　上游车队主要的资金来源有 3 个，包括赞助商、F1 技术的商业应用和 FOM 分红。其中，车队的主要赞助商有些在车队全称中直接体现，如梅赛德斯 AMG 马石油车队，从其车队队名可知马来西亚石油公司对梅赛德斯车队的赞助。F1 技术的商业应用则体现在引擎等科技领域，如红牛技术有限公司、法拉利引擎、迈凯伦代工科技等，依托领先的科技为车队盈利。此外，上游车队接受来自 FOM 的分红，资本主要来源于 FOM 每年举办赛事获得的电视转播费和赞助费。2018 赛季 F1 主要车队奖金构成如表 5.13 所示。

表 5.13　2018 赛季 F1 主要车队奖金构成

单位：百万美元

车队	年度分红	奖励金	总计奖金
法拉利	34.12	44.40	78.52

（续表）

车队	年度分红	奖励金	总计奖金
梅赛德斯	34.12	54.60	88.72
红牛	34.12	64.85	98.97
莲花	34.12	37.50	71.62
迈凯伦	34.12	34.10	68.22
印度力量	34.12	30.70	64.82
索伯	34.12	23.90	54.12
红牛二队	34.12	20.50	54.62
威廉姆斯	34.12	17.10	51.22
玛鲁西亚	—	13.60	13.60

资料来源：作者根据 F1 赛事官网公布的数据自行整理。

以法拉利车队为例，法拉利车队每年将获得赞助商（包括法拉利/菲亚特集团在内）的赞助金额约 1.65 亿美元；F1 技术的商业应用方面，法拉利引擎部门还在 F1 赛事中为红牛二队等车队提供赛车引擎，从中获利；法拉利每年从 FOM 处获得约 2.05 亿美元的分红。法拉利公司最新的财务报表显示，法拉利车队 2019 赛季支出高达 4.35 亿美元，其中研发成本持续上升。在技术研发上的高投入是法拉利车队成功的重要基石。法拉利商业模式的成功要素可以总结为：专注、包容、多变、灵活。在外部环境非常不确定的情况下，公司采取灵活的战略，但仍必须维持品牌的一致性。菲亚特集团主席卢卡·克劳德洛·迪·蒙特泽莫罗（Luca Cordero di Montezemolo）说："法拉利永远不变的三大要素就是：极致科技、魅力设计、驾驶激情。"

法拉利曾通过限量生产和等待名单来造成排他性。但法拉利北美总经理马可·马蒂亚奇（Marco Mattiacci）认为不能只想着增加财务数据，也要把法拉利当作一种文化。总的来看，法拉利雄厚的预算支持以及对技术研发的重视使法拉利能够立于 F1 赛场的顶峰，充满激情的法拉利文化也使其品牌精神愈发强大。

5.4.2　中游车队运营的两难困局

中游车队面临这样的两难困局：战绩虽好于下游车队，却始终无法触及上游车队的傲人成绩，表现中规中矩；公司具备较好的资金支持，却不如上游车队财力雄厚；具有一定品牌效应，和上游车队相提并论时却无法脱颖而出。目前处于中游的车队包括印度力量、红牛车队、雷诺车队等。

具体分析来看，中游车队亏损的原因有 3 个，包括车队历史较短、基础设施和研发耗费大、工作人员薪水高。首先,车队成立时间不长是中游车队的普遍现象。如印度力量 2007 年收购了世爵车队;雷诺车队 2011 年收购并改名为路特斯车队,后又于 2016 赛季改回雷诺车队;2009 年收购了当时 F1 冠军车队布朗 GP 车队的梅赛德斯车队刚开始也是亏损的。其次,在车队基础建设和研发方面,这些中游车队大多数拥有自己的赛车研发团队甚至风洞实验室,车队投入大量经费用于研发以期能设计并制造出更好的赛车,获得更好的成绩。科技研发是车队建设的关键,但庞大的支出却使中游车队处于亏损的边缘。最后,工作人员薪水方面,由于拥有自己的技术研发中心甚至风洞实验室,中游车队的工作人员基本都超过 1 000 人。再加上需要支付明星车手的薪水,薪水支出使资金本就不够雄厚的中游车队岌岌可危。

以红牛车队为例,红牛是快速消费品零售领域在赛车领域最好的品牌之一。这家能量饮料巨头并不是唯一利用 F1 进行推广的车队老板。汽车制造商也同样这么做,他们还使用 F1 来展示自己的产品,并且他们的公路车辆销售也得益于赛道上的发展。根据红牛车队最新的财务报表,2016 年的收入占母集团 3.084 亿美元的 35.1%,赚取了约 1 030 万美元的利润,在母公司所有业务中利润最高。2018 年红牛车队营业收入更是达到 3.27 亿美元的新高。这正是红牛所期望的,因为它的投资是营销成本。作为回报,它的商标在全球电视观众中广受关注,2018 年全年触及的观众人数总和超过 3.353 亿。红牛车队拥有最突出的品牌标志,已经 4 次赢得 F1 冠军。

更重要的是,红牛车队与阿斯顿·马丁在 2018 年达成了合作协议,后者成为红牛车队的主赞助商,并共同开发瓦基里(Valkyrie)引擎,拟定在 2021 年的 F1 赛事中使用这款引擎。

同样可以小幅盈利的车队还有雷诺车队。雷诺车队 2019 年的营业额从 1.95 亿美元增加到了 2.1 亿美元,将 2018 年亏损的 700 万美元转化为 150 万美元的利润。雷诺车队在 2019 赛季只获得了第 5 名,而在 2018 赛季获得了第 4 名,因此,来自赛事的奖金减少了。然而,赞助收入增加,导致营业额增加。员工人数从 2018 年的 620 人上升到 2019 年的 710 人后,工资支出大幅上升。按雷诺车队的说法:"在资产负债表上,雷诺的长期投资进一步证明,固定资产在 2018 年年底增加了 1 382 万美元。2019 年车队资本继续投资,进一步改进官方的 Enstone 网站和其他各种关键项目,以推动开发,并加强雷诺的长期计划,赢得车队总冠军。"

5.4.3 下游车队运营的持平之道

相较于上游车队和中游车队而言,下游车队持有最不可观的资金支持、战绩排行、技术支持和品牌价值。然而红牛二队、威廉姆斯等下游车队仍能使自己位居 F1 众多车队之列,没有退出历史的舞台,这与其车队运营的持平之道有着密不可分的关系。

下游车队的持平之道有 3 个,包括购买现有科技成果、开源节流和 FOM 分红。首先,科技研发方面,由于下游车队的全年预算相当有限,绝大多数的下游车队均直接购买成熟的但并非最新的赛车科技(包括发动机、底盘、空气动力套件等),再结合车手驾驶习惯做适当改装。相比法拉利等上游车队自主研发引擎技术,下游车队这样的程序为车队和公司节省了一笔高昂的成本。其次,下游车队致力于在车队管理中做到开源节流。他们严格控制车队规模,并且仅使用固定年薪的付费车手。最后,FOM 的年度分红是支持下游车队得以持续运作的重要资金来源。

以红牛二队为例,科技研发方面,红牛二队使用的赛车引擎由法拉利引擎部门直接提供,省去了自主研发动力引擎的高昂费用;开源节流方面,红牛二队严格将车队规模限制在 500~600 人,同时使用付费车手或自带赞助商的车手;FOM 分红方面,红牛二队每年接受来自 FOM 的分红约 2 500 万英镑左右。

威廉姆斯车队也是同样成功的案例。它不是 F1 中最老或最成功的团队,但它非常独特。1977 年,法国人弗兰克·威廉姆斯爵士(Frank Williams)与工程师帕特里克·海德(Patrick Head)成立了与其同名的车队,他仍通过自己持有的 51.3% 股份来控制团队。然而,这支车队并不仅仅属于威廉姆斯家族——它也是由他们运作的。威廉姆斯爵士是车队总经理,他的女儿克莱尔是车队副队长,这使得威廉姆斯车队和 F1 的其他车队有所不同。

与许多车队不同的是,它的收入不仅来自奖金和赞助,还来自一个先进的工程部门,将 F1 的技术发展带到其他行业,基于 F1 赛车机翼的空气动力学装置的原理,与其他企业的合作生产了一种装置,这种装置可以夹在超市的冰箱架子上,并将冷空气输送到产品上。威廉姆斯还发明了一种胶囊,叫作婴儿舱,它受到 F1 车手安全系统的启发,用于新生儿的紧急运输。

这使威廉姆斯车队的收入来源多样化,帮助它保持了运转。2011 年,威廉姆斯成为第一支上市的 F1 车队,当时威廉姆斯爵士在法兰克福小交易所(Frankfurt Junior Exchange)发行了 24.1% 的股票。他的股份使他拥有了控制权,而 3.6% 的股份由员工信托持有,其中 9.3% 掌握在海德手中,11.7% 掌握在美国投资者布拉德·霍林格手中。这是历史、稳定和透明的强大组合,在任何体育赛事中都是罕见的,尤其是像 F1 这样的前沿赛事。这也为威廉姆斯车队的财务状况提供了比其他团队更大的曝光度。威廉姆斯车队的首席执行官麦克·奥德里斯科尔(Mike O'driscoll)表示:"威廉姆斯的团队去年取得了稳健的业绩,强劲的财务业绩反映了这一进展,如此出色的成果使公司有信心继续投资于我们的设施和技术能力。"

F1 是一项成本极高的顶级赛车运动,虽然有被质疑丧失了原有的刺激和快感,其电视观众和比赛上座率已经连续多年下降,但 F1 作为一个巨大的全球品牌,其运动的精髓才是这个舞台的中心,每一个车迷都真心希望一个具有全球性的顶级赛车运动可以延续下去,而不被现实打败。

研究案例　红牛车队与红牛二队——青训模式

　　红牛车队是奥地利红牛公司旗下的 F1 车队之一,2004 年 11 月收购美洲虎车队后,红牛车队正式成为 F1 赛车的长期赞助商。在接下来 10 年里的成功是惊人的。

　　2006 年,大卫·库特哈德(David Coulthard)为车队赢得了第一个奖杯,但直到 2009 年,车队才真正取得了成功。2009 年赛季,红牛二队小将塞巴斯蒂安·维特尔(Sebastian Vettel)加盟红牛车队,与马克·韦伯(Mark Webber)一起担任红牛车队的车手。阿德里安·纽维(Adrian Newey)[①]出色的空气动力学设计,使红牛 RB5 赛车的性能与使用了充满争议的双层扩散器的布朗 GP 车队的 BGP001 赛车不相上下,并且力压法拉利、迈凯轮等老牌劲旅,由于强大的 RB5 赛车和优秀的车手,红牛车队在这一年取得了突破。维特尔在 2009 年中国大奖赛(上海)中取得了杆位并最终拿下冠军。后半赛季红牛车队豪取 5 个分站冠军,在年末车队积分榜上位列第二,仅次于布朗 GP。这一年总共收获 6 场胜利,在制造商排名中位列第 2 位。在接下来的 4 个赛季里,他们成为一支现象级队伍,2010—2013 年期间,他们连续 4 年获得车手和制造商的双冠军头衔,塞巴斯蒂安·维特尔成为这项运动最年轻的四冠王。

　　在统治了 F1 达 4 年后,红牛车队已经不是当年那支骁勇善战、令人胆寒的王者之师了。2010 年至 2013 年间,"饮料"车队成了冠军的代名词,却随着首席设计师纽维的隐退和当家车手维特尔的出走渐渐归于平凡。不过,令车队感到欣慰的是,新车手丹尼尔·里卡多(Daniel Ricciardo)给上届冠军挽回了一些颜面。2014 赛季只有里卡多曾经战胜过梅赛德斯车队。介于动力上的弱点,红牛车队第一次尝试到了失败的苦果,好在没有输得太多,在车队积分榜上以 405 分屈居第 2 位。

　　2014 年以来,F1 转入混合动力引擎的时代,由于雷诺动力单元的性能和可靠性不足(扩散器不稳定及变速箱故障),车队无法跟上世界冠军梅赛德斯和复苏的法拉利的步伐,始终离制造商冠军有着一步之遥。

　　一直以来,红牛品牌与生俱来的"极富激情、充满能量"的品牌特性深受广大消费者认

---

　　①　近十几年来 F1 赛车空气动力学潮流的领航人,被尊称为 F1 赛坛的传奇赛车设计大师。

同,而赛车运动中"加速、超越、挑战极限、永远争先"的品质不但与红牛的品牌特性相吻合,更充分演绎了红牛"激发潜能、享受突破"的品牌主张。也正因如此,促使红牛成为赛车运动的积极支持者。在红牛看来,车手比赛的过程就是车手不断超越自我、挑战自我、突破极限的过程,也是一种自我实现的过程(见图 5.19)。在这个过程中,车手将获得对自我的肯定,从而获得身心的愉悦和成就感,而车迷在观看的过程中也能体验到其中的刺激与欢乐。从现实角度来看,红牛车队和车手维特尔的成功正是体现了红牛的这一理念。

图 5.19　红牛车手比赛中及赛后庆祝

红牛在车队成立之前就制订了年轻车手培养项目(见图 5.20)——红牛少年队,发现有潜力的车手,资助他们参赛,终极目标是打造自己的世界冠军。由于在技术、人员和经费上的差距,红牛二队和红牛车队之间一直存在巨大的实力差距。红牛二队的角色是为红牛一队培养优秀车手。红牛一队的车手表现不佳,有可能会被下调至二队。对红牛来说,F1 是其体育营销的重要平台,所以红牛车手必须符合年轻、有活力、挑战极限的品牌形象。如果选择这个体系之外的车手,无异于自我否认。

图 5.20　红牛赛车及青训车手

事实上,在正式跨入 F1 围场前,红牛车队就已经将寻找和培养天才车手视为他们建队最重要的一个部分。2001 年,他们正式开启了欧洲车手培训计划,红牛青年队也应运而生。仅仅成立 3 年以后,他们就为 F1 车坛输送了一位车手——奥地利人克莱恩(曾效力于红牛车队的前身美洲虎车队,现参加意大利 SuperStar 系列赛)。7 年之后,他们的青训队伍中就诞生了唯一的分站赛冠军,那个人就是日后大红大紫的塞巴斯蒂安·维特尔。这支青年军还有另一个身份,他们曾于1999—2003年一度以车队身份参加了F3000的赛事,那时他们的名字是RSM Marko。

从2001年开始,前后一共有13名车手从红牛青年队走出来,然后踏入了F1围场。除了维特尔以外,意大利车手里尤兹(现参加意大利SuperStar系列赛)、西班牙车手阿布尔苏阿里(现在待业)等人都在F1展现过自己的才华。最近的2位毕业生就是澳大利亚人里卡多和法国人维尼,他们两人目前都在红牛二队效力。

除了红牛青年队之外,红牛车队还在美洲范围内开展过红牛车手寻找计划。不过这项旨在"搜寻未来美国F1冠军"的计划在3年之后就宣告结束。但仅仅在这3年之内,他们依然成功培养出了一位美国籍的F1车手,那个人就是前红牛二队车手斯皮德。

随着红牛年轻车手计划取得成功,越来越多的年轻车手开始崭露头角:2013年GP3年度冠军科维亚特,2014年雷诺方程式3.5年度冠军、前WRC世界冠军卡洛斯·塞恩斯之子塞恩斯,第一次参加汽车赛事就在F3欧洲锦标赛以10场胜利名列年度第3的维斯塔潘,另外,新科GP3年度冠军阿莱克斯·林也有可能成为红牛的替补车手。

红牛车队自2010年以来连夺4个世界冠军,虽然在2014年起受到梅赛德斯车队的压制,但其成绩却能始终位居前列。受制于2014年起改革的引擎规则及首席技术官的隐退,2014—2019赛季,红牛车队的成绩只能说是差强人意,与其他顶尖车队的差距也逐渐显现,一直徘徊在3~5名,但是其英才辈出的车手体系却能持续输血,弥补其赛车表现不足的劣势。可以说,红牛车队能够在赛道上持续运作下去,其背后的车手青训体系居功至伟。

思考与探索

1. F1为何是车企的必争之地,甚至不惜亏损也要参加?

2. F1赛事为何至今没有出现中国车手、车队?

3. 红牛作为饮料制造商,为何如此热衷于赛车运动?为什么要设置2支车队?

Luxury

葡萄酒的诞生是大自然的杰作，
人类发现了这种神奇的饮品并开始有目的地栽培、
驯化野生葡萄，酿造葡萄酒，
并将这种技艺传播开去。
若问世界葡萄酒之冠是谁，
那么非法国葡萄酒莫属。

葡萄酒之于法国，
一如丝绸、瓷器之于中国。
法国生产着世界上最优质的葡萄酒，
无论是波尔多的列级名庄酒、勃艮第价值连城的佳酿，
还是富有贵族气息的香槟，
都让世人为之倾倒。
"有着法国葡萄酒的风骨"
已经成为一句对葡萄酒的赞美之辞。
而这个国家的酿酒声誉更表现在全世界的酿酒商们都可以
从法国葡萄酒中找到灵感和动力。

第 6 章

葡萄酒历史画卷中的法国酒庄

开篇　玛歌的源远流长

玛歌酒庄在 12 世纪时就已存在。数百年来,一代代人经过不懈的努力,凭借着高超的技能与敢于创新的精神,逐步把玛歌酒庄及其葡萄酒推向卓越葡萄酒的殿堂(见图 6.1)。

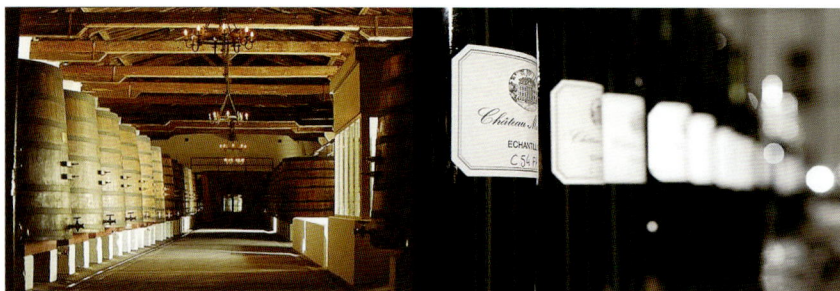

图 6.1　玛歌酒庄内景与玛歌葡萄酒

玛歌酒庄作为梅多克五大名庄之一,一直以来都受到来自世界各地热爱葡萄酒的大腕们的关注。美国第三任总统托马斯·杰斐逊(Thomas Jefferson)就对玛歌酒庄钟爱有加。玛歌酒庄的优秀品质离不开历史的沉淀以及家族前瞻性的经营理念。在雷多纳克(Lestonnac)家族的经营下,玛歌酒庄成为梅多克葡萄酒酿制的先驱,可以说它见证了整个波尔多葡萄酒业的崛起(见图 6.2)。

图 6.2　玛歌酒庄及其酒窖

　　12 世纪时,作为城堡名称的"拉曼•玛歌"(La Mothe de Margaux)已经出现在人们的视野中,此后的几百年内,拉曼•玛歌作为城堡,一直被权贵们当作物业互相转让买卖。直到 16 世纪时,雷多纳克家族成为拉曼•玛歌的新主人。

　　16 世纪时的波尔多出现了许多荷兰人,他们是负责将法国葡萄酒运输到英国的商人,被称为"海上马车夫"。他们中的不少人看到了葡萄酒酿制和售卖的巨大利润空间,于是有意参与葡萄酒的生产。他们利用家乡的排水技术,使波尔多一片肥沃的土地露出水面,这就是后来波尔多的核心产区——梅多克。

　　当时的拉曼•玛歌庄园是雷多纳克家族旗下的农庄,主要种植谷类作物与畜牧业。在荷兰人"造出"梅多克后,雷多纳克家族利用 10 年时间对家族产业进行重组,将土地全部改为葡萄园,率先开始葡萄酒酿制。当其他波尔多产区庄园一家接一家出现时,玛歌古堡的葡萄酒酿制已经领先它们 100 多年了。

　　梅多克产区出现的 200 多年后,凭借着优越的气候、肥沃的土壤以及不断创新的葡萄酒酿制技术,波尔多葡萄酒的名气开始响亮起来,甚至在英国与美国都非常畅销。1705 年,英国的《伦敦公报》(London Gazetee)发布了一份有关波尔多葡萄酒销量以及各个酒庄的产酒比重的报告,其中,玛歌酒庄以 230 桶的成绩傲视群雄。令人咂舌的销量为玛歌酒庄日后被评为一级庄打下了良好的基础。

　　当然,玛歌酒庄被列为一级庄不只是因为其傲人的销量。托马斯•杰斐逊是著名的葡萄酒爱好者,在 18 世纪末他曾经担任美国驻法大使。在此期间他遍尝法国葡萄酒,并对各个酒庄的产酒进行客观的评价以及等级划分,他在分级中,把玛歌酒庄放在第一等第一位,并且认为玛歌酒庄 1784 年所产的红葡萄酒是无法超越的巅峰(见图 6.3)。

图 6.3　(从左向右依次为)托马斯•杰斐逊、玛歌葡萄酒酒标及玛歌葡萄酒

　　在波尔多葡萄酒发展得如火如荼时,法国大革命爆发了。这场反对旧贵族的革命对具有贵族背景的波尔多葡萄酒业造成了毁灭性的打击。雷多纳克家族的掌门人也被雅各宾派

(Jacobins)送上了断头台,玛歌酒庄被充公,城堡则被作为国有资产拍卖。此后 30 多年,玛歌酒庄一直处于不断的土地流转之中。

到了 1810 年,来自西班牙的马奎斯·科洛尼亚(Marguis de La Colonilla)侯爵买下了玛歌酒庄。科洛尼亚侯爵是西班牙与俄罗斯的贸易代理人,还是货船老板,可以说是家财万贯。有了稳定的资金来源后,玛歌酒庄的葡萄酒酿制得以重新发展。

19 世纪,虽然葡萄酒业在法国大革命后出现了倒退,但新贵族和中产阶级的出现又给波尔多葡萄酒带来了新的发展契机。由于拥有风土、气候、酿酒技术等优良的基础,以玛歌酒庄为代表的波尔多葡萄酒又重新开启了发展引擎。

玛歌酒庄继续法国大革命前的酿酒事业,虽然受到过冲击,但依然是梅多克地区产酒质量最好、销量最高的葡萄酒庄园之一。1855 年,世界万国博览会在巴黎举行。为弘扬法国的美酒文化,当时的法国国王拿破仑三世命令波尔多商会对波尔多的葡萄酒庄园进行列级评级,历史最悠久、销量最高、质量最好、并且受到托马斯·杰斐逊喜爱的玛歌酒庄当之无愧地成为一等列级庄,正式奠定了其梅多克顶级酒庄的地位。

法国有一句谚语："打开一瓶葡萄酒，就像打开一本书。"葡萄酒历史源远流长，造就了独特的葡萄酒文化。葡萄酒文化从种植、酿造再到品味，渐渐成为一门优雅的艺术，一门耐人寻味的学科，一样会融入人们日益丰富的生活之中。

在长长的历史画卷中，不少名句与红酒息息相关，从中可以一窥人们对它的喜爱。

男人如酒，碌碌无为者慢慢化为陈醋，而卓尔不群者则愈老愈香。（Men are like wine—some turn to vinegar，but the best improve with age.）

——约翰二十三世教皇（Pope John XXIII）

天才遇酒也变傻。（For when the wine is in，the wit is out.）

——英格兰著名神父托马斯·培根（Thomas Beccon）

要么给我葡萄酒，要么给我一边去。（Either give me more wine or leave me alone.）

——13 世纪波斯著名诗人莫拉维·贾拉鲁丁·鲁米（Molana Jalaluddin Rumi）

葡萄酒就是一首瓶中诗。（Wine is bottled poetry.）

——苏格兰诗人罗伯特·刘易斯·史蒂文森（Robert Louis Stevenson）

葡萄酒的诞生是上帝深爱我们并希望我们快乐的永恒的佐证。（Wine is constant proof that God loves us and loves to see us happy.）

——美国科学家、政治家本杰明·富兰克林（Benjamin Franklin）

酿制好酒是一门技术，酿制名酒则是一门艺术。（Making good wine is a skill，making fine wine is an art.）

——蒙大维酒庄创始人罗伯特·蒙大维（Robert Mondavi）

好酒伤财，劣酒伤胃。（Good wine ruins the purse，bad wine ruins the stomach.）

——西班牙谚语

人生苦短,岂能廉价酒相伴。(Life's too short to drink cheap wine.)

——美国作家柯利弗·哈基姆(Cliff Hakim)

葡萄酒是世界上最健康、最卫生的饮料。(Wine is the most healthful and most hygienic of beverages.)

——法国化学家及微生物学家路易·巴斯德(Louis Pasteur)

人生最美莫过于初吻,而人生中的第一杯酒却也如初吻般美妙。(The first kiss and the first glass of wine are the best.)

——加拿大作家马蒂·鲁宾(Marty Rubin)

法国的葡萄酒文化是伴随着法国的历史与文明成长和发展起来的。葡萄酒文化已渗透进法国人的宗教、政治、文化、艺术及生活的各个层面,与人们的生活息息相关。

6.1　法国美食与美酒文化

"几乎所有的文化人在心理上都生活在巴黎"——这句话恰如其分地概括了人们对法国美食、美酒和文化的迷恋,仿佛那是一种非理性的诱惑,诱惑着人们对法国的东西上瘾。英国历史学家托尼·朱特(Tony Judt)回忆他年轻时对法国的向往,总结说:"法国文艺界有着无法抵挡的魅力,这一点毋庸置疑。20 世纪中期的 30 余年,从布宜诺斯艾利斯到布勒加斯特,所有文化人在心理上都生活在巴黎。因为巴黎思想家穿着黑衣,抽基坦尼斯牌香烟……",喝红酒、品美食,"……谈理论、说法语,我们便跟着学。我很清楚地记得,自己在左岸遇见来自英国的学生时,立即很自觉地说起法语来。这当然有些费神,但我乐此不疲。"[①]而法国葡萄酒升华了法国美食,更提升了法国文化的魅力。

法国菜以其美味可口出名,且菜肴种类繁多,烹调方法独特。欧洲的佳肴几乎都由法国人烹制,米其林餐厅或顶级酒店雇用的大厨师多半是法国人。他们对饮食的讲究程度足以与中国人媲美,甚至把饮食视为艺术。

6.1.1　法式菜品

以"精致、奢华、优雅、品质"著称的法餐,其菜品的风格、食材的选取及烹饪方法十分多样,其中蕴含的无限创意、美学精髓、法国人特有的呈现方式及主厨的个人经验,将法国美食的地位从原本的法国特色提升至世界范围,逐渐演变成为一门国际化的艺术。在法国,烹饪艺术因地区而异,每个地区都有自己的特色,而这一切都取决于菜肴的准备和调味。即使一

---

① 朱特,2013.记忆小屋[M].何静之,译.北京:商务印书馆.

道菜肴的基本食谱保持不变,不同地区在准备、烹饪菜肴的方式上也会多少有些变化。

而说到法餐,不得不提的便是葡萄酒与奶酪。作为法国菜肴不可或缺的独特伴侣,这两种食物使法餐成为一门完整的艺术,而烹饪艺术或许又能反映该国的文化与历史。

法国美食在整体上包括这几大方面:面包、糕点、冷食、熟食、肉制品、奶酪和酒。这些是法国饮食里不可缺少的内容,而其中最让法国人引以为荣的是葡萄酒、面包和奶酪。

法国菜具有选料广泛、用料新鲜、装盘美观、品种繁多的特点(见图 6.4)。菜肴一般较生,因为法国人有吃生菜的习惯。在调味上,用酒较重,并对原料十分讲究。他们偏爱肥、浓的菜肴口味,喜鲜嫩而忌辣。猪肉、牛肉、嫩羊肉、鸡、鱼、虾、鸡蛋和各种烧卤肠子、素菜、水果,尤其是菠萝,是他们喜爱的食品。但是,无鳞鱼是被法国人排除在餐桌外的。进餐时,冷盘为整块肉,边切边吃。名菜有马赛鱼羹、雀肉会利、巴黎龙虾、焗蜗牛、红酒山鸡、沙福罗鸡、鸡肝牛排、牡蛎杯、马令古鸡。

图 6.4　精致的法餐

法国餐不能仅用"味美"或"营养丰富"来形容。就菜的配料、火候的讲究、菜肴的搭配、选料的新鲜程度以及不同地区所演变出的多元化菜肴与烹调方法而言,法餐可以说其细腻、合理性和艺术性都在其他西餐之上。

2008 年,时任法国总统的萨科齐支持了包括保罗·博库斯(Paul Bocuse)、马克·维拉(Marc Veyrat)、艾伦·杜卡斯(Alain Ducasse)、米歇尔·盖拉尔(Michel Guerrard)等法国米其林大厨的请愿,为"全世界最好的美食"——法餐,向联合国教科文组织正式提起申请,加入非物质文化遗产。2010 年 11 月 16 日,经由在肯尼亚首都内罗毕召开的联合国教科文组织政府间保护非物质文化遗产委员会第五次会议审议,法餐成功申遗。从此,法餐便真正成为人类文化中珍贵的瑰宝,它不仅是法国本地人所能享受的一种体验,还是全人类的文化遗产。

6.1.2　法式餐厅与咖啡厅

法国人特别追求进餐时的情调。截至 2019 年,在法国共有 26 家米其林三星餐厅,仅巴黎就有 9 家之多，包括 Le Pré Catelan、Épicure、L'Ambroisie、Arpège、Guy Savoy、Le Cinq、Alléno Paris au Pavillon Ledoyen、Alain Ducasse au Plaza Athénée 和 Pierre Gagnaire。它们讲究精美的餐具、幽幽的烛光和典雅的环境（见图 6.5）。

图 6.5　法国米其林三星餐厅 Le Pré Catelan 和 Epicure

　　大一点的餐厅大都布置得富丽堂皇。有的店里存有 16 世纪路易十四时期的豪华家具和精致的银餐具、水晶杯子等昂贵而华丽的餐具，还有的餐馆把艺术收藏品作为店里的主打，墙上的画作是真正的珍品，绝不是牵强的装点门面的一般艺术挂画。有的餐馆主人将自己的藏品放到店里与客人共享收藏乐趣，如果饭店的历史很短，他们也能想办法摆满各式鲜花。这些装饰与品尝美味是绝好的情景交融。

　　法国美食和法国人对生活的要求以及审美观有直接的关系。法国人还赋予了饮食哲学的意义，认为个人饮食应符合各自的教养与社会地位，并将同桌共餐视为一种联络感情、广交朋友的高雅乐趣和享受。有一位被称为"世界级膳食家"的人曾说："感受餐桌上的就餐气氛，就可以判断这个国家国民的整体个性。"看看法国人的美味佳肴以及用餐方式，不由得会让人想起克莱德曼手指下流淌出来的串串音符，浪漫而隽永，让你充分领略法式大餐散发出的馨香的艺术情调。

　　法国人晚餐的时间，大多在晚上 8 点左右，有的甚至更晚。法国很多餐馆经过设计师的精心布置，温馨而典雅。餐厅的桌椅摆放很讲究，不仅要方便就餐，还要迎合不同顾客的消费心理，空间更要得到充分的利用。法国餐厅的服务非常到位，服务员不仅要为第一次光顾的客人提供令人满意的服务，而且还要记住老客户的姓名及其喜好的餐桌位置。每当这些人来此就餐时，他们都会主动上前叫出客人的姓名，使人备感亲切。

　　法国餐的每一道菜与饮品搭配是一门"艺术"。餐前 1 杯开胃酒不可缺少。就餐期间，酒的种类甚至颜色都非常讲究。点肉类食品要配红葡萄酒，吃鱼虾一类的海味要喝白葡萄酒,有些人用餐后还喜欢喝一点白兰地一类的烈性酒。

法国餐菜单很简单,主菜不过十来种,但都制作精美,点菜的顺序如下:头道菜一般是凉菜或汤,尽管菜单上有多个品种的"头道菜"供你选择,但只能选择一种,在上菜之前会有一道面包上来,吃完以后服务员帮你撤掉盘子再上第 2 道菜,第 2 道是汤。美味的法式汤类,有浓浓的肉汤、清淡的蔬菜汤和鲜美的海鲜汤。第 3 道菜是一顿饭中的正菜,往往做得细腻、考究,令食客难忘。正餐里最多的是各种"排"——鸡排、鱼排、牛排、猪排。所谓的"排"是剔除骨头和刺的净肉,再浇上配制独特的汁,味道鲜美,吃起来也方便。所谓的大餐就是指在大家日常吃的菜肴上加上一些细心和感情做出的旷世美食,而海参、鲍鱼等山珍海味在法餐中却难寻踪影。法菜中颇为有名的洋葱汤就是用常见的洋葱加奶酪和面包片熬制的浓汤。在就餐程序中贯穿始终的是美酒,主要是葡萄酒和香槟酒,这是法国大餐中的经典之笔。

最后一道是甜食,法国人的认真、细致和对生活倾注的艺术感情都融进了这最后的餐食收尾。法式甜品被认为举世无双,清香、软滑的甜品,让人回味无穷。其中最著名的要数柠檬挞(tarte citron)、焦糖布丁(crème brûlée)、马卡龙(macaron)、熔岩巧克力(fondant au chocolat)、拿破仑(mille feuille)等(见图 6.6)。

图 6.6　(从左向右依次为)柠檬挞、马卡龙和拿破仑

晚餐后喝杯浓咖啡,吃一两个水果、一块雪糕,那是一天劳累后的享受。喝葡萄酒、苹果酒、薄荷酒,吃煸蜗牛、大鹅肝、黑蘑菇以及百合(见图 6.7),则是法国人乐此不疲的快事。

图 6.7　(从左向右依次为)法式蜗牛、鹅肝、苹果酒

由于法式大餐的光环强大,加之意式和美式咖啡的先入为主性,法国咖啡往往容易被人

忽略。事实上,法国咖啡及其文化在咖啡世界中具有独特的地位,有言道"咖啡之于法国人,就如啤酒之于德国人"。

咖啡的香气始终充斥着法国人的所到之处。无论是繁忙工作间的片刻午休时间,抑或是校园内课间的清闲片段,阅读、闲谈、休憩时,法国人可以在任何时间手捧一小杯咖啡细细品味。而其实,巴黎的咖啡馆时尚已延续数个世纪。早在 1686 年,来自意大利西西里岛的商人弗朗西斯科·科泰利(Francesco Coltelli)来到这里创办第一家咖啡馆 Procopio 后,巴黎的咖啡馆就一直兴盛不衰。值得一提的是,世界上第一个高压蒸汽咖啡机(percolateur)也同时诞生,并随即风靡全世界。但长足的发展却是近 20 年内的事,这不仅得益于巴黎这个世界文化名城,更在于旅游业的兴起。有人说,不到巴黎你绝对不能说自己去过欧洲;不进巴黎的咖啡馆,你不能说到过巴黎。巴黎大概有 1 万家咖啡馆,在巴黎城内外、人行道、广场、花园,咖啡馆几乎无处不在,并且生意异常红火。富有法国特色的咖啡露天座也是法国咖啡文化的写照(见图 6.8)。咖啡馆犹如巴黎的城市灵魂,几乎各种社会活动都出现在咖啡馆,情人邂逅、谈天、做生意、赌博和游戏都成为咖啡馆里的景观……巴黎的咖啡馆是城市的媒介场所,也是亲情交流的纽带。咖啡馆成为巴黎时尚的另一缘故是,进咖啡馆喝咖啡并不昂贵。顾客只要花几欧元就可以在里面坐上数小时,夜间也不例外。为吸引顾客,巴黎咖啡馆大都成为无烟馆。因此,许多烟民都在大街上吸烟。

图 6.8　巴黎街头的露天咖啡座

巴黎的咖啡馆还有一大特色,即色彩纷呈、花样别出,流动的、异国的、声像的、餐馆式的、奢华的、固定的、简陋的、英语的、德语的、正宗法语的等无奇不有,巴黎的咖啡馆甚多,但你却难以找到同样风格的。著名的花神咖啡厅(Café de Flore)位于巴黎左岸,店名源于罗马神话中的花神"芙罗拉(Flore)",自 1887 年创立至今,已招待过不少知名的国家领袖或皇亲国戚。始建于 1912 年的双风车咖啡馆(Café les Deux Moulins),位于蒙马特高地(Montmartre),得名于旁边的红磨坊(Moulin Rouge),近年来由于电影《天使爱美丽》而名声大噪。电影中爱美丽在这里打工,现在咖啡馆里仍布置有电影内的摆设,还有许多电影纪念品和海报,因此也成了游客前去体验法国风情的必游之地(见图 6.9)。

图 6.9　花神咖啡厅(左)与双风车咖啡馆(右)

在法国咖啡馆内,人们崇尚的是人与自然的和谐。因此,淡雅的木制装饰大受青睐。哪一种人上哪一种咖啡馆,巴黎人十分讲究。你若与情人约会,就请进皇太子咖啡馆,因为那里拥有最具有情调的色彩。你若是游客,需要领略最具有巴黎特色的菜肴,那么就请进埃菲尔咖啡馆,因为你从壁式屏幕上可以观赏到巴黎全景并品尝到最负盛名的菜肴。总之,巴黎咖啡馆已成为一种特色文化。人们进咖啡馆,不一定要以喝咖啡为目的,或许是为了观赏、交易或约会。巴黎咖啡馆是包含交流、买卖娱乐、展示和享受等多种功能的最佳去处。

现代的法国美食是法国传统美食的继续。随着生活水平的提高和生活质量的改善,现代法国人更加崇尚营养美食,以避免各种心血管疾病。尤其对于女士来说,营养美食的目的是为了永葆青春。

尽管社会发展到高度现代化的程度,人的思想和行为都已表现得十分前卫,法国却始终未丢弃本国传统而古典的美食艺术。为了不使下一代的味蕾退化,政府定期请饮食专家到小学进行味觉检查和训练,以使孩子们有一个正常的味觉,能够充分享受悠久知名的法兰西美食。在食品的制作过程中也尽量保持传统的烹制手段。面包是法餐中的主要佐食。20世纪 70 年代,为了提高效率,面包生产商曾经采用大机器生产,结果破坏了面包的原始味道,因市民反对,政府又下令重新恢复手工生产。直到今天,法式面包已经成为一个专有名词,这和法国人的钟爱和维护是分不开的。

6.2　法国葡萄酒的起源与演变

法国是世界政治、经济与文化大国,其葡萄酒文化影响着全世界人民的生活方式与文化情趣。葡萄酒可以称得上是法国文化的精粹。

6.2.1　法国葡萄酒的发展史

法国葡萄酒的历史十分悠久,可追溯至公元前 600 年左右,那时希腊人来到了现在的法国马赛地区,并带来了葡萄树和葡萄栽培技术。公元前 51 年,恺撒征服了高卢地区,正式的葡萄树栽培便在此展开。随着葡萄种植区域不断向北扩展,公元 3 世纪,波尔多和勃艮第开始为供不应求的葡萄酒市场酿制葡萄酒。公元 6 世纪,随着教会的兴起,葡萄酒的需求量激增,加之富豪对高品质葡萄酒的需求,加快了法国葡萄酒业的发展脚步。

1152 年,法国女公爵阿基坦的埃莉诺[①](Eleanor of Aquitaine)与法国卡佩王朝国王路易七世结婚,15 年后离婚。离婚 8 周后,她嫁给了集诺曼底公爵、安茹伯爵和阿基坦公爵于一身的亨利二世,她的嫁妆之一就是波尔多地区。此后 3 个世纪,波尔多地区效忠英国,为该地区的葡萄酒在英国盛行打下了基础。当时大量进口的色泽清淡的葡萄酒由红白葡萄混合酿造,呈淡红色,最多保存一年,和现在的葡萄酒概念完全不同,因此被称为"claret",这个词起源于法语"clairet",意为清澈的。这样,"claret"就成了法国波尔多红酒的代名词。1154 年,亨利成为英格兰亨利二世国王(1154—1189 年在位),他是金雀花王朝[②](House of Plantagenet,1154—1339 年)的创立者,也是法国的诺曼底公爵(1150 年起)、安茹伯爵(1151 年起)和阿基坦公爵(1152 年起),他统治的领土比路易七世大得多。但他在安茹长大,只对法国北部土地感兴趣。12 世纪末,亨利二世死于法国希农。继承王位的是其长子、"狮心王"理查德一世。他把波尔多作为他在法国的定居点,并把波尔多葡萄酒作为英格兰王室用酒。理查德一世之子英格兰国王约翰王(1199—1216 年在位)屡战屡败,失去了除阿基坦公国的全部领地,签署了《大宪章》。1224 年,法国国王决定将英国人赶出法国,但波尔多效忠英国。从此波尔多酒在英国流行起来。勃艮第酒由于产地地理位置的原因,陆路运输非常缓慢,葡萄酒极容易在运输过程中变质,因此没有在英国流行。

1453 年英法百年战争结束前,卢瓦尔河谷地区的酒受到了很大影响,因此波尔多酒慢慢占领了英国酒 80% 的市场。300 多年中,波尔多一直是英国的领地,最后才向法国投降。但此时波尔多酒早已成为英国人生活的一部分,因此英格兰商人还是大量聚集于波尔多。

1644 年,葡萄牙宣布独立,结束了西班牙 60 年的统治。由于英葡关系紧密,葡萄牙波特酒在英国开始流行。与此同时,鹿特丹成为世界第一大葡萄酒贸易港口。

17 世纪中期,为满足英国新兴资产阶级的需要,由侯伯王酒庄(Château Haut-Brion)带头,生产法国新特色的高级红葡萄酒,从此波尔多的酒开始改变以前的淡红色清淡风格。

---

① "阿基坦的埃莉诺"即后世俗称的"埃莉诺王后"。
② 又名"安茹王朝"(House of Anjou)。

1647 年，一个名为阿诺德·庞塔的人成立了一个有关葡萄酒的委员会，给各种波尔多葡萄酒定价。这便成为 1855 年分级的先兆。

1678 年，英法开战，法国葡萄酒断货，葡萄牙波特酒销量大增。

1709 年，法国停止给荷兰商船发放通行证，荷兰人喜欢的白葡萄酒价格开始下跌，但英国人喜欢的梅多克葡萄酒开始日益红火。当年欧洲北部遭受寒冬，波尔多大量葡萄树冻死，人们开始了"种植狂潮"，随后的 20 年，梅多克成为世界闻名的葡萄酒产地。1787 年，托马斯·杰斐逊在成为美国第三任总统前被派驻法国，两年间造访了波尔多地区。他对北美洲的葡萄酒发展起到了关键作用。直到 1789 年法国大革命时期，波尔多是法国和各殖民地的主要港口——占殖民地一半贸易的西印度群岛贸易都在波尔多。

19 世纪时，法国的葡萄种植面积创历史新高。1855 年，巴黎万国博览会对法国葡萄酒进行了著名的酒庄分级，将法国的美酒推向了世界。但这个时期，欧洲人对收集北美洲的植物样本十分狂热，这一行为使大量法国葡萄树染上了白粉病，导致其数量和质量双双大幅下滑。后来，根瘤蚜虫又袭击了法国，几乎摧毁了整个法国葡萄酒产业。而霜霉菌和黑腐病对法国葡萄酒产业带来的困扰直到 20 世纪初才得以有效控制。1919 年，美国通过禁酒令，美国对法国葡萄酒关上了大门，直至 1933 年才解除。

2018 年，法国的葡萄种植面积位居世界第二，仅次于西班牙；法国葡萄酒（不包括果汁和葡萄汁酒饮料）年产量约 46.4 亿升，仅次于意大利的 48.5 亿升[①]。

法国对本国葡萄酒有着严格的法律保护，实行原产地控制命名制度，即法定产区（Appellation d'Origine Contrôlée，以下简称 AOC）制度。这个保护制度将葡萄酒划分为日常餐酒（Vin de Table，以下简称 VDT，占 11.7%）、地区餐酒（Vin de Pay，以下简称 VDP，占 33.9%）、优良地区餐酒（Vin Délinité de Qualité Supérieure，以下简称 VDQS，占 0.9%）和 AOC 葡萄酒（占 53.4%）。这个制度不仅对法国，甚至对整个世界都有深远影响。法国的葡萄酒产区位于北纬 42 至 49.5 度之间。南部为地中海气候，西部地区海拔相对较高，同时也受墨西哥湾暖流的影响，而东部地区的勃艮第（Burgundy）、阿尔萨斯（Alsace）和香槟区（Champagne）更具大陆性气候特征，这为种类丰富、品质优越的法国葡萄酒创造了极好的地理气候条件。在过去几十年的时间里，法国种植面积最广的葡萄品种是佳丽酿（Garignan），但现在梅洛（Merlot）的种植面积居第一位，紧跟其后的是种植面积相当的两个葡萄品种——歌海娜（Grenache）与佳丽酿，而第四大品种是白玉霓（Ugni Blanc），之后就是赤霞珠（Cabernet Sauvignon）、西拉（Syrah）、霞多丽（Chardonnay）和品丽珠（Cabernet Franc）。

---

① 国际葡萄与葡萄酒组织（OIV）2018 年统计。

6.2.2 旧世界 vs 新世界

葡萄酒文化博大精深,各有各的不同。每个产酒国、每个产区都有着自己独特的口感,各有所长。全世界有 170 多个国家生产葡萄酒,18 个国家的 230 个地区是知名的子产区。世界上最适合种植葡萄的地区在南北纬 30～50 度,如欧洲大部、美国、中国、巴西、智利、阿根廷、南非、澳大利亚、新西兰等;南北纬 45 度地区是葡萄酒的黄金产区,如波尔多即位于北纬 45 度。若纬度太高,平均气温太低,葡萄难以成熟;若纬度太低,平均气温太高,则葡萄成熟时葡萄皮中的风味物质积累不够,也难以酿制美酒。

由于葡萄酒发展的历史存在不小的差异,"旧世界"和"新世界"这两个概念随即诞生。每当人们在酒桌上品尝美味的红酒时,免不了提到"新世界"和"旧世界"这两个名词。无论是红葡萄酒、白葡萄酒、桃红,还是香槟,所有的葡萄酒都可以划为新和旧两个世界,它们各自形成阵营,共同争夺消费群体。

1. "旧世界"与"新世界"的界定

葡萄酒产区国家有"旧世界"与"新世界"之分。

法国红酒便是旧世界葡萄酒的代表。旧世界葡萄酒原产国基本位于欧洲和中东地带,230 多个知名子产区中包括了 11 个旧世界国家共 184 个子产区,分别为法国(70 个)、意大利(47 个)、西班牙(9 个)、葡萄牙(6 个)、德国(25 个)、匈牙利(6 个)、瑞士(6 个)、保加利亚(4 个)、罗马尼亚(2 个)、希腊(3 个)和奥地利(6 个)。

新世界葡萄酒原产国是指 200～300 年内崛起的葡萄酒原产国,有 7 个新世界国家共 57 个子产区比较有名,分别位于南非(8 个)、新西兰(5 个)、智利(5 个)、加拿大(1 个)、阿根廷(5 个)、澳大利亚(19 个)和美国(14 个)。

不少人认为,中华民族与葡萄酒发展渊源不深,其实不然。《汉书》中记载:"张骞使西域还,始得此种。"在西汉武帝时期,张骞出使西域后,带回来的清单中就包含了葡萄的种植与酿酒技术。经过汉唐的发展再到了元朝,葡萄酒在中国的地位已然上升到受王室、达官贵人的追捧,成为权力、地位的象征。"斗酒博凉州"[①]讲述的就是东汉有一个叫孟佗的人,用一斗葡萄酒贿赂一个叫张让的官员,从而得到了凉州刺史这一职务。元朝统治者对葡萄酒也非常喜爱,并规定祭祀太庙必须用葡萄酒。但到了明清后,随着统治文化的变更和国力的衰退,葡萄种植和酿酒业在中国日渐衰落。中国真正的葡萄酒工业是近 20 年才发展起来的,它的产量和影响力相对其他传统葡萄酒生产国还很有限,但它的发展潜力和发展速度使得

[①]　两晋陈寿,语出自《三国志·魏志·明帝纪》。

中国已经越来越成为葡萄酒世界中一颗新兴的明星。

如今,中国重要的葡萄酒产区包括:西北内陆宁夏贺兰山东麓(半干旱大陆性气候)、西部内陆的新疆(干旱大陆性气候),东部沿海的山东胶州半岛(季风性气候)、河北昌黎和怀来(大陆性气候)、四季如春的云南(热带和亚热带地区),各个产区的葡萄酒产业也逐渐形成了自己的特色,成为国内葡萄酒爱好者未来值得关注的话题。

2. 新、旧世界葡萄酒的差异

新、旧世界的葡萄酒除了历史文化的差异,两者的不同还体现在以下四个方面。

(1)种植方式。旧世界注重精耕细作,且多为人工耕种,亩产限量也较为严格,其产量一般少而精;新世界多以机械化生产为主,亩产限量较为宽松,因此产量较高。

(2)酿造理念。旧世界酿酒理念颇具古典主义风格,强调风土,注重葡萄酒的复杂性及平衡感;新世界采用现代化的科学技术,先进的机械化生产水平,使得生产出的葡萄酒颇具潮流感。

(3)风格特点。旧世界高酸、低酒精含量,且风格内敛,还带有明显的矿物质风味和泥土气息;新世界低酸、高酒精度、重酒体、果香浓郁,具有热情奔放的风格。

(4)包装设计。旧世界酒标信息较多,各国酒标语言具有多样性,一般以传统标准为主;新世界有潮流感,酒标信息简单明了,多以英文标注,包装较旧世界华丽独特,不少酒标爱好者喜欢收藏。

葡萄酒的历史几乎是和人类文化史共同开始的,世界古老的文明民族的神话传说中都流传着葡萄酒的故事。葡萄酒文化是全人类的文化,它作为人类文明的结晶,为全人类提供了一种神奇而浪漫的饮品,也为人类社会的生存和发展提供了幸福的源泉。至于葡萄酒的起源,这是个留待史学家们继续去挖掘和研究的学术问题。对于葡萄酒消费者而言,饮用葡萄酒是一种极其美好的享受。

6.3 法国主要产区及其传统

在法国,葡萄酒产业与时装业同样享誉世界。法国生产葡萄酒的历史悠久,探索法国葡萄酒的历史如同考古一般,总是被人们研究着、探寻着,每一次都会有新的理解,始终引领着品位、文化和时尚的潮流。这就是葡萄酒的魅力所在。

法国虽然不是葡萄酒产量最大的国家(不及意大利),也不是葡萄种植面积最广阔的国家(不及西班牙),但它有世界上最著名的葡萄酒产区。从红葡萄酒、白葡萄酒、桃红葡萄酒到香槟,从一种饮品到一种文化的形成,法国葡萄酒功不可没。

法国共有 12 个著名的葡萄酒产区,分别是波尔多(Bordeaux)、勃艮第(Burgundy)、香槟(Champagne)、阿尔萨斯(Alsace)、卢瓦尔河谷(Loire Valley)、汝拉/萨瓦(Jura/Savoie)、罗讷河谷(Rhône Valley)、朗格多克-露喜龙(Languedoc-Roussillon)、普罗旺斯(Provence)、博若莱(Beaujolais)、西南产区(South-West France)和科西嘉(Corsica),如图 6.10 所示。其中,波尔多出产的浓郁红葡萄酒,勃艮第出产的用黑皮诺和霞多丽酿制的红、白葡萄酒,以及香槟区的香槟已享誉全球。各大名庄出产的佳酿得到了许多葡萄酒爱好者的青睐。本节将简介波尔多、勃艮第和香槟这 3 个产区。

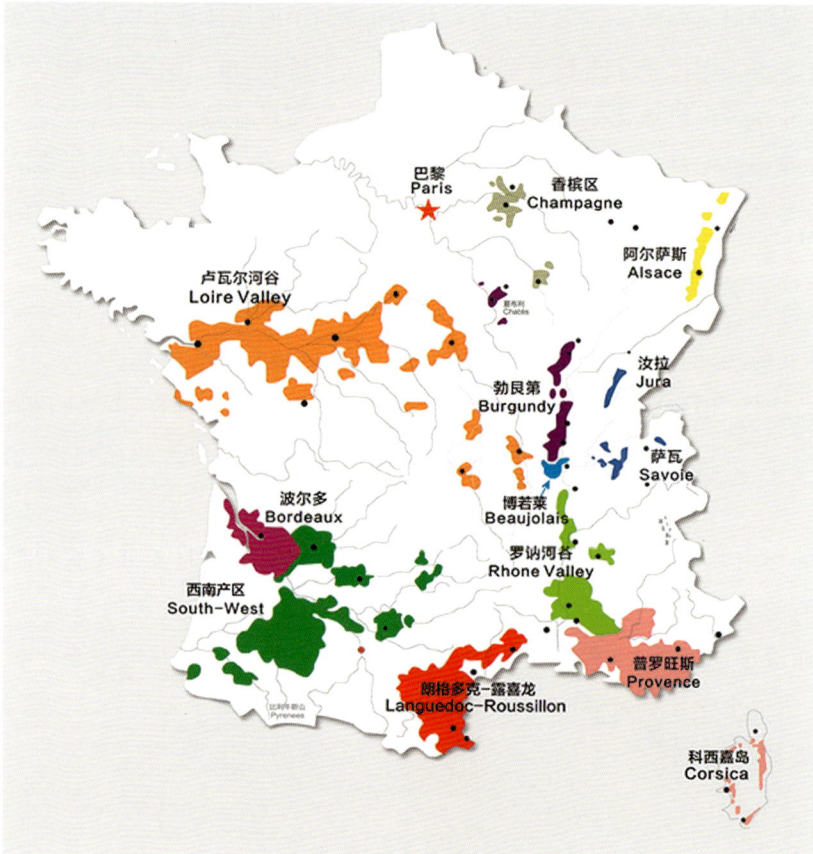

图 6.10　法国葡萄酒产区示意图

资料来源:周轶伦.欧洲时报——"醉"爱嘉年华:一篇文读懂法国十大葡萄酒产区[EB/OL].(2016-10-8)[2019-8-18]. http://www.oushinet.com/europe/france/20161008/244224.html.

6.3.1　波尔多产区

波尔多位于法国西南部,为温带海洋性气候,有着得天独厚的气候与地理条件。贫瘠的沙砾土、黏土和石灰土构成了复杂多样的地质结构,使波尔多能生产出丰富多样的葡萄。

波尔多是世界上最著名的葡萄酒产区之一,出产的葡萄酒品质卓越,受到了全世界葡萄酒爱好者的追捧。在谈及波尔多时,人们常常会提到"左岸(left bank)"和"右岸(right bank)"。这里所说的岸,指的是河岸。在波尔多地区,加伦河(Garonne)与多尔多涅河(Dordogne)交汇形成吉伦特河口(Gironde Estuary)。从图 6.11 所示的地图上看,这一区域的形状宛如一个倾斜倒立的 Y。在吉伦特河口和两条河流的分割下,波尔多地区被分成了三部分,其中位于吉伦特河口与加伦河西部和南部的地区被称为"波尔多左岸",位于吉伦特河口与多尔多涅河东部和北部的地区被称为"波尔多右岸",位于两条河流之间的地区则被称为"两海之间(Entre-Deux-Mers)"。

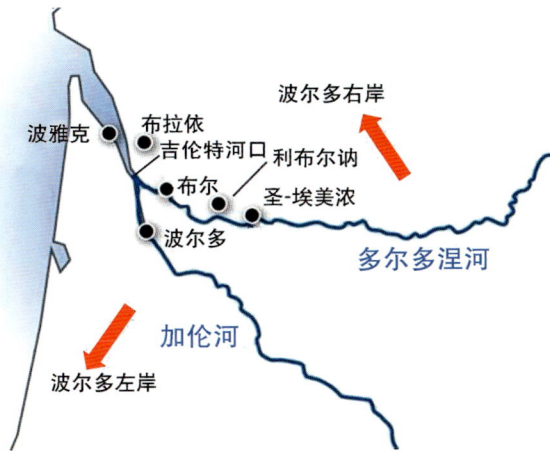

图 6.11　波尔多的左岸、右岸与两海之间

资料来源:Cruise:Bordeaux〔EB/OL〕.〔2019-11-07〕.https://www.croisieurope.travel/en/cruise/exceptional-region-bordeaux-classic#cruise.

波尔多产区中有梅多克(Médoc)、格拉夫(Graves)、波美侯(Pomerol)、圣-埃美浓(Saint-Emilion)、卡斯蒂永丘(Côtes de Castillon)、弗龙萨克(Fronsac)、布尔丘(Côtes de Bourg)和两海之间 8 个代表性小产区。由于地理位置的差异,左右两岸的风土条件有所不同,因此,两者的酒庄及其风格、风土条件、葡萄品种、葡萄酒风格和酒庄风格不尽相同。

1. 酒庄及其风格

波尔多左岸和右岸酒庄的风格有一定的差异。左岸的酒庄通常占地面积较广,葡萄园面积一般在 50~80 公顷之间,酒庄建筑也较为宏伟,大多数酒庄的外观宛如城堡,如位于梅多克波雅克产区(Pauillac)的拉菲酒庄、木桐酒庄和拉图酒庄,位于梅多克玛歌村的玛歌酒庄,位于格拉夫佩萨克-雷奥良产区(Pessac-Léognan)的侯伯王酒庄等;右岸的酒庄则相对小巧,大多数酒庄的葡萄园面积不超过 30 公顷,如位于圣-埃美浓产区的奥松酒庄和白马酒庄,位于波美侯产区的柏图斯酒庄和里鹏酒庄(Le Pin)等。里鹏酒庄在 1979 年刚建立时甚至仅有不到 1 公顷的葡萄园。

2. 风土条件

波尔多左岸与波尔多右岸的风土条件在河流的影响下有着一定的差异,其中最显著的差异之一在于土壤构成。波尔多右岸以石灰岩土壤为主,而波尔多左岸则以砾石土壤为主(见图 6.12)。

图 6.12　石灰岩土壤(左)与砾石土壤(右)

与石灰岩土壤相比,砾石土壤排水较快,同时也有利于葡萄树往深处扎根,从而更有利于葡萄树吸收营养。但这并不意味着右岸的风土条件便逊色于左岸,较恰当的说法是:波尔多左右岸的风土有着截然不同的特色。

3. 葡萄品种

风土条件的差异造成了波尔多左岸和右岸在所种植葡萄品种方面的不同。波尔多左岸种植的葡萄以赤霞珠为主,同时种植了少量的梅洛、味而多(Petit Verdot)和马尔贝克(Malbec),以及部分赛美蓉(Semillon)和长相思(Sauvignon Blanc)等白葡萄。而波尔多右岸种植的则以梅洛为主,辅以品丽珠、赤霞珠、味而多和马尔贝克。

4. 葡萄酒风格

与波尔多左岸主要种植的葡萄品种一致,左岸葡萄酒使用的酿酒葡萄通常以赤霞珠为主。这些葡萄酒大多有着较高的单宁含量及酸度,因此具有较强的陈年潜力。而波尔多右岸葡萄酒使用的酿酒葡萄主要为梅洛。由于品种特征和风土环境的影响,这些葡萄酒的单宁含量和酸度一般为中等,口感也较为柔顺。用一句话来概括,波尔多左岸的葡萄酒风格相对强劲,右岸则相对柔美。

6.3.2　勃艮第产区

勃艮第位于法国中部略偏东,地形以丘陵为主,属半大陆性气候,被称为"地球上最复杂难懂的葡萄酒产地"。在法国,能与波尔多媲美的葡萄酒产区莫过于勃艮第(见图 6.13)。如果说波尔多是法国葡萄酒的国王,那么勃艮第就是法国葡萄酒的皇后。

图 6.13　勃艮第产区

葡萄酒起源于约公元前 1 世纪的高卢,后振兴于古罗马时期。公元 3 世纪,葡萄藤栽培技术传播到了勃艮第。公元 5 世纪,罗马帝国下令隔离勃艮第地区,却反而促进了勃艮第农业,尤其是葡萄栽培及葡萄酒酿造的发展。公元 11 世纪,勃艮第地区的葡萄种植技术由于西笃会(Cistercians)的成立得到了长足的发展,这些总结出来的经验和理论,即便到了今天,依然是法国葡萄酒酿造技术的经典。

13 世纪末,一场规模庞大的虫害席卷勃艮第,生命力更顽强的佳美(Gamay)开始逐渐取代娇嫩的黑皮诺(Pinot Noir)成为勃艮第种植最为广泛的葡萄品种。久而久之,黑皮诺逐渐失去了往昔的光彩,劣质的佳美大行其道。由于利润下降,大量酒商不得不放弃勃艮第产区的葡萄酒。

14 世纪,勃艮第公爵菲利普二世下令禁止在金丘地区种植佳美,并规定只有黑皮诺方能在勃艮第合法种植并酿造红葡萄酒。由此,黑皮诺得以再续辉煌。

19 世纪末,从美国传进来的根瘤蚜虫害让整个勃艮第的格局在此期间发生了剧变。根瘤蚜虫害对于勃艮第酒农及土地格局的影响远胜于 1789 年的法国大革命,是一次真正意义上的"土地大革命"。

勃艮第葡萄酒产业的特点可以归类为一种土质、两类葡萄品种、三种产酒单位、四个等级葡萄酒和五大产区。

1. 一种土质

虽然勃艮第各个葡萄园的土质各异,包括石灰质、黏土石灰质、花岗岩质、砂质等多种土壤,但它还是以石灰质黏土为主。勃艮第人精于分析土壤和总结经验,传说中世纪西笃会的修士们为了寻找合适的葡萄种植园,经常用舌头去品尝泥土与碎石,并通过与大自然的直接交流,寻觅天国之路。

2. 两类葡萄品种

勃艮第的葡萄酒大多数采用单一葡萄品种酿制。主要的红葡萄品种是黑皮诺。尽管在法国之外也有所种植,但是天性娇贵刁钻的黑皮诺却只在勃艮第的风土上才能展现独一无二的优雅风姿。主要的白葡萄品种为霞多丽,在世界各地被广泛种植的霞多丽也只有在勃艮第才展现出特别的魅力,它不仅拥有丰满的口感,还保有少见的强劲与细腻变化,以及惊人的久存潜力。

3. 三种产酒单位

独立酒庄、酒商与酿酒合作社是勃艮第的三种主要生产葡萄酒的单位。独立酒庄只酿制自家葡萄园所产的葡萄酒,比较容易保有葡萄园的特殊风味以及庄主的个人风格。如生产世界最贵葡萄酒罗曼尼-康帝红酒(Romanée-Conti)的罗曼尼-康帝 DRC 酒园,酒园生产的八个名酒酒标如图 6.14 所示。酒商除了用自有葡萄园的葡萄,同时还从其他葡萄园收购葡萄进行酿酒。酿酒合作社自己并不种植葡萄,而是从无法自行酿酒的合约葡萄农那里收购葡萄进行统一酿造和销售。

图 6.14　罗曼尼-康帝 DRC 酒园生产的八款著名葡萄酒的酒标

4. 四个等级葡萄酒

在勃艮第，AOC 分为四个等级：特级 AOC、一级 AOC、村庄级 AOC 和地方区 AOC。只有夜丘（Côte de Nuits）、伯恩丘（Côte de Beaune）和夏布利（Chablis）这三个地区拥有特级 AOC。一级 AOC 有 635 个。这些都是产量稀少、品质超群的典型勃艮第酒，而质量稍低的是村庄级 AOC 及产量最大的地区 AOC，后者生产勃艮第大区 AOC 酒。

5. 五大产区

勃艮第共分为五大产区，分别是夏布利、夜丘、伯恩丘、夏隆内丘（Côte Chalonnaise）和马贡（Mâconnais）。其中，夜丘和伯恩丘又合称为金丘（Côte d'Or），是勃艮第葡萄酒产区最精华的核心地带。

6.3.3　香槟产区

优雅的香槟酒的卓越离不开孕育它的香槟产区。香槟产区位于法国巴黎的东北部，是法国最北的一个葡萄酒产区，气候寒冷（见图 6.15）。但寒冷的天气却赋予了香槟酒别样的清新之感。典型的白垩土壤也贡献良多，可以很好地保留水分，同时白色还有反光的效果，能够提高葡萄的成熟度。寒冷的天气、白垩土壤让霞多丽、黑皮诺和皮诺莫尼耶（Pinot Meunier）葡萄在这里大放异彩，成为酿制香槟的主要葡萄品种。

图 6.15　香槟产区

资料来源：香槟产区协会官网 http://www.champagne.fr/zh/%E9%A6%96%E9%A1%B5.

在香槟产区,如翡翠般嫩绿或稻谷般金黄的葡萄园主要分布在香槟省首府兰斯产区(Reims)、马恩河谷产区(La Vallée de la Marne)和白丘产区(Côte des Blancs)。兰斯镇常被选为探访香槟的经典首站,宏伟华丽的兰斯大教堂是兰斯的象征。

香槟人根据土壤适应葡萄种植的品质和传承经验,在法定葡萄产区的 321 个葡萄酒村中,细分出最佳的 17 个特级葡萄村(Grand Cru)和优质的 44 个一级葡萄村(Premier Cru),并由香槟酒行业委员会(Le Comite Interprofessionnel du vin de Champagne,CIVC)严格管理控制。如果香槟酒标上有"Grand Cru"或"Premier Cru"的字样,说明是选用顶级或一级葡萄园的葡萄酿制的,也是一定品质的保证。香槟产区有 3 个 AOC:香槟(Champagne)、香槟山丘(Côteaux Champenois)和黎赛桃红(Rose des Riceys)。其中,香槟山丘生产的是静止葡萄酒,黎赛桃红只产桃红葡萄酒。香槟产区,以其特殊的地理环境,如诗如画的自然风景,独具特色的人文艺术,与聪慧勤奋的酒农一道,共同"孕育"出了清新灵动、魅力无限的香槟佳酿。

6.4 法国"Cru"与著名酒庄

很多法国葡萄酒的酒标上都印有"Cru",如"Grand Cru""Premier Cru""Cru Classé"等字样(见图 6.16)。这些词究竟是什么意思? 代表了什么? 什么样的酒才能在酒标上使用这些词? "Cru Classés"仅用于波尔多产区的酒中,"Grand Cru"与"Premier Cru"则在勃艮第产区的酒中经常看到,而"Cru"也出现在法国罗讷河谷、阿尔萨斯等产区的酒中。它们分别来自哪些酒庄呢?

图 6.16 (从左至右分别为)"Grand Cru""Premier Cru""Cru Classé"的酒标标志

6.4.1 "Cru"与法国列级酒庄

"Cru"是法语"Croître"①这一动词的过去分词,早先的形式为"croistre",到 16 世纪演

---

① 中文译为"生长"。

变为"Cru",后来又加了一个长音符号,写为"Crû",在习惯用法中去掉了长音符号方为"Cru"。这个词不仅可以指代葡萄酒,也可以指其他农产品。Cru 的概念必须包含地势、土壤、气候、品种、技术、质量、声望等基本元素,缺少了一个,也就没有了"Cru"的说法。"Cru"是自然价值和人为质量因素的结果。对葡萄园而言,这些葡萄园往往具有独特的风土特征,适合种植特定的葡萄品种。酒标上有"Cru"字样的葡萄酒,往往暗示着这款酒充分体现了该葡萄园的风土特征,而且有些产区需要经过批准才能在酒标上使用"Cru"这个词。

"Cru"往往与葡萄酒的分级有关,如果某个经过官方认定的优质葡萄园 Cru 列入了某个产区分级,则这个酒庄就是一个列级庄,通常称为"Cru Classé"。"Grand Cru""Premier Cru""Premier Grand Cru"等词虽然在不同产区有不同的含义,但无一例外都表示酒的质量等级。如在格拉夫分级中,只有"Grand Cru Classé"一级,即特级;在苏玳与巴萨克酒庄分级中,最高等级是"Premier Cru Superieur";在圣-埃美浓分级中,最高等级是"Premier Grand Cru Classé",其次是"Grand Cru Classé",而"Grand Cru"却不是列级酒庄酒;在勃艮第列级中,"Grand Cru"无疑是最高质量等级。

对于列级名庄酒,在不同地区,葡萄酒以各自官方分级标准进行分级。如梅多克 1855 年分级标准、格拉芙 1959 年官方分级标准、苏玳与巴萨克 1855 年分级标准等。

1. 波尔多列级及其酒庄

包括梅多克、格拉夫、苏玳与巴萨克、圣-埃美浓和波美侯区在内,波尔多列级酒庄共 189 家,其中 154 家产红葡萄酒,35 家产白葡萄酒。

1) 梅多克分级

1855 年,为在巴黎世博会期间向世人推介波尔多葡萄酒,应法国皇帝拿破仑三世的要求,巴黎世博会组委会要求波尔多工商会提供一份区内优质葡萄酒的排名。波尔多工商会将编制分级表的任务交给了波尔多交易所下属的"葡萄酒经纪人工会"。

波尔多葡萄酒经纪人根据当时酒庄的声誉和交易的价格,拿出了一份 78 家著名城堡的名单,于 1855 年 4 月 18 日公布。其中红葡萄酒 57 家(都来自梅多克地区)、白葡萄酒 21 家(都来自苏玳与巴萨克地区)入选。

至今这 160 多年内,由于酒庄分合变迁,57 家变为 61 家;1973 年,木桐堡由二级升为了一级;有些酒庄出产的酒品质甚至大不如前,因此,当时这份名单并不能代表如今梅多克酒庄的品质排名,只可作为参考。可能是怕牵涉太多方面的利益,这份名单至今仍未重新修订,酒庄排名目前总数仍为 61 家,均为红葡萄酒,5 家一级庄(拉菲酒庄、拉图酒庄、玛歌酒庄、侯伯王酒庄和木桐酒庄),14 家二级庄,14 家三级庄,10 家四级庄,18 家五级庄。

2) 格拉夫分级

1953 年,格拉夫酒业公会请求国家 AOC 管理机构——法国国家原产地命名管理局(Institut National de L'origine et de la Qualité,INAO)对产区酒庄进行评级,评定的标准不再只参照葡萄酒的价格,而是更全面地考察酒庄的葡萄园、历史和葡萄酒的风格等诸多细节。最后格拉夫酒业公会确定并出台了一份格拉夫分级酒庄列表,最终于 1959 年完成。这份列表只区分红、白葡萄酒,而列级酒庄之间不再区分不同的等级,即只有一个级别——特级(Grand Cru Classé)。

由于格拉夫地区红白葡萄酒都盛产,名单也依照这两类酒划分,评选出 13 家红葡萄酒,10 家白葡萄酒,每类都按字母进行排序,但没有等级之分。

3)苏玳与巴萨克酒庄分级

1855 年梅多克酒庄分级大多数人都耳熟能详,但是知道 1855 年法国苏玳与巴萨克酒庄分级列表的人并不多。梅多克地区以红葡萄酒为主,而苏玳与巴萨克地区则以白葡萄酒为主,所以 1855 年苏玳酒庄分级实际上也是只针对白葡萄酒。当时以甜酒为主流,生产干白的酒庄无一入选。

由于白葡萄酒列级酒庄的数量较少,因此总共只分为 3 个等级,排名最高的是特等一级酒庄(Premier Cru Superieur),仅滴金酒庄(Château d'Yquem)1 家,一级酒庄(Premiers Crus)有 9 家,二级酒庄(Deuxiemes Crus)有 11 家,入围列级酒庄总数为 21 家。后因部分酒庄分家或兼并,2001 年至今,共有 27 个庄园列在此分级表上。

4)圣-埃美浓分级

圣-埃美浓分级标准约每 10 年分一次,1955 年、1969 年、1986 年、1996 年、2006 年、2012 年各分一次,只被冠以红葡萄酒。波尔多成功的商业推广离不开其严密的分级制度,而 1855 年的梅多克列级酒庄评级和随后的中级庄评级不仅大力推广了波尔多葡萄酒贸易的发展,更让世人见识到了原来梅多克地区的佳酿品质是有依有据的,但 1855 年梅多克列级庄分级制度并没有将任何右岸地区的酒庄编制入内,这个分级制度只局限于格拉芙、波美侯等。圣-埃美浓没有类似的分级制度来证明其优秀的品质,在这种情况下,圣-埃美浓的葡萄酒商会(Syndicat Viticole)在 20 世纪 50 年代决定起草一份列级酒庄分级制度,这份列表最终于 1955 年 6 月 16 日公布,并于 1958 年 8 月 7 日及 10 月 18 日分别修改,分为两大等级,一个是顶级酒庄(Premier Grand Cru),另一个是列级酒庄(Grand Cru),其中有 12 个顶级酒庄和 63 个列级酒庄。

与梅多克列级庄分级制度不同的是,参与这份圣-埃美浓列级庄分级制度的酒庄是根据自身实力申请参与评选,并非由经纪人来选定,评选方法除了品尝酒庄最近 10 个年份的葡萄酒之外,还需通过一系列认证并受到相关法规的限定,如必须在酒庄内装瓶,所有葡萄树龄必须在 12 年以上,等等。

　　这个列表还允许圣-埃美浓商会每 10 年左右修改一次排名,以保证酒庄之间的竞争力,所以在随后的 1969 年、1986 年、1996 年、2006 年和 2012 年,这份列表均进行了修改:

　　1969 年重新修改,选出了 12 家 Premier Grand Cru Classé 和 72 家 Grand Cru Classé。

　　1986 年重新修改,选出了 11 家 Premier Grand Cru Classé 和 63 家 Grand Cru Classé。

　　1996 年重新修改,选出了 13 家 Premier Grand Cru Classé 和 55 家 Grand Cru Classé。

　　2006 年重新修改,选出了 15 家 Premier Grand Cru Classé 和 46 家 Grand Cru Classé。

　　2006 年的这次大改动触发了可谓波尔多分级史上最激烈的争议,这种大胆冒进的做法无疑激怒了那些被移出名单的酒庄,于是这些酒庄把整个圣-埃美浓商会告上法庭,要求判定这份列表无效。这场官司自 2007 年 11 月 12 日开始,其中过程迂回曲折,加上涉及多方利益,最后持续至 2009 年 3 月才结束,法庭宣布 2006 年的修订无效,圣-埃美浓地区沿用 1996 年的分级制度至 2011 年。

　　2012 年,新分级出炉,名单中有 18 家顶级酒庄,其中 1A 酒庄 4 家,1B 酒庄 14 家。列级酒庄共 64 家,总数为 82 家,成为历史上该分级制度下列级酒庄数量最多的一次。

　　不过,有近 500 家圣-埃美浓的酒标上标有"Grand Cru"字样(没有 Classé),但它们不是圣-埃美浓官方评定的列级酒庄酒,仅属于法定产区酒,但品质和价格不亚于列级酒庄酒。

　　5)波美侯分级

　　作为波尔多最好的子产区之一,波美侯却一直没有分级制度,这也使波美侯给了大众一种"才华与个性同在"的魅力。虽然没有分级制度,但波美侯也不乏名庄。除了波美侯的顶级名庄柏图斯、老色丹(Vieux Château Certan)与里鹏外,克里奈酒庄(Château Clinet)、康色扬酒庄(Château La Conseillante)、拉弗尔酒庄(Château Lafleur)、柏图斯之花酒庄(Château La Fleur-Petrus)、克里耐教堂酒庄(Château L'Eglise-Clinet)、乐王吉古堡(Château l'Evangile)、卓龙酒庄(Château Trotanoy)等酒庄出产的葡萄酒也非常有名。主流葡萄酒评定家在波美侯列出 19 家列级酒庄,均生产红葡萄酒,其中 1 家特级庄,18 家一级庄,但并非官方列表。

　　6)艺术家酒庄

　　从严格意义上说,艺术家酒庄(Cru Artisan)不能算为产区,艺术家酒庄的庄主一般都不是专注做葡萄酒的人,很多都是面包师、手工业者、畜牧业者,他们有自己的葡萄园,但同时也从事其他行业的工作,葡萄酒酿造往往不是其主业。

　　"艺术家酒庄"这个称呼很古老,早在 19 世纪中期就已出现,但两次世界大战的战火毁灭了很多酒庄,这个名称也就基本停止了使用。

　　1994 年,这个称呼逐渐被欧洲其他国家所认可,但这时还没有官方的书面认可。到了 2002 年,这个称呼正式得到了欧盟的认可,这时才有了书面的认可。2006 年,法国的相关职能部门重新制定了艺术家酒庄的相关法律和法规,使得这个称呼正式成为法国官方关于葡萄酒的法定评级。这一年按照标准一共评出来44个酒庄,2012年增加了6个,这个规模延续至今。

艺术家酒庄受到如下内容的约束:①酒庄面积不超过6.5公顷;②酒庄是依靠手工进行酿造的家庭式酒庄,酒庄负责人(庄主)要亲自参与葡萄的种植和葡萄酒的酿造;③酒庄的负责人必须是酒庄注册的酿酒师,不能以任何机械的方式处理酿酒程序,酒庄用工以自己及家人为主,有人数限制,可以雇人,但不能太多。满足这3个条件的酒庄才能获得"艺术家酒庄"的称号,并且在酒标上标注"Cru Artisan"。

2. 勃艮第列级及其酒庄

如果说波尔多是法国葡萄酒产区之"王",那么勃艮第就是法国葡萄酒产区之"后"。从这一句话,就可以知道勃艮第在法国葡萄酒地图上的重要性。勃艮第的葡萄园数不胜数,其中最重要的特级葡萄园有33个,一级葡萄园有600多个,而且同一个葡萄园常常分成不同的版块,由不同的园主经营,这就使得外人难以分清和记忆这些葡萄园的所属情况。在勃艮第产区,葡萄园分为不同的等级,其中最高级的是特级(Grand Cru)葡萄园。勃艮第特级葡萄园的总面积是550公顷,其中有356公顷用来种植红葡萄品种,194公顷用来种植白葡萄品种。

勃艮第总共有33个特级葡萄园,其中有32个位于夜丘和伯尔尼丘,另有1个位于夏布利。夏布利唯一的1个特级葡萄园由7块相邻的土地组成。

3. 阿尔萨斯列级及其酒庄

阿尔萨斯特级葡萄园的评定最初是在1975年得到INAO认可的,之后在1983年、1992年和2007年,特级葡萄园的数量相继得到了扩充。到2011年为止,阿尔萨斯共有51个特级葡萄园。最新晋级的一个特级葡萄园是在2007年1月12日评定的卡弗科夫(Kaefferkopf),它位于上莱茵的安姆斯维村(Ammerschwihr)。

除波尔多列级、勃艮第列级和阿尔萨斯列级外,法国还有博若莱及罗讷河小产区列级。

6.4.2　波尔多八大酒庄

"波尔多八大酒庄"是波尔多产区最著名的8座酒庄,它们都具有数百年的发展历史,而且几乎都是梅多克、格拉夫、圣爱美浓和波美侯的一级名庄(除波美侯产区柏图斯酒庄外)。八大酒庄展现了波尔多最出色的葡萄酒酿造技术,它们的葡萄酒在全球市场上往往价高难求,是葡萄酒收藏家们争相竞逐的珍品。

1. 拉菲酒庄

史料上对拉菲酒庄(Château Lafite Rothschild)的最早记载可以追溯至公元 1234 年,当时记录的名称为"拉菲宫波"(Gombaud de Lafite),即位于波雅克村北部的维尔得耶修道院。加斯科涅方言中,"la fite"意为"小山丘",引申而得"lafiti","拉菲"因此得名。拉菲酒庄标志如图 6.17 所示。

图 6.17 拉菲酒庄标志

17 世纪初,塞居尔家族的到来使拉菲逐渐闯出伟大葡萄种植园的名声。雅克·德·塞居尔侯爵(Jacques de Ségur)是建立拉菲庄园(见图 6.18)的第一人,他的爱子亚历山大于 1695 年继承了庄园,并与邻近另一个著名酒庄——拉图古堡的女继承人联姻,婚后育有一子,即为后来著名的亚历山大·德·塞居尔(Alexandre de Ségur)。这正是拉菲与拉图这两大波尔多名庄共同书写历史的最初篇章。

图 6.18 拉菲酒庄

在 18 世纪初,拉菲酒庄(统一)的葡萄酒就已打入伦敦市场。1707 年,《伦敦公报》上出现了拉菲的名字:从大不列颠海盗们与皇家海军控制的商船上卸货后(其时正值西班牙王位继承之战如火如荼之际),拉菲被售于伦敦市内的公开拍卖会。《伦敦公报》将拉菲及"同伴",即一起参加拍卖的其他法国酒取名为"新法国红酒"。

从 1716 年起,塞居尔侯爵全力以赴,以巩固这最初的成就并锤炼酿酒技艺,而且还不断提升顶级酒在国外市场以及凡尔赛宫内的声望。在黎塞留元帅的支持下,拉菲佳酿荣升为"国王之酒"。1755 年,黎塞留元帅当选为吉耶纳地区(法国西南部旧称)总督,他在波尔多就诊时,一位医生为他开了一副独特的"处方":常饮拉菲酒庄葡萄酒,这是令脸色红润健康最为有效也最为美妙的"良药"。

塞居尔侯爵无男性继承人,酒庄经分割后,由他的 4 个女儿继承。拉菲也因此与拉图分开,不过,两者一直属于同一家族所有,并由同一管理者经营至 1785 年。侯爵的长女与时任巴黎市长的堂兄亚历山大·德·塞居尔联姻,其爱子尼古拉·马利·亚历山大·德·塞居尔(Nicolas Marie Alexandre de Ségur)伯爵继承酒庄后,庄园衰落了一段时间。1785 年,一本名为《拉菲领主》的匿名回忆录赞美拉菲是"世上最美的葡萄园"。然而,在这位塞居尔伯爵处,事情却截然相反。他负债累累,1784 年被迫出售了拉菲酒庄。波尔多第一届议会主席尼古拉·皮埃尔·德·皮歇尔（Nicolas Pierre de Pichard）果断出手，因他是塞居尔伯爵的近亲，通过使用"家族回收权"法律程序而成功收购酒庄。但塞居尔家族作为拉菲酒庄领头人的地位，随着皮歇尔于 1794 年 6 月 30 日被处决而猛然斩断。在拉菲酒庄前庭内赫然贴着的一张"拍卖告示"，宣告了拉菲酒庄将于 1797 年 9 月 12 日被拍卖的命运。"拍品说明"介绍拉菲酒庄为"梅多克顶级一等酒庄，出产波尔多最棒的葡萄酒"。赢得拉菲酒庄的是荷兰人吉恩·德·维特（Jean de Witt），不久之后他又被迫将拉菲酒庄再次转售给另外 3 位荷兰商人。维特的掌舵时间极短，随后拉菲酒庄又几经转手，其中最为称职的业主当数约瑟夫·古达尔（Joseph Goudal）。19 世纪初期，在古达尔的有效管理下，酒庄重新崛起。

1815 年，波尔多著名的葡萄酒经纪人劳顿（Lawdon）在与其同名的事务所日志中写下了第一套波尔多梅多克地区葡萄酒分级表。此表与 1855 年的分级颇为近似。他将拉菲置于榜首，"是因为在前三款（顶级酒）中，拉菲最为优雅与精致，它的酒体非常细腻"。他还补充道："拉菲的葡萄园位于梅多克风景最胜处。"这一时期中，1834 年的拉菲品质出众，1841年的更佳，1846 年的可称为至美之作。1855 年，为在巴黎举办的万国博览会而制定的分级制度，作为官方标准，确立了拉菲的"顶级一等"地位，并为梅多克开创了一个空前繁荣的时代。此时期的最佳年份可推选 1847 年、1848 年、1858 年、1864 年、1869 年、1870 年和 1876 年。

1868 年 8 月 8 日是罗斯柴尔德家族值得纪念的一天。这一天，詹姆斯·罗斯柴尔德男爵（Baron James de Rothschild）在公众拍卖会上购得拉菲酒庄，当时酒庄拥有葡萄园面积74 公顷。更辉煌的成就是这一年份每桶拉菲的售价达到了有史以来的最高值——6 250 法郎。这一期酒的价格纪录在此后的一个世纪内无人超越。

19 世纪末与 20 世纪初噩梦连连：根瘤蚜虫害、霜霉病在葡萄中蔓延，顶级酒造假事件，第一次世界大战，严重的经济危机……这一切导致酒庄命运跌至谷底。深受霜霉病所害的拉菲酒庄断然决定将 1882—1886 年及 1910—1915 年的某些年份酒降级。并且为了有效对抗顶级酒造假事件，葡萄酒都改在酒庄灌瓶。第一次世界大战期间，由于战争而限制供给，酒庄发展大受影响。20 世纪 30 年代史无前例的金融危机更迫使葡萄园缩减种植面积。

第二次世界大战结束后，一系列重建工作在葡萄园和酒窖内开展起来，同时彻底改变了管理模式。20 世纪 50 年代购入一群奶牛以开垦拉菲酒庄背后的草场并为葡萄提供肥料。20 世纪 60 年代拉菲酒庄进入真正复苏成长的时代，市场不断扩大，特别是美国市场的开拓；价格回升，拉菲酒庄与木桐堡之间的竞争更促使酒价扶摇直上。

1976 年，为追求卓越品质，拉菲酒庄积极推动酒庄技术力量的建设：葡萄园中的重新栽种与整建工作配以科学的施肥方案，选取合宜的添加物进行酒处理，酒窖中安装了不锈钢发酵槽以作为对橡木发酵桶的补充，建立起一个新的环形陈酿酒窖。此酒窖由加泰罗尼亚建筑师理查德·鲍费尔（Ricardo Bofill）主持设计建造，是革命性的创新之作，并有极高的审美价值,可存放 2 200 个橡木桶。

1985 年,为推动酒庄发展,拉菲酒庄与摄影家联手,并通过购买法国其他地区酒庄以及国外葡萄园而成功地扩大了拉菲罗斯柴尔德集团的发展空间。20 世纪 80 和 90 年代好酒迭出,1982 年、1986 年、1988 年、1989 年、1990 年,以及 1995 年和 1996 年皆是特佳年份,价格更是创下新纪录。从 2000—2010 年,归功于葡萄生长期较为干燥的天气,2000 年、2003 年、2005 年、2009 年和 2010 年的葡萄酒质量极佳,而极佳质量的另一个前提正是长久以来拉菲酒庄对杰出品质的不懈追求。如今,拉菲酒庄以"Château Lafite Rothschild"和"Carruades de Lafite"一正一副两个拉菲品牌(即俗称的"大拉菲"和"小拉菲",见图 6.19)闻名天下。

图 6.19　俗称的大拉菲(左)与小拉菲(右)的酒标

拉菲酒庄的葡萄品种中,70% 是赤霞珠,25% 是梅洛,3% 是品丽珠,2% 是味而多。由于拉菲葡萄酒在酿造过程中使用了一定量的梅洛混酿,具有了非同一般的优雅、细腻的口感。

2. 木桐酒庄

木桐酒庄位于拉菲酒庄旁,它在 15 世纪已是种植酿酒葡萄的园地。但直到 1730 年,布朗(Brane)家族买下该地后盖上房子,该园才算得上是个像样的酒庄。后来,家族后代赫克托·布朗男爵(Baron Hecter de Brane)发现赤霞珠葡萄品种最适合在本园生长,遂引进种植,木桐酒庄终于成为名庄。其标志如图 6.20 所示。

图 6.20　木桐酒庄标志

1853 年,富有的银行家纳撒尼尔·罗斯柴尔德男爵(Baron Nathaniel de Rothschild)希望能用自家的葡萄酒来招待客人,于是便购入了木桐酒庄的前身——布朗-木桐酒庄(Château Brane-Mouton),并正式改名为"Château Mouton-Rothschild"。15 年后,他的堂兄也买下了旁边的拉菲酒庄。但在 1855 年波尔多酒的评级中,木桐酒庄就没有拉菲酒庄那么幸运,它只排在第二级的第一名。结果,罗斯柴尔德家族花了 118 年的时间和努力才争回了第一级的荣誉。

木桐酒庄辉煌时期的开端从 1921 年只有 20 岁的菲利普·罗斯柴尔德男爵(Baron Philippe Rothschild)走进庄园开始。为躲避第一次世界大战,菲利普从巴黎跑到波尔多。短短一段时间后,他发现自己非常喜爱这一片祖先留下的酒庄和葡萄酒。他说服父亲把酒庄交给他管理。1922 年,他正式成为木桐酒庄的主管经营人。菲利普的一生不单单为木桐酒庄,还为波尔多酒的发展事业作出了巨大的贡献。

1924 年,他第一个在波尔多提倡酿酒和装瓶应全在酒庄内进行。他的这一倡议成为现代所有优质庄园酒的生产标准。因为他的游说和努力,才让本来在波尔多建一个大型石化工业的项目停止,从而保护了波尔多的葡萄酒产业。1947 年,菲利普从亡父处继承了遗产,正式成为木桐酒庄的拥有人。

1945 年第二次世界大战结束后,木桐酒庄的酒标上加印了一个"V"字,非对称的橄榄枝环绕着"V"字,象征着和平的到来,蔓延的葡萄枝叶似乎随风飘动,以一种浪漫的方式将胜利、和平和葡萄酒联结在一起。正因为与历史纪念完美的结合,这款酒标成为设计经典(见图 6.21)。

图 6.21　1945 年木桐酒庄酒标

之后,酒庄每年邀请世界各地著名画家绘画,用以作为木桐酒庄这个年份的酒标(见图 6.22)。而画家的报酬是 5 箱不同年份已达成熟期的木桐红葡萄酒和 5 箱当年的木桐红葡萄酒。

图 6.22　木桐酒标(左)和木桐酒庄(右)

菲利普曾立下誓言："我不能第一,我不甘第二,我是木桐。"他花重金提高酒的品质,他从不把自己的酒看作第二级的酒,所以他在每年对酒定价时,总是把价格和四大一级庄看齐,开出一样的盘口。50 年的努力终于在 1973 年得到了最大的回报。当年法国政府终于把 1855 年官方对波尔多列级名庄的评级作了一次改动,仅改动了一个酒庄排名——把木桐酒庄从第二级升上了第一级,把原来历史上的四大一级庄变成了五大:拉菲、拉图、玛歌、侯伯王和木桐。菲利普当年说道:"我现第一,以往次之,木桐已变。因为,我是木桐!"并将此句印在酒标上,成为永恒的经典。

值得一提的是,1996 年的木桐酒标由中国书画家古干创作。古干经由英国大英博物馆馆长介绍为木桐酒庄创作酒标,使木桐酒庄的酒标中有了中国艺术品的代表。1996 年波尔多其他产区年份稍差,但木桐却非常好。1996 年的木桐酒体呈漂亮的紫红色,具有黑加仑子的香气和肉桂、香料、烤木香,香气复杂,酒质集中,单宁劲道,虽是中酒体,却体现出木桐的经典风格。历年来名画家的真迹不但成为木桐酒标,还为木桐酒庄建起了一个名画博物馆,成了波尔多的游客必去之地,也为木桐酒庄增添了浓厚的艺术气息。其中最出名的一幅画要数用于 1973 年酒标上毕加索的《酒神祭》,如图 6.23 所示。

图 6.23　（从左向右依次为）1996 年木桐酒标、木桐各年份酒标展示和 1973 年木桐酒标

3. 拉图酒庄

拉图酒庄(Château Latour)位于盛产名酒的法国波尔多梅多克波雅克产区,是波尔多五大一级庄之一,被称为法国国宝级的酒庄,其历史可以追溯到 14 世纪。其标志如图 6.24 所示。

1331 年,庞斯勋爵(Lord Pons)下令让戈塞尔姆·卡斯蒂永(Gaucelme de Castillon)在圣林柏(Saint Maubert)教区修建一座防御塔楼。这座塔楼后来成为英法百年战争时期守卫吉伦特河的重要

图 6.24　拉图酒庄标志

堡垒,酒庄名中的"Latour"就来源于此,意为"塔"。到了 16 世纪,这块土地逐渐被开垦为葡萄园。至 17 世纪末,葡萄园一直由米莱(Mullet)家族掌管。之后由于联姻和继承关系,酒庄成了亚历山大·塞居尔的财产。亚历山大·塞居尔之后不断扩张他的版图,在梅多克地区收购了很多家酒庄,包括著名的拉菲酒庄。塞居尔家族的到来,意味着拉图城堡开始了真正的酒庄历史。1718 年,塞居尔家族继续扩大产业,收购了木桐酒庄和凯隆世家庄园(Château Calon-Ségur)的地块。

18 世纪时,拉图酒庄已经是很有名望的酒庄,被誉为"法国的王公贵族",就连美国总统托马斯·杰斐逊也对其青睐有加。到了法国大革命时期,酒庄虽然遭受了一些困难,但始终没有分割,仍掌管在塞居尔家族手中。在 1855 分级中,由于其特殊的地理位置、独特的风土条件以及在葡萄酒贸易中树立起的名声,拉图酒庄被列为一级庄,与拉菲、玛歌和侯伯王齐名。

拉图酒庄拥有的葡萄园面积达 92 公顷,其中被称为"围场(Enclos)"的 47 公顷葡萄园所种植的葡萄被用来酿造酒庄的正牌酒。这 47 公顷土地被许多波尔多行家认为拥有波尔多最好的风土。酒庄葡萄园因邻近吉伦特河,坡度较小,最高处仅为 16 米,主要以砾石、灰土和黏土土壤为主,并混有深厚的石灰岩。园内砾石土壤层深达 4～5 米,十分有利于葡萄根系的生长。酒庄葡萄园中有 76% 的赤霞珠、22% 的梅洛、2% 的品丽珠和味而多,每公顷葡萄藤数量为 9 000 株,总葡萄藤数量为 800 000 株。拉图酒庄葡萄园内葡萄藤的平均树龄为40 年,最老的葡萄藤已经有超过 100 年的历史。

自 2009 年起,拉图酒庄的技术团队决定应用一些新的种植方式,来平衡葡萄树、土壤和环境三者的关系,让风土以最佳的方式通过葡萄酒阐释出来。例如,酒庄重新使用马来进行犁地,以保护葡萄园土地,促进可持续发展。酒庄每年都会对树龄较大、失去活力的葡萄藤进行替换,更换比例大约为 3%,之后会对拔除葡萄藤的土地进行休耕,以维持土地稳定的质量和产量。至 2015 年 8 月,拉图酒庄的全部葡萄园已彻底遵循有机农业的方式进行作业。2018 年 10 月,拉图酒庄正式获得了法国国际生态认证中心(Ecocert)的有机种植认证。此外,酒庄还在酿造正牌酒的葡萄园内试行生物动力法,根据葡萄园的需求调配不同的试剂,按照不同年份的具体天气状况来进行施洒。

拉图酒庄在采收后,按不同风土特点对葡萄进行分类,再进行去梗、压榨,之后放入控温不锈钢罐进行大约 3 个星期的发酵,以充分提取葡萄的多重风味。拉图酒庄从 20 世纪 60 年代开始便使用不锈钢罐进行发酵,是波尔多最早使用不锈钢罐进行发酵的酒庄之一。发酵完成后的次月,酒庄会对葡萄酒液进行苹果酸-乳酸发酵(malolactic fermentation),在这一过程中,葡萄酒变得更为柔顺、圆润、细腻。酿酒师进行首次品鉴后,对不同不锈钢罐中葡萄酒液的风格进行比较,再混合葡萄酒液,然后转移至橡木桶进行熟化。次年 1 月中旬,酒庄酿酒师团队会进行第二次品鉴,以决定哪些酒液作为正牌酒、副牌酒和三牌酒。此时,酿酒师也会对压榨酒进行品鉴,适当选用品质较高的压榨酒与自流酒进行混合。酒庄选用的橡木桶来自法国中部的森林,正牌酒每年都会使用新橡木桶进行熟化。在第一年的熟化过程中,酿酒师会使用密封性较弱的玻璃塞,让葡萄酒与空气进行一定程度的接触,并每 2 周进行一次添桶。第二年夏天来临前,葡萄酒会被转移至另一酒窖进行 10～13 个月的新一轮熟化,并进行气密密封,完全杜绝葡萄酒与空气的接触,维持桶内恒定的温度。此次熟化完成后,酿酒师使用蛋清对葡萄酒进行过滤,45 天后进行倒罐,以彻底清除沉淀,之后进行最后一次品鉴,决定葡萄酒的装瓶时间。

几百年来,拉图酒庄(见图 6.25)一直备受红酒爱好者的追捧和青睐,成熟后的拉图酒有极丰富的层次感,酒体丰满而细腻。高质量的葡萄酒是选用葡萄品种与波雅克村独特的地理条件、土壤结构和自然气候构成的产区的完美结合。拉图酒庄的"一门三杰",正牌酒是"Grand Vin de Chatour Latour",副牌酒称为"Les Forts de Latour",三牌酒则简单以"Pauillac"命名。2012 年,酒庄决定不再销售期酒,葡萄酒装瓶后会继续在酒庄进行陈年。正牌酒、副牌酒和三牌酒的酒窖陈年时间分别为 8～10 年、6～8 年和 4～6 年。

图 6.25　拉图酒庄

4. 玛歌酒庄

玛歌酒庄(Château Margaux)的历史至少可以追溯到 12 世纪。当时庄园名为"拉曼·玛歌",尚未开始种植葡萄。它的历任主人都是富有的地主和贵族,但直到雷多纳克家族的到来,酒庄的格局才正式形成。在 1572—1582 年的 10 年间,雷多纳克家族全面整修重组庄园和园地,并颇具先见地放弃种植谷物而改种葡萄。到 17 世纪后期,玛歌酒庄占地面积已达 265 公顷,其中 1/3 用于种植葡萄。数百年来,一代代人凭借着精湛的酿酒技艺与敢于创新的精神,一步步将玛歌酒庄葡萄酒推向优质葡萄酒的殿堂。18世纪时,柏龙(Berlon)先生对玛歌酒庄的发展做出过不朽的贡献,他彻底改革了酒庄的葡萄种植和酿造技术,使得玛歌葡萄酒的品质越来越好。酒庄标志如图6.26 所示。

图 6.26　玛歌酒庄标志

据《伦敦公报》1705 年刊登的公告显示,优质波尔多葡萄酒的首宗拍卖交易就是 230 桶玛歌酒庄红葡萄酒(Château Margaux,Margaux,France)。此外,1771 年份的玛歌是第一款出现在佳士得拍卖名录上的波尔多红葡萄酒。不仅如此,玛歌酒庄的葡萄酒还深受政界名流的喜爱。英国首相罗伯特·沃波尔爵士(Sir Robert Walpole)曾购买了 4 桶玛歌酒庄红葡萄酒。而美国前总统托马斯·杰斐逊在订购 1784 年玛歌酒庄红葡萄酒的信中,则赞叹道:"没有比这更好的波尔多葡萄酒了。"

1855 年,第二次世界博览会在巴黎举办,拿破仑三世想借此难得的机会向全世界展示他钟爱的美酒,于是要求波尔多商会筹备酒展并对酒庄进行分级,而波尔多商会则将这个任务转交给对波尔多酒庄、葡萄园风土和葡萄酒都了如指掌的葡萄酒经纪人工会。葡萄酒经纪人工会根据长期以来波尔多葡萄酒在市场上的声誉和价格水平制定出了一份分级名单,鼎鼎有名的 1855 分级由此诞生。在入选的 4 座一级庄中,玛歌是唯一获得 20 分满分的酒庄。

1879 年,阿加多侯爵的儿媳艾米丽·马可多纳(Emily Macdonnel)把酒庄卖给皮雷-威尔(Pillet-Will)公爵。在历任管理者的悉心守护下,玛歌酒庄顺利度过了全球经济大萧条和土源疾病的难关,然而接连来袭的真菌、白粉病、霜霉病和根瘤蚜还是严重摧残了酒庄的葡萄园。直至新治疗方法出现和补种具有抵抗力的葡萄树后,玛歌酒庄才逐步恢复生产。1893 年酒庄迎来了大丰收,葡萄品质上乘,甚至超越了传奇的 1870 年,不过却因酒桶数量不够而不得不放弃了部分收成。尽管如此,由于补种的葡萄树树龄尚浅,结出的果实成熟度不够理想,于是酒庄便把部分葡萄用于生产副牌酒。1908 年,这款副牌酒正式取名为"玛歌红亭红葡萄酒(Pavillon Rouge du Château Margaux)"。

1896 年,皮雷-威尔公爵聘请皮埃尔·莫罗(Pierre Moreau)负责酒庄管理。皮埃尔大胆地制订了在酒庄内装瓶葡萄酒的规定,这项规定于 1924 年开始实施,为玛歌酒庄葡萄酒提供了有力的正品保障。1950 年前后,费南德·吉内斯特(Fernand Ginestet)和他的儿子皮埃尔·吉内斯特(Pierre Ginestet)入主酒庄。1977 年,吉内斯特家族受经济衰退的影响陷入财务危机,把酒庄出售给了安德烈·门泽普洛斯(Andre Mentzelopoulos)。

安德烈接手后，投入大量资金完善酒庄建设——开拓新葡萄园，重新栽种葡萄树，安装排水系统，并翻新城堡及酒窖（见图 6.27）。他雇用了有"现代酿酒学之父"之称的埃米耶·佩诺（Emile Peynaud）担任酒庄的酿酒顾问。在埃米耶的指导下，他对酒庄的副牌酒玛歌红亭葡萄酒和玛歌白亭葡萄酒（Pavillon Blanc du Château Margaux）设立了更高的质量标准，还规划修建了梅多克第一个大型地下酒窖，并提倡使用新橡木桶熟成葡萄酒。在安德烈的努力下，玛歌酒庄重拾昔日辉煌，迎来了卓越的 1978 年份。1980 年，安德烈·门泽普洛斯去世，他的女儿科琳娜·门泽普洛斯（Corinne Mentzelopoulos）从父亲手中接过酒庄管理的重任。

图 6.27　玛歌酒庄

1983 年，拥有酿酒学博士学位的农业工程师保罗·庞塔利尔（Paul Pontallier）加入玛歌酒庄，与庄主科琳娜共同推进安德烈·门泽普洛斯生前开展的改革计划。1990 年，保罗正式出任玛歌酒庄总经理一职。同年，保罗·庞塔利尔聘请农业工程师菲利普·巴斯卡雷斯（Philippe Bascaules）协助酒庄管理。2016 年 3 月 28 日，保罗·庞塔利尔因癌症去世。2017 年 3 月 1 日，菲利普·巴斯卡雷斯接任酒庄总经理一职。

2019 年，玛歌酒庄共有 99.1 公顷葡萄园，栽种了 81.7 公顷的红葡萄及 12.1 公顷的白葡萄。红葡萄品种种植比例为 75% 的赤霞珠、20% 的梅洛、2% 的品丽珠和 3% 的味而多；白葡萄种植比例为 100% 的长相思。葡萄藤平均树龄为 45 年。从 20 世纪 90 年代末开始，酒庄在葡萄园内杜绝使用杀虫剂。此外,园内仅施用有机肥料,葡萄农还会适时进行深层施肥以改善土壤结构及恢复土壤活力。

到了采收季,酒庄团队会通过检测分析各项指标及亲自品尝葡萄果实来挑选合适的采收时间。葡萄达到理想成熟状态后,由 200 名经过专业训练的采收工完成采摘。到达酿酒车间后,葡萄需经过严格的筛选才能进入去梗等环节。酒庄同时采用木桶及不锈钢罐来发酵红葡萄,白葡萄则全部使用木桶发酵。酒精发酵结束后,酒液会被转入橡木桶中进行苹果酸-乳酸发酵。而后,红葡萄酒会被放置于新橡木桶中熟成 18～24 个月,白葡萄酒则在橡木桶中熟成 6～8 个月。

酒庄的正牌酒——玛歌酒庄红葡萄酒风味浓郁复杂,入口宛如舌尖上舞动的一曲芭蕾舞般优雅而有力,单宁充沛顺滑,平衡感佳,收尾中可感受到清新悠长的质感,陈年潜力相当出众。它成功地征服了法兰西第一帝国缔造者拿破仑·波拿巴,也赢得了美国开国元勋托马斯·杰斐逊和英国前首相"铁娘子"玛格丽特·撒切尔(Margaret Thatcher)的青睐。在酒评界,玛歌酒庄红葡萄酒也同样广受认可,曾 4 次获得罗伯特·帕克的满分评价,其他酒评家给出的 95 分以上好评更是数不胜数。近些年来,玛歌酒庄红葡萄酒的品质一直稳中见长,并保持着较高的市场关注度。

除了正牌酒外,玛歌酒庄目前已发布的酒款还包括副牌酒——玛歌红亭和玛歌白亭,以及三牌酒——玛歌酒庄三牌红葡萄酒(Margaux de Château Margaux)(见图 6.28)。另外,酒庄于 2009 年开始生产四牌酒,不过这款酒仅以桶装酒的形式售卖给波尔多的酒商。

图 6.28　(从左向右依次为)玛歌正牌、玛歌红亭、玛歌白亭和玛歌三牌酒

5. 侯伯王酒庄

　　侯伯王酒庄(Château Haut-Brion)位于波尔多左岸格拉夫的佩萨克-雷奥良产区,是1855 年评出来的四大一级酒庄中唯一位于梅多克之外的酒庄,也是四大一级酒庄中最古老、最小的酒庄。同时,它也被列为格拉夫产区的一级酒庄,它所生产的红、白葡萄酒均列

图 6.29　侯伯王酒庄标志

入波尔多顶级葡萄酒名单。目前,该酒庄是波尔多酒业巨头克兰斯·帝龙酒业集团(Domaine Clarence Dillon SA)旗下产业之一。作为一直位于葡萄酒界金字塔尖的顶级名庄,侯伯王庄园从不缺乏赞美和追捧,单是罗伯特·帕克评分体系就曾先后共计 8 次给予其酒款满分好评。在近 10 年伦敦国际葡萄酒交易所(Liv-ex)揭晓的"百强佳酿(Power 100)"品牌排名榜单中,侯伯王酒庄多年雄踞榜单前十。其标志如图 6.29 所示。

　　侯伯王酒庄(见图 6.30)内出土的一枚印有罗马皇帝克劳德(Claudius)肖像的硬币表明,侯伯王庄园所在的土地历史可追溯至公元 1 世纪。而根据吉伦特省档案馆(Gironde Departmental Archives)的文字资料显示,几个世纪后,侯伯王庄园开始酿酒,并于 1521 年开始以酒庄的身份为人所知。

图 6.30　侯伯王酒庄

　　1525 年,利布尔纳(Libourne)市长的女儿让娜·德·贝隆(Jeanne de Bellon)嫁给波尔多市议会法庭书记让·德·庞塔克(Jean de Pontac),嫁妆就是佩萨克-雷奥良产区的一块被称为"Haut-Brion"的园地。1533 年,庞塔克买下了整个侯伯王庄园的所有权,一个传承数个世纪的顶级酒庄由此应运而生。

在此后悠长岁月的洗礼中,先后有多个家族入主侯伯王酒庄,其中不乏王室贵族、政要名人以及富可敌国的商界巨擘,他们都为庄园的发展作出了不可磨灭的贡献。例如法国大革命爆发后的乱世中,拿破仑·波拿巴的对外关系部长查理斯-莫瑞·塔勒朗-佩里戈(Charles-Maurice de Talleyrand-Perigord)收购了侯伯王酒庄,并推动侯伯王酒庄红葡萄酒成为法国王室及政界餐桌上的常客。

18 世纪末,美国总统托马斯·杰斐逊到波尔多参观,购买了 6 箱侯伯王的葡萄酒,运送回自己位于弗吉尼亚州的庄园;也因为这件事,侯伯王成为第一款被出口到美国的一级酒庄葡萄酒。

1935 年,当时非常富有的美国银行家克兰斯·帝龙(Clarence Dillon)来到葡萄酒圣地波尔多参观,在其参观完侯伯王酒庄并乘船返回美国的途中,他收到消息称其可以购买侯伯王酒庄,但必须立即做决定,于是他毫不犹豫地买下了这一顶级名庄,并由此开启了侯伯王酒庄发展的新纪元。后来克拉斯·帝龙的儿子克兰斯·道格拉斯·帝龙(Clarence Douglas Dillon)传承父业,他曾担任过美国驻法国外交大使,回美国后又先后担任肯尼迪(Kennedy)政府的副国务卿和财政部长。无论是任外交官还是政府部长期间,道格拉斯都经常用侯伯王酒庄生产的葡萄酒招待各国贵宾,将酒庄声誉推向新的高度。

1958 年,帝龙家族成立了克兰斯·帝龙酒业集团,之后不断对酒庄进行投资,建造现代化酿酒车间,重选葡萄品种,修建大型地下酒窖,更换酿酒设备等。经过两代人的努力,侯伯王酒庄已成为一座将传统和现代完美结合的顶级酒庄。琼安·帝龙(Joan Dillon)是帝龙家族中掌管侯伯王酒庄的第三代,她曾是卢森堡查尔斯王子(Prince Charles of Luxembourg)的王妃,后来改嫁德·穆西公爵(Duke de Mouchy),穆西公爵于 2011 年去世,琼安继承了他的爵位。如今,侯伯王酒庄的庄主与克兰斯·帝龙酒业集团的董事长均由琼安的儿子卢森堡侯贝王子担任。

侯伯王酒庄目前拥有葡萄园共计 51 公顷,其中红葡萄占 48 公顷。园内表层土壤为砾石,底层土壤为砂质黏土。种植的红葡萄品种为赤霞珠、梅洛、品丽珠以及少许味而多。另有 3 公顷用于种植白葡萄品种赛美蓉和长相思。

侯伯王酒庄采用传统与现代相结合的酿酒方式。葡萄达到理想的成熟度后会进行人工采摘,之后在流动车上的挑选台精选,然后送到酒庄。葡萄去梗破碎后进入发酵桶开始发酵。发酵结束后会进入法国橡木桶中进行陈酿,正牌酒的陈酿时间通常为 20～24 个月。酒庄与橡木桶公司合作,在酒庄内制作橡木桶,以便做出来的橡木桶更符合酒庄的细节要求。在陈酿期间酒庄会按照传统方式每隔 3 个月进行一次倒桶,之后经过下胶和过滤再进行装瓶。

侯伯王酒庄红葡萄酒(Château Haut-Brion)是酒庄的正牌酒,这款酒一开始香气较为含蓄,但在接下来每次晃动酒杯时,你总能发现新的香气,复杂而丰富。在口腔中,单宁细腻且柔和,能够感受到这款酒强劲的风格,最后的余味极为持久而迷人。小侯伯王红葡萄酒(Le Clarence de Haut-Brion)是侯伯王酒庄的副牌酒,在 2007 年份以前,这款副牌酒一直被叫作百安侯伯王(Château Bahans Haut-Brion),随后为了纪念克兰斯·帝龙先生及其家族在 1935 年成功购得酒庄,更名为小侯伯王。身为侯伯王酒庄的副牌酒,小侯伯王红葡萄酒与正牌酒享受着同一片风土,采用同样的葡萄培育方法以及一样的酿酒设备和技术,且由同样的酿酒团队打造,既有着与正牌酒相似的风格,也有着出众的好品质,可以说是正牌酒的缩影。此外,酒庄还生产一款产量极为稀少的侯伯王酒庄白葡萄酒(Château Haut-Brion Blanc),这款酒香气馥郁芬芳,口感圆润,绵长迷人,复杂度极其出色,风味华美而凝练集中,具有超凡的陈年潜力,是波尔多白葡萄酒中的佼佼者。3 种酒如图 6.31 所示。

图 6.31　(从左向右依次为)侯伯王庄园红葡萄酒、侯伯王庄园白葡萄酒和小侯伯王红葡萄酒

6. 柏图斯酒庄

柏图斯酒庄(Petrus)位于波美侯和圣-埃美浓的交界处。最初,柏图斯酒庄只是一个名不见经传的小酒庄,在波美侯地区也仅排名第四、第五。直到 1925 年,艾德蒙·罗芭夫人(Madame Edmond Loubat)从前任庄主阿诺德(Arnaud)家族手中购得酒庄,柏图斯酒庄的辉煌历程才由此开启。其标志如图 6.32 所示。

图 6.32　柏图斯酒庄标志

罗芭(Loubat)家族拥有雄厚的资本,在本地拥有 2 家酒庄。艾德蒙·罗芭夫人是一名成功的企业家,在利布尔纳市拥有一家饭店,弟弟是该行政区的市长。她购得柏图斯酒庄(见图 6.33)之后,通过一系列措施,迅速打响了柏图斯酒庄的知名度。除了将价格提高使得

柏图斯酒不再是"泛泛之酒"外，艾德蒙·罗芭夫人还将柏图斯酒庄酒介绍给她所认识的富商朋友，之后柏图斯酒庄酒在法国的高级社交圈内迅速流行起来。

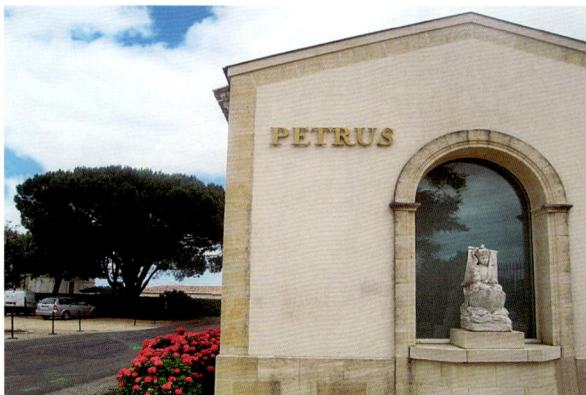

图 6.33　柏图斯酒庄

英女王伊丽莎白二世（Queen Elizabeth II）订婚的时候，艾德蒙·罗芭夫人趁此机会将柏图斯酒庄酒引入英国的上流社会。1947 年，女王举行正式婚礼，艾德蒙·罗芭夫人就是受邀贵宾之一。随后，艾德蒙·罗芭夫人又带着酒庄的佳酿奔赴伦敦，成功使柏图斯酒庄酒列于伦敦一流餐厅的酒单上。依靠着艾德蒙·罗芭夫人高超的社交手腕，柏图斯酒庄酒迅速成为炙手可热的葡萄酒新星。

1961 年，艾德蒙·罗芭夫人去世。根据艾德蒙·罗芭夫人生前立下的遗嘱，柏图斯酒庄的股份被分成了 3 份，其中 1 份由让-皮埃尔·莫伊克（Jean-Pierre Moueix）家族继承，另外 2 份由她的外甥继承。1964 年，莫伊克家族购得其中一位的继承权，成为柏图斯酒庄的经营者。20 世纪 60 年代，莫伊克家族将柏图斯酒庄酒引入美国，受到了总统肯尼迪的青睐。几乎在一夜之间，柏图斯酒庄酒成了美国社交界名人口中竞相谈论的热点，甚至到了若有人不知柏图斯会被视为"来自得克萨斯州（Texas）的乡巴佬"的地步。

由于法国波尔多地区 1855 年的酒庄评级只针对梅多克区，并未将波美侯地区包括在内，因此柏图斯酒庄酒迟迟未得到官方的肯定。然而波美侯地区佳酿众多，且品质极高，柏图斯酒庄酒更是其中的翘楚，要求重新评级的呼声不绝，但这个举措还是在 1961 年宣告失败，法国不愿更改自 1855 年以来的传统。尽管如此，柏图斯酒庄仍被葡萄酒界尊为顶级酒庄，它所生产的葡萄酒（见图 6.34）也一如既往地位于全球最昂贵葡萄酒之列。

图 6.34　柏图斯红酒及其酒标

柏图斯酒庄拥有 11.5 公顷的葡萄园,园内土壤表层是纯黏土,下面为一层陶土,更深一层则是含铁量很高的石灰土,并有良好的排水系统。所种植的葡萄品种以梅洛为主,约占95%,剩余的 5% 为品丽珠。由于品丽珠成熟较早,所以除非年份特别好,柏图斯酒庄一般不用来酿酒。种植密度为每公顷 6 000 株,平均树龄在 40 年左右,有些甚至高达 80 年。经营者在葡萄园的更新上采取较传统的方式,即通过品选,以品质最优的葡萄藤作为"母株",这和1946 年康帝酒庄铲除老根时的方法是一样的。葡萄园也采取严格的"控果",每株保留几个芽眼,每个芽眼仅留下一串葡萄,目标是全熟,但避免超熟,否则会影响葡萄酒细腻的风味。

在酿造工艺方面,柏图斯酒庄将葡萄采收时间定在下午,目的是让上午的阳光将前夜残留的露水晒干。每次采收都雇用 180 名采收工,用大约半天的时间经过 2~3 次采收完成。在酿造时,柏图斯酒庄也不惜工本,每 3 个月更换 1 次木桶(材质各异),陈酿时间约 20~22 个月。

柏图斯酒庄非常重视品质,只选用最好的葡萄,在某些不好的年份,如 1991 年,甚至会停产。柏图斯酒庄的平均年产量不超过 3 万瓶,数量极为有限,价格也十分昂贵。柏图斯红葡萄酒酒色深,气味细腻丰厚,在黑加仑和薄荷等香气之中还隐藏着黑莓、奶油、巧克力、松露、牛奶和橡木等多种香味,口感丝滑,余韵悠长。

7. 奥松酒庄(Château Ausone)

奥松酒庄(Château Ausone)位于法国波尔多右岸的圣-埃美浓产区,是产区内仅有的 4 座圣-埃美浓一级 A 等酒庄之一,也是波尔多八大名庄之一。其标志如图 6.35 所示。

其葡萄园至今仍保留了古罗马的遗迹,由此可见,它的历史可以追溯到大约 2 000 多年前的古罗马时期。相传当时罗马著名诗人奥索尼乌斯(Ausonius)获封地于波尔多,奥松酒庄现时的园地就是当年奥索尼乌斯的故居,这也是酒庄名称奥松(Ausone)的由来。

CHATEAU
AUSONE
SAINT-ÉMILION

图 6.35　奥松酒庄标志

自 14 世纪以来,奥松酒庄前后仅经历了 3 个家族的更迭,这在频繁易主的波尔多葡萄庄园中实属罕见。这 3 个家族分别为雷谷斯(Lescours)家族、雅克·莱斯古尔(Jacques de Lescure)家族和伍迪埃(Vauthier)家族。如今,奥松酒庄由伍迪埃家族的第 11 代传人阿兰·伍迪埃(Alain Vauthier)与他的长女宝琳·伍迪埃(Pauline Vauthier)共同打理。

奥松酒庄(见图 6.36)的葡萄园面积为7.25公顷,园地朝向东或东南,可以充分享受阳光的照射,同时能有效阻挡西北风。此外,葡萄园临近多尔多涅河,受河流的调节作用而拥有理想的微气候,十分适合葡萄生长,酒庄在 1892 年以及 1956 年严重的霜冻灾害中都未受重创,足以证明其葡萄园风土的优越性。圣-埃美浓产区的酒庄在酿造葡萄酒时多以梅洛为主,而奥松酒庄却偏爱品丽珠,葡萄园内主要种植品丽珠,辅以一部分的梅洛以及极少量的

赤霞珠，赤霞珠仅用于副牌酒（Chapelle d'Ausone）的酿造。这些葡萄藤的平均树龄为 52 年，其中最古老的葡萄藤种于 20 世纪初，树龄长达百年，种植密度为 6 500 ～ 12 000株/公顷。此外，园内土壤以石灰质黏土和石灰岩为主，这也正是奥松酒庄红葡萄酒蕴含矿物质风味的主要原因。

图 6.36　奥松酒庄

奥松酒庄在葡萄园管理与葡萄酒酿造中均遵循有机和生物动力法的理念，致力于使酿制成的葡萄酒充分展现风土的特色。在葡萄园内，工作人员除了细心呵护葡萄藤，也种植各种果树以及芳香植物，允许各种昆虫、鸟类甚至蝙蝠出没，以充分释放土壤的活力以及促进整个葡萄园生态系统的和谐发展。在收获期间，葡萄将经过非常严格的筛选，只有达到最佳成熟度的健康葡萄才会被用来酿造葡萄酒。

在酿造过程中，经处理后的葡萄首先会进行冷浸渍（cold maceration），以提取葡萄皮中的色素和风味物质。接着，酒精发酵会在传统的大橡木桶中进行，而后的苹果酸—乳酸发酵则在法国小橡木桶中进行。之后，酒庄的正牌酒会在 100% 新橡木桶中陈年，陈年时间最长达 24 个月，会根据年份特征进行调整。处于陈年过程的酒会被放置在酒庄的天然石灰岩地窖中，那里的湿度和温度稳定，为葡萄酒陈年提供了良好的条件。

奥松酒庄的葡萄酒一直有着"诗人之酒"的美誉，人们总能从中感受到属于诗人的独特气质：高傲又带有些孤芳自赏。其酒液色泽深邃，散发着非常纯净的深色水果、甘草、花朵以及碎石的气息，酒体饱满却不过于厚重，陈年潜力极强。罗伯特·帕克曾说过："如果耐心不是你的美德，那么买一瓶奥松也就没有意义了。"奥松酒庄的葡萄酒品质一直都十分稳定，其最佳年份囊括了 2018 年、2017 年、2016 年、2015 年、2014 年、2012 年、2010 年、2009 年、2008 年、2006 年、2005 年、2004 年、2003 年、2001 年、2000 年和 1998 年等。此外，酒庄的副牌酒诞生于 1995 年，其酿酒葡萄精选自园内年轻葡萄树所产的品丽珠、梅洛和赤霞珠，得益于园中的石灰岩土壤，这款酒蕴含着丰富的矿物质风味，散发着黑樱桃、黑莓、黑醋栗及花朵的香气，酒体饱满，单宁如天鹅绒般柔顺，余味悠长，令人印象深刻。这款酒各年份的罗伯特·帕克及詹姆斯·萨克林（James Suckling）评分几乎全部超过 90 分，拥有较长的陈年潜力。

8. 白马酒庄

白马酒庄（Château Cheval Blanc）也是圣-埃美浓的一级 A 等酒庄。18 世纪时，白马酒庄所处的大块土地就已经开始种植葡萄。白马酒庄的葡萄种植历史起源于 15 世纪，但直到

1832 年,酒庄才正式成立。当时,利布尔纳贸易法庭(Libourne Trade Tribunal)的主席让-雅克·杜卡斯(Jean-Jacques Ducasse)从飞卓酒庄(Château Figeac)先后购入了 39 公顷的土地,创建了今天的白马酒庄。之后,让-雅克·杜卡斯的女儿亨利耶特(Henriette)嫁给让·劳萨克-福卡德(Jean Laussac-Fourcaud),酒庄也随之转移到福卡德手中。他在酒庄开展了一系列创新的改造措施,包括修建有效的排水系统,改种 50% 的梅洛和 50% 的品丽珠,等等,开启了白马酒庄历史的新篇章,酒庄的名声渐渐在国际舞台上流传开来。酒庄标志如图 6.37 所示。

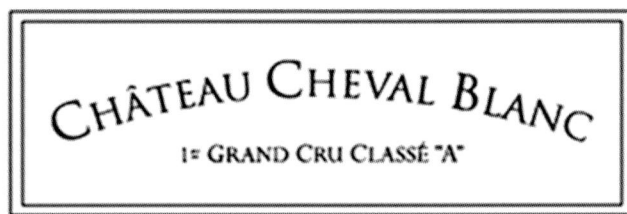

图 6.37　白马酒庄标志

在 1862 年的伦敦万国博览会(Universal Exhibition in London)上,白马酒庄获得了第一枚奖牌,而后又相继在 1878 年的巴黎万国博览会(Universal Exhibition in Paris)和 1886 年的安特卫普万国博览会(Universal Exhibition in Antwerp)上获得金牌。1888 年福卡德去世后,酒庄由亨利耶特继续主持管理,之后由他们的儿子阿尔伯特·福卡德－劳萨克(Albert Fourcaud-Laussac)接管。阿尔伯特投入了大量资金来修整葡萄园,并使用混合选择法培育优良的老藤葡萄树,还首次投入使用 12 个橡木桶。在福卡德家族的带领下,在 19 世纪后期,白马酒庄已然可以和波尔多左岸的一级庄相媲美,所产葡萄酒在拍卖会上的价格更是一级庄的葡萄酒不相上下。在 1955 年圣－埃美浓评级中,白马酒庄被列为最优的一级 A 等酒庄,成为波尔多八大名庄之一。

1998 年,酒庄迎来了第二个重要的转折点。路威酩轩集团首席执行官贝尔纳·阿尔诺(Bernard Arnault)和比利时首富阿尔伯特·弗雷男爵(Baron Albert Frere)接替福卡德家族,出任庄主。贝尔纳·阿尔诺和阿尔伯特·弗雷男爵尊重酒庄的传统和历史,保留了酒庄原有的酿酒团队,同时引入现代化的技术,进一步提升酒庄葡萄酒的品质。酒庄现有的标志性新酒窖就是由贝尔纳·阿尔诺和阿尔伯特·弗雷男爵主持修建的,以更好地切合酒庄的风土特点和葡萄特征,更为精准地酿造出品质优秀的葡萄酒。

白马酒庄(见图 6.38)葡萄园面积达 39 公顷,分布在一块完整园地上,在一个半世纪以来保持着几乎一样的边界。园内以富含铁元素的黏土、颗粒较大的砾石和沙砾土为主,砾石和黏土土壤比例相当,种有 52% 的品丽珠、43% 的梅洛和 5% 的赤霞珠。酒庄在葡萄园管理方面非常细致。葡萄园被划分为 45 个地块,每个地块由专人进行管理。这些经验丰富的工人长久以来管理着同一个地块,对每一株葡萄藤的生长状况都了如指掌。他们能迅速地、有针对性地进行相应的葡萄藤管理,保证葡萄健康均匀地成熟。葡萄采收时,葡萄园主管和技术总监会到葡萄园去,根据香气的浓郁度、酸度和糖分的平衡度以及单宁的成熟度这 3 个成熟标准来对葡萄进行筛选,确保采收到完好无缺的葡萄。采摘后的葡萄总共会经过 3 轮挑选,在葡萄园内会进行首次分拣,之后在分拣台二次精挑,去梗后再次细挑。

图 6.38　白马酒庄

酒庄实行严密细致的酿造工序,最大限度地减少化学物质的使用,以酿制出清新、优雅、精致和平衡的葡萄酒。葡萄破碎后被置入 450 千克的小罐中,之后通过重力自流法(gravity flow)流入发酵罐中。不同发酵罐中的葡萄汁来自不同地块,并仅填充 3/4,以增加与空气的接触面。在 12 个小时的酒精发酵后,工人进行每天 3 次的淋皮。根据技术团队和酒窖主管每天 1 次的品鉴以及液体比重计每天 2 次的测量结果,工人会在发酵后期逐渐减少淋皮次数。酒精发酵完成后,酒液会在 28℃~30℃的温控发酵罐中浸皮数天,以使得单宁更为柔顺,结构更为平滑。之后,葡萄酒液被转移至 20℃的罐中进行 3 个星期至数个月的苹果酸—乳酸发酵,以柔化酸度、稳定结构。在这一阶段,为了防止氧化和细菌侵入,适量的硫也会被添加至酒液中。所有的发酵过程完成后,葡萄酒液被转移至全新的橡木桶中,在 14℃的恒温地下酒窖中陈年 16~18 个月。酿酒师会在这一阶段进行换桶,使用惰性气体将 210 升酒液转移至相邻的橡木桶中,最大限度地减少氧化,维持葡萄酒的平衡性。桶陈 3 个月后,酿酒师对各个橡木桶中的酒液进行品鉴,然后混合酒液,调配得到当年份的白马酒庄红葡萄酒。

酒庄酿制的酒款包括正牌酒白马酒庄红葡萄酒(Château Cheval Blanc,Saint-Emilion Grand Cru Classé,France)和副牌酒白马酒庄副牌(小白马)干红葡萄酒(Le Petit Cheval,

Saint-Emilion，France）（见图 6.39），这两个酒款均深受葡萄酒爱好者和酒评家的喜爱，其中，白马酒庄正牌酒多个年份获得帕克团队和詹姆斯·萨克林的满分评价。

图 6.39　（从左向右依次为）白马酒庄红葡萄酒及其酒标、白马酒庄副牌（小白马）干红葡萄酒及其酒标

6.4.3　勃艮第著名酒庄

波尔多的酒世界驰名，有八大酒庄等知名的庄园。对于同样知名的产区勃艮第来说，其葡萄酒力道浑厚坚韧，与波尔多葡萄酒的柔顺恰相对立。勃艮第如同一个葡萄酒帝国，这儿有着数不清的名庄、大师和传奇。罗曼尼-康帝 DRC 酒园和勒桦酒庄是最杰出的代表。在这个帝国里，罗曼尼-康帝自然是至高无上的国王。而勒桦则如同一位骄傲的王后，既拥有毫不逊色于国王的优雅与尊贵，又拥有康帝所缺乏的女性柔美。

1. 罗曼尼-康帝 DRC 酒园

如果问资深的葡萄酒爱好者，什么酒不喝你会遗憾终生？对于这个问题，许多人的答案都惊人的一致——DRC 的罗曼尼-康帝。更有人说，喝惯了勃艮第，你就再也回不了头，而罗曼尼-康帝，绝对是世界的尽头，只是远远地向你招招手。

罗曼尼-康帝 DRC 酒园是法国最古老的葡萄酒园之一，最早可以追溯到 11 世纪之前。初时名叫罗曼尼，后被法国国王路易十五的堂兄弟、波旁王朝的亲王康帝亲王收入囊中，酒庄更名为罗曼尼-康帝。迄今为止，它被广泛认为是世界顶级的红葡萄酒园，被誉为"超级酒园"。光凭一己之力，就能把勃艮第产区提到与波尔多产区并驾齐驱的地位。即使是顶级波尔多酒园的主人也会向其表达崇高的敬意。曾掌舵波尔多顶级酒园之一伊甘酒园长达 30 余载的老贵族亚历山大·德·吕萨吕斯伯爵（Alexandre de Lur-Saluces）就曾经提到过，在他家里，只能轻声而富有敬意地谈论罗曼尼-康帝 DRC 这个梦幻的酒园。

罗曼尼-康帝 DRC 酒园中"DRC"即"Domaine de la Romanée-Conti Conti"的缩写,是金丘最大的酒园。罗曼尼-康帝 DRC 酒园总面积约 205 公顷,所种的红葡萄为 100% 的黑皮诺,植株的平均年龄高达 50 年,年产量为 7 000 箱。罗曼尼-康帝 DRC 酒园会按照不同酒庄的名字来命名葡萄酒,所有产品均是精品,无愧于"天下第一园"的美誉。

罗曼尼-康帝 DRC 酒园包括独立的罗曼尼-康帝酒庄①(Romanée-Conti)和拉塔希酒庄(La Tâche),里奇堡(Richebourg)和罗曼尼圣-维旺酒庄(Richebourgs Romanée Saint-Vivan)的一半②,一级沃恩-罗曼尼(Vosne-Romanée)、依瑟索(Échézeaux)、大依瑟索(Grands-Échézeaux)、弗拉热-依瑟索(Flagey-Échézeaux)和蒙哈榭(Montrachet)小酒庄葡萄园最好的部分,共生产 8 款葡萄酒(见图 6.40)。

图 6.40　罗曼尼-康帝 DRC 酒园的 8 款酒

罗曼尼-康帝红酒是罗曼尼-康帝 DRC 酒园系列中最顶级的葡萄酒。它融合了其余几个罗曼尼-康帝 DRC 酒园下独立葡萄园的特点,同时更加平衡优雅,口感圆润、完美、细腻、优雅,并且陈年潜力极强,哪怕放置一个世纪仍然富有生命力。这款酒历年都斩获高分甚至满分,可谓葡萄酒的帝王。

拉塔希这款酒一直以口感浓郁强劲、刚柔并济而闻名,并且拉塔希庄酿造的葡萄酒品质

---

① 为区分罗曼尼-康帝酒园、罗曼尼-康帝独立小酒园和罗曼尼-康帝葡萄酒,本书分别用"罗曼尼-康帝 DRC 酒园""罗曼尼-康帝酒庄"和"罗曼尼-康帝红酒"以示差异。
② 另一半归勒桦酒庄。

一向都很稳定。年轻时期的强劲会随着岁月的积累逐渐转为柔和优雅。因为这里处于金丘中坡段的一个特殊位置，形成了非常独特的微气候，加上酿酒师纯熟的酿酒艺术，使得拉塔希庄即使是在不太好的年份依然可以酿出品质极好的酒，可以说能与罗曼尼-康帝酒庄媲美也不为过。

罗曼尼圣-维旺酒庄处于罗曼尼-康帝 DRC 酒园和勒桦酒庄之间，酿制的酒是罗曼尼-康帝 DRC 酒园系列里最柔和与优雅的酒款。其香气丰富细腻、淡然雅致，展示了勃艮第黑皮诺最为柔美的一面，在国际上拥有极高的声誉。

里奇堡是沃恩-罗曼尼中数一数二的大园，其酒款是系列中口感最丰富的佳酿之一。除了具有拉塔希浓厚结实的特色外，可以说把黑皮诺强壮的一面发挥到了极致，与罗曼尼圣-维旺形成鲜明的反差。勃艮第酒神、有"葡萄种植之父"之称的亨利·贾伊尔（Henri Jayer）酿出来的里奇堡红酒甚至比罗曼尼-康帝红酒还要昂贵。

依瑟索园占地 37 公顷，属于 80 多个酒商，其中质量非常好的一部分特级园属于罗曼尼-康帝 DRC 酒园。亨利·贾伊尔认为顶级的依瑟索园红酒完全可以同里奇堡红酒媲美。大依瑟索园原本与依瑟索园是同一块田地，但由于历史原因，依瑟索园南部被划分成了大依瑟索园。这两块田地所酿造的葡萄酒品质同样非常卓越，陈年后的依瑟索园葡萄酒散发着优雅的玫瑰花和丁香的味道，让人流连忘返。

蒙哈榭是罗曼尼-康帝 DRC 酒园系列中唯一的干白葡萄酒，称得上是全球最贵的干白葡萄酒。其色泽呈透亮的金黄色，山楂花、榛子、柠檬等复杂的果香味层层递进，口感细腻优雅、丰润丝滑，是少有含有单宁的白葡萄酒。

罗曼尼-康帝酒庄的历史可以追溯到 12 世纪，从 1760 年开始流传下来。1866 年，法国爆发了根瘤蚜虫病，很多庄园受到影响，甚至数年颗粒无收。罗曼尼-康帝酒庄不惜血本，使用化学肥料取代可能传播蚜虫病的天然堆肥，利用本园苗圃的苗木进行压条繁殖，才躲过此劫，可见庄园对葡萄看护的精心程度。

第二次世界大战使罗曼尼-康帝 DRC 酒园遭受了相当大的损失。1945 年，园主已经没有资金对罗曼尼-康帝酒庄进行投资。由于大量的青壮劳动力死于战争，劳动力也极为缺乏。同年春季，严重的冰雹灾害伤到了园内大部分老植株，那一年只生产了 600 瓶酒。1946 年，罗曼尼-康帝酒庄不得已将老植株铲除，从拉塔希引进植株种植。这样的方式很好地保证了罗曼尼-康帝酒庄葡萄树的纯正"血统"。因此，1946—1951 年罗曼尼-康帝 DRC 酒园没有售出一瓶酒。

作为全世界最贵的葡萄酒之一，罗曼尼-康帝以其极其小的产量和完美的表现称雄整个勃艮第乃至全法国，其特性把勃艮第地区的黑皮诺特性完美地呈现出来。它的单宁扎实而集中，酒体层次感丰厚，余韵悠长，浆果味、摩卡、奶油味等气息衬托着美好的橡木桶气息，不断挑战着你的味蕾与大脑想象力,有人说这一瓶酒仿佛让人置身于百花世界中,或进入了一个美好的葡萄园。更有人说,当你品尝到这款酒时,帝王之感油然而生。也正因此,罗曼尼-康帝被誉为"王者之酒"。

当然,让这款酒出名的,还有它的价格。在 2015 年 10 月 4 日的苏富比香港拍卖会上,一项由 114 瓶罗曼尼-康帝庄园的葡萄酒组成的拍卖品成为史上最昂贵的葡萄酒拍卖品,单笔拍卖价高达 160 万美元。这相当于每瓶葡萄酒价值 14 121 美元,每杯酒约 1 700 美元。即便是在平时,每瓶酒价格也在 3 000~5 000 美元之间,那些稀世珍酿更是天价。

罗曼尼-康帝酒庄的面积约为 27.32 公顷,均价在每瓶 1.3 万美元的罗曼尼-康帝红酒是名副其实的富翁之酒。虽然掌门人奥贝尔·德维兰(Aubert de Villaine)声称罗曼尼-康帝要让更多葡萄酒爱好者而不是收藏家品尝到,但事实上,想成为罗曼尼-康帝的忠实拥趸必须是超级富豪。罗伯特·帕克评价罗曼尼-康帝红酒的经典名言正是:"这是百万富翁买得起的葡萄酒,却只有亿万富翁才舍得喝。"

2. 勒桦酒庄

罗曼尼-康帝酒庄是勃艮第乃至全球的顶级名庄,其在葡萄酒界的地位无人质疑。而有一个酒庄却让著名葡萄酒大师杰西斯·罗宾逊(Jancis Robinson)表示,无论是酒质还是价格,都只有罗曼尼-康帝酒庄的葡萄酒可以与之比肩,那便是成立于 1868 年的勒桦酒庄(Domaine Leroy)。酒庄标志如图 6.41 所示。

图 6.41　勒桦酒庄标志

勒桦酒庄位于法国勃艮第产区,是该产区内的顶级酒庄,酿制出了一款款生命力极长且浓烈的美酒佳酿。勒桦酒庄之所以引人注目,是因为其屡次在四大葡萄酒评分中斩获高分。

1868 年,弗朗索瓦·勒桦(François Leroy)在莫尔索(Meursault)产区一个名为欧克塞-迪雷斯(Auxey-Duresses)的小村子建立了勒桦酒庄。自那时起,勒桦酒庄就成了传统的家族企业。到 19 世纪末,弗朗索瓦的儿子约瑟夫·勒桦(Joseph Leroy)和他的妻子一起联手将他们自己小型的葡萄酒业务一步步扩大,一边挑选出最上乘的葡萄酒,一边选择勃艮第产区最好的土地,种植出最优质的葡萄。

1919 年,他们的儿子亨利·勒桦(Henry Leroy)开始进入家族产业,他在经营家族事业的同时,还帮助同处勃艮第的罗曼尼-康帝酒庄度过了财政危机,使之成为国际上专家们口中的"勃艮第之花"。1942 年,亨利·勒桦购得罗曼尼-康帝酒庄的一半股权,此后,罗曼尼-康帝酒庄一直为迪沃·布洛谢(Duvault Blochet)家族和勒桦家族共同拥有。

后来,亨利的女儿拉茹·贝茨-勒桦(Lalou Bize-Leroy)成为勒桦酒庄的庄主(见

图 6.42）。在向来以男人为中心的勃艮第葡萄酒业里，拉茹是个异类，过去她掌管的罗曼尼-康帝酒庄以及现在的勒桦酒庄在勃艮第都有着难以企及的崇高地位。法国著名葡萄酒评论家米歇尔·贝塔纳（Michel Bettane）曾说："勒桦为我们诠释了葡萄酒在'很好'与'伟大'之间的微小区别。"

图 6.42 （从左向右依次为）勒桦酒庄、酒窖和庄主

在拉茹·贝茨-勒桦涉足酒界的 50 余年间，她一直是勃艮第最具争议与影响力的女人。这位绝对的生物动力法（biodynamics）崇尚者，对于酒质的苛求已经到了无以复加的地步。她坚持像打理自家小花园一样精细地培育着葡萄园，甚至用特级园的标准来酿造大村级葡萄酒，又或者把"失色"年份的酒汁不论等级优次进行混酿并主动降级销售，如此任性地将完美摆在第一位的酒庄放眼整个勃艮第也是寥寥无几。

拉茹除了完全拒绝使用化学合成的肥料与农药，她还相信天体运行的力量会牵引葡萄的生长，依据鲁道夫·斯坦纳（Rudolf Steiner）的理论，加上她自己的认识和灵感，她想出了千奇百怪的方法来"照料"葡萄园。例如把蓍草、春日菊、荨麻、橡木皮、蒲公英、缬草、牛粪及硅石等物质放入动物的器官中发酵，然后再洒到葡萄园里。她常用母亲哺育小孩的心情来对待她的葡萄树，例如当春季剪枝之后，她说她可以听到葡萄树哭泣的声音，她就特别调制了一种具有止痛效果的药草涂抹在刚剪过枝的葡萄树上。拉茹的自然动力种植法也许在旁人的眼里显得迷信、好笑甚至疯狂，葡萄的产量也异常的低，而且有许多葡萄树几乎病得快要死掉了，但是拉茹投下巨资与心血照料的葡萄园确实能生产出品质相当好的葡萄酒。

难怪葡萄酒评论家雅克·比塞（Jacques Puisais）曾在品尝了拉茹酿造的美酒之后评价道："我们好比置身于由葡萄及其语言构成的卢浮宫里。"勃艮第先驱朱尔斯·拉瓦勒博士（Dr. Jule Lavalle）也曾说："在大多数人眼里，香波-慕西尼（Chambolle-Musigny）村生产整个勃艮第最为优雅的葡萄酒。"在这里，虽然没有粗犷深沉的壮丽，却是细腻中带着架构，轻盈里裹着力量。勒桦的慕西尼特级园，无疑将这种风格诠释得淋漓尽致。

如今勒桦酒庄拥有 21.996 6 公顷的葡萄园，其中包括 9 块特级园田（Grand Cru）、8 块一级园田（Premier Cru）、9 块村庄级田（Village）以及 5 块大区级田（Regional）。酒庄所有葡萄园都施行生物动力法种植，不使用任何化学合成物质。特级园包括科尔登-查理曼

（Corton-Charlemagne）、科尔登-雷纳德（Corton-Renardes）、里奇堡（Richebourg）、罗曼尼-圣-维旺（Romanee-Saint-Vivant）、伏旧（Clos de Vougeot）、慕西尼、洛奇（Clos de la Roche）、拉奇希尔-香贝丹（Latricieres-Chambertin）和香贝丹（Chambertin）。图 6.43 所示为勒桦酒庄最具代表性的红酒。

图 6.43　（从左向右依次为）伏旧园（Grand Cru）1994、罗曼尼-圣-维旺（Grand Cru）1989、
科尔登园（Grand Cru）1966、李奇堡（Grand Cru）2014

　　勒桦酒庄的葡萄酒价格相当昂贵，当然这与它卓越的品质是分不开的。2002 年份的香贝丹葡萄酒尤为突出，罗伯特·帕克给出了 98 的评分：这款酒带有浓郁的黑莓、焦油和甘草的气息。它豪迈醇厚，酒体介于适中至饱满之间，口感细腻，酒力强劲，带有穆哈咖啡、黑色水果和花香的风味，高贵典雅。它的平衡性和协调性都较强，而且余韵特别悠长。慕西尼特级园（Domaine Leroy Musigny Grand Cru）有勒桦酒庄最顶级的酒款，2009 年是它的最佳年份，罗伯特·帕克曾评价："这款酒拥有惊人的复杂性，仿佛一个香气的万花筒，既具有强大的爆发力，也具备浓郁悠长的余味，久久不散。"他认为这款酒的适饮期应该在 2037 年之后，所以当时只给它打了 98 分，并非因为这款酒没有达到顶级品质，而是他相信未来它仍有无穷的发展空间，极有可能超过此时已然神级的水平。

6.5　葡萄酒品鉴技巧

　　品鉴葡萄酒是很多爱酒人士的人生乐趣：从流转于晶莹玻璃杯的酒液中，感受各类水果、花朵和香料的芬芳，解读出年份的风雨变化，探索隐含在酒中的风土，甚至是酿酒师的巧妙工艺,还能感受时间带给葡萄酒的魔力。

在品鉴葡萄酒前,选对酒杯至关重要。酒杯的功能主要是留住酒的香气,让酒能在杯内转动并与空气充分结合。品酒者通过葡萄酒在杯中回旋的状态来鉴赏酒的颜色,从而判断葡萄酒的优劣。世界上有 10 种典型的葡萄酒杯,分别是波尔多杯、勃艮第杯、宽口杯、通用葡萄酒杯、阿尔萨斯杯、鸡尾酒杯、波特杯、利口杯和干邑杯(见图 6.44)。

(a)龙舌兰杯　(b)通用葡萄酒杯　(c)笛形香槟杯　(d)香槟品鉴杯　(e)勃艮第杯　(f)橡木桶白葡萄酒标

(g)白兰地杯　(h)波特杯　(i)马天尼杯　(j)干邑杯　(k)波尔多杯

图 6.44　各种酒杯杯型

首先,往酒杯中倒入约四分之一酒杯的葡萄酒,手握杯梗或杯座(见图 6.45)。需要注意的是,握杯时要避免接触杯肚。因为人体的温度高于正常的侍酒温度,如果手握杯肚,就会将过多的热量传递给酒液从而影响酒款的口感。此外,触碰杯肚有时还会留下指印,不但影响美感,还会影响对葡萄酒的观察。掌握好正确的握杯方式之后,就正式开始品鉴旅程。品鉴葡萄酒的技巧先后需要用到品酒人的视觉、嗅觉与味觉。

(a)错误握杯:握杯肚　　(b)正确握杯:握杯梗或杯座

图 6.45　葡萄酒握杯方式

1. 视觉:评价外观

首先,观察葡萄酒的透明度(transparency)。一款非生物动力法(non-biodynamics)酿造或非有机方式(non-organic)酿造的葡萄酒,一般都会经过下胶澄清和过滤处理,其酒液应该是清澈的。如果过于浑浊则有可能是酒款有缺陷的表现,比如由微生物活动所引起的缺陷,但这种判断也只能是初步的。

第二步,观察颜色。这是通过视觉鉴赏葡萄酒的必需步骤。在光线充足的室内,桌上最好放置一张平滑的白纸作为背景,手握杯梗在白纸上方倾斜酒杯,使酒杯呈 30~45 度,从上方观察酒液中心到边缘的颜色。白葡萄酒的颜色较为浅淡,所以在判断具体颜色时需要观察酒液中心的颜色,而红葡萄酒颜色深浓,可通过边缘色泽来判断酒款颜色。葡萄酒的颜色主要由果皮决定,但也会受到陈年时间、橡木桶等因素的影响,所以透过颜色可以初步猜测酒款的葡萄品种、年龄状态以及是否使用橡木桶陈酿等。

常见的白葡萄酒一般为柠檬色,随着陈年时间的增加,酒液颜色会越来越深。按照年轻至年老,酒款可以分别呈现出浅柠檬色、中等柠檬色、浅金黄色、中等金黄色、浅琥珀色和深琥珀色。简而言之,如果一款白葡萄酒颜色浅淡澄澈,则为年轻的葡萄酒,且一般未经过橡木桶陈年,其风格也会较为清新、淡雅;反之,如果一款白葡萄酒颜色深沉,倾向于琥珀色,则较为年老,或者经过橡木桶的陈年,其风格也会相对更浓郁、饱满和复杂。

对于红葡萄酒来说,颜色的区别会更加明显。一款常见品种酿造而成的葡萄酒,若颜色浅淡明亮,在酒杯直立状态时从上往下观察可以看到杯梗,这款酒则可能由黑皮诺或内比奥罗等果皮较薄的品种酿造而成;如果颜色深邃,则可能是由西拉或赤霞珠等葡萄酿造而成。与白葡萄酒不同,红葡萄酒的颜色会随着时间的推移变得越来越浅淡,先后呈现出紫色、宝石红、橘色,最终演变成为茶褐色。紫色说明葡萄酒较年轻,橘色甚至茶褐色说明葡萄酒有了一定的陈年。

第三步是观察挂杯。摇晃酒杯之后,杯壁上会形成一层酒液膜和缓缓流下的一串串液体。这些像眼泪一样挂在杯壁上的液体便是挂杯(legs,tears),根据英文直译,也称为"酒腿"或"酒泪"。挂杯的形成与酒精接触空气挥发有关,另外与残糖含量也有一定的关系。酒液膜黏度越高,酒泪越厚,流动的速度越慢,则大致可以推断该酒的酒精度较高,或者残糖含量较高。

2. 嗅觉:评价酒香

闻香是葡萄酒品鉴的一大重要环节,也是令人尤为愉悦的过程之一。

首先,感受葡萄酒的第一感觉。不晃动酒杯,轻嗅气体,感知细微的香味,可以捕捉葡萄酒中是否存在不好的气味,是否有二氧化硫的味道。

　　闻香一定程度上可以判断葡萄酒是否有缺陷,常见的缺陷有氧化、橡木塞污染和酒香酵母菌污染等。一瓶氧化的红葡萄酒会散发出过多的果干或蔬菜的香气,而极少呈现出别的香气;氧化的白葡萄酒则会有明显的烂苹果气息。被橡木塞污染的葡萄酒会带有发霉的湿报纸或潮湿地下室的气味。而受到酒香酵母菌污染的葡萄酒会释放出明显的塑料或者动物的气息。

　　第二步,为了让葡萄酒与空气的接触面积大一些,以便打开酒款隐藏的香气,在闻之前可以旋转酒杯,然后让鼻子靠近杯口边缘,与酒杯保持一厘米左右的距离,感受酒款的香气。

　　采用不同品种和不同酿造工艺酿造出来的葡萄酒,其区别都能在香气上有一定程度的体现。通过闻香可以在一定程度上进一步判断葡萄品种、酿造工艺和陈年时间。葡萄酒香味可以分为六大类,分别为花香(阿拉伯树胶、茉莉花、玫瑰等)、果香(香橙、红色浆果、深色浆果、野果、干果、异域水果等)、植物香(茴芹、干草、蕨类、菌类、地下植物)、芳香类物质(檀香、树脂、蜂蜡等)、香料(甘草、香草、桂皮等)和动物味(皮革、野味、肉汁等)。

　　一般而言,葡萄酒的香气分为 3 层。

　　(1)一层香气(primary flavors):又称为品种香。这类香气是葡萄品种本身所带来的香气,由葡萄品种本身的芳香物质决定。一层香气通常表现为各类水果香气和花朵香气。其中,红葡萄酒往往表现出红色和黑色莓果、浆果等香气以及玫瑰、紫罗兰等花香。白葡萄酒则往往表现出柑橘类水果和核果的香气,以及白花、接骨木花等颜色浅淡的花朵的香气。

　　(2)二层香气(secondary flavors):产生于酿造过程,与酿造工艺比如橡木桶陈酿、酒泥接触和苹果酸-乳酸发酵等有关。经过橡木桶陈酿的葡萄酒往往带有香草、椰子、雪松和肉豆蔻、丁香等香料的香气,酿造过程中经过苹果酸-乳酸发酵程序的葡萄酒则会带有奶油或黄油的香气,而与酒泥接触过的葡萄酒则会呈现出饼干和烤面包的香气。

　　(3)三层香气(tertiary flavors):葡萄酒经过一定时间的瓶陈而发展出来的香气。这类香气常见的有森林地表、烟草、菌类、动物皮革和果酱等。

　　如果一款葡萄酒的主导香气是一层和二层香气,那么这款酒可能处于年轻阶段;如果一款葡萄酒三层香气皆有,那么这款酒则已经陈年了较长时间。如果酒体已经损坏,那么就可以闻到坏木塞味(由于木塞受污染造成)、刺鼻的硫黄味(由于硫化造成)、食醋味(由于醋化造成)或霉味(由于氧化造成)。

3. 味觉:评价口感

　　葡萄酒的香气由鼻子前端感受,而葡萄酒的风味由鼻腔后部感受,可以感受到更多香料和桶味。通过味觉去感受葡萄酒可以说是解读酒款最为重要的过程。经过口腔去感受葡萄酒,能够品尝出酒款的风味、甜度、酸度、酒精度、单宁含量的高低和酒体的轻厚,从而综合这些要素深层次地评估一款酒的平衡性和品质高低。人的舌头味觉感知十分敏感,不同区域可以尝到不同的味道(见图 6.46)。

为了尽可能地读取酒款信息,建议抿一口酒存于口腔,然后通过唇部两侧吸气,让空气进入口腔,让部分酒液蒸发升腾成为酒气并进入鼻腔后部,感受葡萄酒的个性特征。

(1)质感(texture)。质感是口腔所感受到的味道,很多情况下,它和嗅觉上所感受到的香气类似,但因感官不同,所以质感的强弱程度也会有所区别。如霞多丽葡萄酒是奶油质感,黑皮诺是丝绸质感,西拉是天鹅绒质感。

(2)甜度(sweetness)。甜度由舌尖去感受,一般来说,干型葡萄酒的残糖含量较低,口腔很难感受到糖的存在。此外,甜味的感受会受到其他因素的影响,比如酸度,高酸的葡萄酒也会令甜味不易被察觉。

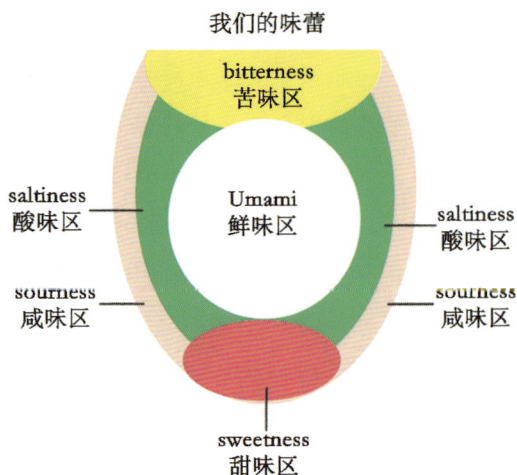

图 6.46　人类的舌头味觉感知区域

(3)酸度(acidity)。酸度一般通过舌头两侧感受。高酸的葡萄酒会令口腔分泌大量唾液,令葡萄酒品尝起来清新感和活力十足。品鉴时,当葡萄酒酒液已经不在口腔当中,口腔却依然分泌出大量唾液,那么这款酒则为高酸的葡萄酒。

(4)单宁(tannins)。单宁是一种多酚类物质,可以通过舌头末端和牙龈去感受。如果口腔中呈现的涩感和苦感较为明显,牙龈褶皱感突出,舌头细胞如同被紧紧抓住,那么这款酒则拥有较高的单宁。

(5)酒精度(alcohol content)。酒精可以通过喉咙去感受。高酒精度会令喉咙产生明显的灼热感,给口腔带来沉重感,当然这种沉重感也可能是单宁等因素的综合作用带来的;而低酒精度的葡萄酒品尝起来会略显单薄。

(6)酒体(body)。酒体其实是葡萄酒带给口腔的整体质感。酒精度是构成酒体尤为重要的因素,一定范围内,酒精度越高,酒体越饱满;酒精度越低,酒体则越清瘦。此外,单宁也是影响酒体饱满程度的主要因素之一,成熟、丰沛的单宁会给予葡萄酒圆润的口感和饱满的酒体;风味的浓郁度也能影响酒体的轻重程度。红葡萄酒的酒体一般来说会比白葡萄酒的酒体要饱满,颜色浅淡的红葡萄酒大多会比颜色深浓的红葡萄酒酒体轻盈一些。

(7)余味(aftertaste/finish)。对于"aftertaste",即中文所说的余味,罗伯特·帕克曾解释该词为"当饮下葡萄酒后,口腔中余下的味道,与'finish'同义"。品质优秀的葡萄酒,余味复杂持久;品质一般的葡萄酒,余味则比较短暂。如普通餐酒一般为 2 秒左右,优质葡萄酒可以达到 10 秒,甚至更久。

研究案例　波尔多 vs 勃艮第

在葡萄酒世界里,有 2 颗耀眼的明星——波尔多和勃艮第。这 2 个产区均拥有悠久的酿酒历史和浓厚的酿酒文化,波尔多产区占地面积约 11.2 万公顷,每年生产约 7 亿瓶葡萄酒,接近 3 万公顷的勃艮第葡萄园年产量约为 1.88 亿瓶葡萄酒。[①] 全世界葡萄酒的均价为 2.62 欧元/升,法国酒则是 7~7.5 欧元/升。其中,波尔多和勃艮第葡萄酒的平均出口价格为 9.7 欧元/升和 10.6 欧元/升。[②] 可以说,作为世界葡萄酒顶级产区的波尔多和勃艮第的地位依旧无法撼动。

由于地理位置、气候、土壤造成的差异,它们出产的葡萄酒从颜色、品种、风格到所用的酒瓶、酒标、杯型到酒体色泽都有着非常大的差别。

(1)地理位置、气候、土壤。波尔多位于法国西南部,有着得天独厚的气候与地理条件。该产区西临大西洋,吉伦特河从境内缓缓流过,温带海洋性气候让产区的天气温和平顺。波尔多左岸的土壤中含有许多砾石,具有非常良好的储热与排水性;而右岸的土壤以贫瘠的沙砾土、黏土和石灰质土壤为主(见图 6.47)。复杂多样的地质结构,使波尔多能生产出丰富多样的葡萄酒。其法定葡萄品种开花和结果的时间不尽相同,这也就意味着,即使是非常严重的冻害或暴雨,也不太可能摧毁所有的葡萄,很好地分摊了风险。

图 6.47　(左起)黏土、砾石、石灰质、花岗岩土壤

相比之下,勃艮第地处法国内陆的大陆性气候区,地理位置也较波尔多偏北,所以气候较为寒冷,可以说已经接近红葡萄种植的极限位置。勃艮第的土壤多为泥灰岩、钙质黏土与花岗岩变质土,从古老的侏罗纪时期逐渐演化而来。多样化的土壤赋予了葡萄酒不同的特

① 波尔多、勃艮第产区协会官网提供的 2006—2018 年平均数据。
② 来源:https://www.wine-searcher.com/m/2015/04/wine-lovers-pay-premium-for-french-wine.

性,如夏布利土壤中夹带的海洋化石为葡萄酒带来了许多矿物质风味和海风气息。

(2)葡萄种类和风格。因为气候十分多变,具有较为明显的年份差异,在波尔多大部分地区,单独用一个品种(无论是红葡萄还是白葡萄)很难酿成均衡协调的葡萄酒,所以当地酿酒师通常通过混合不同的品种,取长补短,调配出最丰富完美的葡萄酒。

波尔多有6个法定红葡萄品种,分别是赤霞珠(Cabernet Sauvignon)、梅洛(Merlot)、品丽珠(Cabernet Franc)、味而多(Petit Verdot)、佳美娜(Carmenere)和马尔贝克(Malbec),3个法定白葡萄品种,包括长相思(Sauvignon Blanc)、赛美蓉(Semillon)和麝香(Muscat)(见图6.48)。

图6.48　(上排左起)赤霞珠、梅洛、品丽珠

(中排左起)味而多、佳美娜、马尔贝克

(下排左起)长相思、赛美蓉和麝香

　　勃艮第适合酿造单一葡萄品种的葡萄酒。最主要的红白葡萄各仅有 1 种,红葡萄为黑皮诺,白葡萄为霞多丽;其他红葡萄品种包括佳美(Gamay),白葡萄品种有阿里高特(Aligote)、灰皮诺(Pinot Gris)和白皮诺(Pinot Blanc)等(见图 6.49)。

图 6.49　(上排左起)黑皮诺、霞多丽、佳美
(下排左起)阿里高特、灰皮诺和白皮诺

　　以黑皮诺酿制的勃艮第红葡萄酒被视为世界上最优雅的葡萄酒之一,这是由于该品种能为葡萄酒赋予细腻的口感和轻盈的酒体结构。黑皮诺葡萄酒所具有的香气、风味及质地是非常独特的。当代风格的勃艮第红葡萄酒酒体轻盈,果香浓郁。酒中占主导地位的果味包括樱桃、覆盆子或醋栗等。通常,由 100% 的黑皮诺酿制的勃艮第红葡萄酒既可当前饮用,也具有较大的陈年潜力,一些特级园的葡萄酒陈放数十年后更具风味。

　　由 100% 的霞多丽酿制的勃艮第白葡萄酒,发酵和熟化都是在橡木桶中进行的。其口感一般较圆润,风味浓郁,带有白色水果、白色花朵、榛子和杏仁等的香气。

　　(3)酒标与分级。在波尔多,葡萄酒的酒标上常用"Château(城堡)"这个词表示酿造用的葡萄产自酒庄内特定的葡萄园;而在勃艮第,酒标上则较常用"Domaine(庄园)"这个词表示(见图 6.50)。

图 6.50　波尔多酒标(左)和勃艮第酒标(右)

通过酒标上"Château"与"Domaine"的差异,我们也能更好地理解波尔多与勃艮第"以庄园为基"与"以地为本"这两种不同的分级制度。

首先,波尔多的分级制度是针对酒庄的分级,强调的是酒庄的声誉、葡萄酒的质量与价格等。如影响颇深的梅多克1855分级(Medoc 1855 Classification)就是从众多优质酒庄中挑选出61家,将它们分为一级庄(First Growth)到五级庄(Fifth Growth)共5个级别。这一分级名单自诞生以来鲜有变动,而其中不少顶级名庄均以不断购买土地的方式扩充规模,但酒标上仍保留着与从前一致的原产地命名方式,酒标上突出的也是酒庄的名号。

区别于波尔多众多拥有奢华城堡建筑的"Château",勃艮第的"Domaine"大多是些小生产者,他们通常拥有分布于不同产区的多个小地块葡萄园。对于他们来说,每个葡萄园地块有着独特的风土,而展现风土的独特性则是一瓶葡萄酒的使命所在,因此他们以葡萄园为对象制定了"以地为本"的分级制度,将它们分为大区级(Regionale)、村庄级(Village)、一级园(Premier Cru)和特级园(Grand Cru)4个等级,且这些地块一经划定,几乎不再改变。因此,我们可以看到勃艮第葡萄酒酒标上最大、最显眼的往往是葡萄园或村庄的名字,而代表生产者的Domaine则一般出现在酒标最上方或最下方,并以小字标示。

(4)瓶型。波尔多瓶是目前最常见的主流葡萄酒瓶,瓶肩较宽,瓶身笔直,有深绿色、淡绿色和无色透明3种,红葡萄酒使用深绿色的瓶子,白葡萄酒使用淡绿色或无色透明的瓶子。勃艮第瓶的瓶肩较窄而有弧度,瓶身呈绿色,可用于盛装红、白葡萄酒;而除了勃艮第地区之外,该瓶在新世界也被广泛用来装霞多丽和黑皮诺葡萄酒(见图6.51)。

(5)杯型。波尔多杯和勃艮第杯外形迥异,波尔多杯呈郁金香形,勃艮第杯则呈球形大肚状(见图6.52)。

波尔多杯:杯身长,杯壁呈弧线的郁金香形。因波尔多葡萄酒通常酸度高且涩味重,因此需要这种杯形来帮助酒液香气充分散发,同时杯壁的弧度可以有效调节酒液入口时的扩散方向,有利于复杂的风味激发我们的每一个味蕾。

勃艮第杯：由于勃艮第葡萄酒果味浓郁，因此采用大肚球形的高脚杯，相较于波尔多杯来说它要浅一些，且杯口直径更大，更易于散发复杂的果香。

图 6.51　波尔多酒瓶（左）和勃艮第酒瓶（右）

图 6.52　波尔多杯（左）和勃艮第杯（右）

（6）色泽。波尔多的红葡萄品种由于以赤霞珠和梅洛为代表，色泽多呈深紫色，透明度较低；勃艮第则以黑皮诺为代表，色泽呈明亮的宝石红色，透明度较高（见图 6.53）。波尔多的白葡萄酒偏向金黄色，而勃艮第的白葡萄酒色泽更浅。

图 6.53　波尔多红葡萄酒（左）和勃艮第红葡萄酒（右）

酿造方式。大规模经营模式的波尔多，近年来开始倾向于先进的科学酿造手法。温度控制器，以及带有杀菌装置的不锈钢桶，逐渐代替了传统的木桶，无论葡萄的好坏，都可以保持一定的高水准。而勃艮第地区的经营者们，依然保持着传统的酿造方法，由土壤的好坏决定葡萄的质量，进而影响葡萄酒的品质。勃艮第大多采用单一葡萄品种来酿造，这里的人们更注重不同地块风土的表达和单一品种特色的彰显。

在法国这片土地上，波尔多和勃艮第一同经历了战乱、天灾以及盛极一时的繁荣期。时代的变迁，社会的变革，都没有让两者消失在历史长河之中，反而使它们熠熠生辉（见图 6.54）。

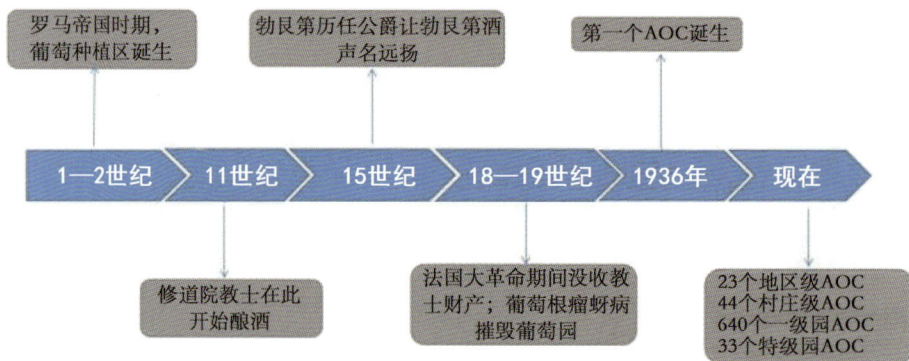

图 6.54　波尔多和勃艮第历史发展大事记

对于波尔多与勃艮第的差异,法国史学家和地理学家让‐罗伯特·皮特(Jean-Robert Pitte)曾有专著讨论,他总结认为:"勃艮第酒的生产和消费群体更为大陆化、传统化。酒农是扎根本地的教士,产品通过陆路运输送到教廷和勋贵的手中。而波尔多酒的发展得益于因英法百年战争而开启的'英—荷'海上运输,更加开放化、商业化。"是两种不同的消费意识造成了两个产区如今的巨大差异。这就好像你既喜欢克里斯托弗·诺兰的文艺片,也喜欢迈克尔·贝的商业片。谁更出色不重要,重要的是它们都有各自的特点和个性。

思考与探索

1. 为什么法国葡萄酒和美食能够名扬世界,占据极高的独特地位?

2. 葡萄酒的优劣、价值是如何体现的?为什么波尔多、勃艮第产区的葡萄酒领先于其他地方?

3. 波尔多为何要混酿呢?其有单一品种的葡萄酒吗?混酿与单一品种酿制各自的优势在哪?

第 7 章

法国葡萄品种、酿制及酒庄建设

开篇 白马,黑马

白马酒庄与白马王子有很紧密的关系。恰如其名,白马酒庄泛着耀眼的白光,犹如一匹白马,优雅而又恬静。你也许会轻易地被白马酒庄平静的外观所欺骗,而忽略了它内在"黑马"爆发出的无尽能量。长久以来,位于法国波尔多右岸的白马酒庄一直享有绝佳的声誉和崇高的地位。

白马酒庄位于法国波尔多圣–埃美浓产区,属于一级 A 等酒庄,同时也是波尔多八大名庄之一。对于白马酒庄来说,其实酒庄的名字中已经蕴含了酒庄的一切。白马酒庄法文名字为"Château Cheval Blanc",它可以拆分为 3 个部分:Château、Cheval 和 Blanc。Château 这个词经常出现在法国葡萄酒的酒标上,法文中是"城堡"之意,但是在葡萄酒术语中,Château 并不是指酒庄有高大的城堡(虽然大部分叫 Château 的酒庄都是有城堡的),而是指酒庄的葡萄酒是用自己种植的葡萄来酿造的。"Cheval"在法语中是"马"的意思,"Blanc"在法语中是"白色"的意思,这个词出现在很多白葡萄品种的名字之中,如白诗南(Chenin Blanc)和白皮诺(Pinot Blanc)。

关于白马酒庄的法语名字,有一个传说:在很久很久以前,酒庄的园地里有一座非常雅致的客栈,国王亨利常骑着他的白色爱驹到此客栈休息,因此客栈就取名为"白马客栈"。后来酒庄也改名为白马酒庄。

2011 年,白马酒庄的新酒窖落成,现代主义风格的建筑让酒庄焕然一新(见图7.1)。

图 7.1 白马酒庄(左)和白马酒标(右)

那纯粹的白色、柔美的线条和简洁的设计,让人耳目一新。远远望去,酒窖的屋顶犹如一只白色的帆船飘摇在葡萄园的海洋里,又像是两片充满生机、永远也不会凋零的叶子。在这么一片充满绿色的葡萄园里,这样纯净的白色,正是对酒庄名字中"白"的最好回应。

除了悠久的历史外,在葡萄酒的表现力上,白马酒庄这匹黑马也总是令人惊艳。提起波尔多,不少人的第一反应是"左岸赤霞珠,右岸梅洛"。然而,白马酒庄却与众不同,虽然位于波尔多右岸的圣-埃美浓产区,但酿造葡萄酒时品丽珠却是主角。白马酒庄大多数年份的葡萄酒中品丽珠的比例达 50% 或以上,梅洛则退居为第二主力。白马酒庄的葡萄酒(见图 7.2)无论是在年轻时还是在陈年期都很迷人:年轻时会有一股甜甜的诱人韵味;经过 10 年陈年后,它会表现得更加强劲,更富有层次感,口感也更加柔顺、紧致。

在 1862 年伦敦大赛(International Wine & Spirit Competition)和 1878 年巴黎大赛(Concours General Agricole Paris)中,白马酒庄的葡萄酒获得了金奖,随后酒庄名声大噪,如今酒标上左右两个圆圈(见图 7.1)就是当年所获的奖牌。罗伯特·帕克这样评价白马酒庄的酒:酒款起初有些内敛,但随着与空气的接触,酒款香气充分绽放开来。赤霞珠的选用赋予了酒款石墨风味,这一风味贯穿始终,具有激光般的集中度。

图 7.2　白马酒庄与白马酒庄红葡萄酒

根据吉尼斯世界纪录的记载,拍卖会中成交价格最高的葡萄酒就是 1947 年份的白马酒庄红葡萄酒(6 升装),其成交价格达到了 192 000 英镑(折合人民币约 165.3 万元)。这款 1947 年的葡萄酒在 2010 年被拍卖时,被估计至少还有 30～40 年的生命。由此可见,白马酒庄真的是一匹与众不同的骏马。

这是一座与"马"结缘的酒庄,白马酒庄正如我们中国文化中的马一样:勤恳,不断创新;踏实,一步一个脚印。正因如此,所以也验证了我们口中常说的"马"到成功。从一个名不见经传的酒庄,发展到现在成为波尔多"八大酒庄"之一,"白马"的确是一匹了不起的"黑马"。

英国著名的葡萄酒作家杰西斯·玛丽·罗宾逊夫人(Jancis Mary Robinson)在其所著的《葡萄树、葡萄与葡萄酒》(*Vines，Grapes and Wines*)一书中指出："葡萄酒的香味及特性有90%是由其品种决定的。"(Robineson，1986)由此可见，葡萄品种绝对是葡萄酒的灵魂。

7.1 葡萄的种类、栽培与收摘

葡萄(grape)是葡萄树的果实，它的汁液是酿造葡萄酒至关重要的原料。在法语中，葡萄名为"raisin"；在意大利语和西班牙语中，它被称为"uva"；在德语中，它的名字则是"rebe"。出于商业目的而培植出的葡萄或以鲜食葡萄或葡萄干售卖，或经压榨和处理，以葡萄酒、葡萄汁、葡萄浓缩汁(grape concentrate)或精馏葡萄汁(rectified grape must)的形式售卖。然而，酿酒是葡萄最重要的作用，全世界80%的葡萄都被用于酿酒。酿酒所用的葡萄一般一串上有几百颗，并且这些葡萄都比较小。葡萄中的葡萄汁被提取后，剩下的固体成分——葡萄梗、葡萄皮、葡萄籽和果肉，被称为葡萄果渣(pomace)。

7.1.1 葡萄的结构、特征与酿酒葡萄

每一个葡萄品种其果实的形状和外观都各不相同。它们的形状从球形、椭圆形到长形和手指形不一，颜色也从绿色到黄色、粉红、深红、深蓝和黑色等不同，大小从如豌豆般小到如鸡蛋般大不等，每颗可重达15克。而大部分的酿酒葡萄介于球形和短椭圆形之间，每颗葡萄的重量在1～2克之间，呈黄色(葡萄种植者称为白色)或深紫色(葡萄种植者称为黑色或红色)。

葡萄的果实长在花梗(pedicel)末端，而花梗则附着在果柄上。与花梗位置相对的另一末端是花柱(style)和柱头(stigma)的残存部分。在一些葡萄品种(如雷司令)的葡萄皮表面，还分布着一些木栓化的皮孔。

1. 葡萄的组成

将葡萄切开后(见图7.3)，可以看见2个心皮(carpels)并列分布，这2个心皮各自包着1个小室(locule)，而葡萄籽就分布在这小室之中。伴随着葡萄果实的渐渐长大，果肉会向

小室慢慢扩张,这使得小室的空间越来越小。而一颗葡萄果实最为重要的部分则是果肉、果皮和果籽。

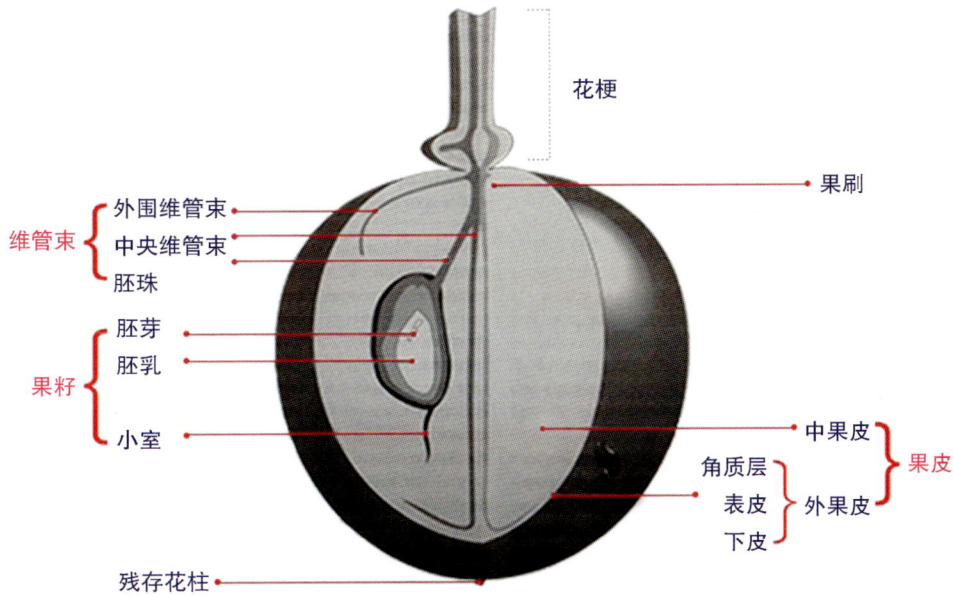

图 7.3　葡萄的结构

1) 果肉

果肉是葡萄果实中最重要的部分。果肉中的葡萄汁存在于果皮细胞的液泡中。观察果肉部分的横切面可以发现从葡萄皮正下方到每个单细胞膜之间,分布着 40 个较大的薄壁细胞(parenchyma cell)。而维管束(vascular strands)的核心部分则与叶脉(veins)相连接,叶脉像一个六角形网眼铁丝网笼子一样包围着果肉的外缘部分,并通过维管束与葡萄树的其他部位连接起来。叶脉包含木质部(xylem)和韧皮部(phloem),其中木质部的作用是从根部运输水分和矿物质,而韧皮部则是葡萄从叶子中运输糖分的首要通道。在果肉中,还有一个质地完全不同的部位,即果刷(brush),它颜色较浅,位于果肉与花梗相连接的地方。

对于酿酒师和饮酒者来说,果肉和葡萄汁是葡萄中最重要的部分,这是因为它们包含了葡萄酒成品中的主要成分。由于所有葡萄的汁液均呈浅灰色,所以白葡萄酒可用所有颜色的葡萄品种酿制,只要确保在用深色葡萄品种酿制时,葡萄汁不与葡萄皮接触即可;红葡萄酒只能用深色葡萄酿制;而桃红葡萄酒既可将深色葡萄通过短时间浸皮来进行酿制,也可通过控制粉红色或红色葡萄的浸皮时间来酿制。

2) 果皮

果皮是葡萄表面的一层质地较硬的包膜层。葡萄皮外层通常都包裹着一层果霜（bloom），而果霜又包括蜡质层和角质层两种结构。这两种结构都能防止果实的水分流失，并能阻止真菌孢子及其他生物侵入果实内部。事实上，所谓的"果霜"其实就是蜡质层使得葡萄皮表面所呈现出的那层白色的物质。果霜中含有的脂肪酸和固醇类物质能在发酵过程中为酵母的生长（不管是人工添加的酵母还是天然的酵母）提供重要的养分。在蜡质层和角质层以下，分布着组成葡萄皮的细胞层。首先是真表皮层，接着是下皮层（由 7 层细胞构成）。其中下皮层集中着大部分的浆果色素（pigments）、黄色类胡萝卜素（carotenoids）、叶黄素（xanthophylls）及对酿红葡萄酒十分重要的红色和蓝色花青素（anthocyanins）。此外，葡萄皮中还含有一些单宁和大量的风味成分。色素、单宁和风味成分等酚类物质（phenolics）的具体分布位置可能存在差别，但在酿酒时，离果肉最近的物质可能会被首先萃取。

从重量上来说，一颗成熟的葡萄中葡萄皮所占的比例为 5%～12%（根据葡萄品种的不同而有所差异）。葡萄皮的厚度通常为 3～8 微米。此外，果皮与果肉在化学构成上还存在其他差别：除开酚类物质含量丰富外，果皮还含有丰富的钾。

3）果籽

每种葡萄品种果籽的大小和形状不一，例如，小粒白麝香（muscat blanc a petits grains）的果籽直径为 5 毫米，而鲜食葡萄沃尔瑟姆克罗斯（waltham cross）的颗粒则接近 10 毫米。此外，每粒葡萄的果籽数量也根据葡萄品种的不同而有所不同。不过由于每个心皮中包含 2 个胚珠，因此一般每粒葡萄会有 4 颗果籽，不过也有例外，像瑞必尔（ribier）这样的葡萄，由于每粒有 4 个心皮，所以果籽的数量为 8 颗。通常，会出现一些发育不完全的葡萄籽，这种现象称为种子败育（stenospermocarpy）。相反，那些发育完全的葡萄籽数量越多，葡萄果实就会越大。为了应对葡萄籽过度发育，常会使用赤霉素（gibberellin）进行处理，如培植鲜食苏丹娜（sultana）葡萄时就会进行以上处理。

尽管果籽在被压榨时，也会释放出较苦的单宁，但实际上果籽在酿酒过程中的作用微乎其微。与较容易和果实分开的果梗不一样的是，在酿酒过程中，果籽总是和果汁及果皮相伴。在酿制白葡萄酒的过程中，果汁与果籽的接触时间较短，从果籽中吸收的单宁含量也较少。在酿制红葡萄酒的过程中，由于果汁与果籽接触时间的延长及葡萄汁中的酒精度不断增加，果籽中的单宁极可能溶解在发酵汁中。此外，葡萄籽还是食用油或工业用油的来源之一。

2. 食用葡萄 vs. 酿酒葡萄

不少人会认为，用平时食用的葡萄就可以酿造葡萄酒——这种观点是错误的。酿酒葡萄的品种有很多,和我们平常食用的葡萄有很大的差别。酿酒葡萄的皮很厚,果肉少,汁多,并且颗粒小,基本不适合食用。它们的糖分含量很高,种子也比较大,含有更多单宁。当咀嚼一枚酿酒葡萄时,你会尝到相当浓郁的水果风味和略带苦涩的口感,并伴有果肉分离发出的“嘎嘣嘎嘣”声,这使得这种小葡萄很适合用来酿酒。

通常,酿酒葡萄的糖分和酸度都颇高,因此产出的酒体酒精浓度会超过12%,酸度(pH值)会低于3.6,从而使酒体免于细菌的影响而败坏。红葡萄酒中富含的单宁来自果皮和籽,是天然的防腐剂。红葡萄酒中的单宁口感苦涩,需要搭配较低酸度的食物,否则不易入口。也就是说单宁越多,酸度应该更低。除了果皮和葡萄籽,橡木桶也为红酒贡献了单宁,橡木桶越新,单宁越多。

食用葡萄的口味更偏向蔬菜。通常糖分较少,产出的葡萄酒酒精含量只有8%~9%,酸度也不高。因此,若用食用葡萄自酿葡萄酒时,必须添加额外的酸性或者糖分。糖分经过发酵,产生二氧化碳和酒精,酒精是最有力的防腐剂,因此酒体必须达到一定的酒精浓度才能防止败坏。酸度太低,经过与空气接触,容易滋生细菌,逐渐将酒体转化成醋。

最好的专用葡萄称为“vinifera”,意为“酿酒葡萄”。与它同类的植物有沙地葡萄(vitis rupestri)、河岸葡萄(vitis riparia)、夏葡萄(vitis aestivalis),不过它们在许多方面不如酿酒葡萄,它果实里积累的糖分占自身体积的1/3,因此被人们评为最甜的水果之一,用它酿出来的酒既爽口又提神。酿酒葡萄集诸多优点于一身,其自然分布区域从里海的波斯海岸向西一直延伸到西欧温带地区。

野生葡萄与许多植物(例如柳树、白杨和大多数冬青树)一样,一棵植株开的花非雌即雄,只有极少数是雌雄同株的。如果附近刚好有雄株能提供花粉,雌株就能顺利开花结果,而基本上来讲,雄株是不可能开花结果的。数量稀少的雌雄同株的葡萄藤能结出一些葡萄,但产量只有普通雌株的一半。最早对葡萄进行人工种植的人并不明白其中的道理,于是他们理所当然地挑出那些多产的雌株,而舍弃不能产葡萄的雄株。然而没有雄株存在,雌株根本不可能开花结果,只有那些雌雄同体的葡萄藤才能结出果实。经过不断的尝试和失败,人们终于发现了这一点,于是就只选择雌雄同株进行栽培。栽培出的新藤自然也继承了雌花和雄花一同绽放的特性,于是雌雄同株最终成为人工种植的葡萄和野生葡萄的区别。

3. 酿酒葡萄的种类与特性

目前世界上有超过6 000种可以酿酒的葡萄品种,但能酿制出上好葡萄酒的葡萄品种只有50多种,大致可以分为白葡萄和红葡萄2种。白葡萄的颜色有青绿色、黄色等,主要用于酿制起泡酒及白葡萄酒。红葡萄的颜色有黑、蓝、紫红、深红色,果肉有深色,也有与白葡萄一样呈无色的,而白肉的红葡萄去皮榨汁之后可用于酿造白葡萄酒,例如黑皮诺虽为红葡萄品种,但也可用于酿造香槟及白葡萄酒。

在这 50 多种能酿制出好酒的葡萄品种中,比较常见的红葡萄品种有赤霞珠、品丽珠、梅洛、黑皮诺、佳美、西拉(Shiraz)、桑娇维赛(Sangiovese)、内比奥罗(Nebbiolo)、仙粉黛(Zinfandel)、佳美娜(Carmenere)、丹魄(Tempranillo)、马尔贝克(Malbec)等。而常见的白葡萄品种为:霞多丽、长相思、雷司令(Riesling)、灰皮诺(Pinot Gris)、赛美蓉(Sémillon)、琼瑶浆(Gewurztraminer)等。

不管是红葡萄品种还是白葡萄品种,它们的生长特性及种植所必需的自然条件,比如气候、土壤、日照等因素都决定了每个葡萄酒产区对葡萄品种的选择,当然,一些传统和市场因素有时也会被掺杂其中。例如干燥炎热且常刮强风的法国罗讷河谷南部正是耐干热及强风的歌海娜(Grenache)品种的主要产地,而炎热的地中海气候则不适合种植早熟且喜严寒气候的黑皮诺。相反,气候寒冷的夏布利地区反而只选择发芽很早、常遇霜害的霞多丽,葡萄农付出了巨大的代价,只为了保留夏布利出产的葡萄酒口感细腻、酸味迷人的特点。如果说葡萄品种是葡萄酒的灵魂的话,那么果香绝对是其灵魂的支撑。葡萄品种的浆果香气正是葡萄酒果香的来源。不同的葡萄品种含有不同的果香成分,因此酿成的葡萄酒果香也就各不相同,形成的风味也独具特色。红葡萄品种与白葡萄品种的浆果香气各有各的特点,从而酿出了风格各异的红葡萄酒和白葡萄酒。其中,红葡萄品种多以黑色水果或者红色水果为主,浆果香比较浓郁,酿制出的红葡萄酒香气也相当浓郁。如今风行全球的大多数葡萄引入法国品种,如赤霞珠、梅洛、品丽珠、味而多、黑皮诺、西拉,以及西班牙的丹魄和美国的红宝石(Ruby Cabernet)等葡萄品种都具有类似的浓郁浆果香。以赤霞珠为例,该品种含有黑醋栗、青辣椒、雪松、黑樱桃、黑莓的果香,用此品种酿制的红葡萄酒常常带有黑醋栗、青辣椒和雪松的香气,且相当浓郁,具有极佳的陈年能力。在新世界温暖的气候下,成熟的赤霞珠还会使酒带有更多甜蜜的黑樱桃、黑莓的果香,口感柔和讨喜。

至于白葡萄品种,香气多以花香、青苹果、柠檬、香蕉、菠萝等热带水果为主,果香比较清淡,酿制出的白葡萄酒所散发的香气较清淡,没有红葡萄酒那么浓郁。以长相思为例,该白葡萄品种含有清爽的植物性香气,常带有雨后的青草、芦荟和黑醋栗芽苞的果香,所酿制的葡萄酒香气清爽,较为清淡。

不同的葡萄品种含有的浆果香不尽相同,最终酿制出的红葡萄酒和白葡萄酒风格各异,别具特色。因此,各产区在选用葡萄品种上都特别有讲究。在欧洲传统产区,主要以该区葡萄酒的独特风味为导向吸引爱好者,即采用 100% 的单一葡萄品种来酿酒,如勃艮第产区等。亦有许多产区为了使酒达到平衡,或使香气变得更加丰富,经常使用多个品种混合调配,如教皇新堡(Châteauneuf-du-Pape)常混合十几个品种以求达到最佳的均衡。相反,各新兴产酒区由于葡萄种植历史短暂,对市场反应也较敏感,还常生产单一品种葡萄酒,以葡萄品种作为销售的卖点。

从 20 世纪中叶开始,随着农业科技进步与种植技术的发展,葡萄品种在葡萄酒世界中扮演着越来越重要的角色,为全球葡萄酒爱好者贡献独具风味的顶级佳酿。

7.1.2　酿酒葡萄品种

本书主要介绍常见的 18 种红葡萄与 9 种白葡萄品种。

1. 红葡萄

常见的酿酒红葡萄包括赤霞珠、品丽珠、梅洛、马尔贝克(Malbec)、佳美娜(Carmenere)、黑皮诺、歌海娜、西拉(Syrah)、桑娇维赛(Sangiovese)、马瑟兰(Marseillan)、佳美(Gamay)、莫尼耶比诺(Pinot Meunier)、慕合怀特(Mourvedre)、神索(Cinsaut)、佳丽酿(Carignan)、丹魄(Tempranillo)、内比奥罗(Nebbiolo)和仙粉黛(Zinfandel)共 18 种。本部分将着重介绍常见的赤霞珠、品丽珠、梅洛、马尔贝克、黑皮诺、西拉 6 个品种。

1)赤霞珠

赤霞珠(见图 7.4)是一种用于酿造葡萄酒的红葡萄品种,原产自波尔多地区,也叫 Bouchet、Bouche、Petit-Bouchet、Petit-Cabernet、Petit-Vidure、Vidure 或 Sauvignon Rouge。赤霞珠生长容易,适合多种不同气候,已于各地普遍种植。品尝赤霞珠酿造的红葡萄酒时要注意食物的搭配,它是浓郁型红葡萄酒,所以适合搭配口味浓重、特别是某些油多的菜肴。

赤霞珠是高贵的酿造红葡萄酒品种之王,是传统的酿造红葡萄酒的优良品种。赤霞珠果香较重,黑醋

图 7.4　赤霞珠

栗味,色深,单宁高,酸度高,易陈酿,颗粒小,皮厚且硬,适宜在炎热的砂砾土质中生长,成熟的时间比较晚,比品丽珠及梅洛晚 1~2 周,春寒霜冻很难影响到它的生长。而其他葡萄在收获时很容易受到恶劣天气的威胁,葡萄农不得不比完全成熟早几天采摘,故它也和其他葡萄混酿来弥补风味的不足(尤其在波尔多)。不错的种植性和产量稳定性,也是它在全世界范围内广受欢迎的一大原因。

赤霞珠在法国主要种植在波尔多地区以及法国西南部。在波尔多,赤霞珠通常与梅洛和品丽珠一起混酿,在很多其他产区也会采用这样的"波尔多混酿"的经典组合。其他赤霞珠葡萄产区还包括新西兰的霍克斯湾产区(Hawkes Bay),美国的纳帕谷(Napa Valley),智利的迈坡谷(Maipo Valley)和空加瓜谷(Colchagua Valley),澳大利亚的库纳瓦拉

（Coonawarra）、玛格丽特河（Margaret River）、巴罗萨谷（Barossa Valley）、克莱尔谷（Clare Valley）和雅拉谷（Yarra Valley）等，每个不同产区的葡萄酸度、单宁和果香味都有所不同。

在中国，赤霞珠这生动而形象的名字是民国时期的文人墨客起的。这葡萄的颜色如天空中明媚赤红的霞云，如红色的珠玉。不少人也称之为"解百纳"，是"Cabernet"的音译。事实上，解百纳包括赤霞珠、品丽珠和蛇龙珠（Cabernet Gernischt）。

2）品丽珠

品丽珠（见图 7.5）也叫 Bouchet、Bouchy、Breton，是法国古老的酿酒葡萄品种，最早出现在卢瓦尔河谷，在 18 世纪后期才在波尔多有记录。如今，品丽珠在世界各地均有栽培。它特有的个性是浓烈的青草味，混合可口的黑加仑子和桑椹的果味，因酒体较轻淡，主要功能是调和赤霞珠和梅洛。不过白马酒庄却以它为主要酿酒成分。温度低而湿润的泥土的地区较适合品丽珠的生长，它钟情于大陆型气候，且不怕在采收期遇上恶劣的天气。

图 7.5 品丽珠

品丽珠皮薄、低酸、色淡、单宁少，植物叶子香味、果香味最浓郁，比梅洛和赤霞珠还要具有香气，耐寒抗病，开花及成熟都比赤霞珠早 1 周，在波尔多，一旦赤霞珠不够成熟，就到了它上场的时机。

品丽珠的著名产区包括法国的梅多克区、圣-埃美浓区、卢瓦尔河谷布尔格伊区（Bourgueil）、希侬区（Chinon）、安茹-索米尔区（Anjou-Saumur）、都兰区（Touraine），意大利东北部的弗留利区（Friuli），美国加州的纳帕谷和索诺马（Sonoma），加拿大、罗马尼亚、匈牙利、澳大利亚、新西兰、阿根廷以及其他巴尔干半岛国家和地区也是其产区。

3）梅洛

梅洛（见图 7.6）也叫 Picard、Langon，古法语的意思是"黑色的鸟"，1784 年最早在波尔多有官方记录，是品丽珠的后代。

梅洛更具果香，李子味。单宁柔和，单宁质地较柔顺，口感以圆润厚实为主，比赤霞珠成熟早 1～2 周，果实较大，色、皮、酸度低，但含糖量比赤霞珠高 1 度，故酒精度高，酒体丰满。虽极适合久存陈年，但不似赤霞珠可存放 10～20 年，较快达到适饮期。

图 7.6 梅洛

梅洛适合黏土、石灰石土壤和沙土，且沙土更具香味。在波尔多，它给混合的酒增加酒体及柔和度。右岸以梅洛为主,柏图斯酒庄及里鹏酒庄基本都偏好用梅洛酿制葡萄酒。尤其柏图斯喜欢偏早采摘,保持其足够的酸度,让酒有更长的陈年能力。

在葡萄家族里,如果说赤霞珠是王,黑皮诺是刁钻魅惑的情人,那么堪称王后的一定是梅洛。它雍容大度,丰厚甘美,有着温暖的口感和丰富多彩的果味,如同王后般高贵和温润。

梅洛的著名产区包括法国的波尔多圣-埃美浓区、波美侯区、贝尔热拉克(Bergerac)和卡奥尔区(Cahors),意大利的弗留利区和托斯卡纳区(Tuscany),美国的加州、华盛顿州哥伦比亚谷区(Columbia Valley),新西兰的奥克兰、马尔堡区(Marlborough),以及智利等。

4)马尔贝克

马尔贝克(见图 7.7)在卡奥尔区被称为"Cot Noir",在法国西南部叫"Auxerrois",在其他地方被称为"Pressac"。马尔贝克原产于法国西南部,在 1956 年严重的霜冻杀死了 75% 的马尔贝克。在波尔多,马尔贝克是 6 种法定红葡萄品种之一,用来增加酒中的颜色与结构感。

马尔贝克的主要特征是中期成熟,但抗病差,皮很厚,色很深,呈漆黑色,单宁浓郁,多数比较粗糙,需要添加梅洛等其他品种让其柔化,因此经常被用来混合赤霞珠及梅洛酿造波尔多风格的酒,比后两种葡萄需要更多阳光及热量去成

图 7.7 马尔贝克

熟。马尔贝克散发出李子及茴香味,不够成熟的马尔贝克则有绿色水果味。

马尔贝克的著名产区包括法国的波尔多、卡奥尔区,阿根廷,美国华盛顿州,澳大利亚和智利。

5)黑皮诺

黑皮诺(见图 7.8)也叫作 Blauburgunder、Spätburgunder、Rulandské modré,主要生长在世界上较凉爽的地方。它有 200~1000 种克隆变种。黑皮诺是直接从野生葡萄仅经过一两代演化而来,可能可追溯到公元 1 世纪的勃艮第。

黑皮诺的主要特点是"挑剔",果香味浓(包含覆盆子、紫罗兰、樱桃),色淡,皮薄易腐烂变干,单宁低,现代工艺可加色。它是最早发芽的葡萄种,

图 7.8 黑皮诺

易被春天霜冻,很难发酵,发酵过程中很容易醋化(acetification),香味容易消失。

黑皮诺酿出来的酒最能反映土质特色和矿物色彩,酒色不深,但细致圆润、变化丰富,适宜久存。黑皮诺酿的酒有一种水果的香甜味,有樱桃、草莓的果香,又有湿土、雪茄、蘑菇和巧克力的味道。黑皮诺的丹宁和辛辣的口感都不及其他著名的葡萄品种,如赤霞珠和西拉等,但口感非常和谐、自然,能够酿造出细致的红葡萄酒。

黑皮诺酿制的酒十分雅致,含着淡淡的清甜味,是非常值得人的味蕾去探索的酒。用它酿造的酒在年轻时主要以红色水果香为主,如勃艮第红酒带着樱桃和覆盆子气息;中年时期有着干草和煮熟的甜菜头的风味;陈年若干,有时带着隐约的动物和松露香,通常有甘草和中国香料的气味,是最适合配中国菜的红酒之一。

黑皮诺的产区一般在较凉爽的地方,著名产区包括法国的勃艮第金丘区、香槟区、桑塞尔(Sancere)和阿尔萨斯,美国的俄罗斯河谷产区(Russian River Valley)、中央海岸区(Central Coast)、圣塔丽塔山产区(Santa Rita Hills)、圣塔露西亚高地产区(Santa Lucia Highlands)、圣克鲁兹产区(Santa Cruz Mountains)、卡内罗斯(Carneros)、安德森谷(Anderson Valley)、利弗莫尔谷(Livermore Valley)和威拉美特谷(Willamette Valley),澳大利亚的雅拉谷、吉朗(Geelong)、贝拉林半岛(the Bellarine Peninsula)、比曲尔斯(Beechworth)、南吉士兰(South Gippsland)、森伯里(Sunbury)等,新西兰的马丁堡区(Martinborough)、马尔堡区、中奥塔哥(Central Otago),南非的沃克湾(Walker Bay),智利的卡萨布兰卡谷(Casablanca Valley),罗马尼亚和奥地利。

6)西拉

关于西拉(见图7.9)的起源,充满了神秘色彩。世界上有超过一半的西拉种植于法国,容易使人联想到"Syria",因此,有一种说法:"西拉"源自中东叙利亚。"西拉"又是澳大利亚的代表酿酒葡萄品种,在英语里称其为"Shiraz",而"Shiraz"又被称为波斯的诗都,使人猜想它来源于中东的伊朗。但是,1998年加州大学戴维斯分校与法国国家农业研究院蒙布利埃分院联合开展的一项研究表明:西拉原产于法国,基因分析表明,它是白蒙德斯(Mondeuse Blanche)和来自法国东南部的小众葡萄品种杜丽莎(Dureza)的杂交后代。

图7.9 西拉

西拉的单宁丰厚,有明显的黑胡椒、黑莓香气。开花较晚,成熟时间居中间(每年9月10日至10月5日)。西拉酒香味趋向香料而非水果(黑胡椒、百里香、月桂、黑巧克力味),皮厚,颜色很深或呈黑色,单宁重,酒体重,酸度高,酒精度高。

西拉的产区一般在较热的地方,著名产区包括法国的罗讷河谷、澳大利亚的巴罗萨谷、南非、美国的加州和华盛顿州。

以上 6 种红葡萄品种与特征总结如表 7.1 所示。

表 7.1 六大红葡萄品种的特征

葡萄品种	开花期	成熟期	酸度	含糖量（即酒精度）	香味	皮颜色	单宁	抗病能力
赤霞珠	—	中	高	中	中	厚	高	强
品丽珠	早	早	低	—	浓	中	中	强
梅洛	早	早	低	高	中	中	中	—
马尔贝克	—	中	—	高	—	很厚	高	差
黑皮诺	很早	早	—	—	浓	薄	低	很差
西拉	晚	中	中	高	中	厚	高	—

2. 白葡萄

常见的酿酒白葡萄包括霞多丽、雷司令、长相思、赛美蓉、白诗南、白皮诺、白玉霓、维欧尼和琼瑶浆共 9 种。本部分将着重介绍霞多丽、雷司令、长相思、白皮诺等 4 种酿酒白葡萄。

1) 霞多丽

霞多丽(见图 7.10)原产于法国索恩鲁瓦尔省(Saone-et-Loire)、里昂和第戎之间,主要在金丘、索恩鲁瓦尔(Saone-et-Loire)和马恩(Marne)产区。该品种在 17 世纪就有种植记录,得名于勃艮第南部马贡(Maconnais)产区的霞多丽村。霞多丽在历史上有多个拼法,如 "Chardenet" "Chardonnet"和"Chardenay"等,直到 20 世纪才被称作"Chardonnay"。

图 7.10 霞多丽

霞多丽皮薄,属于早开花和早熟的葡萄品种,适合种植在石灰岩和钙质黏土上。用霞多丽酿制的葡萄酒酒体厚重,且因生长环境及酿酒技术的不同而呈现出不同香气,如柠檬、西柚、菠萝、甜瓜、苹果、梨、杏仁、山楂花、椴花、蜂蜜、新鲜奶油、烤面包、烤杏仁和烤榛子等。霞多丽包含两种主要风格:在天气寒冷的石灰质土产区,如勃艮第及香槟区,酒的酸度高、酒精淡,酒香以青苹果等绿色水果香为主;在较为温暖的产区,如纳帕谷和马贡,其口感则较柔顺,以热带水果如哈密瓜等成熟浓重香味为主。

霞多丽的著名产区主要集中在法国的阿尔萨斯、阿尔代什(Ardeche)、汝拉/萨瓦和卢瓦尔河谷,美国的加利福尼亚州、俄勒冈州和华盛顿州葡萄酒产区,以及澳大利亚的河地(Riverland)、墨累河岸(Murray Darling)和滨海沿岸(Riverina)产区。

2)雷司令

雷司令(见图 7.11)是德国最古老的葡萄品种之一,原产于德国的莱茵区(Rhine)。雷司令发芽较晚,因此常免受春季霜冻的威胁。根据酿酒风格的不同,雷司令的采收时间和成熟度也会有所不同。该品种葡萄藤木质坚硬,因而十分耐寒,这让它成为寒冷产区的首选葡萄品种。

典型的雷司令干白葡萄酒矿物质特质十分明显,并带有柠檬、酸橙、蜜瓜和菠萝的风味。其矿物质风味与热带水果风味相互平衡,很好地展现出了其干型的特点。特别需要注意的是,口感越干的雷司令白葡萄酒会表现出更多的矿物质特征,口感越甜的则具有更丰富的热带水果风味。由于其酸度很高,优质的雷司令白葡萄酒可以陈年数年之久,这一优点也是大多数

图 7.11　雷司令

白葡萄酒无法媲美的。高质量雷司令的存放时间可以长达 100 年。此外,汽油味是很多雷司令酒的特点。有时汽油味也伴有煤油、润滑剂或石蜡的气味。这种汽油味来自雷司令陈酿过程中产生的化学物质 TDN。同时,雷司令培育过程中的高阳光照射、少水与自身高含酸量都会加剧汽油味。很多高质量的雷司令酒都含有此味道。

德国是种植雷司令的头号大国。目前雷司令在德国的种植面积已经达到了 22 434 公顷,其中法尔兹(Pfalz)和摩泽尔(Mosel)地区分别以 5 458 公顷和 5 390 公顷的种植面积占据第一和第二名。风格方面,摩泽尔出产的雷司令葡萄酒酒体最轻盈,表现最为出色;莱茵高(Rheingau)出产的干型雷司令结构坚实,带有些蜂蜜风味;产自那赫(Nahe)的雷司令个性更活泼,有时带有西柚风味。莱茵黑森(Rheinhessen)产区面积辽阔,雷司令的风格也更多样化,有饱满浓郁的,也有紧致鲜活的。法尔兹的雷司令几乎都偏肥美,酒体饱满,带有明显的蜂蜜味。而符腾堡(Wurttemberg)的雷司令则酒体轻盈,风格清新。

除了德国以外,法国、奥地利、意大利、新西兰、澳大利亚、斯洛伐克和美国加州等国家和地区也种植有雷司令。

3）长相思

长相思（见图 7.12）原产自法国波尔多产区，也叫 Fume Blanc、Blanc Fume、Muskat-Silvaner。长相思葡萄酒的定型香气包括柠檬、西柚、桃子、接骨木、芦笋、荨麻、醋栗、黑醋栗芽孢和椴花等。

长相思最显著的特征是其十足的酸度，其次是其易于辨认的浓郁香气。在温和尤其是凉爽的地区，长相思的表现最为出色，展现出浓郁、典型的绿色草本芳香，还经常伴有西番莲或

图 7.12　长相思

接骨木花味。这一较早成熟的葡萄品种生命力尤为旺盛，因此需要在贫瘠的土壤上种植，并嫁接在低活力的砧木上，以控制其长势。

橡木桶对长相思酒的影响很大。橡木桶能使酸变柔和，丰富酒的味觉层次。在波尔多格拉夫产区，长相思通常需要用橡木桶陈酿 15 年以上。但在法国卢瓦尔河谷产区及新西兰，人们一般用钢桶发酵，保持长相思的特有风味。

长相思的著名产区包括法国的卢瓦尔河谷产区、波尔多产区、苏玳-巴萨克产区，新西兰的马尔堡区，智利的卡萨布兰卡谷，美国的中央山谷以及南非。

4）白皮诺

白皮诺（见图 7.13）是由灰皮诺（Pinot Gris）变异而成的白葡萄品种，源自法国勃艮第。白皮诺葡萄酒一般为中等至饱满酒体，蕴含柑橘类水果、苹果、李子、香瓜和杏子的风味，余味偶尔伴有烟熏或矿物质气息，其典型特征是口感清新而脆爽，酸度高，但是风味比较轻淡。白皮诺葡萄酒与霞多丽葡萄酒有几分相似，但是个性不如后者鲜明，风格略显内敛。

白皮诺的知名产区包括法国、意大利、德国及奥地利。

以上 4 种白葡萄品种与特征总结如表 7.2 所示。

图 7.13　白皮诺

表 7.2　四大白葡萄品种的特征

葡萄品种	开花期	成熟期	酸度	含糖量（即酒精度）	香味	皮颜色	单宁	抗病能力
霞多丽	早	—	中		少	薄	—	中
雷司令	晚	晚	高	—	浓			
长相思	晚	早	高	低	低		—	
白皮诺	—		低	高	中		有	

7.1.3　酿酒葡萄的种植

　　葡萄种植需要考虑葡萄的成熟时间、修剪、栽培架式和整形、人工灌溉和排水。在北半球，葡萄一般在 3～4 月初发芽，6 月初开花，经 10～15 日后，6～7 月初开始结果，8～9 月初成熟，9～10 月初采摘，贵腐甜酒在 11 月，冰酒在 12 至翌年 1 月采摘，11 月开始剪枝、整枝（见表 7.1）。南半球需加 6 个月计算。葡萄成熟时间取决于地域。例如在罗讷河谷，葡萄一般在每年 9 月底成熟。

表 7.1　葡萄种植时间表

北半球月份	南半球月份	种植工作内容
1 月	7 月	剪枝，乳酸发酵
2 月	8 月	剪枝，填桶
3 月	9 月	犁土，装瓶
4 月	10 月	出芽，换桶
5 月	11 月	春霜防治，销售准备（收集订单）
6 月	12 月	缚枝，开花，绿色葡萄收割（控制产量，提高质量）；部分酒换桶
7 月	1 月	开始结果，喷农药；前一年的顶级好酒装瓶
8 月	2 月	葡萄开始成熟，热的产区开始采摘
9 月	3 月	采摘，酒厂加工（酵母、糖、酸）
10 月	4 月	采摘，踩皮，发酵
11 月	5 月	葡萄叶变色，前一年的酒澄清、过滤，从发酵槽换到橡木桶发酵
12 月	6 月	剪取好的枝条为明年嫁接用；新酒品尝，部分酒乳酸发酵

1. 修剪

一棵没有得过病、不缺少养分或水分的葡萄树会生长得极为旺盛并且长得非常高大,然而过于高大对商业化栽培来说是完全不实用的。因此,为了更实用,需要控制葡萄树的大小。

在冬季或是生长季内,可以去除掉葡萄不需要的叶片、长枝以及多年生枝条。冬季修剪的主要目的是选择留下过冬的芽的位置以及数量,正是这些芽会在来春发育长成新枝,进而在下一个收获季提供果实(见图 7.14)。

图 7.14　修剪葡萄树

冬季修剪有 2 种方式。

(1)替换长枝的修剪:保留 1 根长枝或是更多的长枝。留下的长枝通过整形与栽培架式平行。这个过程不能简单地使用机械来操作,需要耗费大量的技术熟练的劳动力。这种修剪方式通常被称做居由式。如果只保留 1 根长枝就是单居由式,保留 2 根就是双居由式。

(2)短枝修剪:保留大量有 2~3 个芽的短枝。这些短枝要么分布在通过整形与栽培架式平行的多年生枝条的主蔓上,要么分布在葡萄树的顶部周围。那些多年生的主蔓可以用机器修剪,这样能够节省一笔很可观的开支。多年生枝条与长枝相比更耐冻害。

夏季修剪包括对树冠进行修剪,控制枝叶生长,以避免新枝和叶片过多生长,从而促进葡萄果实中糖分的生产。夏季修剪还包括叶片的清理,以保证葡萄果串可以享受到最充足的阳光照射。在罗讷河谷,修剪工作在每年 3 月前完成。人工修剪的成本约每公顷 1 000 欧元,若用机器修剪,成本约每公顷 400 欧元。

2. 栽培架式和整形

栽培架式由葡萄酒庄园中永久固定的支柱和金属丝组成。栽培架式可以无架式,也可以极其复杂,比如使用多金属丝系统。

葡萄树的多年生枝条和长枝都需要根据已经建立的栽培架式进行**整形**。如果没有栽培架式,葡萄树的新枝生长会缺少支撑物。

通过修剪可以控制葡萄树的大小。而通过整形可以控制生长季内新梢的生长方向。这些新梢的位置非常重要,因为它们决定了将来叶片阻挡阳光的程度,并且影响到生长在新梢底端的果实的位置以及果实能照射到的阳光强度。

整形和栽培架式大致可以分成3类。

(1)灌木形:多年生的枝条由垂直的根株组成,这些根株的顶端周围分布着一定数量的修剪过的短枝。由这些短枝长出来的新枝通常不会依附在架式上,而会在地面上蔓延开来。这样的修剪方式在炎热、干燥且光照充足的地区非常实用,例如南罗讷河谷和巴罗萨山谷。在凉爽或潮湿的地区,葡萄的树荫会阻碍果实的成熟,而通风不畅会减少蒸腾量,并滋生病害。在博若莱地区,人们会将修剪成灌木式树形上的新枝的顶端绑在一起,这样会改善葡萄果串的通风与光照情况,进而避免上述问题。这种整形方式不适合用机械采收。有时候这种整形方式也被称为杯形。

(2)新枝垂直分布型:这是全世界最通用的一种树形,还会与长枝的替换修剪或是主蔓——短枝修剪配合使用。它有一个单一树冠,该树冠由被整形成向上状态的新枝组成,这些新枝与它们着生的长枝或主蔓垂直,并被绑在栽培架式上。这个树冠可能会将葡萄树主干向两边延展,也可能只向一边延展。在主干上,长枝或是主蔓都以水平方向整形,尽管长枝有时候会被弯成水平拱形。结果母蔓和主蔓可以被压得很低,这样它们就能够获得地面残留的余热,也可以被抬得很高进而避免霜冻的伤害。之后,新枝就会被整形成垂直状态。通过保持各新枝间的分离状态,这种整形方式可以最大限度地保证树冠通气良好,并且尽可能保证没有树荫。新枝垂直分布型是种植密度很高的情况下最合适的整形方式。

(3)大葡萄树形:如果葡萄树的种植密度偏低,整形方式就要与葡萄树的树势之间有一个很好的平衡关系,从而保证能最高效率地利用光照。有些是只保留一个单树冠,但是将树冠上下分开,并且有一些新枝被压成向下生长的状态。另一些是多树冠形,各树冠之间呈平行状态,并且连在相同的主干上。这样的大葡萄树形有着非常复杂的几何结构,也需要许多的多年生枝条才能构成。例如七弦竖琴式和日内瓦双帘式。这些整形方式通常都使用短枝修剪,很多都适用于机械采收,尽管藤架系统整形方式是为了在葡萄下面种植一些额外的作物,而不是来平衡葡萄的树势,但藤架系统也被归类到大葡萄树形。

这个工作每月都会进行,成本为每公顷5 000~15 000欧元。

3. 人工灌溉和排水

人工灌溉的葡萄酒庄园数量极少,灌溉成本约为每公顷1 600欧元(除极南产区外)。那些年份非常好的葡萄藤周围往往会安装很多排水管道,每个葡萄藤价格约为 1.2 欧元。

7.2　酿酒工艺:从红、白葡萄酒到香槟、白兰地

以成品颜色来说,可分为红葡萄酒、白葡萄酒及桃红葡萄酒 3 类。按含糖量来分类,红葡萄酒又可细分为干红葡萄酒、半干红葡萄酒、半甜红葡萄酒和甜红葡萄酒;白葡萄酒则可细分为干白葡萄酒、半干白葡萄酒、半甜白葡萄酒和甜白葡萄酒。

一般来说,酿造红葡萄酒时葡萄需要连皮带籽一起发酵,而酿造白葡萄酒时则不需要。这是因为红葡萄酒的颜色来源于葡萄皮和葡萄籽,起泡酒是经一次发酵的基酒经过第二次发酵而得。

人们喜欢红葡萄酒柔软的口感和丰富的果味,喜欢白葡萄酒清爽的酸度、花香和纯净的果味。氧化程度可以调节酸度、花香和果味的特征。红葡萄酒酿酒师使用橡木桶来酿酒,因为橡木桶可以"呼吸",使氧气进入酒中。白葡萄酒酿酒师为了减少葡萄酒与氧气的接触,使用不锈钢罐酿酒,让酒保持花香和纯净的果味。红、白、桃红葡萄酒酿造过程如图 7.15 所示。

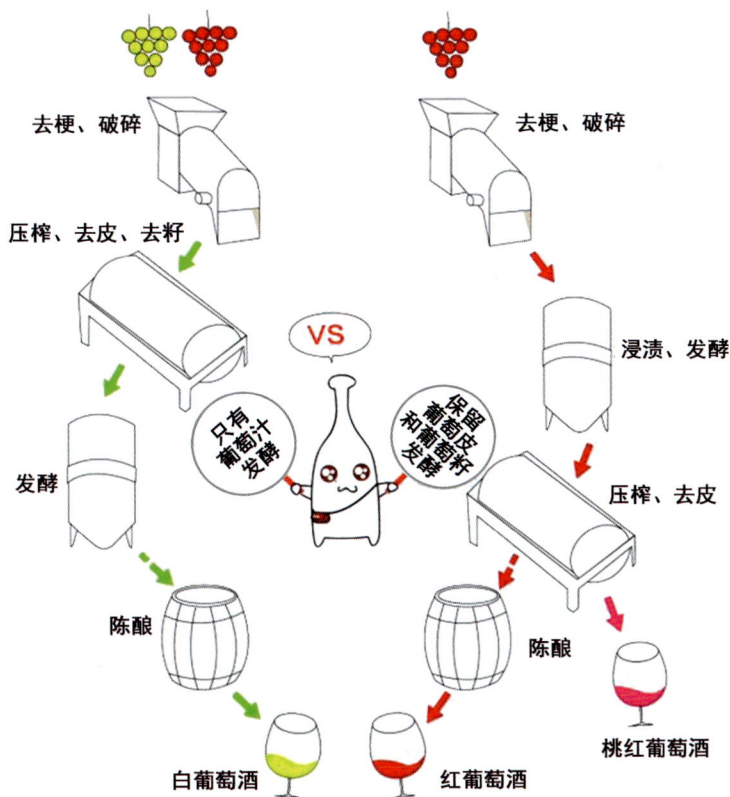

图 7.15　红、白、桃红葡萄酒的酿造过程

1. 红葡萄酒的酿造

红葡萄酒是最为常见的一种葡萄酒,不同种类的红葡萄酒酿造过程可能有所差异,但总体而言,酿造步骤分为筛选、去梗、破碎、发酵、压榨、熟化、混合、澄清和稳定以及装瓶等(见图 7.16)。

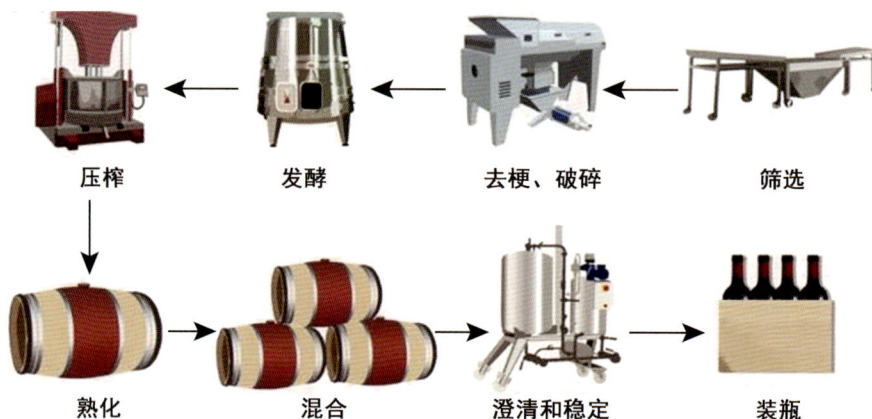

图 7.16　红葡萄酒的酿造过程

葡萄采摘后需要经过一番筛选,之后再进行去梗和破碎。绝大多数红葡萄酒的酿酒葡萄都需要经过去梗和破碎,但有些酒庄也会选择将部分或全部葡萄带梗发酵,以形成特有的风格。

葡萄去梗、破碎之后便会开始进行酒精发酵。有些酿酒师会在发酵前对葡萄进行冷浸渍,以更好地提取葡萄的颜色和风味物质。

在发酵过程中,酿酒师需要选择合适的发酵容器(如橡木桶、不锈钢桶或水泥罐等,见图 7.17),严格控制发酵温度,并通过压帽、淋皮或倒罐等方式进行萃取,以酿造出想要的葡萄酒风格。正常情况下,红葡萄酒的发酵温度需控制在 20～32 摄氏度,发酵时长为 2 周左右,萃取方法及频率由酿酒师根据葡萄酒的风格决定。

图 7.17　(从左向右依次为)橡木桶、不锈钢桶和水泥罐

发酵完成后,依靠重力作用从发酵容器底部自行流出的酒称为自流酒,排出自流酒后,再将果皮和果渣一起压榨,便形成压榨葡萄酒。压榨酒的颜色较自流酒深,单宁也较高,因此,可在最终混合时,用以调节酒液的颜色,增加单宁。

之后,便是酒液的熟化过程了。根据所要酿造的葡萄酒风格,酿酒师需要选用合适的容器(如橡木桶或不锈钢罐等惰性容器)对酒液进行一段时间的熟化,在这个过程中,葡萄酒的风味会变得愈加复杂,酒质也会趋于稳定。

在熟化完成之后,酒庄就会对酒液进行混合。有些酒庄在熟成之前先进行混合,这取决于酿酒师的决定。混合可以帮助酿酒师保持同批次葡萄酒风格的一致性,维持平衡感。混合有多种情况,例如,对于一些单一品种葡萄酒,酒庄会将不同地块的酒液混合,以均衡风格;酒庄还可能将不同品种的葡萄酒液进行混合,用多种葡萄品种奏出一曲和谐的乐章,这就是常说的混酿葡萄酒。

在熟化的过程中,葡萄酒中的沉淀会渐渐沉积至底部,酒液的澄清度也会渐渐提升。不过,有些酒庄会在装瓶前,通过对酒液进行下胶或过滤等澄清方式,进一步提高酒液的澄清度和稳定性;也有的酒庄会选择通过物理静置、换桶的方式澄清酒液。

2. 白葡萄酒的酿造

白葡萄酒的酿造过程(见图 7.18)与红葡萄酒大体相似,最主要的差别在于其发酵过程需在压榨后进行。葡萄进行去梗和破碎后,先通过压榨将葡萄汁与果皮、果肉分离,再进行发酵。另外,白葡萄酒的发酵温度较红葡萄酒低,通常为 12～22 摄氏度,发酵时长为 2～4 周。

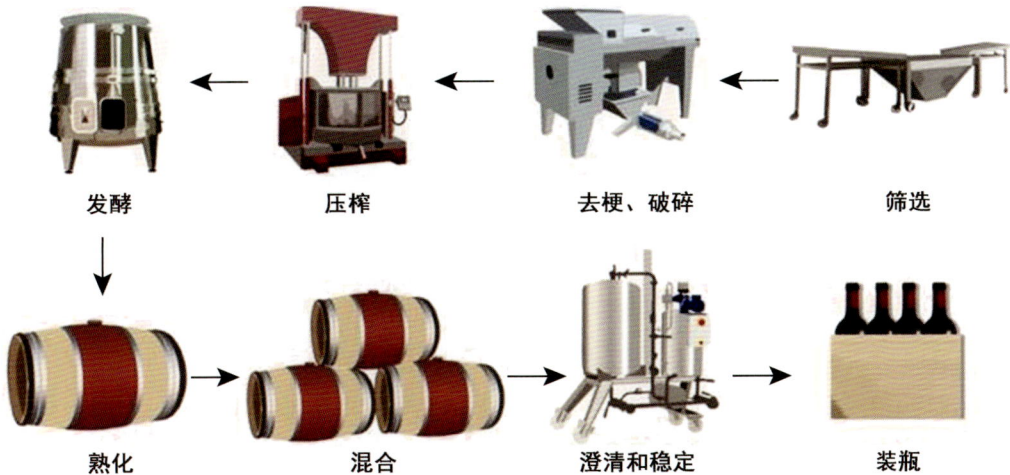

| 发酵 | 压榨 | 去梗、破碎 | 筛选 |
| 熟化 | 混合 | 澄清和稳定 | 装瓶 |

图 7.18　白葡萄酒的酿造过程

3. 香槟的酿造

香槟是法国的国宝级葡萄酒,它的制作工艺可谓前无古人,后无来者。香槟的酿制大体分为以下几步进行:

(1)采收葡萄。大部分香槟都由霞多丽、黑皮诺、莫尼耶皮诺3种葡萄混合调制而成。在采收葡萄时必须小心地尽量保持颗粒的完整,以免影响香槟的品质。

(2)榨汁发酵。葡萄采收后要马上压榨成葡萄汁。为了避免葡萄汁氧化及释出红葡萄的颜色,压榨葡萄的时候要轻柔缓慢。接着葡萄汁进行第一次发酵,变成静态的干型葡萄酒。

(3)调配。在酿制过程中,酿酒师常会混合不同产区和年份的葡萄酒以调配出所需要的口味。其中,酿酒师扮演着神奇的魔术师角色,经酿酒师妙手调配后的香槟,风味各异,令人惊叹。调配对于香槟来说是极为重要的环节,可以说是香槟酿造技术的精髓所在。

(4)二次发酵。香槟的原理就是在酿好的葡萄酒中加入糖和酵母,然后在封闭的容器中进行第二次酒精发酵,发酵过程中产生的二氧化碳被关在瓶中成为酒中气泡,香槟中那一串串晶莹剔透的气泡就是由此而来。

(5)培养芳香及复杂感。一瓶普通香槟要培养15个月,而对于一瓶有年份的香槟来说则要36个月,长时间的培育会给葡萄酒带来一种陈年芳香。此外,与酒渣的接触会使它发生复杂变化,从而释放出香槟典型的陈年醇酒香。

(6)摇瓶。香槟第二次发酵后死去的酵母慢慢地积累在瓶壁上,很难移除到瓶子外面。1818年,凯歌香槟的酒窖主管发明了一种方法,在二次发酵之后的陈酿过程中,将酒瓶倒立在一个带孔的"A"形支架上,每天工人要将每个酒瓶转动1/4圈,并改变酒瓶的倾斜角度(见图7.19)。约3星期后,所有的沉积物会完全堆积到瓶口。

图 7.19　香槟倒置于 45 度斜架贮存

（7）除渣。除渣的目的是为了排除在摇瓶过程中堆积在临时封口的沉淀物。除渣时，瓶口在下，瓶身在温度为 22 摄氏度的盐水中浸泡。沉淀物即被固定在冷冻的冰块中，极易移除。

（8）定量与封瓶。定量几乎是与除渣同步进行的，目的在于使香槟适应市场需要。添加由蔗糖与陈葡萄酒调配而成的"调配液"，并以此定性商业化香槟的类型。如含糖量在 33～50 克/升之间，称为半干型（demi-sec）。定量之后，酒瓶即被封口并以特殊方式装盖。

4. 白兰地的酿造

白兰地是以葡萄为原料，经过榨汁、去皮、去核、发酵等程序，得到含酒精较低的葡萄原酒，再将葡萄原酒蒸馏得到无色烈性酒。将得到的烈性酒放入橡木桶储存、陈酿，再进行勾兑以达到理想的颜色、芳香味道和酒精度，从而得到优质的白兰地。白兰地的酒精度数一般在 40 度上下。

世界上有很多国家都生产白兰地，如法国、德国、意大利、西班牙、美国等，但法国生产的白兰地品质最好，而法国白兰地又以法国西南部夏朗德省（Charentes）干邑（Cognac）（见图 7.20）和阿尔玛涅克两个地区的产品为最佳。

图 7.20　法国波尔多、勃艮第、香槟和干邑产区

资料来源：逸香葡萄酒与烈酒教育. VSOP? XO? 一文读懂轩尼诗、人头马和马爹利［EB\OL］.（2019-5-29）［2019-6-6］. https://www.toutiao.com/a6696283521805189644.

其中,干邑的品质被举世公认,最负盛名。干邑白兰地的主要代表品牌有路威酩轩集团旗下的轩尼诗(Hennessy),唯一由干邑本地人创建的顶级白兰地品牌人头马(Rémy Martin),世界上历史最悠久的马爹利(Martell)和总部设在雅尔纳克(Jarnac)的拿破仑(Courvoisier)(见图7.21)。

图7.21 (从左向右依次为)轩尼诗、人头马、马爹利和拿破仑干邑 XO 白兰地

通常,白兰地的瓶身上,会标注 VO、VSO 来表示其熟成的年份。法定的 VO/VSO/VSOP,最少在橡木桶中窖藏4年以上。法定的 XO,最少在橡木桶中窖藏6年以上。人头马的生产标准高于干邑产区生产法令规定的标准,陈化期7年以下的是 VS,达到7年的是 VSOP,超过12年的是 CLUB("人头马俱乐部"),达到15年的是 Napoleon("拿破仑"级),超过20年的是 XO,超过30年的是 L'AGE D'OR("金色年代"),达到50年以上的就是路易十三了。人头马路易十三天蕴干邑(Louis XIII de Remy Martin Rare Cask Grande Champagne Cognac)是世界上最贵的白兰地,国际税前均价约为人民币 190 427 元(见图7.22)。

图7.22 人头马路易十三天蕴干邑

白兰地独特幽郁的香气来源于 3 个方面:一是葡萄原料品种香,二是蒸馏香,三是陈酿香。由此看来,葡萄品种是如此重要,用于酿制白兰地的葡萄品种一般为白葡萄品种,白葡萄中单宁、挥发酸含量较低,总酸较高,所含杂质较少,因而所蒸白兰地更柔软、醇和。具有以下特点的葡萄品种,较适宜作为白兰地生产原料。

(1)糖度低。这样每升白兰地蒸馏酒所耗用的葡萄原料多,进入白兰地蒸馏酒中的葡萄品种自身的香气物质随之增多。

(2)浆果成熟后酸度高。较高的酸度可以参与白兰地的酯香的形成,适宜酿造白兰地的葡萄品种,葡萄成熟后滴定酸不应小于 6 克/升。

(3)葡萄应为弱香型或中性香型,无突出及特别香气。GB11856—1997 标准中有这样一条“具有和谐的葡萄品种香”,对“和谐”二字的理解必须靠多年的实践经验,用心体会,既要体现出原料品种香,又要与酒香和谐统一。同时由于白兰地的长期贮存陈酿,葡萄品种香还应具备较强的抗氧化性。

(4)葡萄应高产而且抗病害性较好。

白兰地酿造工艺精湛,特别讲究陈酿时间与勾兑的技艺,其中陈酿时间的长短更是衡量白兰地酒质优劣的重要标准。干邑地区各厂家贮藏在橡木桶中的白兰地,有的长达 40~70 年之久。他们利用不同年限的酒,按各自世代相传的秘方进行精心调配勾兑,创造出各种不同品质、不同风格的干邑白兰地。酿造白兰地很讲究贮存酒所使用的橡木桶。由于橡木桶对酒质的影响很大,因此,木材的选择和酒桶的制作要求非常严格。最好的橡木是来自干邑地区利穆赞和托塞斯两个地方的特产橡木。由于白兰地酒质的好坏以及酒品的等级与其在橡木桶中的陈酿时间有着紧密的关系,因此,酿藏对于白兰地酒来说至关重要。关于具体酿藏多少年代,各酒厂依据法国政府的规定,所定的陈酿时间有所不同。在这里需要特别强调的是,白兰地酒在酿藏期间酒质的变化,只是在橡木桶中进行的,装瓶后其酒液的品质不会再发生任何变化。

7.3　葡萄酒存储:从酒窖设计到酒庄美学

法国作为旧世界葡萄酒产区的代表国家之一,无论是葡萄酒的历史文化、酿造品质还是酒庄发展等多个方面都可谓首屈一指。法国成熟的葡萄酒存储与库存管理体系已然是世界一流,而日新月异的法国不乏追求时尚、热爱现代艺术的人们,在葡萄酒贸易飞速发展的今天掀起一阵酒庄美学浪潮。

本节介绍酒窖设计中需要考量的各个要素,并且阐述在此基础上发展而来的酒庄美学。

7.3.1 葡萄酒的熟成、陈年与存储

随着时间的流逝,一些经陈年并合理存储的葡萄酒的口感与风味会提升。这就是葡萄酒陈年与存储的重要作用。

1. 葡萄酒的熟成与陈年

在葡萄酒术语中,熟成(maturation)指葡萄酒在发酵后、装瓶前随着时间变化而发生的酒体与口味的变化。陈年(reserve)与熟成不同,发生在装瓶存储后。熟成这一过程受到诸多因素的影响,如葡萄酒的发酵方法、澄清度、稳定度、存储量等。这个阶段最大的特征是酒液与空气接触发生大量的氧化反应,改变了葡萄酒的成分与结构;而陈年的葡萄酒变化会产生最终的酒香(banquet)。此外,当装瓶时封装在瓶内的氧气被消耗掉时,葡萄酒将发生"缺氧现象",不足以发生氧化作用,称为还原性环境(reductive atmosphere)。

1)熟成与陈年的作用

在葡萄酒的熟成和陈年过程中会发生很多物理与化学反应,导致葡萄酒成分发生改变。很多变化是细致或微小的,有些变化人们的身体器官很难感知,但不少变化却在葡萄酒熟成和陈年的过程中起着至关重要的作用。

(1)颜色变化。颜色的改变很容易观察到。

对于白葡萄酒而言,颜色本是浅黄色。在熟成和陈年的过程中,酒液接触到空气,颜色会因氧化作用越来越深。如果过度暴露在空气下,颜色会变成棕色。白葡萄酒中的酚类物质、蛋白质等会参与氧化反应,但白葡萄酒中单宁又相对缺少,不利于抑制葡萄酒的氧化反应。因此,人们为了避免白葡萄酒被过度氧化,变成棕色,尽可能不让白葡萄酒接触空气。除了氧化反应之外,美拉德反应(Millard reaction①)和糖分焦化(sugar caramelization)也会导致白葡萄酒的颜色发生改变。

对于红葡萄酒而言,尤其是年轻的红葡萄酒,它们的酒体颜色鲜红,略带些浅紫色。产生这种颜色的原因是酒体获取了葡萄皮中的单分子花青素(monomeric anthocyan pigments)。但随着酒体的熟成和陈年,葡萄酒中的花青素与单宁物质结合成聚合物分子。单分子的花青素有可能以多种形态出现,如呈现红色的"Favylium"阳离子、蓝色的"Quinoidal Base"、无色的"Carbinol Pseudo-base"、接近无色的"Chalcone"或无色的"Bisulfite Addition Compound",各种各样的花青素在 pH 值和其他因素的影响下能达到一个平衡状态。单分子花青素很容易被二氧化硫漂白,并且在低 pH 值的条件下,平衡状态会

---

① 美拉德反应即醛类、酮类或还原糖与氨基酸、多肽或蛋白质之间的一种非酶促反应,属于食物焦化反应的一部分。

被打破,花青素的呈色从无色变成有颜色。当葡萄酒接触到空气时,氧气会使花青素和单宁之间发生缩合反应(condensation reaction),至此,游离态的单分子花青素变成稳定的色素聚合物。

酒龄为 1 年的葡萄酒中,其色素聚合物起到的呈色作用为 50%,随着熟成和陈年,酒体会继续产生更多的色素聚合物,葡萄酒的颜色也随之从红色变成橙色或砖红色。氧气能够加速花青素和单宁之间的缩合反应,如果继续将葡萄酒暴露在空气中,则可能会有色素沉淀物。在有氧的状态下,乙醛也会参与缩合反应。但是在缺氧的环境下,还是会产生色素聚合物——花青素和 D-儿茶精(D-catechin)会发生聚合作用。

(2) 味道和口感。若熟成和陈年恰当,葡萄酒会变得更加柔美多汁、口感丰富。在熟成和陈年的过程中会生成许多化合物,能够提升葡萄酒的品质与口感。葡萄酒储存过程中最重要的变化是酚类化合物(对葡萄酒的风味和口感来说不可或缺)的聚合作用和酸度的降低。

白葡萄酒中的类黄酮苯酚(Flavonoid Phenol)微乎其微,口味较淡;红葡萄酒中则含有大量的类黄酮苯酚,所以风味更丰富。苦和涩是类黄酮的主要特征。单分子的类黄酮苦多过涩,一旦发生聚合作用,则涩多过苦;如果再进一步聚合,分子会变得过大并沉淀,最终葡萄酒中的酚类化合物和涩味都会减少。在熟成过程中,氧化作用(合氧)、还原作用(脱氧)以及酚类化合物的沉淀都会发生,因而葡萄酒最终苦涩性降低,口感变得更加细腻柔滑。另一方面,在葡萄酒的储存过程中酸度也会降低。在此过程中,酸性物质沉淀下来,酯类物质形成。因为酸性会加强葡萄酒的涩味,酸度降低,葡萄酒自然就变得更加柔美多汁了。

(3) 香气。随着酒体的熟成和陈年,葡萄和酵母的香气会逐渐消失,葡萄的品种香(即第一类香气)保留下来,并生成新的香气,这些香气和各种风味混合产生和谐、怡人的芳香。同时,酯类物质和酒精在酵母的代谢作用下产生发酵香(即第二类香气)。在葡萄酒的熟成和陈年过程中,酯类物质被水解,新鲜的水果香消失,而被降解的脂类物质相互作用,产生新的脂类物质——醇香,即第三类香气。

当品种丰富的葡萄酒被储存时,其香气的质变和量变都是巨大的。如麝香葡萄的主要芳香化合物是萜类物质(terpenes)。在熟成和陈年过程中,单萜醇(monoterpene alcohol)减少,并生成单萜氧化物(monoterpene oxides),这会改变葡萄酒的花香香气。如雷司令葡萄酒中含有大量的芳樟醇(linalool),这种萜类化合物赋予它花香气息;而单萜氧化物的派生物,则能赋予葡萄酒松树香。不过,也有些萜类化合物比较稳定。在酸度中等的葡萄酒中,萜类化合物转换成游离态的萜类物质过程缓慢,一旦完成转换,葡萄酒的水果香会更加浓郁。

2)熟成与陈年的不良变化

葡萄酒在熟成或陈年过程中也有可能发生一些不好的变化。如,因葡萄酒的氧化反应有可能会产生乙醛味或怪味;若被野生酵母菌或细菌感染,葡萄酒可能会产生不新鲜的味道。

2. 葡萄酒陈年的条件

一款葡萄酒是否需要陈年取决于它的风格。有些葡萄酒适合即时品饮,不适合长时间陈年,如清爽带果味的白葡萄酒,适合野炊的桃红葡萄酒,颜色浅淡的红葡萄酒,大部分新世界产区的红葡萄酒等。有些优秀葡萄品种(包括霞多丽、长相思、赤霞珠和仙粉黛等)所酿造的葡萄酒在熟成和陈酿过程中会发出芬芳迷人的酒香。一般来说,干红葡萄酒比干白葡萄酒更适合陈年,陈年时间也更长。

葡萄酒中最重要的陈年元素是高单宁、高酸度和高含糖量,符合 2 种或 2 种以上条件的葡萄酒比只符合 1 种条件(甚至 1 种都不符合)的葡萄酒更具陈年潜力。

(1)高丹宁。单宁是葡萄皮、葡萄梗或葡萄籽中广泛存在的一种多酚类物质(抗氧化物质),在发酵过程中会融入葡萄酒中。白葡萄酒在酿造过程中葡萄皮被分离,单宁含量微乎其微,并不适合长时间的陈年。

随着陈年的不断进行,氧气对葡萄酒越来越不利,过度氧化会使葡萄酒的口感变差。单宁就有抑制葡萄酒氧化的天然功效。葡萄酒中的天然单宁含量越高,其抗老化的能力就越强。因此,赤霞珠和内比奥罗等葡萄品种酿造的葡萄酒通常可以进行较长时间的陈年。

(2)高酸度。与单宁一样,酸对于葡萄酒的陈年也极其重要。酸度较高的葡萄酒 pH 值偏低,这对于维持微生物环境的稳定性有重要作用,并且,低 pH 值环境更能减缓氧化反应的速度。因此,在其他成分的含量及配比相同的情况下,pH 值低比 pH 值高的葡萄酒更能减缓老化速度,进而延长生命周期,陈年时间也可以更长。某些葡萄品种(如雷司令、猎人谷赛美蓉或黑皮诺)等红葡萄酒适合陈年的原因之一就是它们的 pH 值相对较低。

(3)高含糖量。糖分含量高(即糖分≥80 克/升)的葡萄酒更适合陈年。高含量的糖分与低 pH 值能使葡萄酒免于再次发酵。微生物活动得到抑制后,葡萄酒的陈年能力就会进一步增强。需要注意的是,糖分必须与低 pH 值同时存在,才有利于顶级葡萄酒的陈年,苏玳贵腐酒、托卡伊甜酒(Tokaji)和德国枯萄精选酒都是顶级的高糖陈年葡萄酒。

3. 葡萄酒的存储

葡萄酒对存储的要求很高。

首先,葡萄酒体对温度的要求是苛刻的。葡萄酒的正常存储温度为 10～16 摄氏度,最高不能超过 24 摄氏度,否则名贵葡萄酒的风格将会受到破坏。不过,最重要的是温度须恒长稳定,因为温度变化所造成的不仅仅是热胀冷缩,容易让葡萄酒渗出软木塞外使酒加速氧化,最主要的是温度的突变会导致酒在陈年过程中产生不需要的物质,导致风味变异甚至变质。所以只要能保持恒温 5～20 摄氏度都可接受,不过太冷的酒窖会使酒成长缓慢,须等更久的时间,太热则又成熟太快,不够丰富细致。

此外,震动干扰也容易造成葡萄酒早熟,如果葡萄酒存储临近铁道或震源,葡萄酒品质常常因此下降。一般来说,受过震动的酒品风格会发生很大的变化。有许多"娇贵"的酒品在长期受震后(如运输震动),常常需要"休息"2 个星期,才能恢复原来的风格。

当葡萄酒存储堆放时,凡软木塞瓶子都需要横置或以一定角度的倾斜放置,这样酒液浸润瓶塞,起到隔绝空气的作用。蒸馏酒瓶要竖置,以便于瓶酒中酒液的挥发,达到降低酒精含量、改善酒质风格的目的。在有条件的情况下,陈放已达 25 年以上的高级名贵酒品,应采取换塞等措施,否则将会发生意外而前功尽弃。

7.3.2 酒窖设计

酒窖的设计和安排要讲究科学性,万不可随心所欲、因陋就简。通常来说,不同地域环境造就了不同的设计风格,其中的差别有时明显易辨,有时则极其相似。虽说因现代储酒设备的不断改进和完善,各地都能按需求设计出不同的瓶装酒窖,但因受制于所处的不同的条件和个人的喜好等原因,有些酒窖可能达不到完美的要求,无论是空间大小、整体设计、颜色搭配、温度调节、湿度控制、灯光布局、材料选用,还是周围环境融入等,在建造过程中都应该尽量完美地打造出适合瓶装储酒的环境。

酒窖设计需要考量的要素包括厂房建设、生产线建设、光线与湿度等基础要求。

1. 酒窖厂房建设

酒庄主可以建设任意数量的酒窖厂房以酿造葡萄酒(见图 7.23)。酒窖并不一定要设在地下,然而地下可以赋予葡萄酒存储较好的条件。地下酒窖在恒温、避光、防震等方面具有得天独厚的优势。设在地面上的酒窖应采取一定的保护措施,以使葡萄酒存储的安全得到保障。

对于酒庄的地理位置有 2 个流派:一类是"3S"原则,即酒庄的所在地有大海(sea)、沙滩(sand)和阳光(sunlight),这种观点主要应用于酒庄的旅游功能;另一类主要原则是在适合葡萄生长的区域建立酒庄,这种观点主要应用于酒庄的酿酒功能,目的是通过高质量的原料来酿造优质葡萄酒。

图 7.23　酒窖厂房

2. 生产线建设

大多数葡萄酒庄园没有装瓶设备。通常使用卡车运往专门的工厂瓶装。在产量不那么高的情况下,这样自然方便与快捷得多。当需要自己设计包装时,购买机器粘贴酒标和胶帽是不错的选择。

3. 橡木桶空间

在酒窖内,一般都需要一个独特的橡木桶空间(见图 7.24),空间需足够大,以便运输操作。对瓶装酒的存储空间需要细致规划。

图 7.24　橡木桶空间

4. 光线与湿度

自然采光照明对葡萄酒很不利。自然光线(尤其是直射日光)容易引起病酒的发生(如产生过量蛋白质引发酒病),还可能使酒液氧化过程加剧,造成酒味寡淡、酒体混浊变色等现象。酒窖中最好采用人工照明,照明强度和方式应受到适当的控制。

同时,酒窖内必须通风换气,目的在于保持酒窖中较好的空气。酒精挥发过多而空气不流畅,会形成易燃气体聚集,比较危险。较好的空气还利于工作人员的呼吸,有助于保持酒窖的干燥。一般,55%～75%左右的湿度最合适。太湿容易使软木塞或酒标腐烂,太干则容易让软木塞变干失去弹性,无法紧封瓶口。因此,湿度控制也是酒窖建造过程中需注意的一个重要问题。

7.3.3　酒庄美学

一座酒庄不仅是庄主的宅邸,是葡萄酒的生产地,也是家族的标志。由于常被印刷在酒标上,外观的重要性不言而喻。

酒庄的风格多种多样。从中世纪的墙体到 18 世纪的塔楼,法国酒庄有继承传统经典的古典主义风格;有突破传统、强调建筑的实用功能、追求现代化的简约与时尚的现代主义风格;更有打破和谐、统一与完整,以奇特和极富想象力的造型吸引世人眼球的后现代主义风格,尤其是大胆、夸张、变形、极具视觉震撼力的解构主义风格……各种建筑风格在酒庄建筑中呈现百花齐放的新景象,给世人带来了一场场视觉盛宴。

1. 建筑美学的酒庄投射

建筑美学因受时代的政治、社会、经济、建筑材料和建筑技术等的制约以及建筑设计思想、观点和艺术素养等的影响而有所不同。随着人类社会的不断进步,建筑美学也经历了长足的发展(见图 7.25)。时至今日,建筑美学呈现出更加多元并存的局面。

在约公元前 27 世纪至公元 365 年的古典时期,以古埃及、古希腊、古罗马建筑风格最盛。进入中世纪,出现了罗马风、拜占庭和哥特式建筑。15—16 世纪的文艺复兴时期,风格主义成为主流,接着演变成 17—18 世纪的巴洛克、洛可可风格。新古典主义、浪漫主义与折中主义在 18—20 世纪风靡一时。与此同时,现代主义也从 19 世纪开始酝酿并逐步发展至今,并在 20 世纪萌生出了后现代主义的浪潮。

公元前27世纪-4世纪 —— 4世纪-15世纪 —— 15世纪-16世纪 —— 17世纪-18世纪 —— 18世纪-20世纪 —— 19世纪至今 —— 20世纪 —— 未来

古希腊建筑、古罗马建筑与古西亚建筑
Ancient Greek /Ancient Roman/Western Asian Architecture

宗教建筑时期与中世纪：
罗马风、拜占庭、哥特式
Early Christian Times & Midieval

文艺复兴与风格主义
Renaissance & Maniera

巴洛克风格与洛可可风格
Baroque & Rococo

新古典主义、浪漫主义与折中主义
Neoclassicism Romanticism & Eclecticism

现代主义
Modernism

后现代主义
Post Modernism

文化兼容、和而不同
Cultural Compatibility & Harmony

图 7.25 公元前 27 世纪至今建筑风格演变历史

326

　　传统酒庄历史横亘数百年,酒庄主体建筑历经数次修缮或重建,建筑美学的不断演变也在这一过程中有所体现。而新兴的酒庄则力图以现代建筑风格体现其创新精神。

　　1) 玛歌酒庄

　　玛歌酒庄建于拿破仑时期,是梅多克地区最宏伟的建筑之一。它是法国波尔多左岸梅多克产区玛歌村的知名酒庄,在 1855 年就已进入一级酒庄的行列,与拉菲古堡、拉图酒庄和侯伯王酒庄齐名,美国前总统托马斯·杰斐逊曾将它评为波尔多五大名庄之首。

　　玛歌酒庄的主体建筑被誉为"梅多克的凡尔赛宫(Versailles of the Medoc)"(见图 7.26)。这座新帕拉第奥式(Neo-Palladian)风格的建筑灵感源于帕特农神庙(Parthenon Temple),当访客从酒庄大门进入,穿过长长的梧桐林荫道,壮观的主体建筑便映入眼帘。拾级而上,穿过高耸的列柱廊,仿若回溯时光,来到庄重肃穆的古希腊神庙前,让人不由生出几分朝圣的心。

图 7.26　玛歌酒庄

　　玛歌酒庄于 1810 年开始重新规划布局酒庄外部建筑及酒窖,几乎所有老旧建筑都被拆除,只留下 18 世纪的橘园作为施工期间的酒窖,并一直保留至当代(见图 7.27)。

图 7.27　玛歌老酒窖

为响应 21 世纪的新挑战,酒庄现今所有者科琳娜·门泽普洛斯委托著名英国建筑师诺曼·福斯特勋爵(Lord Norman Foster)重新设计修缮酒庄,并于 2015 年 6 月 14 日正式启用。新酒庄的设计重新诠释了本区域的地方性风格——用瓦平铺的屋顶同当地房产现存的工业建筑融合在一起,表达了玛歌在尊重其古老传统的基础上对于新想法兼收并蓄的愿望。

玛歌在原有酒窖扩建的基础上修建了一个新酒窖(见图 7.28),它将容纳大约 40 个小酒桶,为红葡萄和白葡萄提供发酵空间;也将种植地细分推向了更为精密的阶段。新酒窖在白葡萄酒的酿造和成熟期间可分别准确控制每一个桶的温度。此外,作为未来所有进步源泉的研发中心,将坐落于这座新建筑的中心位置。并且玛歌新建了地下酒柜,该酒柜可控制完美的温度和湿度,为储存瓶装葡萄酒提供无限可能。

图 7.28　玛歌新酒窖

2)白马酒庄

欧洲传统的古典主义建筑风格在法国酒庄建筑中得到了淋漓尽致的发挥,波尔多右岸的白马酒庄也不例外。白马酒庄(见图 7.29)坐落于圣-埃美浓产区,在圣-埃美浓列级酒庄中,属于一级酒庄 A 级,也是波尔多八大名庄之一。

图 7.29　白马酒庄及其现代酒窖

白马酒庄的现代酒窖耗资 2 000 万欧元,2011 年由法国建筑设计师克里斯蒂安·德·波特赞姆巴克(Christian de Portzamparc)设计,在建筑设计中利用空间来构筑实体,而不是以实体的叠加组合来构筑空间。这座建筑线条流畅柔美,与周边环境完美融合,颜色也干净利落、典雅大方。

新的酒庄建筑宛如脱离地球重力、飘浮在空中即将向光明的宇宙扬帆出发的混凝土帆。优美的曲面和白色的混凝土静谧地停靠在这里,让人冥想,又诱人前往。

此外,优雅的建筑满足了酒庄所需要的严格标准和条件。这里有 52 个大木桶,透气的木格栅可以让空气自由流通,同时降低了空调使用率。所有的材料、能源管理、湿度控制、声学、视觉、嗅觉的舒适度都是一流的。屋顶覆盖着绿草和野花。酒庄新建筑是白马基于未来的全新美学展现。

3) 拉格斯酒庄

拉格斯酒庄位于法国南部普罗旺斯葡萄产区前首府以北的勒-皮伊-圣-雷帕拉德(Le-Puy-Sainte-Réparade)村庄,是一个隐秘的现代化酒庄艺术中心,由法国建筑设计师让·努维尔(Jean Nouvel)设计完成,酒庄于 2008 年正式对外开放。酒庄因高超的葡萄栽培技术和葡萄酒酿造技术,以及酿制出的香气逼人的葡萄美酒而闻名于世。拉格斯酒庄将葡萄酒与现代艺术完美融合,它将酒庄的设计艺术做到了极致(见图 7.30)。

图 7.30　拉格斯酒庄

它是多个世界著名设计师的智慧结晶。酒庄内三大标志性雕塑——蜘蛛、石英石、水滴,共同展示了一个主题,用艺术来表达感官与自然的融合。

酒窖(见图 7.31)是酒庄重塑后的一个新完善的功能,酒庄深度达到地下 17 米。努维尔设想了一座“山尖上如稍纵即逝的光线”的建筑,这个有一半“藏”在地下的建筑就像是一个颠倒的巨大墓穴,包括一个红酒学会、红酒品尝室和一个圆弧形的屋顶阳台。酒庄别墅内最新落成的帕斯达(Passedat)餐厅、SPA、图书馆和咖啡厅 The Salon 皆由著名设计师傅厚民(André Fu)打造。别墅坐落在高山上,低调的外形和不同色调的白,让建筑本身和冯杜山(Ventoux)、阿尔卑斯山、吕贝隆(Luberon)的景色完美融合。

图 7.31　拉格斯酒窖

　　踢易丝公馆餐厅（Pavilion Louise Restaurant）位于一个极富现代气息的独立式玻璃阁楼内，似乎漂浮在一个大的水池之上，设计师的目的在于强调建筑和美食的融合，同时也在寻找普罗旺斯在现代空间中的呈现方式（见图 7.32）。最引人注目的雕塑"The Couple"由法籍美国艺术家路易丝·布尔乔亚（Louise Bourgeois）精心打造，悬挂在这个空间的中心位置。位于酒庄艺术中心中央位置的无边泳池下方藏着地下停车场，也为上一层空间提供了很好的层次感。一个充满水的空间，展览馆看似漂浮在水面之上。

图 7.32　路易丝公馆餐厅

　　摄影画廊位于拉格丝酒庄的中心地带（见图 7.33），占地 285 平方米，主要用来展示艺术作品和收藏葡萄酒，由伦佐·皮亚诺建筑工作室（Renzo Piano Building Workshop，RPBW）负责设计。根据这片土地的自然形态，设计师开凿出一个 6 米深的峡谷，将建筑完全融入葡萄园中。室内空间的雕刻作品和摄影作品的展厅位于一个 160 平方米的展馆中，剩下的空间用于保存葡萄酒。因此，整个展览空间被酒窖围拢，葡萄酒窖的大小则由展馆入口处的壁龛决定。庄园内的音乐厅由 4 根被木材覆盖的钢柱组成，钢结构用来支撑一系列大的木板、木梁和成倍的玻璃板。木质结构和玻璃板的组合在不同角度安放，产生了极强的视觉冲击，创造出一种戏剧性的多维度空间。音乐厅更像是一个圆形的露天剧场，当人们进入时会通过这一"城市街道"到达座位区。

图 7.33　摄影画廊(左、中)和音乐厅(右)

2. 酒庄建筑风格掠影

从传统酒庄建筑,到现代酒庄艺术,酒庄、酒窖的设计及美学一定程度上都受到了时代背景下建筑风格的影响。酒庄的建筑风格演变及其美学也暗合了世界建筑流行风格的发展历史。大致来说,酒庄的设计也遵循了 5 种建筑风格,分别为古典主义、现代主义、后现代主义、解构主义和乡村风格。

1)古典主义

古典主义风格产生于法国 17—18 世纪初路易十三和路易十四专制王权极盛时期。当时,竭力崇尚古典主义艺术的人们建造了许多古典主义风格建筑。建筑造型严谨,普遍使用古典柱式,内部装饰丰富多彩。突出的三段式构图(屋顶、墙体和基座),斜坡面的大量采用,注重细节的处理,法式廊柱、雕花、线条的运用,整体布局突出轴线对称,均衡,轮廓清晰,气势恢宏,展现出雍容、华贵、庄严的艺术气质。继意大利文艺复兴后,法国的古典主义建筑成了欧洲建筑发展的主流。典型代表有意大利佩特拉酒窖(Petra Winery)和法国美人鱼酒庄(Château Giscours)(见图 7.34)。

图 7.34　佩特拉酒窖(左)和美人鱼酒庄(右)

2）现代主义

现代主义风格产生于 19 世纪后期,成熟于 20 世纪 20 年代,在五六十年代风行于全世界,是 20 世纪中叶在西方建筑界居主导地位的一种建筑潮流。现代主义强调建筑随时代而发展,应与工业化社会相适应,重视建筑的实用功能和经济问题。建筑大多为立方体框架结构的玻璃幕墙,造型单一。主张采用新材料、新结构,积极采用带有强烈金属质感的建筑材料。设计多运用简洁的造型和线条,采用国际流行的色调,竖线条的色彩分割。建筑具有高耸的建筑外立面,呈波浪形态的建筑布局。典型代表有澳大利亚希林格利奥酒庄（Weingut Leo Hillinger）和葡萄牙艾德加·马约尔酒庄（Adega Mayor Winery）（见图 7.35）。

图 7.35　希林格利奥酒庄（左）和艾德加·马约尔酒庄（右）

3）后现代主义

后现代主义建筑风格是继现代主义之后兴起的思潮和流派,于 20 世纪 60 年代兴起,至七八十年代走向成熟。美国建筑师罗伯特·斯特恩（Robert Stern）曾解释说,后现代主义建筑的特征"采用装饰,具有象征性或隐喻性;与现有周边环境融合",能启发人的思考,引起人的想象,从而实现审美共鸣。与现代主义建筑的"少"相对,"多"是其重要特点。后现代主义一反现代主义注重实用功能的价值,转而强调建筑的审美功能,提倡打破和谐、完整和统一,在复杂、矛盾和"奇形怪状"中实现审美价值。典型代表有美国佩伽斯酒庄（Clos Pegase）和西班牙伊休斯酒庄（Ysios）（见图 7.36）。

图 7.36　佩伽斯酒庄（左）和伊休斯酒庄（右）

4）解构主义

解构主义作为一种设计风格的形成是在 20 世纪 80 年代晚期。其核心思想是对于正统原则与正统标准的否定和批判，以反中心、反权威、反二元对抗、反非黑即白的理论，反对把现代建筑和传统建筑对立起来的二元对抗方式，主张多元与模糊。因此，解构主义的特别之处在于破碎的想法，非线性设计的过程，在结构的表面或明显非欧几里得的几何上花工夫，形成建筑学设计原则的变形与移位。与现代主义建筑显著的水平、垂直或这种简单集合形体的设计倾向相比，解构主义运用相贯、偏心、反转、回转等手法，具有不安定且富有运动感形态的倾向，形成无绝对权威，非中心的恒变而没有预定的建筑设计特征。典型代表是西班牙瑞格尔侯爵酒庄（Marques de Riscal）（见图 7.37）。

图 7.37　瑞格尔侯爵酒庄

5）乡村风格

乡村风格属于自然风格的分支，倡导"回归自然"、不精雕细刻的设计理念，室内设计力求表现悠闲、舒畅、自然的田园生活情趣，常运用天然木、石、藤、竹等材质质朴的纹理。随着城市化进程的加速，城市环境的恶化，人与人之间隔阂的日益加大，现代人开始渴望回归自然，获得情感的理解与沟通。陶渊明笔下"开轩面场圃，把酒话桑麻""采菊东篱下，悠然见南山"的田园牧歌式生活得到现代人的再次追捧与重新诠释。乡村风格的建筑设计因此而在当代开始复兴并流行起来。很多乡村风格的室内设计备受推崇，这股浪潮也影响到一些地区酒庄的建筑风格。典型代表有美国纳帕谷多明纳斯酒庄（Dominus Estate）和西班牙贝尔洛克酒庄（Bell-Lloc Winery）（见图 7.38）。

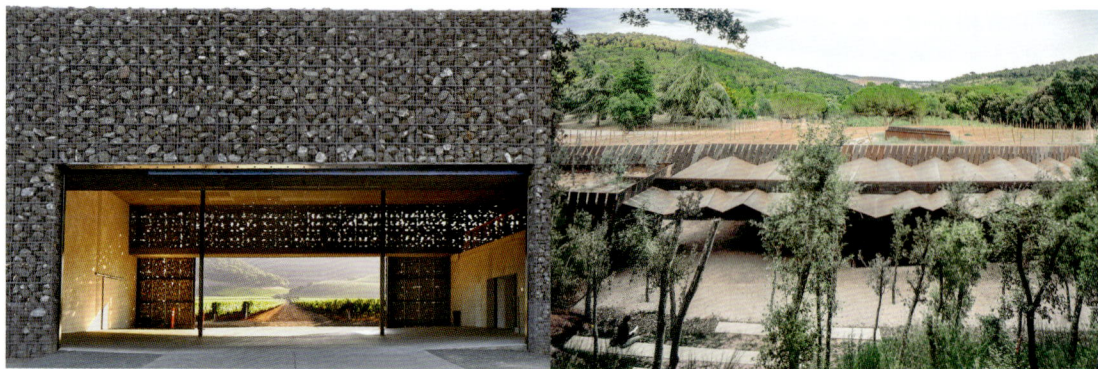

图 7.38　纳帕谷多明纳斯酒庄（左）和贝尔洛克酒庄（右）

　　人们对于葡萄酒的消费早已超越了葡萄酒本身。如今的酒庄已经超出了传统意义上基于农业种植和酿造加工的生产场所，葡萄酒庄正在转变为集种植、生产、餐饮、观光、住宿等诸多带有明显旅游特征为一体的综合形态。酒庄建筑随着这些功能需求的变化而转变，其美学价值的重要性也得以愈发凸显。

　　回顾历史，世界葡萄酒庄的变迁发展趋势不断适应时代审美，满足市场需求。酒庄美学不仅让消费者实地了解葡萄酒的种植酿造、风土人情，更是向人们灌输了新时代生活品质的概念。

|研究案例 奥松的典故|

奥松酒庄名列"波尔多八大酒庄",与拉菲酒庄、木桐酒庄、拉图酒庄、玛歌酒庄、侯伯王酒庄、白马酒庄和柏图斯酒庄齐名,位于波尔多右岸圣-埃美浓产区,如图 7.39 所示。圣-埃美浓产区以石灰岩和黏土土质为主,这些具有钙性、黏性、砾性、砂性等特质的土壤,让梅洛葡萄找到了其偏爱的生长之地,赋予了圣-埃美浓葡萄酒丰厚与复杂的特点。

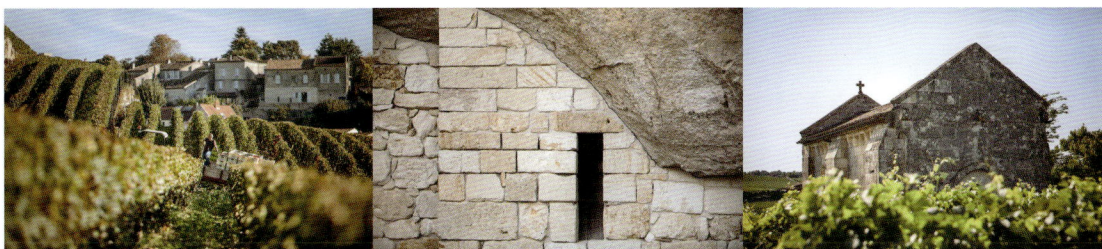

图 7.39 奥松酒庄环境

奥松的名称起源于一个传说。在罗马帝国时期(约公元 320 年),有一位罗马著名诗人叫奥松尼乌斯(Ausonius),曾是罗马皇帝格特提安小时候的老师,后获封地于波尔多,是波尔多区域的总督并兼任当地最高书院的校长(相当于今天波尔多大学校长)。他不仅有权势,而且文学造诣极高,深受人们的尊崇。奥松尼乌斯又是葡萄酒爱好者,他在很多诗歌中宣传葡萄酒,而且将爱好付诸行动,开拓了不少葡萄的种植园,成为波尔多葡萄酒业最早的先驱。相传奥松酒庄现时的园地就是当年奥松尼乌斯的故居,此乃奥松庄"Ausone"名称的来由。但"Château Ausone"的名字在 1781 年才正式使用。

奥松的酒标设计与波尔多其他 7 个名庄酒标类似(见图 7.40),酒标上部为奥松庄园的形象,Saint Emilion 1er Grand Cru Classé "A"是圣爱美侬产区的最高评级,1er 即"Premier"。下部的空白是待填的红酒年份,底部表明如今酒庄为伍迪埃(Vauthier)家族的财产。

奥松酒庄以诗人奥松为名,因此一直有"诗人之酒"的美誉。人们总能从酒庄葡萄酒中感受到属于诗人的独特气质：高傲又带有些孤芳自赏。其陈年好酒，单宁中等，色泽至美，香气极其集中，加之复杂的特质，让人惊叹不已。正如曾给奥松酒庄酒评出98分的帕克先生所形容的那样："如果耐心不是您的美德，那么买一瓶奥松酒就没什么太大的意义。"

图7.40　（从左向右依次为）诗人奥松、奥松葡萄酒、奥松酒标

奥松酒庄成为引人注目的酒庄是从19世纪开始的。19世纪以前，圣-埃美浓产区大部分地方用于种植普通农作物，只有少数的葡萄园，所造的酒也只用于家庭饮用或作有限的本地区销售。奥松就是少数酒园之一。

19世纪中后期，奥松酒庄的名气逐步跃升，成为当时圣-埃美浓的第四位名庄，前三位分别是碧豪（Belair）、卓龙梦特（Trolong-Mondot）和加农（Canon）。20世纪初，奥松酒庄再跳升为圣-埃美浓区的第一号名庄，名气在白马酒庄之上。直至50年代，奥松酒庄的园主及主管人才在同一时期进入老化期，令奥松酒庄进入了一段漫长的低潮期。这一时期奥松酒庄的酒酒力薄弱，香气简单，并无一级名庄风范。70年代，奥松庄的股权分别由杜宝-夏隆（Dubois-Challon）夫人及伍迪埃兄妹各占50％。

1976年，杜宝-夏隆夫人大胆聘用了刚刚从酿酒学专业毕业、年仅20岁并无工作经验的帕斯卡·德克贝克（Pascal Decbeck）为奥松庄的酿酒师。当时因此事伍迪埃兄妹与杜宝-夏隆夫人争吵不休，并从此产生重大的隔阂而再也不相往来。此种尴尬关系并没因帕斯卡在日后使奥松酒庄起死回生而有所改变。帕斯卡到任后不负夫人所托，励精图治，改革创新，终于保住了奥松酒庄与白马酒庄齐名圣-埃美浓第一的地位。

1997年，伍迪埃兄妹收购了杜宝-夏隆夫人的50％股份而成为目前奥松酒庄的全权拥有人。兄长阿兰·伍迪埃（Alain Vauthier）亲自负责所有日常管理及酿酒事务。股权一统后的几个年份的酒都得到酒评人及葡萄酒爱好者的一致首肯。奥松庄只有7公顷土地，年产2 500箱左右，但却凭借其八九十年代在品质上打下的坚实基础，股权收购后的佳绩，以及极少的产量占有一席之地。未来，奥松很可能会在价格上超过梅多克五大酒庄和白马、柏图斯酒庄，成为可以挑战波美侯产区红酒的圣-埃美浓一级精品。

思考与探索

1. 葡萄酒风味与其土壤、气候、酒庄的酿造方式有着怎样的联系？

2. 为何赤霞珠和黑皮诺各自在波尔多和勃艮第红酒酿制中扮演至高无上的地位？

3. 奥松副牌红酒 Chapelle d'Ausone 质量极高，产量更少。奥松酒庄推出副牌酒的目的何在？这与奥松在 20 世纪 70 年代失去顶级酒庄的光环，后又重回顶级之位有关联吗？

第 8 章

葡萄酒公司的运营模式

开篇　拉菲的故事

拉菲(Lafite)是享誉世界的法国波尔多葡萄酒之一,也是世界顶级酒庄拉菲古堡的简称。人们习惯把拉菲古堡酿制的拉菲古堡干红葡萄酒(也称大拉菲、拉菲酒庄干红葡萄酒、拉菲正牌)(见图 8.1)以及拉菲珍宝干红葡萄酒(也称小拉菲、拉菲副牌、Carruades de Lafite)都简称为"拉菲"。除大小拉菲外,拉菲古堡的葡萄酒还有古堡系列(杜哈米隆古堡、莱斯古堡、乐王吉古堡和凯萨天堂古堡)、酒庄系列(奥希耶庄园、巴斯克酒庄、凯洛酒庄和珑岱酒庄)和精选系列(传奇、传说、珍藏和特酿)。

图 8.1　"大拉菲"葡萄酒及其酒标

拉菲古堡所在地虽然从修道院时期就开始种植葡萄并且用于酿酒,但真正以"拉菲"之名活跃在法国葡萄酒世界,还要从 1234 年算起。当时一名姓拉菲的贵族在教会的修道院中建立葡萄酒庄,并以自己的姓为酒庄命名。当时记录的名称为拉菲宫波(Gombaud de Lafite),即位于波亚克村北部的维尔得耶修道院,加斯科涅方言(Gascon)中,"la fite"意为"小山丘","拉菲"因而得名。不过,当初的拉菲庄园与如今的拉菲庄园(见图 8.2)关系不大。彼时拉菲庄园所在地的梅多克地区并不适合种植葡萄,而是更适合放牧的沼泽地,当时的波雅克村是梅多克露出水面的一部分,这也解答了为何梅多克五大名庄有 3 家在波雅克村。

后来荷兰人通过排水工程才使梅多克成为一片适合葡萄生长的土地。

拉菲真正形成规模,要等到 17 世纪西格尔家族的到来。拉菲正是在他们手中逐渐闯出伟大葡萄种植园的名声。雅克·德·塞居尔侯爵是建立拉菲葡萄园的第一人,时间约在 17 世纪 70 年代到 80 年代初期。他的爱子亚历山大于 1695 年继承了庄园,并与邻近另一所著名酒庄——拉图古堡的女继承人联姻,婚后育有一子,即为后来著名的尼古拉·亚历山大·塞居尔。

图 8.2　(从左向右依次为)拉菲酒庄、品牌标志及其葡萄园

拉菲庄园的葡萄种植采用非常传统的方法,基本不使用化学药物和肥料,以小心的人工呵护法,等葡萄完全成熟才采摘。在采摘时,熟练的工人会对葡萄进行树上采摘筛选。葡萄采摘后送去压榨前会由更高级的技术工人进行二次筛选,确保被压榨的每粒葡萄都达到高质要求。

1855 年,法国巴黎世博会召开的前夕,拿破仑三世看到波尔多葡萄酒蒸蒸日上的发展势头,决定借世博会的势头宣传波尔多葡萄酒。于是他命令当时的波尔多商会对波尔多葡萄酒进行分级,波尔多商会又将这个任务交给了葡萄酒经纪人联合会。葡萄酒经纪人联合会是一个历史悠久的组织,一直活跃于酒庄与葡萄酒销售商之间,通过促成交易获利。作为生产商和销售商之间的中介者,他们自然拥有一份以价格为标准对酒庄进行排位的酒单,为了更方便自身以后的业务操作,葡萄酒经纪人联合会就提议以这份 200 多年来积累下来的酒单作为分级的基础。当时价格高昂的拉菲酒庄无可厚非地被列为一级酒庄。

经过多年的发展,1855 年以后拉菲基本确定了其顶级葡萄酒的地位。在拉菲酒庄,2～3 棵葡萄树才能生产 1 瓶红酒,整个酒庄年产量控制在 2 万至 3 万箱(每箱 12 支,每支 750mL)。由于供不应求,拉菲红酒的预订都是在葡萄成熟的半年前进行,而且每个客人最多只能预订 20 箱。而年代久远的拉菲红酒,更是存世稀少,因此受到红酒收藏家的狂热追捧。比如,在 1985 年伦敦佳士得拍卖会上,一瓶 1787 年的拉菲红酒以 10.5 万英镑的高价成交,创下并保持了当时最昂贵葡萄酒的世界纪录。

中国富豪们最追捧的拉菲，还是得数 1982 年。1982 年对于整个法国来说并不是一个好的年份，所以大多数品酒师都对这一年拉菲古堡的产品不抱很大希望，但是初出茅庐的罗伯特·帕克断言这一年的拉菲古堡将酿出绝世佳酿。等到这一年份拉菲古堡的葡萄酒上市时，他更是给这一年拉菲古堡的葡萄酒评了 100 分的满分。之后，拉菲随着罗伯特·帕克世界顶级品酒师的名号一起，慢慢地传播到了世界各地。20 世纪 90 年代，罗伯特·帕克的酒评几乎成了人们购买高端葡萄酒的风向标，拉菲酒庄在东南亚广受推崇，21 世纪伊始，1982 年拉菲的好名声传入了中国。直到现在，拉菲依然是许多中国人心目中最高级、最昂贵的法国葡萄酒。

法国始终是全球最好的葡萄酒供应国,保持着绝对的领先地位。无论是"宴请用酒""品牌活动""国家宣传"或"可持续发展"的品牌形象,还是葡萄酒的渠道设计、商业模式,法国葡萄酒一直位列世界之首。根据国际葡萄与葡萄酒组织 2014 年统计与预测,法国曾有着极其傲人的记录:每秒有约 22 瓶波尔多葡萄酒被出售;波尔多 1 年生产 6.85 亿瓶葡萄酒,总价值约 37.4 亿欧元;几乎一半波尔多葡萄酒被销往全球近 170 个国家和地区。获得如此辉煌的成就,与法国葡萄酒独特的产品与品牌设计、销售、营销活动、运营方式是分不开的。

8.1　葡萄酒产品与品牌设计

葡萄酒产品与品牌设计是一个古老而现代的话题,也是从事葡萄酒销售的酒商自始至终研究和探索的课题。

8.1.1　葡萄酒的类别

葡萄酒按颜色可划分为红、白、粉,按含糖量可划分为干型、半干、半甜、甜型,其中甜型可以细分为贵腐、晚收和冰酒;按工艺可划分为静态酒(一次发酵)、气泡酒(也称为起泡酒,二次发酵)、加强型酒(发酵前后加高度数酒)和加香型酒(发酵完成后加香料)。

8.1.2　葡萄酒风格和口味

旧世界葡萄酒需要反映当地的风土,因此,若葡萄园在欧洲,设计出的最终风格最好符合当地的葡萄酒风格。新世界则主要根据市场需求,决定种植的葡萄及酿造的葡萄酒风格。葡萄的采摘时间对葡萄酒的风格影响很大。

以赤霞珠为例,它能在很多不同的环境下生长,根据生长环境的温度产生不同的典型香气。这些香气包括:

黑醋栗(black current)。很成熟时有此味,在太热的地方出产的酒会有腐烂或煮熟的黑醋栗味。在圣-埃斯泰夫(Saint-Estèphe)及佩萨克-雷奥良地区,有更多的矿物味道;在玛歌产区,紫罗兰香味很明显;在波雅克产区有铅笔香味;在圣-朱利安产区则有香柏及雪茄味。

桉树(eucalyptus)与薄荷(mint)。在一般成熟时,如在澳大利亚库纳瓦拉产区和美国华盛顿州部分地区的土壤特性会让葡萄酒呈现薄荷味。如在波拉克地区的酒有此味,但在同样气候的玛歌就没有。

绿胡椒味(Green Bell Peper)。由于胡椒吡嗪(pyrazines)含量较高,当赤霞珠不够成熟时,在较凉爽的地区,如在美国加州蒙特雷(Monterey),会有很明显的蔬菜味,称为"Monterey veggies"。

以梅洛为例。国际上有两种主要风格的梅洛,分别为国际风格(international style)和早收风格(harvest earlier)。国际风格的梅洛尽量晚收,色更深,味更浓,丝绒般的单宁(velvet-textured tannins),黑色水果特性。早收风格的梅洛需要早收,色味淡,但酸度高,红色水果特性。

葡萄本身也适合一些特别的酿造方法。如赤霞珠适合橡木桶,因为除了可以柔和其刺激的单宁味外,带来的香草及香料味道是它本身的黑醋栗及烟草味道的补充。所以,若用赤霞珠酿酒,则一般都会使用橡木桶。如佳美发酵过程中用二氧化碳浸泡法增加其水果味,柔化酸度。因为在博若莱(Beaujolais)南部的碱性土壤生长的佳美若不用此法,几乎酸到不能喝。如霞多丽,据生长环境及酿酒技术的不同可以生产出完全不同的酒(特别是酿酒过程中的技术)。乳酸菌发酵技术(malolactic fermentation,MLF)可以把较刺激的苹果酸转变成柔和的乳酸,从而制作出奶油的味道。很多味道来自橡木桶。

一些葡萄品种适合特定的混酿方法。如有名的 GSM 混合,即歌海娜(Grenache)、西拉(Shiraz)、穆合怀特(Mourvedre)混酿。歌海娜贡献浅红色、柔和的浆果香、一定的香料味及酒精度,但不加丹宁和颜色;西拉贡献浓厚的酒体、新鲜的黑水果味及胡椒味,增加颜色和丹宁;穆合怀特贡献酒的结构、酸度、甜李子味、烤野味及淡淡的烟草味。

又如波尔多混酿。赤霞珠贡献酒体结构、酸度、单宁及陈酿潜力,特别是在它没有完全成熟就采摘时,缺乏果香味,需要梅洛及品丽珠增加果香味及柔和度,在较轻的土壤环境(如玛歌产区),则需要味而多增加颜色,马尔贝克则可增加果香及花香。

由于混酿的葡萄发酵风格不同,很多酒庄对不同的葡萄品种分开发酵、陈酿,仅在装瓶前几天把几种葡萄酒加以混合。在波尔多,赤霞珠经常与品丽珠、梅洛及味而多混酿;在澳大利亚,与西拉混酿;在西班牙,与丹魄混酿;在意大利托斯卡纳产区,与桑娇维赛混酿成"Super Tuscan"。

8.1.3　法国葡萄酒产品设计规范及其组装

法国葡萄酒无论是酒瓶、酒帽还是酒标与酒箱,都有严格的标准,产品及品牌线也是葡萄酒产品设计中重要的决定因素。

1. 葡萄酒产品的"五层次结构"

从本书第 1 章中读者可以了解到一个产品的概念内涵可分为核心产品、形式产品、期望产品、延伸产品和潜在产品，共 5 个层次的结构（见图 8.3）。

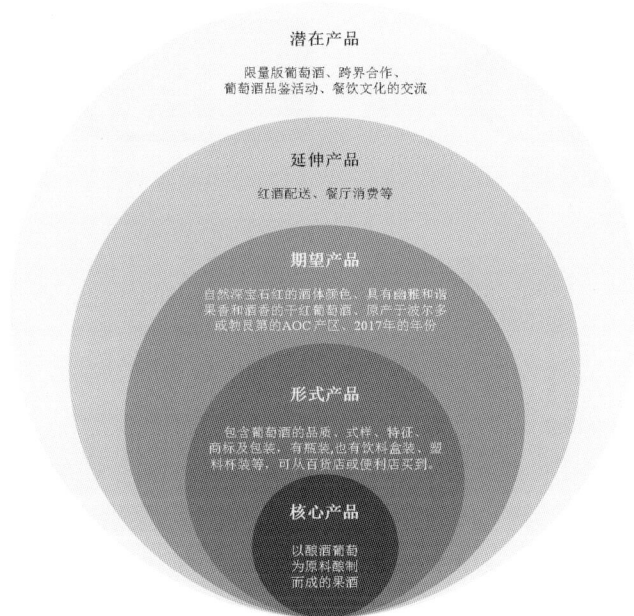

图 8.3　产品的五层次结构

（1）核心产品是提供给消费者以葡萄为原料酿造而成的果酒。这种果酒含有花青素、白藜芦醇、单宁、氨基酸、维生素以及微量元素等营养成分，抗氧化、抗炎，对人体的心脑血管具有保健作用，减少血液中的低密度脂蛋白，降低血液的凝固性，具有很好的健康功效。

（2）形式产品包含了葡萄酒的品质、式样、特征、商标及包装，有瓶装，也有饮料盒装、塑料杯装等，可以从各个百货店或便利店购买到。

（3）期望产品是消费者在购买葡萄酒时期望得到的与产品质量密切相关的一整套属性和条件，如自然深宝石红的酒体颜色、具有幽雅和谐果香和酒香的干红葡萄酒、原产于波尔多或勃艮第的 AOC 产区、2017 年的年份等。

（4）延伸产品是葡萄酒产品提供给顾客的一系列附加利益，包括红酒配送、餐厅消费等在消费领域给予他们的好处。

（5）潜在产品是产品的最高层次，是葡萄酒品牌寻求的满足顾客并使自己与其他竞争者区别开来的新方法，如限量版葡萄酒、跨界合作等。

2. 法国葡萄酒的设计规范

法国葡萄酒的设计规范包括酒瓶、酒帽、瓶塞、酒标、酒箱和产品与品牌线。

（1）酒瓶。只要符合食品消费的规定，可以用任意瓶子装酒（见图 8.4）。通常法国东部产区选择勃艮第酒瓶，而西部产区选用波尔多酒瓶。每只酒瓶成本为 0.2～2 欧元。

（a）395 克波尔多基础款瓶型 （b）395 克勃艮第基础款瓶型

（c）450 克重瓶 （d）600 克锥形瓶

（e）460 克朗格多克十字瓶型 （f）540 克阿芒蒂娜瓶型

（g）820 克再生波尔多瓶型 （h）900 克再生勃艮第瓶型

图 8.4 各种瓶型

（2）酒帽。酒帽可以用塑料帽、螺旋金属、铝或蜡制成，材料选取取决于葡萄酒的品牌形象（见图 8.5）。一个酒帽的成本为 0.1～0.5 欧元，蜡封成本约 1 欧元。

图 8.5 酒帽

（3）瓶塞。塑料、木等材料都可以做成瓶塞（见图 8.6）。当然，若生产的是高品质葡萄酒，最好使用质量上乘的软木塞。软木塞的长度一般为 44 毫米，较好的酒是 49 毫米，质量极佳的葡萄酒用的是 54 毫米的软木塞。瓶塞的成本为 0.05～2 欧元。

图 8.6　瓶塞

（4）酒标。酒标可以自行制作（见图 8.7）。酒标印刷及贴瓶成本一般为 0.2～2 欧元。

图 8.7　酒标

（5）酒箱。每箱装 6 瓶或 12 瓶葡萄酒。现在大多用 6 瓶装外箱（见图 8.8）。单层横放外箱最受欢迎。

法国国内销售的产品一般只用单层厚度，但出口到中国会遇到很大的问题。现在法国要求出口外箱有最低厚度标准，且重瓶型必须是双层外箱。如图 8.9 所示，E 楞外箱（E flute）厚度为 1.1～2 毫米，B 楞外箱（B flute）为 2.5～3 毫米，C 楞外箱（C flute）为 3.5～4 毫米，A 楞外箱（A flute）为 4.5～5 毫米，BC 楞外箱（BC flute）为 6～7 毫米，AB 楞外箱（AB flute）为 8～9 毫米，BE 楞外箱（BE flute）为 3.6～5 毫米。

图 8.8　酒箱

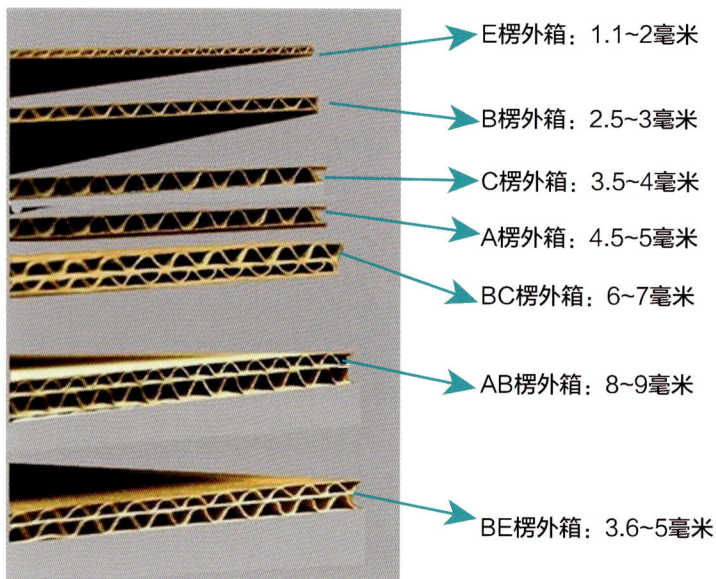

E楞外箱：1.1~2毫米

B楞外箱：2.5~3毫米

C楞外箱：3.5~4毫米

A楞外箱：4.5~5毫米

BC楞外箱：6~7毫米

AB楞外箱：8~9毫米

BE楞外箱：3.6~5毫米

图 8.9　不同楞型外箱厚度标准

（6）产品与品牌线。通常酿酒厂会供应 3 种颜色的葡萄酒（即红、白、桃红），有时也会生产起泡酒。为了扩大产品线，酒庄可能打造新品牌，并通过差异化销售渠道进行推广。

8.2　法国葡萄酒公司运营模式

近年来，世界范围内涌现出很多新兴的葡萄酒出口国家，同时，传统的葡萄酒出口大国仍然实力雄厚。在这种激烈的国际化竞争中，法国葡萄酒的出口保持了世界领先，出口总量和交易总额近 3 年来不断增长。法国葡萄酒在口碑和销量上的优势使别的产区望尘莫及。尤其随着市场营销理论愈发成熟，法国波尔多结合理论与实践，作为法国葡萄酒产地的杰出代表,为法国贸易和经济的繁荣做出了巨大的贡献。法国葡萄酒通过传统营销活动保证了葡萄酒的渠道与知名度,再凭借全球四大葡萄酒评价体系传播品牌,让法国葡萄酒的品牌形象进一步声名远扬。

在互联网及数字技术迅猛发展的 21 世纪,一套市场营销和销售的新体系正推动着公司服务客户方式的再造。如今的客户对选择的范围和获得其他竞争产品的渠道更为了解,这为获取和保留客户增添了更多挑战。

8.2.1　STP 营销理论在法国葡萄酒产业的应用

如 2.3 一节中所述,STP 营销理论的发展推动了所有行业和产业的进步。葡萄酒也不例外。以波尔多为代表的法国葡萄酒能够得到全球消费者和业内人士的一致青睐,最重要的原因还是葡萄酒的高品质、合理的价格、规范的渠道和品牌传播的保证。如波尔多在保证葡萄酒质量的优质和稳定上有其标志性的严苛等级评定。从 15 世纪开始,法国就出现了对农产品以及酒类进行分级的原产地证书。目前,法国已形成以日常餐酒 VDT、地区餐酒 VDP、优良产区酒 VDQS 和法定产区 AOC 这 4 个由低到高的等级组成的葡萄酒分级制度,被广泛地简称为 AOC 分级。具有 AOC 认证的法国葡萄酒是最高级的葡萄酒。

正是由于波尔多拥有如此多的 AOC 等级酒庄,使波尔多的佳酿得到了世界葡萄酒进口商的一致认可,这也为波尔多塑造了顶级的品牌形象。严格的 AOC 等级认证,造就了波尔多高品质的独特性,使得其他国家的葡萄酒产品难以匹敌,这为波尔多葡萄酒向世界出口奠定了坚实的品质基础。然而法国进口葡萄酒面临着渠道比较单一的窘境,在其他进口品牌和国产品牌纷纷抢夺各种新兴销售渠道、建立自己根据地的同时,单一的销售渠道让法国葡萄酒在中国的销售之路越走越窄。

波尔多拥有 61 个列级酒庄,这些酒庄的知名度和认可度是波尔多葡萄酒的一张国际名片,这些酒庄出产的葡萄酒享受着世界葡萄酒爱好者的热烈追捧,尤其是拉菲、木桐等,几乎成了法国葡萄酒的代名词。精明的波尔多商人,恰到好处地利用了这些品牌的名牌优势,各个品牌列级酒庄趁势针对不同的市场定位和受众人群推出副牌酒,而副牌酒策略也成为一种创新性的营销策略。

波尔多副牌葡萄酒的出现很好地为酒庄规避了风险,不仅保证了正牌酒的均衡高品质,又节约了酒庄运营的成本。但是副牌葡萄酒并不意味着低品质,多数波尔多副牌葡萄酒沿用了正牌的严谨和高标准酿造工艺,具有独特的风格。波尔多五大名庄出产的副牌酒品质也高于一般酒庄出产的葡萄酒。以最为知名的拉菲酒为例,其副牌是小拉菲,该品牌的葡萄果实来自毗邻拉菲酒庄的卡许阿德地区,副牌酒中含有比拉菲正牌酒更高比例的梅洛,加上其产地的风土特征,塑造了拉菲副牌葡萄酒独特的个性和美妙的口感。副牌酒市场的空间巨大,在正牌拉菲酒涨价之前,小拉菲的价格基本是几百元一瓶,但随着拉菲超高涨势的出现,小拉菲的价格也涨到了几千元一瓶,其价格的上升空间确实不容小觑。因此,拉菲品牌在拉菲和小拉菲两块市场上都取得了十分可观的收益,可见,副牌酒推广策略作为正牌酒市场的一个有效补充,可以为酒庄带来实实在在的巨大经济利润。

8.2.2　葡萄酒评价体系

品牌传播是品牌战略的组成,也是高于营销的不二法则。品牌传播的最终目的就是要发挥创意的力量,利用各种有效发声点在市场上形成品牌声浪,如同乐队演奏一般,汇聚并整合多媒体、多渠道以顺利实现品牌传播策略。

不仅对于奢侈品品牌,对任何品牌而言,企业都需要根据消费者审美的现状、变化或趋势来设计产品和品牌,经过生产工艺供应链、各种品牌传播方式影响顾客的消费选择,并且各个环节会相互影响(见图 8.10)。只有在这些影响因素的共同作用下,消费者才会决定购买产品,品牌也才能成功。设计、生产工艺、供应链自不用再赘述,品牌传播是最关键的环节之一。

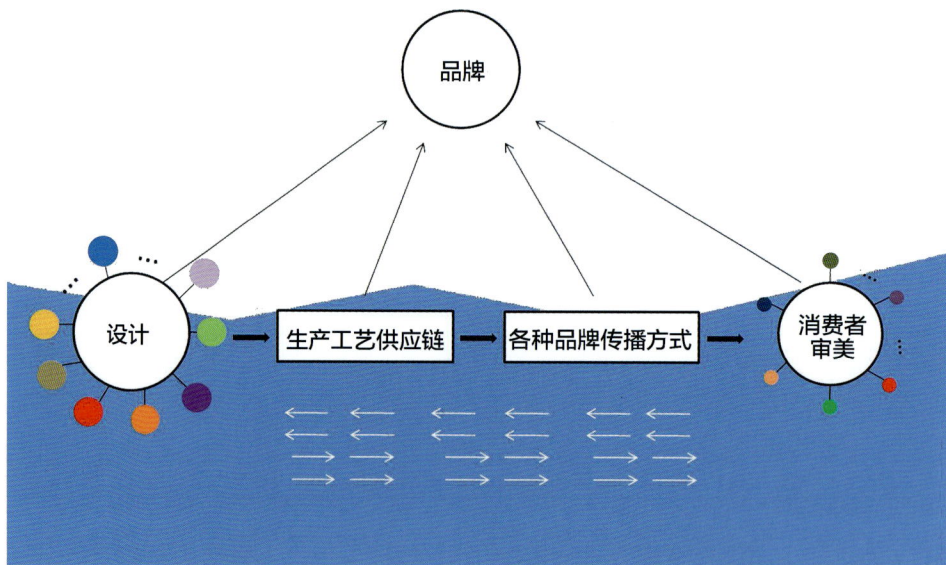

图 8.10　从产品设计到品牌传播对品牌产生重要影响

资料来源:李杰,2014.品牌审美与管理[M].北京:机械工业出版社.

葡萄酒品牌传播的目的是提高知名度,增加销售额,同时传递品牌的价值信息。专业的葡萄酒评分系统使得葡萄酒品牌在保持品牌专营权的同时保证品牌的可见性,即让品牌能够被真正或潜在的顾客看到、听到、想到,从而将品牌植入这些人的记忆之中。

在专业的葡萄酒圈中,有世界影响力的著名葡萄酒评分系统有 4 个,分别为罗伯特·帕克评分、《葡萄酒观察家》评分、《葡萄酒爱好者》评分和《醇鉴》评分。这四者的影响巨大,酒商经常引用,作为极好的传播葡萄酒品牌的工具,被爱好者总称为"3W1D"。

1. 罗伯特·帕克评分

罗伯特·帕克是世界顶级评酒师,主要负责品评波尔多、罗讷河谷和普罗旺斯等产区的葡萄酒,他创办的《葡萄酒倡导家》(*Wine Advocate*)为每一款葡萄酒作出评分,简称 WA/RP,以 50 分为起评分,剩下的 50 分由 4 个部分组成,分别为:

(1)颜色和外观(color and appearance)占 5 分。

(2)香气(aroma and bouquet)占 15 分。

(3)风味和收结(flavor and finish)占 20 分。

(4)总体素质及潜力(overall quality level potential)占 10 分。

根据最终分数,可以将葡萄酒分为 6 个档次:

(1)96～100 分:顶级佳酿(extraordinary)。

(2)90～95 分:优秀(outstanding)。

(3)80～89 分:优良(above average)。

(4)70～79 分:普通(average)。

(5)60～69 分:次品(below average)。

(6)50～59 分:劣品(unacceptable)。

在许多专业的葡萄酒商店,如果该酒帕克有评分的话,一般都会在价格牌上同时注明,也就是大写的"RP"后面跟着的数字。

帕克从不盲品,他坚持亲自到酒庄,或者庄主将酒送到他在波尔多的办公室,他带领团队成员在了解所有资料的情况下,才会给出评价与分数。更难能可贵的是,帕克从来不涉及商业活动,从不为任何企业或者品牌做广告。

在 WA/RP 评分历史上,波尔多八大名庄酒中,1953 年、1996 年和 2003 年的拉菲,1961 年、1982 年、1996 年、2003 年、2009 年和 2010 年的拉图,1945 年、1982 年、1986 年的木桐,1900 年、1990 年和 2000 年的玛歌,1945 年、1961 年、1989 年、2005 年、2009 年、2010 年和 2015 年的侯伯王,2003 年和 2005 年的奥松,1921 年、1929 年、1947 年、1961 年、1989 年、1990 年、2000 年、2009 年和 2010 年的柏图斯,以及 1947 年和 2000 年的白马获得了 WA/RP 满分的评价。

2.《葡萄酒观察家》评分

美国《葡萄酒观察家》(Wine Spectator)杂志是全球发行量最大的葡萄酒专业刊物,创刊于 1976 年,在全球拥有超过 200 万名读者,由声名显赫的专家团队根据自己的特长,每年从全世界精选 2 万余款葡萄酒进行评分。《葡萄酒观察家》评分又称为 WS 评分。除了每个月公布分数之外,每年还会进行一次总决赛,评出当年上市的 100 款最好的葡萄酒公之于众。能入选这 100 款的产品,次年的销量及价格肯定会上涨不少。

《葡萄酒观察家》杂志的专家团队会采取盲品的方式来打分。为了客观与公平起见,他们会使用统一的酒具,在独立的场所进行品评,品酒师只知道葡萄酒的大致风格和年份,而且不考虑酒的价格因素,当然,作为一份商业杂志,他们是可以为任何出得起钱的企业或者品牌做广告的。

《葡萄酒观察家》也采取 100 分制,起评分也是 50 分,共分为 7 个档次:

(1)95～100 分:经典且绝佳(classic;a great wine)。

(2)90～94 分:优秀,极具个性与风格(outstanding;a wine of superior character and style)。

(3)85～89 分:良好,且有特点(very good;a wine with special qualities)。

(4)80～84 分:做得不错,放心享用(good;a solid,well-made wine)。

(5)70～79 分:普通,有些微的缺点(average;a drinkable wine that has minor flaws)。

(6)60～69 分:次品,可饮但不推荐(below average;drinkable but not recommended)。

(7)50～59 分:劣品,不能喝,也不推荐(poor,undrinkable;not recommended)。

WS 每年公布的百大名酒榜单中,很少出现波尔多和勃艮第的名庄酒,相反,美国、意大利、西班牙、智利、澳大利亚、葡萄牙和法国其他小产区的酒几乎占据了整个榜单。

3.《葡萄酒爱好者》评分

《葡萄酒爱好者》(Wine Enthusiast)评分简称 WE 评分,来自美国的《葡萄酒爱好者》杂志。它创刊于 1979 年,是涉及范围最广的专业葡萄酒电子刊物,内容几乎包罗了葡萄酒世界的所有方面。

《葡萄酒爱好者》采取直接发邮件给读者的方式,只要读者在该网站注册并留下电子邮箱,那么每天就可以免费地收到多条关于葡萄酒的信息,可以随时查看葡萄酒的分数及大致的评论。据该网站的官方数字显示,40 年来共发布给读者超过 3 亿条信息。读者每天收到的邮件中推荐的葡萄酒还附有一段视频,由品酒师现场开瓶、倒酒并醒酒,一边品尝,一边用英文解说。

《葡萄酒爱好者》也采用 100 分制，但是起评分是 80 分，并对评分当年的期酒（en preimeur，即未正式发售、以预估价格提前卖给买家的酒）进行评分，共分 6 个档次：

(1)98～100 分：经典，绝品（classic；the pinnacle of quality）。

(2)94～97 分：超好，杰作（superb；a great achievement）。

(3)90～93 分：优秀，高度推荐（excellent；highly recommended）。

(4) 87 ～ 89 分：优良，品质不错，推荐（very good；often good value；well recommended）。

(5)83～86 分：好，日常餐酒，品质不错（good；suitable for everyday consumption；often good value）。

(6)80～82 分：可接受，偶尔喝喝也无妨（acceptable；can be employed in casual，less-critical circumstances）。

如在 2018 年的 WE 评分中，2018 年份期酒玛歌（97～99）、拉图（97～99）、木桐（97～99）和拉菲（96～98）榜上有名，位列第一档期酒；2015 年的拉菲、玛歌、白马、奥松、柏图斯获得了 100 分的满分。

除了以上分数之外，还有 3 种标记：

(1)编辑精选（editors' choice），即编辑特别喜欢并隆重推荐给读者的酒。

(2)窖藏精选（cellar selections），即有窖藏潜力的葡萄酒。

(3)最值购买（best buys），即低于 12 美元的高性价比的葡萄酒。

4.《醇鉴》评分

英国《醇鉴》（*DeCanter*）杂志创刊于 1975 年，是世界上覆盖面最广的专业葡萄酒杂志，在 98 个国家或地区出版或销售，也是在 3W1D 中唯一有繁体中文版的，因此在华人世界，备受关注。

英国几乎不生产葡萄酒，加上英国王室及贵族在欧洲的崇高地位，所以，普遍认为由英国的品酒师来评判世界各地的葡萄酒，既公正，又有极高的水准。"国际品酒大师"称号（master of wine，MW）由英国葡萄酒大师协会（The Institute of Masters of Wine）机构授予，代表葡萄酒品尝的最高水平。报考者要获得此头衔，必须具备撰写论文和模拟品酒笔记的能力，这包括取得葡萄酒及烈酒教育基金会（Wine & Spirit Education Trust，WSET）授予的最高级别品酒师文凭，得到现有 MW 头衔者的指导和推荐。评定机构评定其具备相应能力之后，报考者才有资格攻读考试课程。1953 年开始评级时，只接受英国本土品酒师，直到 20 世纪 80 年代才开始接受其他国家品酒师参与，1988 年首个非英国本土人士获得 MW 头衔。全世界拥有 MW 资格的评酒师极少，由此可见英国在品酒界的地位，也正是这个缘故，

《醇鉴》在英语国家有着无比巨大的影响力,酒庄主也以获《醇鉴》的推荐为荣。

《醇鉴》采用酒店星级评比的方式分 5 个级别来评价葡萄酒:

(1)★★★★★(95～100 分):绝佳典范(outstanding quality,virtually perfect example)。

(2)★★★★(90～94 分):高度推荐(highly recommended)。

(3)★★★(83～89 分):推荐(recommended)。

(4)★★(76～82 分):尚好(quite good)。

(5)★(70～75 分):可接受(acceptable)。

以 2017 期排名为例,红葡萄酒中拉菲(98)、侯伯王(97)、拉图(97)、奥松(97)、木桐(96)、玛歌(96)、白马(96)、柏图斯(96)八大名庄正牌酒均获得了★★★★★级别;白葡萄酒中,玛歌白亭(98～100)、侯伯王(98)和木桐银翼(96)名列★★★★★名单。

近年来,由于美国、加拿大、澳大利亚、智利等一些新兴葡萄酒出口国家的迅速崛起,法国葡萄酒的出口受到了前所未有的挑战,原有的营销策略并不能彻底满足法国葡萄酒征服世界的需求,因此,法国酒庄和葡萄酒企业越来越意识到专业的葡萄酒销售与渠道管理是不可替代的。

8.2.3　销售及其渠道

传统的法国葡萄酒销售渠道从生产环节已经建成(见图 8.11)。葡萄种植农酿制完葡萄酒后,酒庄可以自行将葡萄酒灌装与打包(如大酒庄有直营酒窖),小型酒庄还会将大部分酒液(散装酒)卖给当地散装酒分销商(bulk wine distributor),后者负责葡萄酒存储、设计酒品牌,再经中转酒窖(transit cellar)后再进行灌装与打包销售。一些中转酒窖也可以完成葡萄酒灌装与打包的工作。

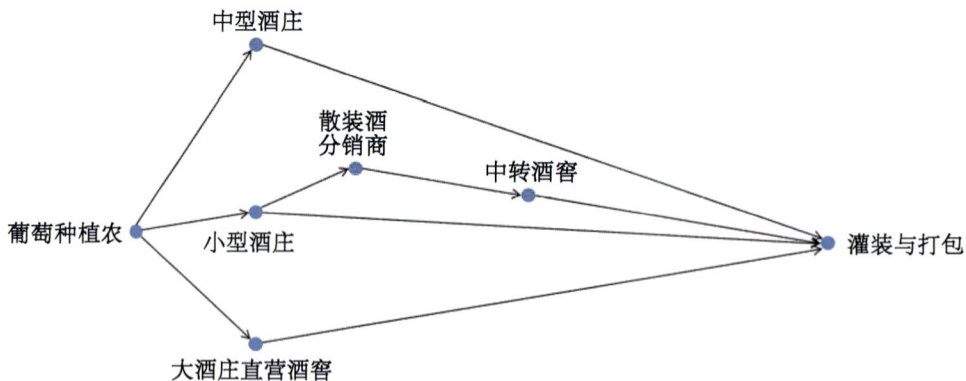

图 8.11　葡萄酒销售:生产环节

资料来源:SAGLIETTO L,FULCONIS F,BÉDÉ D,et al.,2014. Wine industry supply chain(WSC)modeling:an Argentina-France comparison. Working Paper.

进入销售环节后,在法国国内销售,灌装与打包好的葡萄酒会被提供给成品分销商(finished goods distributor)。一般会采用 3 种不同的销售模式(见图 8.12):①成品分销商直接将葡萄酒卖给终端消费者;②成品分销商将葡萄酒提供给零售商(retailer),由零售商将产品卖给终端消费者;③成品分销商将葡萄酒提供给批发商(wholesaler),再经由零售商将产品卖给终端消费者。

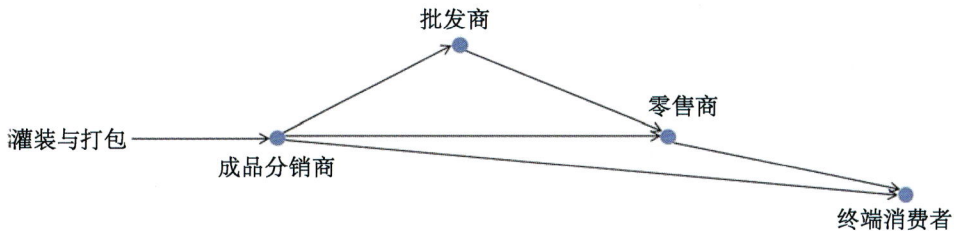

图 8.12　法国国内葡萄酒销售渠道

资料来源:SAGLIETTO L,FULCONIS F,BÉDÉ D, et al.,2014. Wine industry supply chain(WSC)modeling:an Argentina-France comparison. Working Paper.

在全球销售环节,葡萄酒公司都有出口部,出口部经理负责各国的出口事务,在各国寻找大的进口商(importer)合作,正柜销售约 6.67 米或约 13.33 米,有的酒商能提供一个货柜2~3 个酒标拼柜。葡萄酒成品一般通过货运代理商交由货运运营商,送至合作的进口商,最后由进口商将产品卖给终端消费者。货运代理商的任务是研究和计划最合适的运输路线(考虑葡萄酒的种类、成本、运输时间和安全性等)、安排适当的包装(考虑气候、地形、重量、葡萄酒的种类、成本),并最终交付商品。货运运营商提供从酒厂到进口商的货物运输服务,包括海运、航运、公路和铁路运输。

理论上,货运代理商可以直接把葡萄酒卖给终端消费者,但在法国极少出现这样的情况(见图 8.13)。葡萄酒公司的市场部经理负责公司的整体形象及品牌活动推广。

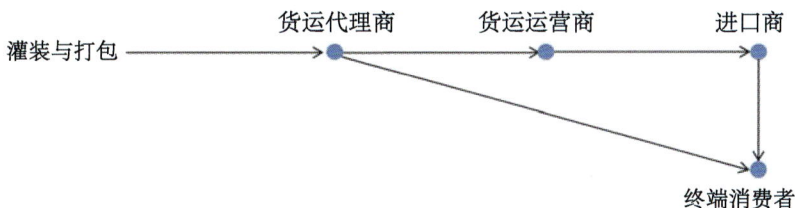

图 8.13　法国葡萄酒全球销售渠道

资料来源:SAGLIETTO L,FULCONIS F,BÉDÉ D, et al.,2014. Wine industry supply chain(WSC)modeling:an Argentina-France comparison. Working Paper.

综上,完整的法国葡萄酒生产价值链与销售渠道如图 8.14 所示。

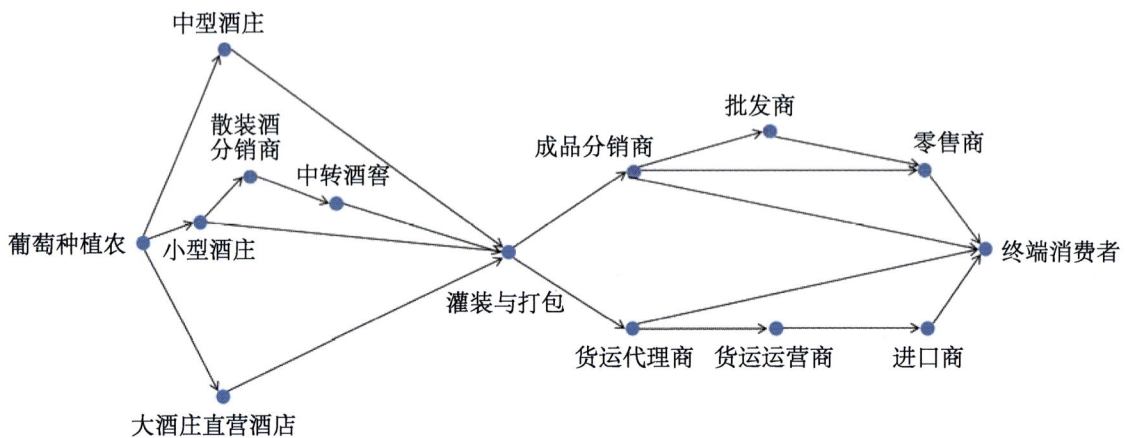

图 8.14　完整的法国葡萄酒生产价值链与销售渠道

资料来源:SAGLIETTO L,FULCONIS F,BÉDÉ D,et al.,2014. Wine industry supply chain(WSC)modeling:an Argentina-France comparison. Working Paper.

值得一提的是,波尔多地区葡萄酒的销售方式很特别。酒商销售近 70%的酒,他们自己生产,代理独立酒庄,且拥有列级酒庄的销售特权。列级酒庄及很多优质顶级酒庄只卖给这些类似中介性质的酒商。新世界的有些名庄酒现在也试图通过这些中间商销售。

对法国葡萄酒而言,零售商及渠道包括直营酒窖或酒庄、商店与超市渠道、高端酒店与会所、传统餐饮娱乐场所、团购渠道、新型便利店终端、葡萄酒协会和展会,以及电商平台。

1. 直营酒窖或酒庄

对于不少加盟商家而言,他们往往都会选择让自己成为某个葡萄酒品牌旗下的加盟专卖店,如建设成酒窖或酒庄的形式,这种模式的最大好处就是可以储藏、批发兼零售进口葡萄酒产品。不少酒窖、酒庄不一定设立在人流旺盛的区域,而是在交通便利、临近商业区或住宅区的地方开设的,这样的好处是可以用合适的租金租赁较大的店面,而酒窖或酒庄则同时兼具储存、陈列销售、现场体验、欢聚品鉴葡萄酒的独立区域,通过日积月累不断拓展各个阶层的顾客,从而形成忠实的客户群体。

2. 商店与超市渠道

这是一个非常传统的销售渠道,毕竟作为各种类型的大型商店与超市,每天都有密集的人流穿梭其中购物,能迅速汇集人群,通过现场的堆头促销、产品陈列、现场品鉴等模式来进行商店与超市渠道的销售,已经成为不少酒商最有效的手段,也可以让自家进口葡萄酒品牌得以快速进入消费者视野之中。

3. 高端酒店与会所

作为精英高端人士聚集的地方,高端酒店与会所等场地的消费群体属于消费能力较强的顾客群体,他们不但拥有强大的社会资源,而且一旦进口葡萄酒在他们心中形成了品牌的话,那么便有机会产生稳定的大额销售,所以对于这类销售渠道,不少酒商也是千方百计希望能占领。

4. 传统餐饮娱乐场所

与上面的高档场所不同的是,传统餐饮娱乐场所属于比较合适普罗大众消费的销售终端,因此进口葡萄酒商家通常会选择具有一定等级的酒楼、酒吧、咖啡厅以及西餐厅等,务求进场销售。这种销售终端的最大特色就是客流量较大,可促使客户直接消费,缩短销售周期,但这种场所需要缴纳一定的进场费,以及还有账期存在。

5. 团购渠道

对于进口葡萄酒而言,团购对象多数是经济条件较好的大中型企业,当然政府机构的接待应酬等活动也可以成为团购的对象。由于团购模式多数出现在某些节假日或年底的尾牙、开年饭之间,销量较大且见效快,而且资金的占用量小,因此非常受进口葡萄酒酒商的欢迎。只是这种销售渠道深受经济大环境以及政府政策的影响,所以存在一定的波动性。

6. 新型便利店终端

尽管这和商店与超市渠道有点类似,但也有其独特的条件存在。对于规模面积较小的便利店终端而言,它们并没有如中大型商店与超市那么庞大的货物储存、展示区域,因此进口葡萄酒的摆放是非常讲究的。即便是同一品牌不同产品系列的进口葡萄酒,如果销量不佳的话,则有可能从最受欢迎的展示区域一举降到其他边缘区域,甚至下架处理。因此,对于拓展新型便利店终端的进口葡萄酒商家而言,需要关注如何因应不同的季节及节假日的变化而更换不同的产品,并需要解决货物的物流配送问题,如不能解决便强硬地开拓便利店终端,反而容易造成麻烦。

7. 葡萄酒协会与展会

法国各地都有葡萄酒行业协会,而且协会在世界主要葡萄酒消费国都有分支机构。若要打开当地市场,寻求葡萄酒协会的帮助是一个前期风险较低的办法。如法国食品协会 SOPEXA 是其中之一,罗讷河谷葡萄酒行业协会也提供了非常有用的平台,可以组织品酒会、举办集市等活动。当然,葡萄酒协会每年需要支付会员费方可加入。

对于进口葡萄酒商家而言,如何利用葡萄酒协会与展会拓展销售成为不得不考虑的问题,参与展会可以大大提升自身葡萄酒的品牌宣传,吸引众多葡萄酒买家。大多数买家来展会的目的性很强,他们比普通消费者更了解葡萄酒,酒商不得不拿出最好的服务态度和专业的素养来与之进行互动与销售。

8. 电商平台

尽管很多进口葡萄酒商家都惧怕自己的产品被摆到网上销售,然后被电商用超低报价做坏产品价格,但葡萄酒产业的电商之路应该摆上议事日程了。这是因为发展电子商务,不但是对这种新兴产业的认可,还因为酒商可以通过网络来展示和宣传自己旗下的产品,同时喜欢上网的人群以年轻人为主,正是葡萄酒消费的潜力客户。

然而进口葡萄酒商的电商之路目前依然有不少阻力,毕竟在线销售的葡萄酒产品大多以低价为主。由于价格太低的进口葡萄酒产品很有可能是灌装酒,所以对于这种电商模式是否应该进行拓展,已经成为不少进口葡萄酒商家反复衡量的问题。

专业的葡萄酒渠道提供商不仅可以为法国的葡萄酒商人提供完整的信息流、资金流和物流,更会带来意想不到的产品增值。葡萄酒在供应链的流通过程中,通过再加工、包装、运输、交易和买卖等过程,获得了多次增值。法国的酒庄会在第一时间选择位于上游的渠道管理商,选择在葡萄酒供应链中经验丰富、市场实力十分雄厚的企业进行合作,以此提高在目标市场的竞争力。酒庄和渠道巨擘的合作,是一种强强联合的协调方式,这种营销策略可以对别的竞争者带来巨大的压力,在激烈的竞争过程中,这种新的机制可以使双方各取所需,在长期的战略合作中实现双方的利润最大化。

很多波尔多酒庄和葡萄酒企业也较早地开始了与渠道服务商的密切合作。比如国内较为知名的建发酒业,取得了多家波尔多列级名庄的中国独家代理权。作为专业的酒类供应商,建发酒业在国内许多大城市陆续建立了醇醉酒庄,作为推广葡萄酒文化的依托和中心。此外,建发酒业独创了综合性强的高档葡萄酒品鉴会,开展葡萄酒专业知识的培训讲座,定期进行葡萄酒文化交流活动。这些全方位的产品推介活动,为企业赢得了消费者的认可,积累了企业的品牌知名度,培育了高质量的消费者和潜在客户。

波尔多的列级酒庄与建发酒业的合作为其品牌在中国大陆的销售推广节省了成本,达到了理想的营销效果。酒庄对于供应商的依赖性也日渐加强,不过,只要合作的双方能够一直秉持相互信任、共同发展的原则,这种依赖性是积极有益的。此外,由于供应商对于物流环节和渠道的熟悉和专业性,法国酒庄与供应商的整合能为消费者以最合理的价格带来最高品质的葡萄酒。

8.2.4　葡萄酒公司八大运营模式

葡萄酒产业如同其他很多产业一样,同样关注商业模式及其运营模式。

从供应链的角度看,有葡萄种植者(农户)、葡萄酒酿造者(葡萄酒公司)、葡萄酒经销商、葡萄酒进口商、葡萄酒零售店、葡萄酒代理商和当地的葡萄酒专卖店老板。

从产品的角度看,产业里有涵盖产品线很广的国际品牌酒商,以及拥有自己的几个不知名品牌的小葡萄酒商。

一般来说,葡萄酒公司首先要对自身现状做出评估,如产品定位、市场地位等,即自有资源、现有能力,加倍关注它的目标客户,同时,注意其目标客户随着环境变化可能的偏好变化。其次,对自身的盈利模式及其竞争对手的盈利模式要进行动态监控,要有自身运营的战略性控制手段与营销手段相配合,在不断为客户创造价值的同时,创造企业新的价值。

1. DBR 拉菲集团模式

DBR 拉菲集团是全球最著名的红酒集团之一,拉菲庄园在 18 世纪 50 年代就已经广受赞誉,拉菲成为法国路易十五国王(King Louis XV)最钟爱的红酒。托马斯·杰斐逊同样也是拉菲的忠实客户,甚至还造访过酒庄。1868 年,罗斯柴尔德男爵成为拉菲的主人。与生俱来的对葡萄酒的情结使他买下了 1855 年波尔多梅多克地区葡萄酒分级制度中被列为顶级一等的拉菲庄园,至今拉菲古堡一直由罗斯柴尔德家族经营与管理。

拉菲模式是波尔多集团公司常用的品牌延伸模式,通过拳头产品拉菲正牌、副牌的知名度做品牌延伸。在不同地区,采购不同的葡萄酒或自己买的葡萄园酿造的葡萄酒,统一调配,灌装成 DBR 集团下面的子品牌。

拉菲集团的产品系列包括:

(1)拉菲古堡干红葡萄酒(也称大拉菲、拉菲酒庄干红葡萄酒、拉菲正牌)

(2)拉菲珍宝干红葡萄酒(也称小拉菲、拉菲副牌)

(3)古堡系列(杜哈米隆古堡、莱斯古堡、乐王吉古堡和凯萨天堂古堡)

(4)酒庄系列(奥希耶庄园、巴斯克酒庄、凯洛酒庄和珑岱酒庄)

(5)精选系列(传奇、传说、珍藏和特酿)

2. 莫伊克集团模式

莫伊克集团(Jean Pierre Moueix Group)总部位于法国波尔多多尔多涅河右岸的利布

尔纳,是知名的酒商之一,旗下拥有多个酒庄和葡萄酒品牌,集生产和分销于一体。

莫伊克集团的历史最早可以追溯到 1937 年。当年,让-皮埃尔·莫伊克(Jean-Pierre Moueix)还只是一名葡萄酒商,在利布尔纳经营葡萄酒生意。当时,利布尔纳的葡萄酒还不是十分出众,但是让-皮埃尔已经觉察到利布尔纳地区的梅洛有很好的陈年潜力,具有独特的波尔多葡萄风味,前景看好。因此,他尽心尽力地推广当地的梅洛混酿红葡萄酒,并获得了巨大成功。到了 20 世纪 50 年代,他逐渐开始在圣-埃美浓和波美侯购买多处葡萄园和酿酒厂,并在莫伊克集团旗下建立了子酒庄。数年之后,让-皮埃尔正式退休,酒庄由他的次子克里斯汀·莫伊克(Christian Moueix)继承。如今,克里斯汀和他的子女共同经营着酒庄,同时管理葡萄酒经销生意。

莫伊克集团一直致力于波尔多右岸葡萄酒的推广,把集团旗下右岸酒庄超过 80% 的葡萄酒出口到世界各地。目前,莫伊克集团旗下一共有 11 个子酒庄,其中有 2 个位于圣-埃美浓葡萄酒产区,分别是玛德莱娜庄园(Château Magdelaine)和宝雅酒庄(Château Belair-Monange)。

宝雅酒庄是圣-埃美浓产区的圣-埃美浓列级一级特等酒庄 B 级,2008 年被莫伊克集团收购。宝雅酒庄有 12.5 公顷葡萄园,土壤以波尔多右岸常见的石灰岩和黏土结合土壤为主,这种土壤矿物质丰富,能为葡萄的生长提供充足的养分。此外,宝雅酒庄采用生物动力法管理葡萄园,使得酒庄所产葡萄酒风格更偏向于轻淡,常带有草本和各种复杂的气息,口感"野性"十足。而玛德莱娜庄园同样是圣-埃美浓列级的一级名庄,在 1952 年被莫伊克集团收购。

其余 9 个子酒庄则位于波美侯葡萄酒产区,最著名的是拉图波美侯酒庄(Château Latour a Pomerol)。拉图波美侯酒庄本来与梅多克著名五大酒庄之一的拉图酒庄名称相同,为做区分,在该酒庄外文名称后加上了"Pomerol"。与波美侯产区的其他酒庄一样,拉图波美侯酒庄虽然没有分级,但是都能够保证出产的葡萄酒具有非凡的品质。波美侯产区的酒庄则共有面积约 75 公顷的葡萄园,园内土壤主要由黏土和沙砾构成,这种土壤排水性良好,能避免因水分过多而导致葡萄烂根。这两个地区的葡萄园内主要种植的葡萄品种为梅洛和品丽珠。

莫伊克集团尊重波尔多的传统,但同时也追求创新,以提高葡萄酒的品质。每到葡萄成熟的季节,莫伊克家族旗下的酒庄就会雇佣经验丰富的工人来采摘葡萄,保证葡萄在成熟后被迅速采摘完毕,避免葡萄腐烂。每个酒庄的葡萄酒都采用梅洛和品丽珠来混酿,根据葡萄园位置的不同,酿酒师会选择不同的混酿比例,保证酿造出来的葡萄酒结构平衡、品质优秀。

莫伊克集团葡萄酒的年均产量约为 24 000 箱。除了销售自己旗下酒庄的葡萄酒,克里斯汀还从事葡萄酒经销的生意,与其合作的酒庄多达 11 家。莫伊克集团出产的葡萄酒果味突出、风味凝练、结构平衡。

3. 卡思黛乐集团模式

作为法国和欧洲第一、世界第二大的葡萄酒公司,卡思黛乐集团(Castel Group)成立于 1949 年,由皮埃尔·卡思黛乐(Pierre Castel)及其 8 个兄弟姐妹联合创办。在过去的 70 多年里,卡思黛乐致力于将法国葡萄酒传遍世界。截至 2019 年 12 月,集团旗下共有 29 家酒庄,其足迹遍布波尔多、普罗旺斯、朗格多克和卢瓦尔河谷等产区,出产着众多世界知名葡萄酒,产品在世界 130 个国家和地区销售,且在英国、德国和中国等 10 多个国家设立了分支机构。卡思黛乐延续了卡思黛乐家族崇尚低调、人性化和对葡萄园的热爱精神,将法国葡萄酒展现给世人,充分彰显每一块土地的风土。

目前,卡思黛乐是波尔多最大的酒庄拥有者(见图 8.15),旗下共 29 家酒庄,如佰师桅龙船酒庄(Château Beychevelle)、佰麟酒庄(Château Barreyres)、歌兰酒庄(Château de Goelane)等。如佰麟酒庄建成于 19 世纪,是 2012 年发布的中级酒庄之一。该酒庄位于波尔多上梅多克产区,拥有 110 公顷葡萄园,土壤以沙土、砾石和黏土为主,其酒年产量约为 60 000 瓶。除了这些名庄酒,卡思黛乐也发展出了一系列品牌酒,其中,卡思黛乐家族品牌(Maison Castel)最为有名,其他的如玛茜(Roche Mazet)、玛利莎(Malesan)、布莱萨(Blaissac)等均受到葡萄酒爱好者的欢迎。

早在 1998 年,卡思黛乐就已涉足中国葡萄酒市场,并在 2001 年联手张裕推出核心产品"张裕—卡思黛乐酒庄葡萄酒"。到 2003 年,卡思黛乐在上海设立了代表处。从 2006 年开始与经销商建立合作伙伴关系,并从法国进口原装葡萄酒。截至 2011 年,卡思黛乐在中国市场的年销量已突破 3 000 万瓶。

卡思黛乐家族品牌源自卡思黛乐家族对葡萄酒的热爱。本着"一个家族,一份承诺"的宗旨,该家族品牌也成为品质和优质葡萄酒的标志。

4. GCF 集团模式

法国大酒窖股份有限公司(GCF)由至今仍然是掌门人的约瑟夫·爱尔福瑞(Joseph Helfrich)先生创立于 1979 年,经营范围涉及葡萄酒和烈酒产业的各个环节:从葡萄树的种植到葡萄酒和烈酒的生产、瓶装直至销售。GCF 集团是法国出口量第一大的葡萄酒生产者和贸易商,也是法国第二大葡萄酒制造商,上海卡斯特酒业有限公司是其在中国最大的战略合作伙伴。2007 年 GCF 集团出口到世界 160 个国家 2 275 万箱(12 瓶/箱)酒。全球每 6 瓶出口的法国酒中就有 1 瓶由 GCF 销售。在卢瓦尔河谷、波尔多、朗格多克、阿尔萨斯、汝拉、勃艮第等地都能找到 GCF 的葡萄园。

品牌系列

佰师榀龙船酒庄 Château Beychevelle	坡立曼酒庄 Château Tour Prignac	塔图尔酒庄 Château Tartuguière	佰麟酒庄 Château Barreyres
雅新斯酒庄 Château d'Arcins	雷杜酒庄 Château Tour Bellevue	博思酒庄 Château du Bousquet	贺图酒庄 Château Hourtou
拉图博蓝酒庄 Château Latour Camblanes	垦贝特酒庄 Château Campet	高地古龙酒庄 Château de Haut Coulon	洛尔特酒庄 Château du Lort
马贝克酒庄 Château Malbec	斐兰德酒庄 Château Ferrande	纪龙酒庄 Château Guillon	蒙拉贝酒庄 Château Montlabert
马葵酒庄 Cru de la Maqueline	蒙拉贝十字酒庄 Château La Croix Montlabert	歌兰酒庄 Château de Goelane	圣雷奥酒庄 Château Saint Léon
伊凡尼酒庄 Château de l'Hyvernière	拂叶园酒庄 Clos des Orfeuilles	戈瓦利酒庄 Château Cavalier	雅新斯骑士 Chevalier d'Arcins
克拉比酒庄 - 掏勒园 Domaine de la Clapière – Cuvée Jardin de Jules	克拉比酒庄 - 火花园 Domaine de la Clapière – Cuvée Etincelle	克拉比酒庄 - 静慕思 Domaine de la Clapière – Cuvée La Muette	克拉比酒庄 - 戈弗园 Domaine de la Clapière – Cuvée Gatefer
高地坡立曼 Les Hauts de Tour Prignac			

品牌系列

玛茜 Roche Mazet	卡思黛乐家族品牌 Maison Castel	瓦伦堡 Valombreuse	惟诺尼 Maison Virginie
玛利莎 Malesan	卡柏莱 Cambras	图雅斯 Terrasses d'Azur	昇马庄 Sinmar
尚博龙 Jean Beauvillon	沙仑 Sharon	瑞泰伯爵 Baron de Lestac	洣瑞 Miribeau
梅特罗 Mesteral	伦都 L'Intendant	玛克传奇 Montgolfier	主舵者 Gouverneur
老教凰 Vieux Papes	皇家花园 Le Jardin du Roy	歌兰雅卓 Les Hauts de Goelane	布莱萨 Blaissac
巴蒂斯 Julien & Martin Batiste	贝阑 Jean Beauvillon	博隆 Beauvillon	斐德娜 Philippe de Noange
芳丹舍 Fantaisie	斐冽香槟 Philippe de Champaigne	贺理耶 Eugène Reullier	利隆多男爵 Baron de Lirondeau
列香园 Les Charmeraies			

风尚系列

王后之窖 Celliers de la Reine Margot	菲尝 Very Pamp	艾罗桑 Aimé Roquesante	斐得莱 Philippe Dreschler
弗朗尚黛 François Jeantet	芙薇夫人 Veuve du Vernay	康赛孚 Les Combes Saint-Sauveur	路得万 Louis de Venenge
路逸吉哈 Maison Louis Girard	帕缇亚珮雅父子 Patriarche Père& Fils	佩斯图 Pléssis-Duval	悦俪 Les puces
路逸达娜 Louis d'Azenac	路伊毕迪 Louis Perdrier	丽思黛乐 Listel	

图 8.15　卡思黛乐集团旗下酒庄

GCF 集团大酒窖模式是集中生产的低成本模式。集团拥有超大规模原酒存储基地和葡萄酒装瓶厂。这种模式将法国各产区的葡萄酒原液运输到他们的原酒存储基地,适合世界各地进口商一次订购不同产区的葡萄酒。

5. 罗曼尼-康帝 DRC 酒园模式

罗曼尼-康帝 DRC 酒园采用了抢占稀缺资源的模式。勃艮第产区的特点是土地稀缺,罗曼尼-康帝 DRC 酒园迅速抢占了独立的罗曼尼-康帝酒庄和拉塔希酒庄,一半的里奇堡罗曼尼圣-维旺酒庄,另外还有沃恩-罗曼尼、依瑟索、大依瑟索、弗拉热-依瑟索和蒙哈榭等小酒庄最好的部分(可详见章节 6.4.3)。

6. 太阳集团模式

法国太阳集团模式是各产区大公司抱团取暖的模式。太阳集团是 1961 年由雅克·莫劳特(Jacques Merlaut)创立的,它在法国每个最出名的酿酒地区,如波尔多、罗讷河谷、卢瓦尔河谷、普罗旺斯和朗格多克都有业务。集团有 3 个葡萄酒商业公司,其中包括波尔多的吉娜斯。它致力于发展自有品牌及酒庄酒,并和当地的葡萄栽培者建立了稳定的合作关系。太阳集团还拥有大约 300 公顷的梅多克地区的有名望的酒庄:金玫瑰城堡(头等苑二级)、铁堡金盾城堡(头等苑三级)、奥巴里奇古堡(头等苑五级)、查赛林古堡(中级酒庄)、西特兰堡(中级酒庄)、古阁酒园(中级酒庄)和卡门萨古堡(头等苑五级)。

除了在法国本土拥有种植园外,太阳集团在海外也拥有超过 1 000 公顷的葡萄园,其中包括在中国的 100 公顷(北京太阳葡萄酒厂)种植园。2004 年太阳集团的全世界销量是 8 000万瓶,成为法国法定产区葡萄酒最大的酿造商。

7. 星座集团模式

星座集团(Constellation Brands)模式的核心是品牌收购。在葡萄酒及烈酒产业通过收购市场成熟的品牌而获得市场,通过渠道共享而使成本降低。星座集团成立于 1945 年,总部设在纽约维克多,是全球领先的优质葡萄酒、啤酒和烈酒生产商。此外,它是全美最大的高档葡萄酒公司之一,同时也是澳大利亚和加拿大最大的葡萄酒公司。

该集团在全球拥有蒙大维(Robert Mondavi)、罗迪城(Clos du Bois)、艾思坦莎(Estancia)、黑钻(Blackstone)、黑盒子(Black Box)、金凯福(Kim Crawford)、拉文斯伍德(Ravenswood)、韦斯特(Mark West)、鲁芬诺(Ruffino)、希蜜(SIMI)、福思肯(Franciscan Estate)、绿雾(Arbor Mist)、云岭(Inniskillin)和诗凡卡(Svedka)等 100 多个品牌,其中葡萄酒品牌占到了 50 多个。

8. 拉古杰酒业集团模式

拉古杰酒业集团(La Guyennoise)模式是专供中国巨大低端市场的模式。诞生于波尔多的拉古杰酒业集团,抓准中国市场对廉价法国葡萄酒的巨大需求,在酒液源头上,从法国大量收购低成本的散酒,提供比竞争对手低 5%～10%的报价,最早开始在中国市场上形成一系列满足中国廉价葡萄酒进口商需求的市场销售政策,如小批量地定制酒标、瓶子、酒帽、酒塞、外箱,都如套餐式定制,提供小标酒(不补贴外文正标,只贴带有产区名称的背标,存放入部分城市的保税区,客户可以更少量订购后,贴完正标后报关销售)。

拉古杰酒业集团位于波尔多两河地区的索沃泰尔吉耶纳(Sauveterre de Guyenne),成立于 1921 年,属于杜马(Dumas)家族,旗下有 4 个酒庄及 2 个生产厂,在欧洲大部分国家都设立了专门的销售公司;拥有世界上最先进的生产流水线,具有百年历史的大型葡萄庄园4 个,葡萄种植面积 430 公顷;每年产量为 3 500 万瓶,其中 800 万瓶在法国以外销售;出产分别列级波尔多法定产区、特级波尔多法定产区、两海之间法定产区的恺撒酒庄(Château Cazeau)、杰拉德酒庄(Château Giraudot)、岗朵蓓莉娜酒庄(Château Gandoy Perrinat,也叫甘度柏利纳庄园)和兰萨德酒庄(Château Lansade)的系列葡萄酒。

8.3 葡萄酒产业的商业生态系统

葡萄酒不同于工业产品,它是一种自然产品,其质量和风格由产区气候、土壤、葡萄品种等自然条件决定,并且与自然条件相适应的栽培、采收、酿造等人为因素也极其关键。本节将阐述葡萄酒商业生态系统的组成要素、特征、结构以及可持续发展。

8.3.1 葡萄酒商业生态系统的构成与特征

从第 5 章中提及的商业生态系统的特征中可以发现,商业生态系统是依据生态学原理,以恢复和扩大可更新资源存量和改善生态环境为宗旨,为提高资源基本生产率和根据社会需要为主体,模拟生态系统,对两种以上产业的链接进行设计,并开创为一种新型的产业系统的系统创新活动。迈克尔•波特提出的五力模型就是关于商业生态系统中竞争规模与程度的分析工具,其中政府力量是影响"五力"的重要因素(见图 8.16)。

了解行业中的竞争态势及竞争结构,是制定企业战略的基础。深入分析行业竞争过程,找出竞争压力的来源,确定行业内各种竞争力量的强度,具有极为重要的意义。事实上,参与行业利润争夺的不仅仅是现有竞争对手,还包括其他 4 种竞争力量——新进入者威胁(threat of entry)、买方议价能力(buyer's bargaining power)、供应商议价能力(supplier's

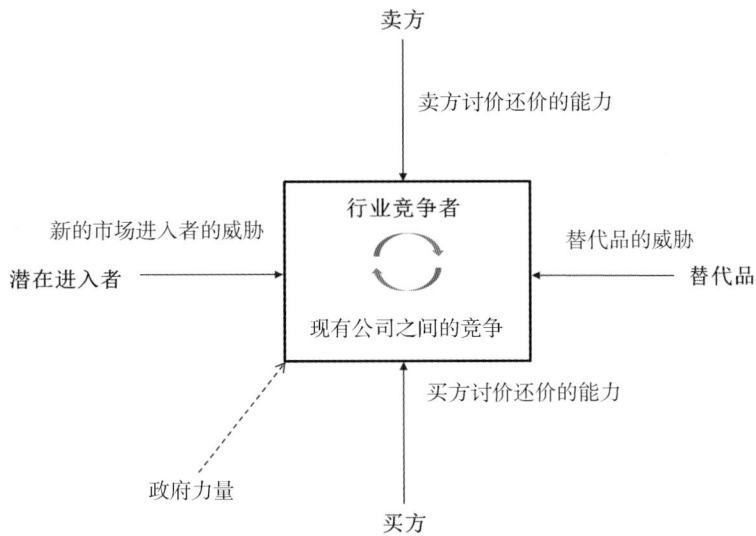

图 8.16 五力模型

资料来源：① PORTER M，1979. How competitive forces shape strategy[J]. Harvard business review，57(2)：78 – 93.②李杰，滕斌圣，2016.企业战略[M].北京：机械工业出版社.

bargaining power)、替代产品或服务威胁(threat of substitute)。这 5 种力量扩大了竞争范围，界定了产业结构，也决定了一个行业内竞争互动的本质。即便在不同的行业，如赛车运动和葡萄酒产业，看似两者间没有相同之处，但是决定它们获利能力的这 5 种基本因素是一致的。葡萄酒产业有其独特的生态产业链构成与特征。

1. 葡萄酒商业生态系统的构成

葡萄酒商业生态系统由基础产业和辅助产业构成(见图 8.17)。其中，基础产业包括上游原料(如葡萄种植、葡萄采摘)、中游生产(涵盖了干葡萄酒、半干葡萄酒、半甜葡萄酒和甜葡萄酒等种类)和下游渠道(如经销商、超市、酒店、酒吧、餐馆、电商平台等)一系列利益相关者组成的系统；辅助产业涵盖葡萄酒企业管理、人才教育与培训、知识产权等相关技术的转移、生产原辅材料及葡萄酒机械与包装、旅游观光、葡萄酒文化推广等。所有同葡萄酒直接或者间接相关的产业构成了葡萄酒产业的完整链条，相辅相成，互相牵制。

这个完整的商业生态系统以葡萄酒产业创新为基础，以生态经济为约束，以利益机制为诱因，通过对葡萄酒产业整个产业链的相关节点研究，使产业环节上游产生的副产品成为下一个环节的生产原料，使物质和能量多级利用，形成高效率生态产业链。

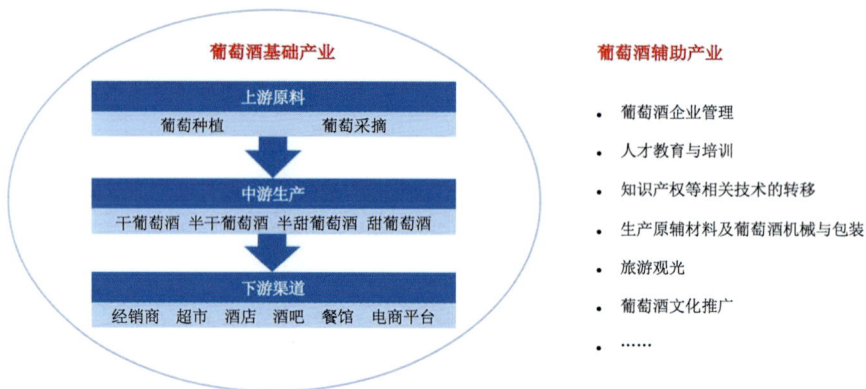

图 8.17　葡萄酒商业生态系统的组成

资料来源：艾媒咨询.2018～2019 中国葡萄酒产业研究与商业投资决策分析报告(食品饮料烟草行业，内部精简版)[R].2018－12－25.

2. 葡萄酒商业生态系统特征

葡萄酒商业生态系统具有 4 个特征，分别为资源扩张性、医用需求长期性、人类活动创新性和生态约束性。

1）资源扩张性

葡萄酒商业生态系统中最先涉及的资源是葡萄。葡萄是适应性强的果树之一，比苹果、桃等果树抗旱、抗盐碱，对土壤要求不严格，不适宜种植农作物的河滩、沙荒地、砾石、戈壁和丘陵沟坡均可栽植葡萄。若葡萄种植在肥沃的土壤中，往往形成葡萄的徒长[①]，从而影响了果实的生长成熟，影响了浆果的品质，还容易造成葡萄主要根系分布在土壤浅层，因而难以吸收分布在深层土壤中形成葡萄风味物质和香味物质的一些矿物质，就无法生产足够的香味和风味物质，很难体现葡萄酒的典型。这个特点决定了葡萄可以在广阔的贫瘠土地上种植，尤其是在中国北方，可以使荒芜的土地得以充分利用，盘活贫瘠土地资源，防止沙化，恢复和扩大自然资源的存量，并推动生态系统的恢复和良性循环。

2）医用需求长期性

葡萄酒是采用新鲜葡萄或葡萄汁经过发酵而生产出的高档饮品，含有人体所需的多种有机和无机的营养物质，如氨基酸、矿质元素(包括微量元素)和维生素等，适量饮用能防治心血管等疾病，促进人体健康，被法国微生物学家路易斯·巴斯德(Louis Pasteur)认为是最健康、最卫生的饮料。葡萄酒不仅是营养丰富的饮料，而且已发展成具有高雅文化内涵的产

---

① 徒长，农作物因生存条件不协调而产生的茎叶或果实发育过旺的现象。

品,能带给人们更多的情感与品位享受,成为世界通畅型酒种之一。随着人们健康意识的增强和人类文明的不断提高,这种集营养性、功能性、文化品位于一体的饮料会成为一种人们长期的需求。

3) 人类活动创新性

葡萄酒的质量、特色或者声誉在本质上取决于其原产地域的地理特征,是典型的原产地产品。自法国对葡萄酒实行原产地保护以来,推动了国际地理标志保护制度的发展。法国通过建立葡萄酒原产地域产品保护制度,充分发挥原产地域产品专用标志在特定地域内的"共用性"及地域外的"排他性",促进大量葡萄酒企业集中在一个特定的区域,推动了产业链上、下游企业生态经济链的形成。如此,加快葡萄酒产业区的产业升级和产业组织优化,促进了葡萄酒产业生态化、集群化的发展,推动了系统的创新活动。

法国的香槟酒有几千个品种,就是在"香槟"这个原产地标志保护下,在香槟地区多元化的不断投入陆续开发而得,以系列化的产品、完整的生态产业链形成了一个产业集群区,面向国际市场发展。在中国,宁夏贺兰山东麓、山东烟台、新疆昌吉、河北秦皇岛及怀来等产区发展也体现了这一产业系统特有的创新活动。

4) 生态约束性

葡萄酒生产的突出特点在于葡萄酒的质量先天取决于葡萄的质量。要想生产好的葡萄酒,首先要有好的葡萄原料,优质葡萄原料的质量又取决于生态环境、葡萄品种、栽培管理等,特别是生态环境决定着葡萄酒的品质,同一葡萄品种在不同栽培区品质表现不同,酿造的葡萄酒质量与风格差异很大。葡萄酒生产的关键就是通过合理的酿造工艺,将葡萄中的有效成分完美地在葡萄酒的质量和风格中加以体现,葡萄酒生产以适宜生态为基础,使整个行业体现出生态性。

8.3.2　葡萄酒商业生态系统结构分析

随着人们对葡萄酒功能的重视和现代科技的发展,葡萄酒生产的产前、产中、产后都受到科技界的重视,研究领域从葡萄酒质量的优化扩展到葡萄酒资源的综合利用和相关产品开发,研究投入资源、产出资源及其循环利用技术,促进了相关产业发展。葡萄酒产业链投入是以葡萄原料为基础,投入设备、辅料以保证生产出优质的葡萄酒。在生产葡萄酒的同时,产生皮渣、葡萄籽和废水,皮渣内含有很多对人体有益的成分——多酚类被提取或开发成白兰地,葡萄籽提取出葡萄籽油,废水经过处理后循环使用,最大限度地减少废物排放,促进链内副产品的循环利用。同时,葡萄园还会改善生态环境,带动地方旅游业等相关产业发展,满足了葡萄种植者、葡萄酒生产者、消费者、资源回收者等一系列利益相关者的需求,形成了高效的葡萄酒商业生态系统。其系统结构如图 8.18 所示。

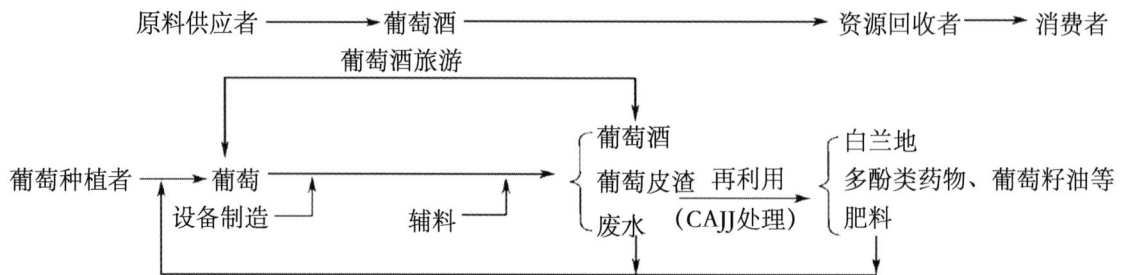

图 8.18　葡萄酒商业生态系统结构图

资料来源:杨和财,李全新,张振文,2008.葡萄酒生态产业链的研究[J].中国人口、资源与环境,(04):164－168.

葡萄酒商业系统结构中的各个组成要素包括原料供应者、资源及其回收者、葡萄酒生产、消费者关注与葡萄酒生态旅游延伸。

1. 原料供应者

葡萄酒原料供应者主要包括设备供应商、辅料供应商和葡萄种植者。供应商提供葡萄酒酿造或灌装和包装所需的所有用品,接收来自酿酒厂、灌装商、包装商的新订单,准备订单,并将耗材发送到酿酒厂、灌装商、包装商等。葡萄种植者负责葡萄的生产和收获,包括种植葡萄,施肥,控制鼠疫,修剪葡萄藤,等等。

在中国的酿酒葡萄栽培地区,种植葡萄的收入明显高于种植其他粮食产品(如小麦、玉米等),在发展酿酒葡萄种植业的过程中还推动了葡萄糖浆、葡萄罐头、葡萄汁饮料等相关产业的发展。

葡萄基地还提高了产区的林木覆盖率,对空气起到了重要的过滤作用,有利于调节区域小气候,改善生态环境。葡萄种植者应本着适地适种原则,既要重视优良品种的酿酒特异性,又要充分考虑品种的生态适应性、栽培适应性,在适合的生态区内进行品种化、基地化、区域化栽培,实现葡萄品种与气候、土壤等自然条件的协调统一,减少农药等影响葡萄酒产品质量的因素。

在葡萄原料质量和工艺确定的情况下,酿酒设备对葡萄酒质量有着重要影响。葡萄酒中含有多种有机酸及单宁,当这些酸及单宁与空气接触时就会导致某些金属如铝、铜、铁等变色,从而影响葡萄酒的质量。根据葡萄酒的这个特点,一些金属材料(如铜、铁、铝等)可能会使葡萄酒产生破败病或引起有关金属超标,不适合用作直接与葡萄酒接触的加工设备和包装材料。

葡萄酒供应设备必须是清洁设备,通过最佳的质量工艺方案进行酿造,通过先进的设备努力将葡萄中的风味、香味、矿物质及表现品种特性的物质转化为葡萄酒的典型性。生产优质葡萄酒,需要添加一定量的、优质的、高效的、对人体不造成危害的原辅料。随着生物技术的不断创新及发展,葡萄酒辅料供应商已经利用葡萄酒发酵产生的中间物质研制葡萄酒专用复合酶、稳定杀菌剂来替代果胶酶和二氧化硫等添加物,既增加了酒质稳定性,提高了酒质,又减少了葡萄酒辅料的投入。

2. 资源及其回收者

葡萄是耐旱、耐瘠薄作物,与其他作物相比,葡萄生长期需水需肥较少。葡萄酒用水仅为生产用水,生产量与用水量之比仅为 $1:2\sim1:4$,而白酒、啤酒、果汁饮料用水的每吨耗水量分别为 $1:30\sim1:80$、$1:7\sim1:11$、$1:60\sim1:80$。葡萄酒用水量较少,且生产用水又可循环利用,不会给产区造成用水负担。

资源回收者主要利用葡萄皮和葡萄籽内含有的丰富的有机质,从中提取葡萄籽油、葡萄原花色素、白藜芦醇等天然产物。这些物质是葡萄酒保健作用的有效成分,受到全球医药行业全面开发;经提取后再还田[1],能够完全有效循环利用,使葡萄酒商业生态系统中利益相关者在行业内部及行业间建立起共赢的利益目标和相应的供需协作关系,提高了行业的内部经济性。

3. 葡萄酒生产

葡萄酒生产商负责接收葡萄并酿造成葡萄酒。他们通常需要完成粉碎葡萄、榨汁、添加酵母、发酵、冷藏、澄清、稳定、装瓶、包装等工作。

葡萄酒生产过程中虽有"三废"产生,但"三废"排放量较少,均有技术有效处理。

葡萄酒的废水来源于两个方面,分别为:①职工生活产生的生活废水;②葡萄酒生产过程中产生的生产废水。这些废水经过处理能够达到灌溉用水标准。

葡萄酒产生的废气主要是葡萄酒发酵过程中产生的二氧化碳气体、无烟尘、工业粉尘、二氧化硫。葡萄酒生产产生的二氧化碳气体量很少,排放量可控制在国家规定的排放标准范围内,这也是法国、日本等环境要求特别高的国家目前还没有对葡萄酒生产的废气进行处理的原因。建葡萄酒厂必须有酒庄或葡萄基地,增加了植物绿量。葡萄果实生长需要二氧化碳转化,研究表明,葡萄生长的二氧化碳需要量与酒精发酵产生二氧化碳量比值为 $10:1$,同时前者释放了等量的氧气,对生态环境有利。

葡萄酒生产过程排放的废渣主要是酿酒废弃物(即葡萄皮渣)。皮渣包括葡萄皮和葡萄籽,内含丰富的有机质,可以从中提取葡萄籽油、葡萄原花色素、白藜芦醇等天然产物,这些物质是目前国内外医药行业需要的,极具市场价值。这既延伸了葡萄酒产业链条,又解决了

---

[1]　还田:田地中出产的东西经处理后再用于田地中。

废弃物对环境的污染,将环境保护内部经济化,产生了较高的经济效益和很好的社会效益,促进了葡萄酒生态产业链的建立。

葡萄不仅能加工成葡萄酒,也能酿造出高档的冰酒、白兰地、起泡酒、无醇葡萄酒等特殊酒种,还带动了葡萄酒原辅料、机械设备、制瓶业、印刷业、包装业、运输业等相关产业的发展,具有很高的关联度。如 2018 年,意大利葡萄酒产量达 48.5 亿升,葡萄酒企业营收额为65 亿欧元,葡萄酒相关总营收额约 140 亿欧元[①],产业关联指数高。

4. 消费者关注

在葡萄酒消费者链中,消费者希望能消费天然、营养、品味独特的葡萄酒。这会促进葡萄酒产业链各节点努力做到无污染、绿色化,在工艺设计、设备制造、原辅料选择各个环节上尽可能做到清洁生产,关注原始投入资源的清洁、产区环境保护和废弃资源(副产物葡萄皮渣)再利用的回收效益等利益相关问题。

5. 葡萄酒生态旅游延伸

葡萄酒产业具有产业纵向关联的特色,更具有改善生态环境、发展葡萄酒旅游业的优势。葡萄酒旅游业包括参观葡萄园、发酵车间、装瓶车间和地下酒窖,品尝葡萄酒,了解葡萄酒文化等自然与人文景点的一系列专项旅游。其目的是采用最理想的方式实现旅游、观光、饮酒、美食、文艺、娱乐和探索等活动的完美结合,促进葡萄酒及相关产业的发展。如欧盟创办的狄奥尼索斯(Dionysos)葡萄酒之路旅游项目,大大促进了葡萄酒文化的宣传和地区性的旅游业,北美洲、南非、澳大利亚、新西兰等的新兴葡萄酒生产区也建立了类似的项目,促进了世界葡萄酒旅游业的发展。

8.3.3　葡萄酒产业的可持续发展

在葡萄酒产业链上,副产物葡萄皮渣的开发利用是关键。葡萄皮渣约占果子干重的35%,曾经很长一段时间作为废渣丢弃,对自然环境造成了不同程度的污染。进入 21 世纪后,葡萄皮渣再利用研究取得了新的进展,葡萄酒庄根据不同消费群体的需求生产出不同的产品,不仅满足了消费者的需要,对节能减排、生态环境的保护也有重要意义。

1. 皮渣制白兰地

酿酒皮渣有两类:一类是榨汁后未经发酵的皮渣,常见于白葡萄酒产业;另一类是经发

---

①　数据来自 2019 年意大利《晚邮报》经济专刊(Corriere della Sera L'Economia)的"2018 财年意大利葡萄酒企业年度综述"。

酵的红葡萄酒皮渣。后者因含有 50% 左右的酒液,直接蒸馏就可获得部分酒精。而未经发酵的葡萄皮渣可采用加水发酵法蒸馏制取蒸馏酒,再经橡木桶密闭陈酿,经调配就可得到优良的白兰地酒。

2. 榨取葡萄籽油

葡萄籽出油率为 10%～12%。葡萄籽油含大量的不饱和脂肪酸,尤其亚油酸含量高达 65%～80%,富含维生素 P、维生素 E 等,有明显的保健和医疗效果。现在国内外有不少公司或研究所利用高科技对葡萄籽进行综合开发利用,对其进行低聚原花青素(具有抗氧化、改善静脉曲张、预防心脏病、防止皮肤老化等功效)的提取,并以其为原料开发出多种营养保健品。因此,葡萄籽是一种贵重的油料资源,具有很高的综合利用价值。

3. 生物活性物质提取

英国科学家采用 23 种不同的红葡萄酒对母牛动脉血管内皮细胞产生的影响进行研究,表明葡萄酒的多酚类化合物能缓解血管内的氧化反应,加快血液流通速率,软化血管,降低血压,对心血管系统起保护作用。同时,红葡萄酒中含有丰富的白藜芦醇,具有抑制血小板凝集及抗癌效果。这些成分的独特作用,推动了生物提取医药业的发展。

此外,葡萄红色素主要分布在葡萄皮和汁中,未发酵的葡萄皮渣中色素含量较高,它是一种无毒、无害、色泽鲜艳的天然色素,可应用于酸性食品和饮料中,很受消费者的欢迎。而葡萄皮渣中含有较多的糖分,可用固体发酵法制取醋酸。此法不仅充分利用了葡萄皮渣,而且每生产食用醋 1 吨,可节约淀粉约 120 千克。充分利用资源,节约资源,促进了生态资源的循环发展。皮渣还有其他作用,如皮渣配制饲料、皮渣沤制①作基肥等。

由此可见,葡萄酒产业生态系统涵盖了供应链、相关利益者和可持续发展三大关联部分。以法国波尔多产区为代表的旧世界葡萄酒产区和以美国加州纳帕谷产区为代表的新世界葡萄酒产区各自构建了独特的商业生态系统。

中国葡萄酒产业发展自改革开放以来总体呈现出蓬勃发展趋势,其历史可以追溯至 20 世纪到 80 年代初法国人头马公司(Rémy Martin)②与天津农垦集团合资创建王朝葡萄酒。20 世纪末,北京首农集团与法国太阳集团合资创立太阳葡萄酒。2013 年,宁夏因贺兰山东麓能生产出质量极佳的葡萄酒而被《纽约时报》(New York Times)评为全球最值得去的 46

① 沤制:指农作物长时间浸泡加工。
② 出生在法国干邑地区的葡萄农家雷米·马丁(Rémy Martin)于 1724 年创建了同名的酒品贸易公司,在法国国王路易十五的特许下,在新开垦的土地上种植酿酒葡萄,生产白兰地。如今,人头马被公认为"世界特优干邑品牌"。

个地区之一;2017年中国商务部批准在银川成立中国葡萄酒产业技术研究院;2019年国际酒类大奖赛组委会主席卜度安·哈弗(Baudouin Havaux)将宁夏誉为"未来世界葡萄酒版图上最优秀的一颗新星"。自1978年改革开放起40多年来,中国葡萄酒产业发展非常迅速,出现了质量较高的酒庄和葡萄酒品牌,这其中既包括工业化大规模生产的新疆天塞酒庄(Tiansai Winery,旗下Skyline of Gobi等品牌)、河北怀来迦南酒业(Cannan Winery,旗下诗百篇ShiBaiPian品牌和中法庄园Domaine Franco Chinois品牌)、新疆楼兰酒庄(Loulan Wine)、和保乐力加贺兰山酒庄(Pernod Ricard Winemaker)等,也包括定位高端的山西怡园酒庄(Grace Vineyard)、宁夏银色高地酒庄(Silver Heights)、博纳佰馥酒庄(Domaine des Aromes)和云南傲云酒庄(Aoyun)。同时,一批极具葡萄酿制特色和发展潜力的宁夏贺兰晴雪酒庄(Helan Qingxue Vineyard)加贝兰品牌、圆润酒庄(Yuanrun Winery)圆润品牌和立兰酒庄(Château Lilan)揽翠品牌也显现在国内外友人面前。其中,由李明领衔的圆润酒庄采用16种不同葡萄品种打造的13款一眼至九眼不同等级的圆润葡萄酒——包括从传统的赤霞珠、梅洛到品丽珠、桑娇维赛,从常见的黑皮诺、西拉、雷司令、霞多丽,到较稀少的马瑟兰、马尔贝克、贵人香和仙粉黛等——赢得了不少行家好评。作者近年来在银川多次授课与考察期间,有一次曾经在时任宁夏葡萄酒产业发展局局长李学明先生陪同下,参观了圆润酒庄,李局长对用马瑟兰葡萄品种酿制出的圆润葡萄酒发出了由衷的感叹!

如今,中国葡萄酒已经逐渐具备了外交形象。其中,宁夏贺兰山东麓产区内的银色高地品牌白葡萄酒家族珍藏霞多丽(2014)2019年被用作接待法国总统马克龙时的国宴用酒,2016年作为接待德国总理默克尔时的国宴用酒。

毋庸讳言,中国葡萄酒产业仍然有很大的提升空间。从葡萄品种的选择角度看,中国偏向于选择赤霞珠、霞多丽等易种植、易销售的主流品种,并以市场规模最大的干型葡萄酒为主,虽然容易售出,但极度缺乏品牌辨识度。中国可以参照其他新世界产酒国,每个国家都有代表性的葡萄品种,如澳大利亚的西拉、智利的佳美娜、阿根廷的马尔贝克等,极大地提升了这些产酒国在国际市场的知名度。从葡萄酒庄运营的角度看,以宁夏葡萄酒为例,大多数小产区和酒庄仍仅将葡萄酒作为农产品进行管理和运作,地理标志和列级脱胎自始于法国的地理产品保护制度,与基于市场价值的波尔多列级,或基于地块品质的勃艮第分级有所差异。中国葡萄酒可以借鉴法国葡萄酒产业的思路,以地理保护确保下限,加强品控,再以分级制度提高上限,打造品质。再看以"葡萄美酒夜光杯"闻名的新疆,其葡萄酒市场已被宁夏和山东远远甩开。除了品牌打造的弱项和营销战略取舍问题的原因外,新疆葡萄果实成熟太快,不利于沉淀风味也是新疆葡萄酒的一个缺点——好吃的葡萄往往不适合酿酒。在这种条件下,若新疆产区引入意大利葡萄干酿酒工艺(passito),另辟蹊径酿造具有差异化、极具特色的甜型葡萄酒,那么这是一个值得探索的发展路径。此外,不少葡萄酒酒庄需要进一步重视葡萄与葡萄酒产业链内的生态统一性，严格按照葡萄酒生产标准，使用 100% 葡萄原汁酿造。政府有关部门在葡萄酒产业的布局中要根据葡萄生态的严格要求注重可持续生产，保护生态环境，避免生态资源的浪费，从而有序推进葡萄酒产业发展。葡萄酒酒庄在技术上需要掌握不使用二氧化硫保护葡萄酒不被氧化的方法，并掌握安全发酵而不使用商业酵母启动发酵。同时，还要有效利用葡萄酒产业链内的副产物，避免造成环境污染。

中国葡萄酒产业作为世界范围内古老而新兴的产业，在中国成长的道路既近又远。欧美国家葡萄酒产业的经验与模式值得中国酒庄参考与借鉴——融会贯通才是正道。

| 研究案例　柏图斯酒庄 |

　　初见柏图斯酒庄（Petrus）的人或许会感觉到惊讶，这种诧异来自对酒庄建筑的初印象：酒庄两层楼高的建筑上印有金色的"Petrus"字样，全然没有刻意隐藏自己的身份，没有玩"低调""神秘"的套路；而且主建筑的风格和左岸威严的城堡也迥然不同，完全就是路边一家简单、干净的农家小舍，静静地守护着葡萄园（见图8.19）。但就是在这样淳朴的地方，诞生了波尔多葡萄酒的传奇。

图 8.19　柏图斯酒庄

　　在波尔多八大酒庄中，柏图斯显得有些鹤立鸡群，因为其他7个酒庄的法文名字中都有"Château"，如左岸的拉菲古堡（Château Lafite Rothschild）和右岸的奥松酒庄（Château Ausone），只有柏图斯酒庄的名字是个单字"Petrus"，而且酒标上的字母"u"还是以"v"的拉丁文形式书写的（见图8.20）。

图 8.20　柏图斯酒庄的名字

最初,柏图斯酒庄只是个名不见经传的小酒庄,在波美侯地区也仅排名第四、第五。1925 年,一位饭店的老板娘鲁芭夫人从园主阿诺(Arnaud)家族购得此酒庄后,便爱上了这里。鲁芭夫人致力于打响其知名度。首先,她将酒的价格提高;其次,将柏图斯介绍给她所认识的法国高级社交圈。由此,鲁巴夫人便成功地将法国高级社交圈内的消费群体拉入柏图斯酒庄这一品牌的生态系统中。随后,鲁芭夫人将柏图斯打入英国的皇室。当伊丽莎白二世订婚的时候,鲁芭夫人进献的柏图斯已是皇室贵族们的杯中物。1947 年女王婚礼正式举行之际,鲁芭夫人利用此千载难逢的时机,带着佳酿奔赴伦敦,一下子使伦敦一流餐厅的酒单上加列了柏图斯的名字。这种上层社会的交际手腕,日后变成了柏图斯攻城略地的不二法门。柏图斯通过引入高端消费群体甚至皇室贵族等,有效发展了其品牌价值合作和品牌利益分享机制,吸引了伦敦一流餐厅作为其合作伙伴,在品牌的生态系统中共同推动品牌价值网络的成长与发展,共享收益。柏图斯与皇室及高端餐厅的品牌战略协作,有利于在互利共生中发展协同效应,增强以品牌价值为核心的物质、能量、信息、资金流动的广度和深度,以便在品牌未来的发展道路上,创造更多、更大的客户价值。这也有助于柏图斯在更广阔的时间、空间范围内发展品牌生态系统,促进品牌生态系统的持续价值成长。

不可否认的一点是,柏图斯背后有强大背景的支撑,但如果说到梅洛的极致表达,柏图斯显然可以充分诠释这个定义。都说黑皮诺是餐酒搭配的"万金油",可梅洛的香气和柔软度让其在应对各种珍馐佳肴时从不失手,而且比黑皮诺更易栽培。柏图斯葡萄园里的梅洛则更加强调细腻感和层次感。柏图斯酒庄位于波美侯地区的高原上,其 11.5 公顷的葡萄园内是深达 6 米的黏土土层。这种土壤培育出的梅洛单宁含量更高,而且质感丝滑,为口中的酒体提供了骨架感,这一点对于梅洛的口感而言极为重要。由于梅洛本身的特点在于圆润、柔顺,倘若没有结构感的支撑,酒款则仿佛失去了灵魂,稍显无趣。但柏图斯的梅洛完全没有这样的短板,其酒体柔软的同时还能感受到单宁带来的立体感,十分令人惊艳。

柏图斯在整个波尔多酒庄构成的品牌生态系统中,致力于发展差异化产品,持续提升品牌核心价值的创造能力,在品质上绝对容不得半点懈怠与妥协的八大名庄之中,柏图斯的要求甚至更为严格。用电影《霸王别姬》的话说,拥有此等优秀先天条件的柏图斯或许是"老天赏口饭吃",但酿酒团队对于葡萄酒品质的要求苛刻得令人咋舌。在酿造时,柏图斯酒庄每 3 个月更换 1 次木桶,材质各异。在 20～22 个月的陈酿期中,也会轮流让新酒吸收各种木材的香味,让酒的香味更加复杂。每到收获时节,柏图斯都会动用 200 个以上的人力,必须下午之后动工,又争取在日落之前把葡萄采摘完。除此之外,柏图斯在酿酒葡萄上做出了惊人的决策:不使用差年份的葡萄,不酿造副牌酒。如果细心追踪过柏图斯近年的酒款,会发现柏图斯没有 1991 年份的葡萄酒,这仅仅是因为柏图斯云淡风轻的一句该年的葡萄"不够好"。瘦死的骆驼比马大,酒庄大可以用这年的葡萄酿造副牌酒。然而,为了保持酒款风格的一致性和整体性,柏图斯宁可放弃使用 1991 年的酿酒葡萄。1987 年,波尔多收获季节的天气十分潮湿,在收获季节不断下雨,柏图斯为了保证最终酿制葡萄酒的品质,甚至尝试用直升机来干燥葡萄,以便进行正常的采收工作。也正是柏图斯这种对高品质的执着,使得波尔多出色的葡萄酒酿造技术得以名扬天下。也正因此,波尔多八大酒庄的葡萄酒在全球市场上往往价高难求,尤其是柏图斯,以其毫不妥协的品质与高昂的价格被誉为酒王之王,成为众多葡萄酒收藏家们争相竞逐的珍品。八大酒庄构成的生态系统内的品牌形成了共同进化的趋势,这是比竞争或合作更为重要的概念。

说到一致性和整体性,柏图斯酿酒师也好似巧合般地体现了这一点。让·克劳德·柏图(Jean Claude Berrouet)自 1964 年(恰逢莫意克家族全盘收购柏图斯的股份)起负责柏图斯的酿酒工作。在让·克劳德·柏图的带领下,柏图斯获得了美国《奥克兰论坛报》(*The Oakland Tribune*)"世界上最令人敬畏、最昂贵的葡萄酒之一"的赞誉。2008 年,让·克劳德·柏图的儿子奥利弗·柏图(Olivier Berrouet)接手父亲的工作,成为柏图斯的新任酿酒师。此前奥利弗曾在白马酒庄工作,但是他从未真正见过柏图斯酒瓶的真面目,更别提喝过柏图斯的葡萄酒了。不过,一旦投入柏图斯的工作当中,奥利弗立刻进入状态。在父亲的协助和监督下,奥利弗顺利完成了柏图斯的酿酒工作;也是在儿子的建议下,让·克劳德·柏图接受了现代酿酒设备。父子俩有时也在早餐时讨论种植的哲学和酿酒的工作,这种父子之间经验的顺利传承也保证了柏图斯葡萄酒风格的稳定性。

柏图斯目前年产量约为 3 000 箱,拥有 95% 的梅洛和 5% 的品丽珠。柏图斯酒庄的特点是酒色深浓,气味芳香充实,酒体平衡,细致又丰厚,有成熟黑加仑、洋梨、巧克力、牛奶、松露及多种橡木等香味。其味觉十分宽广,尽显酒中王者个性。柏图斯目前无论是品质还是价格都凌驾于其他波尔多酒王,成为名副其实的酒王之王。

思考与探索

1. "旧世界"和"新世界"葡萄酒发展的不同路径对中国葡萄酒产业的借鉴意义在哪里?

2. 柏图斯红酒 20 世纪 60 年代突然在美国盛行,甚至有"不知柏图斯,就是没见识"的说法。这与其特立独行,不在酒庄名前加上"Château"有直接关系吗?

3. 柏图斯酒庄为何有勇气在 1991 年停产?停产反映了柏图斯红酒商业模式在其商业生态系统中的什么特性与地位?

参考文献

[1] Moreau E，2011.消费情景和生活方式对消费者对葡萄酒品牌属性评价的影响[D].上海:上海交通大学.

[2] 艾媒咨询.2018~2019 中国葡萄酒产业研究与商业投资决策分析报告(食品饮料烟草行业，内部精简版)[R].2018 - 12 - 25.

[3] 包冉，2016.葡萄酒魅力何在？[J].金融博览(财富)，(11):79 - 81.

[4] 陈国强，2007.关于 F1 赛事的转播——体育与电视的媲美结合[J].中国广播电视学刊，(4):73 - 74.

[5] 付信茹，2012.浅谈葡萄酒包装中的品牌形象定位[D].苏州:苏州大学.

[6] 姜清娇，2015.王者缔造者——勃艮第[J].酒世界，(1):80 - 83.

[7] 克罗齐.美学原理[M].朱光潜，译.北京:商务印书馆，2012.

[8] 厉春雷.美学视角的品牌竞争优势:价值创造与美感体验[J].学术交流，2013(2):137 -139.

[9] 黎明京，2015.怎样给 F1 赛车换机油[J].汽车之友，(11):92 - 93.

[10] 李杰，2014.品牌审美与管理[M].北京:机械工业出版社.

[11] 李杰，2020.奢侈品公司创新管理——商业生态系统视角[M].北京:机械工业出版社.

[12] 李杰，滕斌圣，2016.企业战略[M].北京:机械工业出版社.

[13] 李晓非，2010.游走在规则的边缘 2010 赛季 F1 赛车争议技术一览[J].汽车与运动，(9):160 - 165.

[14] 马克思恩格斯全集[M].北京:人民出版社，1979.

[15] 马勇，郑伟涛，韩久瑞，2005.计算流体力学在 F1 赛车运动中的应用[J].武汉体育学院学报，39(3):52 - 54.

[16] 孟昭曜，2006.F1 赛车弯道技术的力学分析[J].力学与实践，(1):91 - 93.

[17] 明艳.2018 全球新能源汽车销量超 201 万辆,年度榜单来了！[EB/OL].(2019-02-02) [2019-08-22].https://www.d1ev.com/news/shuju/86558.

[18] 匿名.英视十年来首次不转播 F1,被曝皆因利益之争[EB/OL].(2013-03-18)[2019-07-09].https://sports.qq.com/a/20130318/000385.htm.

[19] 裴杰，2016.基于 STP 理论的 B 葡萄酒公司营销策略研究[D].大连：大连海事大学.

[20] 彭传涛，贾春雨，文彦，等，2014.苹果酸-乳酸发酵对干红葡萄酒感官质量的影响[J].
中国食品学报，14(2)：261－268.

[21] 托尼·朱特，2013.记忆小屋[M].何静之，译.北京：商务印书馆.

[22] 王华，宁小刚，杨平，等，2016.葡萄酒的古文明世界　旧世界与新世界[J].西北农林
科技大学学报(社会科学版)，16(6)：150－153.

[23] 徐菱虹.舒马赫年收入清单公布，超越伍兹成体坛明星首富[EB/OL].(2004-05-26)
[2019-06-28].http://sports.sina.com.cn/f1/2004－05－26/0943905225.shtml.

[24] 徐新明，2009.探求 DNA 葡萄酒[J].发明与创新(大科技)，(2)：13－14.

[25] 杨百韬，1991.赛车运动的最高级别——"一级方程式"汽车大奖赛[J].体育博览，
(6)：26－27.

[26] 叶菁荫，1996.赛车运动与汽车工业发展[J].人民公交，(3)：44－45.

[27] 翟衡，赵新节，管雪强，等，2001.介绍几个法国酿酒葡萄新品种[J].中外葡萄与葡萄
酒，(5)：21－22.

[28] 寻找创新——来自汽车行业的实践[R].鲸准研究院，2019－5－7.

[29] 杨和财，李全新，张振文，2008.葡萄酒生态产业链的研究[J].中国人口资源与环境，
(04)：164－168.

[30] 佚名.F1 赛车的进化，红牛 RB15 赛车的技术细节梳理[EB/OL].(2019-07-09) [2019-
09-22]. http://sports. sina. com. cn/motorracing/f1/newsall/2019 － 07 － 09/doc-
ihytcitm0657853.shtml. 2019－07－09.

[31] 佚名.F1 车手 2019 年薪水榜：1 个汉密尔顿＝12 个莱科宁[EB/OL].(2019-01-29)
[2019-08-22]. http://sports. sina. com. cn/motorracing/fl/newsall/2019 － 01 － 29/
doc.ihqfskcp1318975.shtml.

[32] 佚名.盘点个性十足的汽车前脸，宝马猪鼻孔，马自达让人浮想联翩[EB/OL].(2018-
04-04) [2019-09-06]. https://www.sohu.com/a/201573614_100043815.

[33] 余琳琦.F1 赞助费有多高？汉密尔顿车手服赞助超 1 亿英镑[EB/OL].(2018-03-22)
[2019-05-06]. http://lanxiongsports.com/? c＝posts&a＝view&d＝9724.

[34] 张红梅，宋莉，沈杨，2014.中国葡萄酒文化旅游发展战略研究——以宁夏贺兰山东麓
为例[J].干旱区资源与环境，(5)：197－202.

[35] 赵宏伟.体育赛事对经济增长的贡献——以 F1 方程式赛车为例[C]// 2014 中国体育
产业与体育用品业发展论坛.2014.

[36] 郑晶，顾雯，刘晓刚.品牌美学实现品牌价值创新的挖掘与构建[J].包装工程，2016，

37(14):47 - 52.

[37] 邹磊, 魏国印, 鲁凤娟, 等, 2012. 葡萄酒副产品深度利用的研究进展[J]. 中国环境管理干部学院学报, 22(2):42 - 44.

[38] AAKER D A, 2009. Brand portfolio strategy: creating relevance, differentiation energy, leverage and clarity[M]. Free Press. Reprint Edition.

[39] BIRKHOFF G, 1933. Aesthetic measure [M]. Cambridge, MA: Harvard University.

[40] CHARLTON A, WHILE D, KELLY S, 1998. Tobacco sponsorship of Formula One motor racing[J]. Lancet, 351(9100):452.

[41] Eysenck H J, 1942. The experimental study of the 'Good Gestalt'—a new approach [J]. Psychological review, 49, 344 - 363.

[42] FIONDA A M, MOORE C M, 2009. The antomy of the luxury fashion brand[J]. Journal of brand management, 16:347 - 363.

[43] GERGER G, LEDER H, TINIO P P, et al. , 2011. Faces versus patterns: Exploring aesthetic reactions using facial EMG. Psychology of aesthetics, creativity, and the arts, 5, 241 - 250.

[44] GHODESWAR, BHIMRAO M, 2008. Building brand identity in competitive markets: a conceptual model[J]. Journal of product & brand management, 17(1): 4 - 12.

[45] KOTLER P, ARMSTRONG G, 2011. Principles of marketing (14th edition, hardcover) [M]. New Jersey: Prentice Hall.

[46] KOTLER P, KELLER K, 2015. Marketing management (15th edition, hardcover) [M]. New York: Pearson.

[47] LEDER H, BELKE B, OEBERST A, et al., 2004. A model of aesthetic appreciation and aesthetic judgments[J]. British journal of psychology, 95, 489 - 508.

[48] MASTANDREA S, BARTOLI G, CARRUS G, 2011. The automatic aesthetic evaluation of different art and architectural styles[J]. Psychology of aesthetics, creativity and the arts, 5, 126 - 134.

[49] MAUREL C, 2009. Determinants of export performance in French wine SMEs[J]. International journal of wine business research, 21(2):118 - 142.

[50] PIEZUNKA H, LEE W, Haynes R, et al, 2018. Escalation of competition into conflict in competitive networks of Formula One drivers[J]. PNAS, 115(15):

E3361 –E3367.

[51] PORTER M，1979. How competitive forces shape strategy[J]. Harvard business review，57(2)：78 – 93.

[52] SAGLIETTO L，FULCONIS F，BÉDÉ D，et al.，2014. Wine industry supply shain (WSC) modeling：an Argentina—France comparison[R]. Working Paper.

[53] SCHMITT B，SIMONSON A. Marketing aesthetics：The strategic management of brands，identity，and image[M]. Free Press，1997.

[54] SILVIA P J，& BROWN E M，2007. Anger，disgust，and the negative aesthetic emotions：expanding an appraisal model of aesthetic experience[J]. Psychology of aesthetics，creativity，and the arts，1，100 – 106.

[55] STREBINGER A，2004. Strategic brand concept and brand architecture strategy—a proposed model[J]. Advanced in consumer research，31：656 – 661.

索　引

图书在版编目(CIP)数据

奢侈品品牌管理.赛车运动与法国红酒 / 李杰著.—上海：
上海交通大学出版社,2020

ISBN 978-7-313-22541-2

Ⅰ.①奢…　Ⅱ.①李…　Ⅲ.①赛车运动-品牌营销-教材
②葡萄酒-品牌营销-教材　Ⅳ.①F713.3

中国版本图书馆 CIP 数据核字(2019)第 263424 号

奢侈品品牌管理——赛车运动与法国红酒
SHECHIPIN PINPAI GUANLI —— SAICHE YUNDONG YU FAGUO HONGJIU

....

著　　者：李 杰			
出版发行：上海交通大学出版社	地　　址：上海市番禺路 951 号
邮政编码：200030	电　　话：021-64071208
印　　刷：上海雅昌艺术印刷有限公司	经　　销：全国新华书店
开　　本：787mm×1092mm　1/16	印　　张：25.75
字　　数：505 千字	
版　　次：2020 年 8 月第 1 版	印　　次：2020 年 8 月第 1 次印刷
书　　号：ISBN 978-7-313-22541-2	
定　　价：200.00 元	